新坐标管理系列精品教材

高级财务会计理论与实务

（第2版）

刘颖斐　余国杰　许新霞 编著

清华大学出版社

北　京

内 容 简 介

本书是在遵循《企业会计准则》(2018 修订)的基础上,结合笔者在高级财务会计教学中的经验,专门为高等院校会计学专业与财务管理专业本科生和研究生撰写的教材,同时,也可作为成人教育、高等教育自学考试的教材和参考书,以及注册会计师考试、中高级会计师职称考试的参考书。全书共有 11 章,第 1、2、3、4、5 章主要涉及企业合并业务和合并报表的编制;第 6、7、8 章主要涉及金融工具的业务核算;第 9、10、11 章主要涉及其他难点会计处理问题。本书的突出特点在于:(1)理论与实践相结合,在严格按照最新企业会计准则及其解释对会计处理原则进行归纳梳理后,用丰富的实际业务例题展示了这些会计处理原则的使用,有较强的适用性和实用性;(2)结构清晰、重点突出、内容紧凑、简明实用;(3)为便于读者理解和掌握,每章之后附有相应的思考题与练习题;(4)根据财政部截至 2018 年年初对企业会计准则的修订而编写,及时体现了宏观监管层面对会计实务工作的规范要求。

图书在版编目(CIP)数据

高级财务会计理论与实务/刘颖斐,余国杰,许新霞编著. —2 版. 北京:清华大学出版社,2019
(2021.4 重印)
(新坐标会计系列精品教材)
ISBN 978-7-302-51861-7

Ⅰ.①高… Ⅱ.①刘… ②余… ③许… Ⅲ.①财务会计 Ⅳ.①F234.4

中国版本图书馆 CIP 数据核字(2018)第 285126 号

责任编辑:左玉冰
封面设计:汉风唐韵
责任校对:王荣静
责任印制:沈 露

出版发行:清华大学出版社
   网 址:http://www.tup.com.cn,http://www.wqbook.com
   地 址:北京清华大学学研大厦 A 座   邮 编:100084
   社 总 机:010-62770175   邮 购:010-62786544
   投稿与读者服务:010-62776969,c-service@tup.tsinghua.edu.cn
   质量反馈:010-62772015,zhiliang@tup.tsinghua.edu.cn
印 装 者:三河市龙大印装有限公司
经 销:全国新华书店
开 本:185mm×260mm 印 张:20 插 页:1 字 数:438 千字
版 次:2015 年 2 月第 1 版 2019 年 3 月第 2 版 印 次:2021 年 4 月第 4 次印刷
定 价:56.00 元

产品编号:080868-03

前 言
FOREWORD

在人才市场上,岗位需求最旺盛的十大职业中常有财会金融类岗位,而人才供给最多的十类中也有财会金融类人才。这一现象说明了大部分财会人员的素质与企业对他们的要求是不匹配的,即人才市场上有大量中低层次的会计人员在找工作,同时又有很多需要高层次财会人员的岗位正虚位以待。《高级财务会计理论与实务》作为会计专业的核心课程读本,在培养高素质会计人员的过程中发挥着分水岭的显著作用。我们不能说理解和掌握了高级财务会计,就能成为一名高层次的财会人员,但是,我们能够说不了解高级财务会计的人一定不会是一名合格的高层次财会人员。因此,《高级财务会计理论与实务》是大部分高等院校本科会计专业和财务管理专业的主干课程之一。

《高级财务会计理论与实务》的先行课程读本是《中级财务会计》。中级财务会计主要解决的是企业在日常经营活动中常见的财务会计问题,即企业一般财务会计问题。而高级财务会计解决的则是企业一般财务会计问题以外的特殊财务会计问题。这些特殊财务会计问题涉及中级财务会计没有涵盖的其他业务,其特点在于:

(1)这些业务往往是会计处理中的难点问题,如金融资产与金融负债、衍生工具、套期保值、租赁、所得税会计等;

(2)这些业务往往是规模大、组织结构复杂的大型集团企业才会面临的特殊会计处理,如企业合并业务、合并财务报表的编制业务、分支机构会计业务等;

(3)这些业务往往是社会经济生活中出现的新的交易形式,其会计处理可能尚在理论探讨研究阶段,如人力资源会计、环境会计、可持续发展会计等。

因此,高级财务会计涵盖内容的边界可以说是在不断变化和扩展的,某些以前属于高级财务会计范围的业务处理,可能由于业务的普及而变为中级财务会计的教学内容。

本书是在遵循《企业会计准则(2018 修订)》《企业会计准则(2006)》的基础上,结合编者在高级财务会计教学中的经验,专门为高等院校会计学专业与财务管理专业本科生和研究生撰写的教材,同时,也可作为成人教育、高等教育自学考试的教材和参考书,以及注册会计师考试、中高级会计师职称考试的参考书。本书的突出特点在于:

(1)理论与实践相结合,在严格按照最新企业会计准则及其解释对会计处理原则进行归纳梳理后,用丰富的实际业务例题展示了这些会计处理原则的使用,有较强的

适用性和实用性;

(2)结构清晰,重点突出,内容紧凑,简明实用;

(3)为便于读者理解和掌握,每章之后附有相应的思考题与练习题;

(4)根据财政部截至2018年对企业会计准则的修订而编写,及时体现了宏观监管层面对会计实务工作的规范要求。

本书由刘颖斐任主编,负责拟定全书编写提纲,并对全部初稿进行修改、补充和总纂。修订稿参与编写人员还有武汉大学经济与管理学院会计系教师余国杰、许新霞,武汉大学经济与管理学院会计系硕士研究生王婕如、曾毅格、何甜、王贤。全书共分十一章,第一、二、三、四、五章主要涉及企业合并业务和合并报表的编制;第六、七、八章主要涉及金融工具的业务核算;第九、十、十一章主要涉及其他会计处理难点问题。

由于编者水平所限,书中难免有疏漏之处,甚至错误,恳请广大读者批评指正,以便进一步修改。

编　者

2019年1月于武汉大学

目 录
CONTENTS

第一章
企业并购的理论概述与实务流程

现代经济发展证明，企业成功的关键是企业不断地增长，增长的方法除了企业本身内部的增长以外，更重要的方法是通过企业间的兼并与收购。企业并购是企业法人在平等自愿、等价有偿基础上，以一定的经济方式取得其他法人产权的行为，是企业进行资本运作和经营的一种主要形式。经济学家斯蒂格利茨指出：美国著名大企业几乎没有哪一家不是以某种方式、在某种程度上应用了兼并收购而发展起来的。据统计，《财富》500强，80％的企业发展是靠并购完成的。在国内，青岛啤酒通过十几次的并购，整合了全国各地区分散的啤酒企业，快速扩大了青岛啤酒的资产规模，巩固了青岛啤酒的行业领先地位。国美电器通过并购永乐电器和大中电器迅速增加了自己电器销售门店数量，增强了与供应商的谈判能力和市场控制地位。联想集团收购 IBM 公司的个人电脑业务，一方面，增强联想集团的技术实力和国际影响力，另一方面，可以充分利用 ThinkPad 品牌优势、人员技术优势、渠道优势等，让联想集团迅速成为世界知名的个人电脑生产企业。

本章主要阐述企业并购的种类、基本的业务流程和并购当日的会计处理（并购日之后涉及的合并报表编制业务将在第三、四、五章展开）。

第一节　企业并购的种类

一、企业并购的界定

企业并购，在国外通常被称作"M&A"（merger and acquisition），即兼并、收购与合并的统称，是一种通过转移公司所有权或控制权的方式实现企业资本扩张和业务发展的经营手段，是企业资本运作的重要方式。并购的实质是一个企业取得另一个企业的资产、股权、经营权或控制权，使一个企业直接或间接对另一个企业发生支配性的影响。并购是企业利用自身的各种有利条件，如品牌、市场、资金、管理、文化等优势，让存量资产变成增量资产，使呆滞的资本运动起来，实现资本的增值。

兼并、收购和合并是实务中经常用到的词汇。兼并与收购是相对狭义的概念，兼并通常是指一家企业以现金、证券或其他形式取得其他企业的产权，并使其丧失法人资格或改变法人实体的行为。收购是指企业用现金、债券、股权或者股票购买另一家企业的部分或全部资产或股权，以获得对另一家企业资源的控制权，并不强调是否存在法人资格的变动。合并则是较为广义的概念，涵盖了兼并和收购两种形式，也是企业会计准则描述此类经济活动的用语。合并是指将两个或两个以上单独的企业合并形成一个报告主体的交易或事项。企业合并分为同一控制下的企业合并和非同一控制下的企业合并。

二、企业并购类型的划分

企业并购有许多具体形式，这些形式可以从不同的角度加以分类。

1. 按并购前后法人主体的变化分类

按并购前后法人主体的变化可以将企业并购分为吸收合并、新设合并和控股合并三类。

（1）吸收合并也称兼并，指合并方（或购买方）通过企业合并取得被合并方（或被购买方）的全部净资产，合并后注销被合并方（或被购买方）的法人资格，被合并方（或被购买方）原持有的资产、负债，在合并后成为合并方（或购买方）的资产、负债。假设 A 企业吸收合并了 B 企业，它们之间的关系可表示为：A 企业＋B 企业＝A 企业。

（2）新设合并也称创立合并，指参与合并的各方在合并后法人资格均被注销，重新注册成立一家新的企业。假设 A 企业和 B 企业合并为一个新企业，称为 C 企业，它们的关系可表示为：A 企业＋B 企业＝C 企业。

（3）控股合并，指合并方（或购买方）在企业合并中取得对被合并方（或被购买方）的控制权，被合并方（或被购买方）在合并后仍保持其独立的法人资格并继续经营，合并方（或购买方）确认企业合并形成的对被合并方（或被购买方）的投资。例如，A 公司取得 B 公司 80％的股份时，可完全控制 B 公司的生产经营管理大权，于是 A 公司就成了控股公司，也称母公司，B 公司成为 A 公司的附属公司，也称子公司。从理论上说，控股股份应占被控股企业有投票表决权的股份 50％以上，但有时由于附属公司股份比较分散，往往控制了 30％或更少的股份，就可以达到实质性控股的目的。

2. 按并购双方所处的行业分类

按并购方与被并购方所处的行业相同与否可以将企业并购分为横向并购、纵向并购和混合并购三类。

（1）横向并购，指两个或两个以上提供相同或相似产品（服务）的公司之间的并购行为，其并购方与被并购方处于同一行业。横向并购可以消除重复设施，提供系列产品或服务，实现优势互补，扩大市场份额。例如，一家外资的饮料企业，为了快速发展其在中国市场的占有份额，成为中国饮料市场第一品牌，计划收购兼并另一大型饮料企业。对于外资的饮料企业来说，这属于一个横向并购的方案。

（2）纵向并购，是指生产过程或经营环节相互衔接、密切联系的企业之间，或者具有纵向协作关系的专业化企业之间的并购。纵向并购的企业之间不是直接的竞争关系,而是供应商和需求商之间的关系。按照供应链的流转方向,纵向并购又可分为前向并购与后向并购。前向并购是指沿着产品实体流动方向所发生的并购,如产品原料生产企业并购加工企业或销售商或最终客户,或加工企业并购销售企业等;后向并购是指沿着产品实体流动的反向所发生的并购,如加工企业并购原料供应商,或销售企业并购原料供应企业或加工企业等。纵向并购可以加强企业经营整体的计划性,协调供产销结构,增强企业竞争能力。例如,一家汽车制造商并购一家出租汽车公司就是一个纵向并购的例子。汽车制造商可安排出租汽车公司将其生产的品牌汽车出租给最终消费者,从而获得更高的利润。

(3)混合并购,是指处于不同行业、在经营上也无密切联系的企业之间的并购。混合并购的目的在于实现投资多元化,减少行业不景气可能造成的经营风险,扩大企业经营规模。例如,一家生产家用电器的企业兼并一家旅行社,在竞争激烈的家电市场以外的地方寻找新的商机,分散企业的经营风险。

3. 按被并购方的态度分类

按被并购方对并购所持态度不同可以将企业并购分为友善并购和敌意并购两类。

(1)友善并购,通常是指并购方与被并购方通过友好协商确定并购条件,在双方意见基本一致的情况下实现产权转让的一类并购。此种并购一般先由并购方选择被并购方,并主动与对方的管理者接洽,商讨并购事宜。经过双方充分磋商签订并购协议,履行必要的手续后完成并购。在特殊的情况下,也有被并购方主动请求并购方接管本企业的情形。

(2)敌意并购,又称恶意并购,通常是指当友好协商遭到拒绝后,并购方不顾被并购方的意愿采取强制手段,强行收购对方企业的一类并购。敌意并购也可能采取不与被并购方进行任何接触,而在股票市场上收购被并购方股票,从而实现对被并购方控股或兼并的形式。由于种种原因,并购往往不能通过友好协商达成协议,被并购方从自身的利益出发,拒不接受并购方的并购条件,并可能采取一切抵制并购的措施加以反抗。在这种情形下,"敌意并购"就有可能发生。

4. 按并购方的身份分类

按照并购方的不同身份可以将企业并购分为产业资本并购和金融资本并购两类。

(1)产业资本并购,一般由非金融企业进行,即非金融企业作为并购方,通过一定程序和渠道取得目标企业全部或部分资产所有权的并购行为。并购的具体过程是从证券市场上取得目标企业的股权证券,或者向目标企业直接投资,以便分享目标企业的产业利润。正因为如此,产业资本并购表现出针锋相对、寸利必争的态势,谈判时间长,条件苛刻。

(2)金融资本并购,一般由投资银行或非银行金融机构(如金融投资企业、私募基金、风险投资基金等)进行。金融资本并购有两种形式:一种是金融资本直接与目标资本谈判,以一定的条件购买目标企业的所有权,或当目标企业增资扩股时,以一定的价格购买其股权;另一种是由金融资本在证券市场上收购目标企业的股票从而达到控股的目的。金融资本与产业资本不同,它是一种寄生性资本,既无须先进技术,也无须直接管理收购目标。金融资本并购一般并不以谋求产业利润为首要目的，而是靠购入然后售出企业的所有权来获得投资利润。因此，金融资本并购具有较大的风险性。

5. 按收购资金来源分类

按收购资金来源渠道的不同，可分为杠杆收购和非杠杆收购。无论以何种形式实现企业收购，收购方总要为取得目标企业的部分或全部所有权而支出大笔的资金。收购方在实施企业收购时，如果其主体资金来源是对外负债，即是在银行贷款或金融市场借贷的支持下完成的，就将其称为杠杆收购。相应地，如果收购方的主体资金来源是自有资金，则称为非杠杆收购。

杠杆收购的一般做法是由收购企业委托专门从事企业收购的经纪企业，派有经验的专家负责分析市场，发现和研究那些经营业绩不佳却很有发展前途的企业。确定收购目标后，再以收购企业的名义向外大举借债，通过股市或以向股东发出要约的方式，收购目标企业的股权，取得目标企业的经营控制权。

杠杆收购的突出特点是收购者不需要投入全部资本即可完成收购。一般而言，在收购所需要的全部资本构成中，收购者自有资本大约只占收购资本总额的 10%～15%，银行贷款占收购资本总额的 50%～70%，发行债券筹资占 20%～40%（一般资本结构稳健的企业，债务资本不会超过总资本的 2/3，而举借高利贷收购的企业，其债务资本则远远超过其自有资本，往往占总资本的 90%～95%）。由于这种做法只需以较少的资本代价即可完成收购，即利用"财务杠杆"原理进行兼并，故而被称为杠杆收购。很显然，只有企业的全部资产收益大于借贷资本的平均成本，杠杆才能产生正效应。因此，杠杆收购是一种风险很高的企业并购方式。杠杆收购在 20 世纪 60 年代出现于美国，其后得到较快发展，80 年代曾风行于美国和欧洲。

三、并购融资和支付对价

1. 并购融资

从筹集资金的来源角度看，企业并购的筹资渠道可以分为内部筹资渠道和外部筹资渠道。

内部筹资是指企业从内部开辟的资金来源，包括企业自有资金等。在这一方式下，企业不必对外支付借款成本，风险很小，保密性好。在并购交易中，企业一般应尽可能选择此渠道。外部筹资是指企业从外部开辟的资金来源，主要包括专业银行信贷资金、非金融机构资金、其他企业资金、民间资金和外资。从企业外部筹资，具有速度快、弹性大、资金量大的优点，但缺点是资金成本较高、风险较大。

随着我国金融市场的发展，企业有多种筹资方式可以选择，在并购中企业可以根据自身的实际情况选择合理的方式进行组合运用。

1）权益融资

在权益融资方式下，企业以发行股票作为对价或进行换股来实现并购。发行股票是指企业发行新股或上市公司将再融资（增发或配股）发行的股票作为合并对价进行支付,优点是避免出现现金流出,也不会增加企业的负债;缺点是增发导致并购方稀释股权,发行股票后如果企业经营效率不能得到实质性提升,则会降低每股收益。换股并购是指以并购方本身的股票作为并购的支付手段交给被并购方或被并购方原有的股东,优点是使并购方避免大量现金短期流出的压力,降低了并购风险,使并购在一定程度上不受并购规模的限制;缺点是由于没有增发,因此注册资本没有改变,只是股东结构发生改变,但通常并购方不会失去控制权,并且一般会受到证券法规的严格限制,审批手续复杂,耗时较长。

2)债务融资

在债务融资方式下,收购企业通过举债的方式筹措并购所需的资金,主要包括向银行等金融机构贷款和向社会发行债券。并购贷款的优点是手续简便,融资成本低,融资数额巨大;利息可以发挥税盾作用;避免稀释股权。并购贷款的缺点是必须向银行公开自己的经营信息,并且其经营管理在一定程度上受银行借款协议的限制;要获得贷款,一般要提供抵押或者保证人,降低了企业的再融资能力。发行债券的优点是债券利息在企业缴纳所得税前扣除,减轻了企业的税负;可以避免稀释股权。然而债券发行过多,会影响企业的资产负债结构,提高再融资的成本;发行成本较高,环节较为复杂。

3)混合型融资

混合型融资同时具有债务融资和权益融资的特点,最常用的混合型融资工具是可转换公司债券和认股权证。

可转换公司债券是指可以转换为发行公司股票的债券,通常具有较低的票面利率。从本质上讲,可转换公司债券是在发行公司债券的基础上,附加了一份期权,并允许购买人在规定的时间范围内将其购买的债券转换成指定公司的股票。其优点是:可转换公司债券的利率一般比不具备转换权的债券的利率低,可降低企业的筹资成本;具有高度的灵活性,企业可以根据具体情况设计不同报酬率和不同转换价格的可转换公司债券;可转换公司债券转换为普通股后,债券本金不需偿还,免除了企业还本的负担。其缺点是:债券到期时,如果企业股票价格高涨,债券持有人自然要求将债券转换为股票,这就变相使企业蒙受财务损失;如果企业股票价格下跌,债券持有人会要求退还本金,这不但增加了企业的现金支付压力,也会影响企业的再融资能力;可转换公司债券转换为股票后,企业股权会被稀释。

认股权证是由上市公司发行的、能够按照特定的价格在特定的时间内购买一定数量发行方普通股股票的选择权凭证,其实质是一种普通股股票的看涨期权,通常随企业的长期债券一起发行。其优点是:避免并购完成后被并购企业的股东立即成为普通股股东,从而延迟股权被稀释的时间;同时还可以延期支付股利,从而为公司提供额外的股本基础。然而认股权证持有人行使权利时股票价格高于认股权证约定的价格,会使企业遭受财务损失。

2. 支付对价

在企业并购中,支付对价是其中十分关键的一环。选择合理的支付方式,不仅关系到并购能否成功，而且关系到并购双方的收益、企业权益结构的变化及财务安排。各种不同的支付方式各有特点与利弊，企业应以获得最佳并购效益为宗旨，综合考虑企业自身经济实力、筹资渠道、筹资成本和被并购企业的实际情况等因素，合理选择支付方式。企业并购涉及的支付方式主要有以下三种。

1）现金支付

现金支付是指收购方支付一定数量的现金，以取得目标企业的所有权。现金支付是一种最简单、迅速的支付方式。对目标企业而言，现金支付不必承担证券风险，交割简单、明了。其缺点是目标企业股东无法推迟资本利得的确认，从而不能享受税收上的优惠，而且也不能拥有新公司的股东权益。对于收购方而言，现金支付是一项沉重的即时现金负担，要求其有足够的现金头寸和筹资能力，交易规模常常受筹资能力的制约。

2）股权支付

股权支付也称换股并购，指收购方按一定比例将目标企业的股权换成本公司的股权，目标企业从此终止经营或成为收购方的子公司。对于目标企业股东而言，股权支付可以推迟收益的计税时点，取得一定的税收利益，同时可以分享收购方价值增值的好处。对收购方而言，股权支付不会挤占其日常营运资金，比现金支付成本要小许多。但换股并购也存在着不少缺点，如稀释了原有股东的权益、每股收益可能发生不利变化、改变了公司的资本结构、稀释了原有股东对公司的控制权等。

3）混合并购支付

并购企业支付的对价除现金、股权外，还可能包括可转换公司债券、一般公司债券、认股权证、资产支持受益凭证、承担的债务、划转的资产，或者表现为多种方式的组合。并购实务中，常见的支付对价组合包括现金与股权的组合、现金与承担的债务的组合、现金与认股权证的组合、现金与资产支持受益凭证的组合等。将多种支付工具组合在一起，如搭配得当，选择好融资工具的种类结构、期限结构以及价格结构，可以避免上述方式的缺点，既可以使收购方避免支出更多的现金，造成企业财务结构恶化，也可以防止收购方原有股东的股权稀释或发生控制权转移。

第二节　企业并购的业务流程

企业并购是一个极其复杂的运作过程，涉及很多经济、法律、政策等方面的问题，并且不同性质企业的并购操作流程也不尽相同。为此，我国有关法律法规对企业并购流程作出了相关规定，以规范并购行为。

一、企业并购的一般流程

1. 制定并购战略规划

企业开展并购活动要明确并购动机与目的，并结合企业发展战略和自身实际情况,制定并购战略规划。企业有关部门应当根据并购战略规划,通过详细的信息收集和调研,为决策层提供可并购对象。

2. 选择并购对象

制定了并购战略,下一步就要开始实施战略或者开始实施并购行为。这时,遇到的问题就是要并购谁。企业应当对可并购对象进行全面、详细的调查分析,根据并购动机与目的,筛选合适的并购对象。

有的时候企业会因为出现了一个目标才产生并购的愿望(如碰到一家企业因亏损而低价出售),很多时候并没有具体目标,为了能以较高的效率找到合适的并购目标,就需要给定一定的标准。

搜寻目标的标准应尽量采用相对较少的指标,而不应过分严格,除非确实有很多目标企业可供选择。可选择的基本指标有行业、规模和必要的财务指标,此外还可以包括地理位置的限制等。

筛选备选目标的办法是首先将其与并购企业的并购战略作比较,看是否符合企业的战略;其次对一些细节项目进行比较,挑选出最符合并购企业战略的目标企业,一般来说,可以重点从以下方面来考虑:目标企业在某一行业中的市场地位;目标企业的盈利能力;目标企业的杠杆水平;目标企业的市场份额;目标企业的技术状况及其竞争者取得或模仿其技术的难度;目标企业服务的竞争优势;目标企业在位的管理层、技术人员和其他关键管理人员的状况。

在此阶段中出现的风险主要有备选并购目标搜寻失误、参考的外部信息虚假、参考标准选择失误等,这将直接影响目标企业的确定以及并购的成功实施。这些风险属于信息风险,即由于信息的不对称和不充分,并购扩张时并购方对目标企业了解不全面导致并购失败的风险。

3. 制订并购方案并开展前期尽职调查工作

为充分了解并购对象各方面情况,尽量减少和避免并购风险,并购方应当开展前期尽职调查工作。尽职调查的内容包括并购对象的资质和本次并购的批准或授权情况、股权结构和股东出资情况、各项财产权利、各种债务文件、涉及诉讼仲裁及行政处罚的情况、目标企业现有人员状况等。在尽职调查的基础上,企业应当着手制订并购方案,针对并购模式、交易方式、融资手段和支付方式等事宜作出安排。

尽职调查可以聘请顾问公司或者由并购企业对目标企业的情况进行全面的摸底,以便并购企业确定该项并购业务是否恰当,从而减少并购可能带来的风险,并为协商交易条件和确定价格提供参考。

并购中的尽职调查既可以由企业内部的有关人员来执行,也可以在外部顾问人员(如会计师、投资银行家、律师、行业顾问、评估师等)的帮助下完成。但是,一般来说,并购方的经理人员参与尽职调查是非常重要的,因为经理人员对出售方及目标企业的"感觉"和一些定性考虑,对作出并购决策来说是非常必要的,如果经理人员不参与尽职调查或在尽职调查中不发挥主导作用的话,就会失去这些"感觉"。

尽职调查的目的在于使买方尽可能地了解有关他们要购买的股份或资产的全部

情况,发现风险并判断风险的性质、程度以及对并购活动的影响和后果。因而,并购方在调查中需要慎防卖方欺诈,关注可能存在的风险,如报表风险、资产风险、或有债务风险、环境责任风险、劳动责任风险、诉讼风险等。

4. 提交并购报告

确定并购对象后,并购双方应当各自拟定并购报告上报主管部门履行相应的审批手续。国有企业的重大并购活动由各级国有资产监督管理部门负责审核批准;集体企业的并购由职工代表大会审议通过;股份制企业的并购由股东会或董事会审核通过。并购报告获得批准后,应当在当地主要媒体上发布并购消息,并告知被并购企业的债权人、债务人、合同关系人等利益相关方。

5. 开展资产评估

资产评估是企业并购实施过程中的核心环节,通过资产评估,可以分析确定资产的账面价值与实际价值之间的差异,以及资产名义价值与实际效能之间的差异,准确反映资产价值量的变动情况。

在资产评估的同时,还要全面清查被并购企业的债权、债务和各种合同关系,以确定债务合同的处理办法。在对被并购企业资产评估的基础上,最终形成并购交易的底价。

6. 谈判签约

并购双方根据资产评估确定的交易底价,协商确定最终成交价,并由双方法人代表签订正式并购协议书(或并购合同),明确双方在并购活动中享有的权利和承担的义务。

谈判签约阶段属于协议的确定及正式签署阶段,因此合并交易结构的确定非常重要。交易结构主要是指支付对价的方式、工具和时间,通常涉及法律形式、会计处理方法、支付方式、融资方式、税收等方面。

法律形式是指合并的法律方式;会计政策选择是指采用购买法还是权益结合法;支付方式包含选择股票支付、承担负债、现金支付或者多种方式组合;融资方式是指并购方资金来源;还涉及税收筹划安排等其他具体事宜。相应地,交易结构设计往往涉及定价风险、会计政策选择风险、支付方式风险、融资风险、融资结构风险、流动性风险等。

7. 办理股(产)权转让

并购协议签订后,并购双方应当履行各自的审批手续,并报有关机构备案。涉及国有资产的,应当报请国有资产监督管理部门审批。审批后应当及时申请法律公证,确保并购协议具有法律约束力。并购协议生效后,并购双方应当及时办理股权转让和资产移交,并向工商等部门办理过户、注销、变更等手续。

8. 支付对价

并购协议生效后,并购方应按照协议约定的支付方式,将现金或股票、债券等形式的出价文件交付给被并购企业。

9. 并购整合

并购活动能否取得真正的成功,在很大程度上取决于并购后企业整合运营状况。

并购整合的主要内容包括公司发展战略的整合、经营业务的整合、管理制度的整合、组织架构的整合、人力资源的整合、企业文化的整合等。

整合往往是决定并购最终成败的关键环节,整个过程具有很大风险。整合风险是指并购后的公司整合不成功导致并购失败的可能性。在此阶段可能会出现的风险具体包括营运风险、企业文化风险、人事风险、法律风险等。

二、上市公司并购流程的特殊考虑

为了规范上市公司并购及相关股份权益变动活动,保护上市公司和投资者的合法权益,我国对上市公司并购流程作了相关规定。

1. 权益披露制度

《上市公司收购管理办法》(2014 年修订)规定,通过协议转让方式,投资者及其一致行动人在一个上市公司中拥有权益的股份拟达到或者超过一个上市公司已发行股份的 5% 时,应当在该事实发生之日起 3 日内编制权益变动报告书,向中国证监会、证券交易所提交书面报告,通知该上市公司,并予公告。

投资者及其一致行动人拥有权益的股份达到一个上市公司已发行股份的 5% 后,其拥有权益的股份占该上市公司已发行股份的比例每增加或者减少达到或者超过 5% 的,应当依照前款规定履行报告、公告义务。

前两款规定的投资者及其一致行动人在作出报告、公告前,不得再行买卖该上市公司的股票。

2. 国有股东转让上市公司股份

2018 年 5 月 16 日,国务院国有资产监督管理委员会、财政部、中国证券监督管理委员会联合发布了《上市公司国有股权监督管理办法》(国资委 财政部 证监会令第 36 号),对上市公司国有股权变动相关监管规则进行整合集中及补充完善,形成了较为统一的规范。36 号令于 2018 年 7 月 1 日起正式实施,与国资委和财政部于 2016 年 6 月 24 日颁布的《企业国有资产交易监督管理办法》(国务院 国资委 财政部令第 32 号)共同构成覆盖上市公司国有股权和非上市公司国有资产交易的较为完整的国资监管体系。国有控股股东通过证券交易系统转让上市公司股份,需要同时遵守上述法规。

第三节　企业并购的会计处理

一、企业合并的含义及其分类

1. 企业合并的含义

企业合并,是指将两个或者两个以上单独的企业合并形成一个报告主体的交易或事项。

企业合并的结果通常是一个企业取得了对一个或多个企业（或业务）的控制权。企业合并至少包括两层含义：一是取得对另一个或多个企业（或业务）的控制权；二是所合并的企业必须构成业务。业务是指企业内部某些生产经营活动或资产、负债的组合，该组合具有投入、加工处理和产出能力，能够独立计算其成本费用或所产生的收入。

如果一个企业取得了对另一个或多个企业的控制权，而被购买方（或被合并方）并不构成业务，则该交易或事项不形成企业合并。企业取得了不形成业务的一组资产或净资产时，应将购买成本按购买日所取得的各项可辨认资产、负债的相对公允价值基础进行分配，不按照企业合并准则进行处理。

从企业合并的定义看，是否构成企业合并，除了要看取得的企业是否构成业务之外，关键要看有关交易或事项发生前后报告主体是否发生变化。

2. 企业合并的分类

根据企业会计准则的规定，按照企业合并中参与合并的各方在合并前及合并后是否受同一方或相同的多方最终控制，在进行会计处理时，企业合并应分为同一控制下的企业合并及非同一控制下的企业合并分别予以考虑。本章主要以吸收合并为例讲述相关的账务处理，控股合并这类较复杂情况将在后续章节逐步展开。

根据 2014 年财政部新修订的企业会计准则规定，"控制"是指投资方拥有对被投资方的权利，通过参与被投资方的相关活动而享有可变回报，并且有能力运用对被投资方的权力影响其回报金额。在同一控制下的企业合并中，参与合并的企业在合并前后均受同一方或相同的多方最终控制且该控制并非暂时性。在非同一控制下的企业合并中，参与合并的各方在合并前后不受同一方或相同的多方最终控制。

二、同一控制下企业合并的会计处理

1. 同一控制下的企业合并的含义

同一控制下的企业合并，是指参与合并的企业在合并前后均受同一方或相同的多方最终控制且该控制并非暂时性。"同一方"，是指对参与合并的企业在合并前后均实施最终控制的投资者；"相同的多方"，是指根据投资者之间的协议约定，在对被投资单位的生产经营决策行使表决权时发表一致意见的两个或两个以上的投资者；"控制并非暂时性"，是指参与合并的各方在合并前后较长的时间内受同一方或相同的多方最终控制，"较长的时间"通常指 1 年以上（含 1 年）。总之，同一控制下的企业合并的主要特征是参与合并的各方在合并前后均受同一方或相同的多方控制，并且该控制不是暂时性的。

2. 同一控制下企业合并的处理原则

同一控制下的企业合并会计，主要指合并方在合并日对于企业合并事项应进行的会计处理，其计量原则是采用账面价值进行相关账务处理。合并方，是指取得对其他参与合并企业控制权的一方；合并日，是指合并方实际取得对被合并方控制权的日期。

同一控制下的企业合并,在合并中不涉及自集团外少数股东手中购买股权的情况下,合并方应遵循以下原则。

(1) 合并方在合并中确认取得的被合并方的资产、负债仅限于被合并方账面上原已确认的资产和负债,合并中不产生新的资产和负债。同一控制下的企业合并下,从最终控制方的角度来看,其在企业合并前后能够控制的净资产价值量并没有发生变化,因此合并中不产生新的资产,但被合并方在企业合并前账面上原已确认的商誉应作为合并中取得的资产确认。

(2) 合并方在合并中取得的被合并方各项资产、负债应维持其在被合并方的原账面价值不变。合并方在同一控制下的企业合并中取得的有关资产和负债不应因该项合并而变更其账面价值,从最终控制方的角度来看,其在企业合并前控制的资产、负债,在合并后仍在其控制之下,因此该合并原则上不应引起相关资产、负债的计价基础发生变化。在确定合并中取得各项资产、负债的入账价值时,应当注意的是,被合并方在企业合并前采用的会计政策与合并方不一致的,应基于重要性原则,统一会计政策,即合并方应当按照本企业会计政策对被合并方资产、负债的账面价值进行调整,并以调整后的账面价值作为有关资产、负债的入账价值。

(3) 合并方在合并中取得的净资产的入账价值相对于为进行企业合并支付的对价账面价值之间的差额,不作为资产的处置损益,不影响合并当期利润表,有关差额应调整所有者权益相关项目。合并方在企业合并中取得的价值量与所放弃价值量之间存在差额的,应当调整所有者权益。在根据合并差额调整合并方的所有者权益时,应调整资本公积(资本溢价或股本溢价),资本公积(资本溢价或股本溢价)的余额不足冲减的,应冲减留存收益。

(4) 对于同一控制下的控股合并,合并方在编制合并财务报表时,应视同合并后形成的报告主体自最终控制方开始实施控制时一直是一体化存续下来的,参与合并各方在合并以前期间实现的留存收益应体现为合并财务报表中的留存收益。合并财务报表中,应以合并方的资本公积(或经调整后的资本公积中的资本溢价部分)为限,在所有者权益内部进行调整,将被合并方在合并日以前实现的留存收益中按照持股比例计算的归属于合并方的部分自资本公积转入留存收益。

3. 同一控制下吸收合并的会计处理

同一控制下吸收合并的会计处理,应把握住以下两个要点:①合并方在企业合并中取得的资产和负债,应当按照合并日在被合并方的账面价值计量。②合并方取得的净资产账面价值与支付的合并对价账面价值(或发行股份面值总额)的差额,应当调整资本公积(资本溢价或股本溢价);资本公积(资本溢价或股本溢价)不足冲减的,应冲减未分配利润和盈余公积。

【**例 1-1**】 20×3 年 6 月 30 日,P 公司向 S 公司的股东定向增发 1 000 万股普通股(每股面值为 1 元,市价为 5 元)对 S 公司进行吸收合并,并于当日取得 S 公司净资产。P 公司与 S 公司合并前资产负债表如表 1-1 所示。

表 1-1　P公司与S公司合并前资产负债表　　　　　　　　　　元

项　　目	P公司账面价值	S公司账面价值	S公司公允价值
货币资金(银行存款)	17 250 000	1 800 000	1 800 000
应收账款	12 000 000	8 000 000	8 000 000
存货(库存商品)	24 800 000	1 020 000	1 800 000
长期股权投资	20 000 000	8 600 000	15 200 000
固定资产	28 000 000	12 000 000	22 000 000
无形资产	18 000 000	2 000 000	6 000 000
资产总计	120 050 000	33 420 000	54 800 000
短期借款	10 000 000	9 000 000	9 000 000
应付账款	15 000 000	1 200 000	1 200 000
其他负债	1 500 000	1 200 000	1 200 000
负债合计	26 500 000	11 400 000	11 400 000
实收资本	30 000 000	10 000 000	
资本公积	20 000 000	6 000 000	
盈余公积	20 000 000	2 000 000	
未分配利润	23 550 000	4 020 000	
所有者权益合计	93 550 000	22 020 000	
负债和所有者权益总计	120 050 000	33 420 000	

　　本例中假定P公司和S公司为同一集团内两家全资子公司,合并前其共同的母公司为A公司。该项合并中P公司和S公司在合并前及合并后均由A公司最终控制,为同一控制下的企业合并。自20×3年6月30日开始,P公司能够对S公司的净资产实施控制,该日即为合并日。

　　因合并后S公司失去其法人资格,P公司应确认合并中取得的S公司的各项资产和负债。假定P公司和S公司在合并前采用的会计政策相同。P公司对该项合并应进行的账务处理为:

　　　借:货币资金　　　　　　　　　　　　　　　　　　1 800 000
　　　　库存商品(存货)　　　　　　　　　　　　　　　　1 020 000
　　　　应收账款　　　　　　　　　　　　　　　　　　　8 000 000
　　　　长期股权投资　　　　　　　　　　　　　　　　　8 600 000
　　　　固定资产　　　　　　　　　　　　　　　　　　 12 000 000
　　　　无形资产　　　　　　　　　　　　　　　　　　　2 000 000
　　　　贷:短期借款　　　　　　　　　　　　　　　　　　　　9 000 000
　　　　　　应付账款　　　　　　　　　　　　　　　　　　　　1 200 000
　　　　　　其他应付款　　　　　　　　　　　　　　　　　　　1 200 000
　　　　　　股本　　　　　　　　　　　　　　　　　　　　　10 000 000
　　　　　　资本公积　　　　　　　　　　　　　　　　　　　12 020 000

三、非同一控制下企业合并的会计处理

1. 非同一控制下的企业合并的含义

非同一控制下的企业合并,是指参与合并各方在合并前后不受同一方或相同的多方最终控制的合并交易,即除判断属于同一控制下的企业合并情况以外的其他合并。

非同一控制下的企业合并,主要涉及购买方及购买日的确定,企业合并成本的确定,合并中取得的各项可辨认资产、负债的确认和计量以及合并差额的处理等。

2. 非同一控制下的企业合并的处理原则

非同一控制下的企业合并是参与合并的一方购买另一方或多方的交易,其计量原则是采用公允价值进行相关账务处理。

1）确定购买方

非同一控制下的企业合并首要前提是确定购买方。购买方是指在企业合并中取得对另一方或多方控制权的一方。合并中一方取得了另一方半数以上有表决权股份的,除非有明确的证据表明该股份不能形成控制,一般认为取得控股权的一方为购买方。某些情况下,即使一方没有取得另一方半数以上有表决权股份,但存在以下情况时,一般也可认为其获得了对另一方的控制权。

（1）通过与其他投资者签订协议,实质上拥有被投资单位半数以上表决权。

（2）按照法律或协议等的规定,具有主导被投资单位财务和经营决策的权力。

（3）有权任免被投资单位董事会或类似权力机构绝大多数成员。这种情况是指虽然投资企业拥有被投资单位50%或以下表决权资本,但根据章程、协议等有权任免被投资单位董事会或类似权力机构的绝大多数成员,以达到实质上控制的目的。

（4）在被投资单位董事会或类似权力机构具有绝大多数投票权。这种情况是指虽然投资企业拥有被投资单位50%或以下表决权资本,但能够控制被投资单位董事会或类似权力机构的会议,从而能够控制其财务和经营政策,达到对被投资单位的控制。

2）确定购买日

购买日是购买方获得对被购买方控制权的日期,即企业合并交易进行过程中,发生控制权转移的日期。同时满足以下条件时,一般可认为实现了控制权的转移,形成购买日。

（1）企业合并合同或协议已获股东大会等内部权力机构通过。对于股份有限公司,其内部权力机构一般指股东大会。

（2）按照规定,合并事项需要经过国家有关主管部门审批的,已获得相关部门的批准。

（3）参与合并各方已办理了必要的财产权交接手续。作为购买方,其通过企业合并无论是取得被购买方的股权还是被购买方的全部净资产,能够形成与取得股权或净资产相关的风险和报酬的转移,一般须办理相关的财产权交接手续,从而从法律上保

障有关风险和报酬的转移。

（4）购买方已支付了购买价款的大部分（一般应超过50%），并且有能力支付剩余款项。

（5）购买方实际上已经控制了被购买方的财务和经营政策，并享有相应的收益和风险。

企业合并涉及一次以上交换交易的，如通过逐次取得股份分阶段实现合并，企业应于每一交易日确认对被投资企业的各单项投资。"交易日"是指合并方或购买方在自身的账簿和报表中确认对被投资单位投资的日期。分步实现的企业合并中，"购买日"是指按照有关标准判断购买方最终取得对被购买企业控制权的日期。

3）确定企业合并成本

企业合并成本包括购买方为进行企业合并支付的现金或非现金资产、发行或承担的债务、发行的权益性证券等在购买日的公允价值。

或有对价的公允价值：某些情况下，企业合并合同或协议中会规定视未来或有事项的发生，购买方通过发行额外证券、支付额外现金或其他资产等方式追加合并对价，或者要求返还之前已经支付的对价。购买方应当将合并协议约定的或有对价作为企业合并转移对价的一部分，按照其在购买日的公允价值计入企业合并成本。根据《企业会计准则第22号——金融工具确认和计量》《企业会计准则第37号——金融工具列报》以及其他相关准则的规定，或有对价符合金融负债或权益工具定义的，购买方应当将拟支付的或有对价确认为一项负债或权益；符合资产定义并满足资产确认条件的，购买方应当将符合合并协议约定条件的已支付的合并对价中可收回部分的权利确认为一项资产。

非同一控制下的企业合并中发生的与企业合并直接相关的费用，包括为进行合并而发生的会计审计费用、法律服务费用、咨询费用等，与同一控制下的企业合并过程中发生的有关费用处理原则相同，均作为当期费用处理。这里所称合并中发生的各项直接相关费用，不包括与为进行企业合并发行的权益性证券或发行的债务相关的手续费、佣金等，该部分费用应比照本章关于同一控制下的企业合并中类似费用的原则处理，即应抵减权益性证券的溢价发行收入或是计入所发行债务的初始确认金额。

通过多次交换交易，分步取得股权最终形成企业合并的，在购买方的个别财务报表中，应当以购买日之前所持被购买方的股权投资的账面价值与购买日新增投资成本之和，作为该项投资的初始投资成本；在合并财务报表中，以购买日之前所持被购买方股权于购买日的公允价值与购买日支付对价的公允价值之和，作为合并成本。

4）企业合并成本在取得的可辨认资产和负债之间的分配

非同一控制下的企业合并中，通过企业合并交易，购买方无论是取得对被购买方生产经营决策的控制权还是取得被购买方的全部净资产，从本质上看，取得的均是对被购买方净资产的控制权。视合并方式的不同，在控股合并的情况下，购买方在其个别财务报表中应确认所形成的对被购买方的长期股权投资，该长期股权投资所代表的是购买方对合并中取得的对被购买方各项资产、负债应享有的份额，具体体现在合并财务报表中应列示的有关资产、负债;在吸收合并的情况下,合并中取得的被购买方各项可辨认资产、负债等直接体现为购买方账簿及个别财务报表中的资产、负债项目。

(1)购买方在企业合并中取得的被购买方各项可辨认资产和负债,要作为本企业的资产、负债(或合并财务报表中的资产、负债)进行确认,在购买日,应当满足资产、负债的确认条件。

(2)企业合并中取得的无形资产在其公允价值能够可靠计量的情况下应单独予以确认。

(3)企业合并中产生或有负债的确认。对于购买方在企业合并时可能需要代被购买方承担的或有负债,在其公允价值能够可靠计量的情况下,应作为合并中取得的负债单独确认。

(4)企业合并中取得的资产、负债在满足确认条件后,应以其公允价值计量。对于被购买方在企业合并之前已经确认的商誉和递延所得税项目,购买方在对企业合并成本进行分配、确认合并中取得可辨认资产和负债时不应予以考虑。

5)企业合并成本与合并中取得的被购买方可辨认净资产公允价值份额差额的处理

(1)企业合并成本大于合并中取得的被购买方可辨认净资产公允价值份额的差额应确认为商誉。

(2)企业合并成本小于合并中取得的被购买方可辨认净资产公允价值份额的部分,应计入合并当期损益(营业外收入)。

6)企业合并成本或有关可辨认资产、负债公允价值暂时确定的情况

对于非同一控制下的企业合并,如果在购买日或合并当期期末,因各种因素影响无法合理确定企业合并成本或合并中取得的有关可辨认资产、负债公允价值的,在合并当期期末,购买方应以暂时确定的价值为基础对企业合并交易或事项进行处理。继后取得进一步信息表明有关资产、负债公允价值与暂时确定的价值不同的,应分别以下情况进行处理。

(1)购买日后12个月内对有关价值量的调整。

在合并当期期末以暂时确定的价值对企业合并进行处理的情况下,自购买日算起12个月内取得进一步的信息表明需对原暂时确定的企业合并成本或所取得的资产、负债的暂时性价值进行调整的,应视同在购买日发生,即应进行追溯调整,同时对以暂时性价值为基础提供的比较报表信息,也应进行相关的调整。

(2)超过规定期限后的价值量调整。

自购买日算起12个月以后对企业合并成本或合并中取得的可辨认资产、负债价值的调整,应当按照《企业会计准则第28号——会计政策、会计估计变更和差错更正》的原则进行处理,即应视为会计差错更正,在调整相关资产、负债账面价值的同时,调整所确认的商誉或者计入合并当期利润表中的金额,以及相关资产的折旧、摊销等。

3.非同一控制下吸收合并的会计处理

在非同一控制下的吸收合并中,购买方在购买日应当将合并中取得的符合确认条

件的各项资产、负债，按其公允价值确认为本企业的资产和负债；作为合并对价的有关非货币性资产在购买日的公允价值与其账面价值的差额，应作为资产的处置损益计入合并当期的利润表；确定的企业合并成本与所取得的被购买方可辨认净资产公允价值的差额，视情况分别确认为商誉或者作为企业合并当期的损益计入利润表。

【例 1-2】 延续例 1-1 的资料，假设 P 公司和 S 公司为非同一控制下的两家公司，那么 P 公司吸收合并 S 公司的账务处理如下：

借：货币资金	1 800 000
库存商品（存货）	1 800 000
应收账款	8 000 000
长期股权投资	15 200 000
固定资产	22 000 000
无形资产	6 000 000
商誉	6 600 000
贷：短期借款	9 000 000
应付账款	1 200 000
其他应付款	1 200 000
股本	10 000 000
资本公积	40 000 000

▶ 思考题

1. 什么是企业并购？试说明企业并购的原因。

2. 企业并购的类型有哪些？

3. 什么是并购融资？企业可以选择哪些方式来实现并购？

4. 企业并购涉及的支付方式有哪些？

5. 简述企业并购的一般流程。

6. 什么是同一控制下的企业合并？什么是非同一控制下的企业合并？

7. 同一控制下企业合并会计处理的要点有哪些？

8. 非同一控制下企业合并会计处理的要点有哪些？

9. 试比较同一控制下企业合并和非同一控制下企业合并与合并有关的费用的处理方法。

10. 商誉是怎样产生的？确认商誉对企业以后年度的经营成果有什么影响？

▶ 练习题

P 公司为一家制造业公司，2010 年公司与企业并购有关的事项如下。

(1) 为了引入先进的技术，2010 年 3 月 30 日，P 公司以 1.2 亿元取得 X 公司 25%有表决权股份；2010 年 11 月 8 日，又以价值 2.4 亿元的土地作价购入了 X 公司 35%有表决权股份。X 公司与 P 公司都属于 A 集团控制下的企业。

（2）P 公司为了走出国门，2010 年 4 月 1 日以发行股票的方式支付 6 000 万元对价购买 Y 公司 85％有表决权股份。根据市场预期，Y 公司将会为 P 公司提供更为广阔的市场空间。为了更好地利用 Y 公司的渠道优势，同年 8 月 2 日，P 公司又以 2 000 万元现金购入了 Y 公司剩余 15％的股权。Y 公司 2010 年 4 月 1 日的资产负债表显示净资产为 600 万美元，其中经评估固定资产项目公允价值较账面价值高出 200 万美元；8 月 2 日的 Y 公司资产负债表账面价值增加了 50 万美元；4 月 1 日的美元兑换人民币元比率为 1：7；8 月 2 日美元兑人民币元比率为 1：6.9。

（3）P 公司 2010 年 7 月 9 日以零转让价格获得了 Z 公司的 100％的股权，P 公司获得了 Z 公司的控制权。已知 Z 公司资产项目公允价值：现金 500 万元；应收账款 300 万元；存货 500 万元；固定资产 1 000 万元。负债项目公允价值：短期借款 200 万元；应付账款 2 000 万元；长期借款 2 000 万元。

（4）P 公司为了进入东北市场，2010 年 9 月 30 日以现金 5 000 万元、发行股票价值 6 000 万元购买了东北地区 W 公司 80％有表决权股份。W 公司为 2010 年 2 月新成立的公司，截至 2010 年 9 月 30 日，该公司持有货币资金 9 500 万元，实收资本 8 000 万元，资本公积 600 万元。

假定本题中有关公司的所有者均按所持有的有表决权股份的比例参与被投资单位的财务和经营决策，不考虑其他情况。

要求：根据企业会计准则规定，逐项分析、判断 P 公司 2010 年上述并购是否形成企业合并。请回答具体的合并支付方式与合并日期、合并类型是哪一类。在能够计算商誉的情况下请给出并购商誉的金额。如不形成企业合并的，请简要说明理由。

 练习题参考答案

第二章
长期股权投资

本章全面论述了长期股权投资的确认、计量、转换及处置等的会计处理。在学习和理解本章内容时,应当关注:

(1) 长期股权投资的初始确认。绝大部分情况下,长期股权投资应按照取得时的投入成本进行初始确认。

(2) 长期股权投资的后续计量。长期股权投资在持有期间,根据投资企业对被投资单位的影响程度,可分别采用成本法或权益法核算。

(3) 长期股权投资核算方法的转换及处置。本章节的内容主要依据《企业会计准则第 2 号——长期股权投资》(财会〔2014〕14 号)及相关指南编写,同时参考《企业会计准则第 20 号——企业合并》《企业会计准则第 33 号——合并财务报表》等准则的规定。

第一节　长期股权投资的初始确认

长期股权投资,是指投资方对被投资单位实施控制、重大影响的权益性投资,以及对其合营企业的权益性投资。

一、长期股权投资的分类

根据《企业会计准则第 2 号——长期股权投资》(财会〔2014〕14 号)的规定,长期股权投资依据对被投资单位的影响分为以下三种类型。

(1) 控制,是指投资方拥有对被投资方的权利,通过参与被投资方的相关活动而享有可变回报,并且有能力运用对被投资方的权力影响其回报金额。在确定能否对被投资单位实施控制时,投资方应当按照《企业会计准则第 33 号——合并财务报表》的有关规定进行判断。投资方能够对被投资单位实施控制的,被投资单位为其子公司。投资方属于《企业会计准则第 33 号——合并财务报表》规定的投资性主体且子公司不纳入合并财务报表的情况除外。

(2) 合营,是指按照相关约定对某项安排所共有的控制,并且该安排的相关活动必须经过分享控制权的参与方一致同意后才能决策。投资企业与其他方对被投资单位实施共同控制的,被投资单位为其合营企业。在确定被投资单位是否为合营企业时,应当按照《企业会计准则第 40 号——合营安排》的有关规定进行判断。

(3) 重大影响,是指投资方对被投资单位的财务和经营政策有参与决策的权力,但并不能够控制或者与其他方一起共同控制这些政策的制定。在确定能否对被投资单位施加重大影响时,应当考虑投资方和其他方持有的被投资单位当期可转换公司债券、当期可执行认股权证等潜在表决权因素。投资方能够对被投资单位施加重大影响的,被投资单位为其联营企业。

二、对子公司长期股权投资的初始确认

对子公司的长期股权投资往往是控股合并事项下形成的,其初始投资成本应根据控股合并的类型来确定。控股合并分为同一控制下控股合并与非同一控制下控股合并两种情况,其判断标准见《企业会计准则第 20 号——企业合并》。

(一) 同一控制下因控股合并形成的长期股权投资

对于同一控制下的企业合并,从能够对参与合并各方在合并前及合并后均实施最终控制的一方来看,最终控制方在企业合并前及合并后能够控制的资产并没有发生变化。合并方取得长期股权投资的初始投资成本以被合并方所有者权益在最终控制方合并财务报表中的账面价值确定。

1. 以支付现金、转让非现金资产或承担债务方式作为合并对价

合并方以支付现金、转让非现金资产或承担债务方式作为合并对价的,应当在合并日按照被合并方所有者权益在最终控制方合并财务报表中的账面价值的份额作为长期股权投资的初始投资成本。长期股权投资的初始投资成本与支付的现金、转让的非现金资产及所承担债务账面价值之间的差额,应当调整资本公积(资本溢价或股本溢价);资本公积(资本溢价或股本溢价)的余额不足冲减的,调整留存收益。合并方发生的审计、法律服务、评估咨询等中介费用以及其他相关管理费用,应当于发生时计入当期损益。

具体进行会计处理时,合并方在合并日应按被合并方所有者权益在最终控制方合并财务报表中的账面价值的份额,借记"长期股权投资"科目,按应享有被投资单位已宣告但尚未发放的现金股利或利润,借记"应收股利"科目;按支付的合并对价的账面价值,贷记有关资产或借记有关负债科目,按其差额,贷记或借记"资本公积——资本溢价或股本溢价"科目,资本公积(资本溢价或股本溢价)不足冲减的,借记"盈余公积""利润分配——未分配利润"科目。

【例 2-1】 甲公司和乙公司同为 A 公司的子公司。

(1) 20×4 年 4 月 1 日甲公司与 A 公司签订合同,甲公司以 7 000 万元购买 A 公司持有乙公司 80% 的表决权资本。

(2) 20×4 年 5 月 1 日甲公司与 A 公司股东大会批准该协议。

(3) 20×4 年 6 月 1 日,甲公司以银行存款 7 000 万元支付给 A 公司,同日办理完毕相关法律手续。当日乙公司所有者权益的账面价值为 10 000 万元,乙公司所有者权益的公允价值为 15 000 万元。

(4) 另发生审计、法律服务、评估咨询等中介费用 100 万元。

甲公司有关会计处理如下:

同一控制下企业合并形成的长期股权投资,在合并日按被合并方所有者权益在最终控制方合并财务报表中的账面价值的份额,作为长期股权投资初始成本=10 000×80%=8 000(万元)

借:长期股权投资——乙公司   8 000
 贷:银行存款   7 000
   资本公积   1 000
借:管理费用   100
 贷:银行存款   100

2. 以发行权益性证券作为合并对价

合并方以发行权益性证券作为合并对价的,应按在合并日按照被合并方所有者权益在最终控制方合并财务报表中的账面价值的份额作为长期股权投资的初始投资成本。按照发行股份的面值总额作为股本,长期股权投资初始投资成本与所发行股份面值总额之间的差额,应当调整资本公积(资本溢价或股本溢价);资本公积(资本溢价或股本溢价)不足冲减的,调整留存收益。

具体进行会计处理时,合并方在合并日应按被合并方所有者权益在最终控制方合并财务报表中的账面价值的份额,借记"长期股权投资"科目,按应享有被投资单位已宣告但尚未发放的现金股利或利润,借记"应收股利"科目,按发行权益性证券的面值,贷记"股本"科目,按其差额,贷记"资本公积——资本溢价或股本溢价"科目;如为借方差额,应借记"资本公积——资本溢价或股本溢价"科目,资本公积(资本溢价或股本溢价)不足冲减的,借记"盈余公积""利润分配——未分配利润"科目。

与发行权益性证券相关的费用,不管其是否与企业合并直接相关,均应自所发行权益性证券的发行收入中扣减,在权益性工具发行有溢价的情况下,自溢价收入中扣除,在权益性证券发行无溢价或溢价金额不足以扣减的情况下,应当冲减盈余公积和未分配利润。

【例 2-2】 甲公司以定向增发股票的方式购买同一集团内另一企业持有的 A 公司 60%股权。为取得该股权,甲公司增发 4 000 万股普通股,每股面值为 1 元,每股公允价值为 5 元;支付承销商佣金 50 万元,发生与企业合并相关的审计、评估费用 10 万元。取得该股权时,A 公司净资产账面价值为 10 000 万元,公允价值为 12 000 万元。假定甲公司和 A 公司采用的会计政策相同。

甲公司有关会计处理如下:

借:长期股权投资——A 公司   6 000

```
    贷:股本                                          4 000
       资本公积                                       2 000
  借:管理费用                                          10
     资本公积                                          50
    贷:银行存款                                                60
```

其中,长期股权投资初始成本＝10 000×60％＝6 000(万元),确认的资本公积金额＝10 000×60％－4 000－50＝1 950(万元)。

3. 对于"被合并方所有者权益在最终控制方合并财务报表中的账面价值"的理解

上述在按照合并日应享有被合并方账面所有者权益在最终控制方合并财务报表中的账面价值的份额确定长期股权投资的初始投资成本时,对于被合并方账面所有者权益,应当在考虑以下几个因素的基础上计算确定形成长期股权投资的初始投资成本。

(1) 被合并方与合并方的会计政策、会计期间是否一致。如果合并前合并方与被合并方的会计政策、会计期间不同的,应按照合并方的会计政策、会计期间对被合并方资产、负债的账面价值进行调整,在此基础上计算确定被合并方的账面所有者权益,并计算确定长期股权投资的初始投资成本。

(2) 被合并方账面所有者权益在最终控制方合并财务报表中的账面价值的份额是指被合并方的所有者权益相对于最终控制方而言的账面价值。

【例 2-3】　甲公司为某一集团母公司,分别控制乙公司和丙公司。

① 20×2 年 1 月 1 日,甲公司以银行存款 4 100 万元从本集团外部购入丁公司80％股权(属于非同一控制下企业合并)并能够控制丁公司的财务和经营政策,购买日,丁公司可辨认净资产的公允价值为 5 000 万元,账面价值为 3 500 万元。这一次的合并属于非同一控制下的企业合并,甲公司按公允价值进行相关会计处理如下:

```
  借:长期股权投资——丁公司                            4 100
    贷:银行存款                                              4 100
```

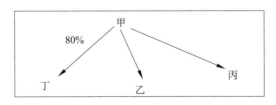

② 20×4 年 1 月 1 日,乙公司以银行存款 4 500 万元购入甲公司所持丁公司的80％股权,形成同一控制下的企业合并。20×2 年 1 月至 20×3 年 12 月 31 日,丁公司按照购买日公允价值净资产计算实现的净利润为 1 200 万元;按照购买日账面价值净资产计算实现的净利润为 1 500 万元。无其他所有者权益变动。

乙公司的会计处理:

20×4 年 1 月 1 日合并日,丁公司的所有者权益相对于甲公司而言的账面价值为:自 2012 年 1 月 1 日丁公司净资产公允价值 5 000 万元持续计算至 20×3 年 12 月

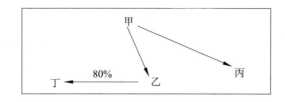

31 日的账面价值 6 200(5 000＋1 200)万元。乙公司购入丁公司的所有者权益在甲公司(最终控制方)的账面价值为 4 960[(5 000＋1 200)×80％]万元,因此完成第二步同一控制下的企业合并时,乙公司的账务处理为:

借:长期股权投资——丁公司   4 960
    贷:银行存款   4 500
       资本公积   460

(3) 形成同一控制下控股合并的长期股权投资,如果子公司按照改制时确定的资产、负债经评估确认的价值调整资产、负债账面价值的,合并方应当按照取得子公司经评估确认的净资产的份额作为长期股权投资的初始投资成本。

(4) 如果被合并方本身编制合并财务报表的,被合并方的账面所有者权益的价值应当以其合并财务报表为基础确定。

(二)非同一控制下因控股合并形成的长期股权投资

(1) 非同一控制下的控股合并中,购买方应当按照以公允价值确定的企业合并成本作为长期股权投资的初始投资成本。企业合并成本包括购买方付出的资产、发生或承担的负债、发行的权益性证券的公允价值之和,即合并成本＝支付价款或付出资产的公允价值＋发生或承担的负债的公允价值＋发行的权益性证券的公允价值。在非同一控制下的企业合并中,购买方为企业合并发生的审计、法律服务、评估咨询等中介费用,应当于发生时计入当期损益。以发行债券方式进行的企业合并,与发行债券相关的佣金、手续费等应计入债务性债券的初始计量金额。以发行权益性证券作为合并对价的,与所发行权益性证券相关的佣金、手续费等均应计入权益性证券的初始计量金额。

非同一控制下的企业控股合并时,合并方支付对价的公允价值与账面价值的差额,就不同情况分别处理:合并对价为固定资产、无形资产的,公允价值与账面价值的差额,计入营业外收入或营业外支出;合并对价为长期股权投资或金融资产的,公允价值与其账面价值的差额,计入投资损益;合并对价为存货的,应当视同销售处理,以其公允价值确认收入,同时结转相应的成本;合并对价为投资性房地产的,以其公允价值确认其他业务收入,同时结转其他业务成本。

【例 2-4】 甲公司适用的增值税税率为 17％。有关业务如下:

① 2×14 年 4 月 30 日甲公司与乙公司的控股股东 A 公司签订股权转让协议,甲公司以一批资产作为对价支付给 A 公司,A 公司以其所持有乙公司 80％的股权作为支付对价。

② 2×14 年 5 月 31 日甲公司与 A 公司的股东大会批准收购协议。

③ 2×14 年 6 月 30 日将作为对价的资产所有权转移给 A 公司,并办理相关股权划转手续。

④ 2×14 年 6 月 30 日甲公司作为对价的资产资料如表 2-1 所示。

表 2-1

	账 面 价 值	公 允 价 值
以公允价值计量且其变动计入当期损益的金融资产	20 000 万元(其中成本为 18 000 万元,公允价值变动为 2 000 万元)	22 000 万元
固定资产(2×10 年初购入的机器设备①)	5 000 万元	6 000 万元
库存商品	4 800 万元	5 000 万元
合 计	29 800 万元	33 000 万元

购买日乙企业净资产账面价值为 42 000 万元,公允价值为 43 000 万元。此外甲企业发生审计评估咨询费用 330 万元。

⑤ 甲公司与 A 公司在交易前不存在任何关联方关系,合并前甲公司与乙公司未发生任何交易。甲公司与乙公司采用的会计政策相同。假定甲公司该固定资产适用增值税税率为 17%。

则甲公司应编制的会计分录如下:

借:长期股权投资　　　　　　　　　　　　　　　　　　34 870
　　公允价值变动损益　　　　　　　　　　　　　　　　　2 000
　　主营业务成本　　　　　　　　　　　　　　　　　　　4 800
　　贷:以公允价值计量且其变动计入当期损益的
　　　　金融资产——成本　　　　　　　　　　　　　　　　　　18 000
　　　　　　　　——公允价值变动　　　　　　　　　　　　　　2 000
　　　　投资收益　　　　　　　　　　　　　　4 000(22 000-18 000)
　　　　固定资产　　　　　　　　　　　　　　　　　　　　　　5 000
　　　　营业外收入　　　　　　　　　　　　　　1 000(6 000-5 000)
　　　　存货　　　　　　　　　　　　　　　　　　　　　　　　4 800
　　　　主营业务收入　　　　　　　　　　　　　　　　　　　　5 000

---

① 根据《财政部国家税务总局关于简并增值税征收率政策的通知》(财税〔2014〕57 号)和《财政部国家税务总局关于部分货物适用增值税低税率和简易办法征收增值税政策的通知》(财税〔2009〕9 号)规定,自 2014 年 7 月 1 日起,纳税人销售自己使用过的物品,按下列政策执行。

(1)一般纳税人销售自己使用过的属于《中华人民共和国增值税暂行条例》第十条规定不得抵扣且未抵扣进项税额的固定资产,按照简易办法依照 3%征收率减按 2%征收增值税。

(2)小规模纳税人(除其他个人外)销售自己使用过的固定资产,减按 2%征收率征收增值税。

"已使用过的固定资产"是指纳税人根据财务会计制度已经计提折旧的固定资产。

对于不符合《中华人民共和国增值税暂行条例》第十条规定或符合规定但已抵扣进项税额的固定资产的销售,根据《中华人民共和国增值税暂行条例》规定仍按 17%基本税率征收增值税。

　　　　应交税费——应交增值税(销项税额)　　　　　　　　　　　1 870
　　借:管理费用　　　　　　　　　　　　　　　　　　　　　　330
　　　　贷:银行存款　　　　　　　　　　　　　　　　　　　　　330

其中,合并成本=22 000+(6 000+5 000)×1.17=34 870(万元);购买日合并商誉=34 870-43 000×80%=470(万元),在编制合并报表时披露,个别报表上没有披露;销项税额=(6 000+5 000)×17%=1 870。

(2) 通过多次交易,分步取得股权最终形成企业合并的,在个别财务报表中,应当以购买日之前所持购买方的股权投资的账面价值与购买日新增投资资本之和,作为该项投资的初始投资成本。形成控股合并前对长期股权投资采用权益法核算的,长期股权投资在购买日的初始投资成本为原权益法下的账面价值加上购买日为取得新的股份所支付对价的公允价值之和;形成控股合并前对长期股权投资采用公允价值计量的(如原分类为"以公允价值计量且其变动计入其他综合收益的金融资产"的股权投资),长期股权投资在购买日的初始投资成本为原公允价值计量的账面价值加上购买日为取得新的股份所支付对价的公允价值之和。购买日之前持有的被购买方的股权涉及其他综合收益的,购买日对这部分其他综合收益不作处理,等到处置该项投资时将与其相关的其他综合收益(如"以公允价值计量且其变动计入其他综合收益的金融资产"公允价值变动计入资本公积的部分)转入当期投资收益。

【例 2-5】　A 公司于 20×3 年 3 月以 2 000 万元取得 B 上市公司 5% 的股权,对 B 公司不具有重大影响,A 公司将其分类为"以公允价值计量且其变动计入其他综合收益的金融资产",按公允价值计量。20×4 年 4 月 1 日,A 公司又斥资 25 000 万元自 C 公司取得 B 公司另外 50% 股权。假定 A 公司在取得对 B 公司股权后,B 公司未宣告发放现金股利。A 公司原持有 B 公司 5% 的股权于 20×4 年 3 月 31 日的公允价值为 2 500 万元,累计计入其他综合收益的金额为 500 万元。A 公司与 C 公司不存在任何关联方关系。

本例中,A 公司是通过分步购买最终达到对 B 公司实施控制,因 A 公司与 C 公司不存在任何关联方关系,故形成非同一控制下控股合并。在购买日,A 公司应进行如下账务处理:

　　借:长期股权投资　　　　　　　　　　　　　　　　　　　　27 500
　　　　贷:以公允价值计量且其变动计入其他综合收益的金融资产　　　2 500
　　　　　　银行存款　　　　　　　　　　　　　　　　　　　　25 000

假定,A 公司于 20×3 年 3 月以 12 000 万元取得 B 公司 20% 的股权,并能对 B 公司施加重大影响,采用权益法核算该项股权投资,当年度确认对 B 公司的投资收益 450 万元。20×4 年 4 月,A 公司又斥资 15 000 万元自 C 公司取得 B 公司另外 30% 的股权。A 公司按净利润的 10% 提取盈余公积。A 公司对该项长期股权投资未计提任何减值准备。

其他资料同上。购买日,A 公司应进行以下账务处理:

　　借:长期股权投资　　　　　　　　　　　　　　　　　　　　15 000

  贷:银行存款   15 000

  购买日对 B 公司长期股权投资的账面价值＝(12 000＋450)＋15 000＝27 450(万元)

三、对非子公司的长期股权投资

  除企业合并形成的长期股权投资以外,其他方式取得的长期股权投资,应当按照其支付对价的公允价值确定其初始投资成本,具体为以下几个方面。

  (1) 以支付现金取得的长期股权投资,应当按照实际支付的购买价款作为长期股权投资的初始投资成本,初始投资成本包括与取得长期股权按投资直接相关的费用、税金及其他必要支出。

  【例 2-6】 甲公司于 20×3 年 12 月 10 日,买入乙公司 20％的股份,实际支付价款 1 000 万元。会计处理如下:

  借:长期股权投资——乙公司   1 000

    贷:银行存款   1 000

  (2) 以发行权益性证券方式取得的长期股权投资,应当按照发行权益性证券的公允价值作为初始投资成本。

  为发行权益性证券支付给有关证券承销机构等的手续费、佣金等与权益性证券发行直接相关的费用,不构成取得长期股权投资的成本。该部分费用按照《企业会计准则第 37 号——金融工具列报》的规定,应自权益性证券的溢价发行收入中扣除,权益性证券的溢价收入不足冲减的,应冲减盈余公积和未分配利润。

  【例 2-7】 20×3 年 8 月,A 公司通过增发 10 000 万股(每股面值 1 元)自身的股份取得对 B 公司 20％的股权,公允价值为 60 000 万元。为增发该部分股份,A 公司支付了 600 万元的佣金和手续费。

  本例中 A 公司应当以所发行股份的公允价值作为取得长期股权投资的成本。

  借:长期股权投资   60 000

    贷:股本   10 000

      资本公积   50 000

  借:资本公积   600

    贷:银行存款   600

  (3) 通过非货币性资产交换取得的长期股权投资,其初始投资成本应当按照《企业会计准则第 7 号——非货币性资产交换》的有关规定确定。

  (4) 通过债务重组取得的长期股权投资,其初始投资成本应当按照《企业会计准则第 12 号——债务重组》的有关规定确定。

第二节 长期股权投资的后续计量

  长期股权投资在持有期间,根据投资企业对被投资单位的影响程度分别采用成本法及权益法进行核算。

一、长期股权投资的成本法

（一）成本法的定义及其适用范围

成本法，是指对长期股权投资按投资成本进行后续计量的会计处理方法。投资方能够对被投资单位实施控制的长期股权投资应当采用成本法核算。

（二）成本法的核算要点

成本法的核算要点如下：

（1）初始投资或追加投资时，按照初始投资或追加投资时的成本增加长期股权投资的账面价值。

（2）除取得投资时实际支付的对价中包含的已宣告但尚未发放的现金股利或利润外，投资企业应当按照享有被投资单位宣告发放的现金股利或利润确认投资收益，不管其分配的利润是属于取得投资前被投资单位实现的净利润，还是取得投资后被投资单位实现的净利润。

投资企业在确认自被投资单位应分得的现金股利或利润后，应当考虑有关长期股权投资是否发生减值。在判断该类长期股权投资是否存在减值迹象时，应当关注长期股权投资的账面价值是否大于享有被投资单位净资产（包括相关商誉）账面价值的份额等情况。出现类似情况时，企业应当按照《企业会计准则第 8 号——资产减值》的规定对长期股权投资进行减值测试，可收回金额低于长期股权投资账面价值的，应当计提减值准备。

【例 2-8】 甲公司和乙公司均为我国境内居民企业。税法规定，我国境内居民企业之间取得的股息、红利免税。有关业务如下：

① 20×2 年 1 月 2 日甲公司以银行存款 1 000 万元（含相关税费 5 万元）投资于乙公司，占乙公司表决权的 60%，乙公司属于未上市的民营企业，其股权不存在明确的市场价格。甲公司采用成本法核算。

② 20×2 年 4 月 20 日乙公司宣告上年度的现金股利 100 万元。2012 年末乙公司实现净利润为 6 000 万元。

③ 20×3 年 4 月 20 日乙公司宣告上年度的现金股利 200 万元。

甲公司应进行如下账务处理：

20×2 年取得 60% 的股权投资：

借：长期股权投资——乙公司	1 000	
贷：银行存款		1 000
借：应收股利	60（100×60%）	
贷：投资收益		60

20×3 年 4 月 20 日宣告上年度的现金股利：

借:应收股利　　　　　　　　　　　　　　　　　　120(200×60％)

贷:投资收益　　　　　　　　　　　　　　　　　　　　　　120

二、长期股权投资的权益法

(一)权益法的定义及其适用范围

权益法,是指长期股权投资以初始投资成本计量后,在投资持有期间根据投资企业享有被投资单位所有者权益份额的变动对长期股权投资账面价值进行调整的账务处理方法。

权益法的核算适用下列情形:一是投资企业对被投资单位具有重大影响的权益性投资,即对联营企业投资;二是投资企业与其他合营方一同对被投资单位实施共同控制的权益性投资,即对合营企业投资。

投资方对联营企业的权益性投资,其中一部分通过风险投资机构、共同基金、信托公司或包括投连险基金在内的类似主体间接持有的,无论以上主体是否对这部分投资具有重大影响,投资方都可以按照《企业会计准则第 22 号——金融工具确认和计量》的有关规定,对间接持有的该部分投资选择以公允价值计量且其变动计入损益,并对其余部分采用权益法核算。

(二)权益法的核算要点

1. 权益法下对初始投资成本的调整

投资企业取得对联营企业或合营企业的投资以后,对于取得投资时投资成本与应享有被投资单位可辨认净资产公允价值份额之间的差额,应区别情况分别处理。

(1)初始投资成本大于取得投资时应享有被投资单位可辨认净资产公允价值份额的,该部分差额从本质上是投资企业在取得投资过程中通过购买作价体现出的与所取得股权份额相对应的商誉及被投资单位不符合确认条件的资产价值。初始投资成本大于投资时应享有被投资单位可辨认净资产公允价值的份额时,两者之间的差额不要求对长期股权投资的成本进行调整。

(2)初始投资成本小于取得投资时应享有被投资单位可辨认净资产公允价值份额的,两者之间的差额体现为双方在交易作价过程中转让方的让步,该部分经济利益流入应作为收益处理,计入取得投资当期的营业外收入,同时调整增加长期股权投资的账面价值。

【例 2-9】 20×4 年 1 月 2 日,甲公司以银行存款 2 000 万元取得乙公司 30％的股权,投资时乙公司各项可辨认资产、负债的公允价值与其账面价值相同,可辨认净资产公允价值及账面价值的总额均为 7 000 万元。

借:长期股权投资——成本　　　　　　　　　　　　　2 000

贷:银行存款　　　　　　　　　　　　　　　　　　　　2 000

借:长期股权投资——成本　　　　　　100(7 000×30％-2 000)

　　贷：营业外收入　　　　　　　　　　　　　　　　　　　　100

　　其中，初始投资成本为 2 000 万元，调整后的长期股权投资的入账价值为 2 100 万元，营业外收入 100 万元不计入应纳税所得额。

　　2. 权益法下对投资损益的确认

　　投资企业取得长期股权投资后，应当按照应享有或应分担被投资单位实现净利润或发生净亏损的份额（法规或章程规定不属于投资企业的净损益除外），调整长期股权投资的账面价值，并确认为当期投资损益。

　　在确认应享有或应分担被投资单位的净利润或净亏损时，在被投资单位账面净利润的基础上，应考虑以下因素的影响进行适当调整。

　　一是被投资单位采用的会计政策及会计期间与投资企业不一致的，应按投资企业的会计政策及会计期间对被投资单位的财务报表进行调整。

　　二是以取得投资时被投资单位固定资产、无形资产的公允价值为基础计提的折旧额或摊销额，以及以投资企业取得投资时的公允价值为基础计算确定的资产减值准备等对被投资单位净利润的影响。

　　被投资单位个别利润表中的净利润是以其持有的资产、负债账面价值为基础持续计算的，而投资企业在取得投资时，是以被投资单位有关资产、负债的公允价值为基础确定投资成本，长期股权投资的投资收益所代表的是被投资单位资产、负债在公允价值计量的情况下在未来期间通过经营产生的损益中归属于投资企业的部分。取得投资时有关资产、负债的公允价值与其账面价值不同的，未来期间，在计算归属于投资企业应享有的净利润或应承担的净亏损时，应以投资时被投资单位有关资产对投资企业的成本即取得投资时的公允价值为基础计算确定，从而产生了对被投资单位账面净利润进行调整的需要。

　　在针对上述事项对被投资单位实现的净利润进行调整时，应考虑重要性原则，不具重要性的项目可不予调整。符合下列条件之一的，投资企业可以以被投资单位的账面净利润为基础，计算确认投资损益，同时应在会计报表附注中说明不能按照准则规定进行核算的原因：①投资企业无法合理确定取得投资时被投资单位各项可辨认资产等的公允价值；②投资时被投资单位可辨认资产的公允价值与其账面价值相比，两者之间的差额不具重要性的；③其他原因导致无法取得被投资单位的有关资料，不能按照准则中规定的原则对被投资单位的净损益进行调整的。

　　【例 2-10】　甲公司于 20×3 年 1 月 10 日购入乙公司 30％的股份，购买价款为 3 300 万元，并自取得投资之日起派人参与乙公司的财务和生产经营决策。取得投资当日，乙公司可辨认净资产公允价值为 9 000 万元，除表 2-2 所列项目外，乙公司其他资产、负债的公允价值与账面价值相同。

　　假定乙公司于 20×3 年实现净利润 900 万元，其中，在甲公司取得投资时的账面存货有 80％对外出售。甲公司与乙公司的会计年度及采用的会计政策相同。固定资产、无形资产均按直线法提取折旧或摊销，预计净残值均为 0。假定甲、乙公司间未发生任何内部交易。

表　2-2

万元

项　　目	账面原价	已提折旧或摊销	公允价值	乙公司预计使用年限	甲公司取得投资后剩余使用年限
存货	750		1 050		
固定资产	1 800	360	2 400	20	16
无形资产	1 050	210	1 200	10	8
合计	3 600	570	4 650		

甲公司在确定其应享有的投资收益时,应在乙公司实现净利润的基础上,根据取得投资时乙公司有关资产的账面价值与其公允价值差额的影响进行调整(假定不考虑所得税影响)。

存货账面价值与公允价值的差额应调减的利润＝(1 050－750)×80%＝240(万元)

固定资产公允价值与账面价值差额应调整增加的折旧额＝2 400÷16－1 800÷20＝60(万元)

无形资产公允价值与账面价值差额应调整增加的摊销额＝1 200÷8－1 050÷10＝45(万元)

调整后的净利润＝900－240－60－45＝555(万元)

甲公司应享有份额＝555×30%＝166.50(万元)

确认投资收益的账务处理如下:

借:长期股权投资——损益调整　　　　　　　　　　　　　166.5

　　贷:投资收益　　　　　　　　　　　　　　　　　　　　166.5

三是在确认投资收益时,除考虑公允价值的调整外,对于投资企业与其联营企业及合营企业之间发生的未实现内部交易损益应予抵销,即投资企业与联营企业及合营企业之间发生的未实现内部交易损益按照持股比例计算归属于投资企业的部分应当予以抵销,在此基础上确认投资损益。投资企业与被投资单位发生的内部交易损失,按照《企业会计准则第 8 号——资产减值》等规定属于资产减值损失的,应当全额确认。投资企业对于纳入其合并范围的子公司与其联营企业及合营企业之间发生的内部交易损益,也应当按照上述原则进行抵销,在此基础上确认投资损益。

投资企业与其联营企业及合营企业之间的未实现内部交易损益抵销与投资企业与子公司之间的未实现内部交易损益抵销有所不同,母子公司之间的未实现内部交易损益在合并财务报表中是全额抵销的,而投资企业与其联营企业及合营企业之间的未实现内部交易损益抵销仅仅是投资企业或是纳入投资企业合并财务报表范围的子公司享有联营企业或合营企业的权益份额。

应当注意的是,该未实现内部交易损益的抵销既包括顺流交易也包括逆流交易,其中,顺流交易是指投资企业向其联营企业或合营企业出售资产,逆流交易是指联营企业或合营企业向投资企业出售资产。当该未实现内部交易损益体现在投资企业或其联营企业、合营企业持有的资产账面价值中时,在计算确认投资损益时应予抵销。

1)逆流交易的处理

对于联营企业或合营企业向投资企业出售资产的逆流交易,在该交易存在未实现内部交易损益的情况下（有关资产未对外部独立第三方出售前），投资企业在采用权益法计算确认应享有联营企业或合营企业的投资损益时，不应确认联营企业或合营企业因该交易产生的损益中投资企业应享有的部分，应按持股比例抵销该未实现内部交易损益的影响。

2）顺流交易的处理

对于投资企业向联营企业或合营企业出售资产的顺流交易，在该交易存在未实现内部交易损益的情况下（有关资产未向外部独立第三方出售前），投资企业在采用权益法计算确认应享有联营企业或合营企业的投资损益时，应抵销该未实现内部交易损益的影响，同时调整对联营企业或合营企业长期股权投资的账面价值。当投资方向联营企业或合营企业出资或是将资产出售给联营企业或合营企业，同时有关资产由联营企业或合营企业持有时，在顺流交易中，投资方投出资产或出售资产给其联营企业或合营企业产生的损益中，投资方仅确认对联营企业或合营企业中其他投资者实现的损益，对按照持股比例计算确定归属于本企业的部分不予确认，应按持股比例进行抵销。

【例 2-11】 甲公司于 20×2 年 1 月取得乙公司 20% 有表决权股份，能够对乙公司施加重大影响。假定甲公司取得该项投资时，乙公司各项可辨认资产、负债的公允价值与其账面价值相同。20×2 年 8 月内部交易资料如下：

假定一（仅存在逆流交易），乙公司将其成本为 600 万元的某商品以 1 000 万元的价格出售给甲公司，甲公司将取得的商品作为存货。至 20×2 年资产负债表日，甲公司仍未对外出售该存货。

假定二（仅存在顺流交易），甲公司将其成本为 600 万元的某商品以 1 000 万元的价格出售给乙公司，乙公司将取得的商品作为存货。至 20×2 年资产负债表日，乙公司仍未对外出售该存货。

假定在 20×3 年，上述商品才出售给外部独立的第三方。

乙公司 20×2 年实现净利润为 3 200 万元。乙公司 20×3 年实现净利润为 3 000 万元。

那么，20×2 年的会计处理

假定一：仅存在逆流交易时	假定二：仅存在顺流交易时
个别报表： 调整后的净利润＝[3 200－(1 000－600)]＝2 800(万元) 借：长期股权投资——损益调整 　　　　　560(2 800×20%) 　　贷：投资收益　　560	个别报表： 调整后的净利润＝[3 200－(1 000－600)]＝2 800(万元) 借：长期股权投资——损益调整　　560 　　贷：投资收益　　560
合并财务报表： 　甲公司如果有子公司，需要编制合并财务报表的，在合并财务报表中，因该未实现内部交易损益体现在投资企业持有存货的账面价值当中，应在合并财务报表中进行以下调整： 借：长期股权投资 　　　　80[(1 000－600)×20%] 　　贷：存货　　80	合并财务报表： 　甲公司如需编制合并财务报表，在合并财务报表中对该未实现内部交易损益应在个别报表已确认投资损益的基础上进行以下调整： 借：营业收入　　200(1 000×20%) 　　贷：营业成本　　120(600×20%) 　　　　投资收益　　80

20×3 年的会计处理

逆流交易:乙公司出售给甲公司	顺流交易:甲公司出售给乙公司
个别报表: 借:长期股权投资——损益调整 　　　　680[(3 000+400)×20%] 　　贷:投资收益　　　　　　　680	个别报表: 借:长期股权投资——损益调整 　　　　680[(3 000+400)×20%] 　　贷:投资收益　　　　　　　680
合并财务报表:无处理	合并财务报表:无处理

3）合营方向合营企业投出非货币性资产产生损益的处理

合营方向合营企业投出或出售非货币性资产的相关损益,应当按照以下原则处理。

符合下列情况之一的,合营方不应确认该类交易的损益:与投出非货币性资产所有权有关的重大风险和报酬没有转移给合营企业;投出非货币性资产的损益无法可靠计量;投出非货币性资产交易不具有商业实质。

合营方转移了与投出非货币性资产所有权有关的重大风险和报酬并且投出资产留给合营企业使用的,应在该项交易中确认属于对合营企业其他合营方实现的利得和损失。交易表明投出或出售非货币性资产发生减值损失的,合营方应当全额确认该部分损失。

在投出非货币性资产的过程中,合营方除了取得合营企业的长期股权投资外还取得了其他货币性或非货币性资产的,应当确认该项交易中与所取得其他货币性、非货币性资产相关的损益。

【例 2-12】 甲公司、乙公司和丙公司共同出资设立丁公司,注册资本为 5 000 万元,甲公司持有丁公司注册资本的 38%,乙公司和丙公司各持有丁公司注册资本的 31%,丁公司为甲、乙、丙公司的合营企业。甲公司以其固定资产(机器)出资,该机器的原价为 1 600 万元,累计折旧为 400 万元,公允价值为 1 900 万元,未计提减值;乙公司和丙公司以现金出资,各投资 1 550 万元。假定甲公司需要编制合并财务报表。不考虑所得税影响。甲公司的账务处理如下:

甲公司在个别财务报表中,对丁公司的投资长期股权投资成本为 1 900 万元,投出机器的账面价值与其公允价值之间的差额为 700 万元(1 900－1 200),确认损益(利得):

借:长期股权投资——丁公司(成本)　　　　　　　　　　　1 900
　　贷:固定资产清理　　　　　　　　　　　　　　　　　　　　1 900
借:固定资产清理　　　　　　　　　　　　　　　　　　　1 200
　　累计折旧　　　　　　　　　　　　　　　　　　　　　400
　　贷:固定资产　　　　　　　　　　　　　　　　　　　　　1 600
借:固定资产清理　　　　　　　　　　　　　　　　　　　　700
　　贷:营业外收入　　　　　　　　　　　　　　　　　　　　　700

甲公司在合并财务报表中,对于上述投资所产生的利得,仅能够确认归属于对乙、

丙公司实现的利得部分,需要抵销归属于甲公司的利得部分266(700×38%)万元。在合并财务报表中作如下抵销分录:

借:营业外收入　　　　　　　　　　　　　　　　　　266

　　贷:长期股权投资——丁公司　　　　　　　　　　　　266

3. 权益法下取得现金股利或利润的处理

按照权益法核算的长期股权投资,投资企业自被投资单位取得的现金股利或利润,应抵减长期股权投资的账面价值。在被投资单位宣告分派现金股利或利润时,借记"应收股利"科目,贷记"长期股权投资(损益调整)"科目;自被投资单位取得的现金股利或利润超过已确认损益调整的部分应视同投资成本的收回,冲减长期股权投资的账面价值。

4. 权益法下超额亏损的确认

按照权益法核算的长期股权投资,投资企业确认应分担被投资单位发生的损失,原则上应以长期股权投资及其他实质上构成对被投资单位净投资的长期权益减记至零为限,投资企业负有承担额外损失义务的除外。这里所讲的"其他实质上构成对被投资单位净投资的长期权益"通常是指长期应收项目,如企业对被投资单位的长期债权,该债权没有明确的清收计划,且在可预见的未来期间不准备收回的,实质上构成对被投资单位的净投资,但不包括投资企业与被投资单位之间因销售商品、提供劳务等日常活动所产生的长期债权。

投资企业在确认应分担被投资单位发生的亏损时,具体应按照以下顺序处理。

首先,减记长期股权投资的账面价值。

其次,在长期股权投资的账面价值减记至零的情况下,对于未确认的投资损失,考虑除长期股权投资以外,账面上是否有其他实质上构成对被投资单位净投资的长期权益项目,如果有,则应以其他长期权益的账面价值为限,继续确认投资损失,冲减长期应收项目等的账面价值。

最后,经过上述处理,按照投资合同或协议约定,投资企业仍需要承担额外损失弥补等义务的,应按预计将承担的义务金额确认预计负债,计入当期投资损失。

企业在实务操作过程中,在发生投资损失时,应借记"投资收益"科目,贷记"长期股权投资——损益调整"科目。在长期股权投资的账面价值减记至零以后,考虑其他实质上构成对被投资单位净投资的长期权益,继续确认的投资损失,应借记"投资收益"科目,贷记"长期应收款"等科目;因投资合同或协议约定导致投资企业需要承担额外义务的,按照或有事项准则的规定,对于符合确认条件的义务,应确认为当期损失,同时确认预计负债,借记"投资收益"科目,贷记"预计负债"科目。除上述情况仍未确认的应分担被投资单位的损失,应在账外备查登记。

在确认了有关的投资损失以后,被投资单位于以后期间实现盈利的,应按以上相反顺序分别减记账外备查登记的金额、已确认的预计负债、恢复其他长期权益及长期股权投资的账面价值,同时确认投资收益,即应当按顺序分别借记"预计负债""长期应收款""长期股权投资"等科目,贷记"投资收益"科目。

5. 权益法下被投资单位除净损益以外所有者权益的其他变动

采用权益法核算时,投资企业对于被投资单位除净损益以外所有者权益的其他变动,在持股比例不变的情况下,应按照持股比例与被投资单位除净损益以外所有者权益的其他变动中归属于本企业的部分,相应调整长期股权投资的账面价值,同时增加或减少其他综合收益(或资本公积)。

6. 权益法下股票股利的处理

被投资单位分派的股票股利,投资企业不作账务处理,但应于除权日注明所增加的股数,以反映股份的变化情况。

【例 2-13】 A 公司 2×09—2×13 年有关投资业务如下:

(1) A 公司于 2×09 年 1 月 1 日以银行存款 1 000 万元和一项公允价值为 4 000 万元的"以公允价值计量且其变动计入其他综合收益的金融资产"为对价支付给 B 公司的原股东,取得 B 公司 30% 的股权。A 公司"以公允价值计量且其变动计入其他综合收益的金融资产"的账面价值为 3 800 万元,其中成本为 3 000 万元,公允价值变动增加 800 万元。

当日对 B 公司董事会进行改组,改组后 B 公司董事会由 9 人组成,A 公司委派 4 名,B 公司章程规定,公司财务及生产经营的重大决策应由董事会 1/2 以上的董事同意方可实施。

2×09 年 1 月 1 日 B 公司可辨认净资产的公允价值为 17 000 万元,取得投资时被投资单位仅有一项固定资产的公允价值与账面价值不相等,除此之外,其他可辨认资产、负债的账面价值与公允价值相等。

表 2-3 万元

项目	账面原价	已提折旧	B公司预计使用年限	B公司已使用年限	公允价值	A公司取得投资后剩余使用年限
固定资产	2 000	400	10	2	4 000	8

按照直线法计提折旧。双方采用的会计政策、会计期间相同,不考虑所得税因素。

借:长期股权投资——成本　　　　　　　　　　5 000(1 000+4 000)

　　其他综合收益　　　　　　　　　　　　　　800

　贷:银行存款　　　　　　　　　　　　　　　　　　1 000

　　　以公允价值计量且其变动计入其他综合收益的

　　　金融资产——成本　　　　　　　　　　　　　　3 000

　　　　　　　　——公允价值变动　　　　　　　　　800

　　　投资收益　　　　　　　　　　　　　1 000(4 000-3 000)

借:长期股权投资——成本　　　100(17 000×30%-5 000)

　贷:营业外收入　　　　　　　　　　　　　　　　　　100

(2) 2×09 年 B 公司向 A 公司销售商品 200 件,每件成本 2 万元,每件价款为 3 万元,A 公司作为存货已经对外销售 100 件。2×09 年度 B 公司实现净利润为 1 000

万元。

调整后的净利润＝1 000－（4 000÷8－2 000÷10）－100×（3－2）＝600（万元）

或：调整后的净利润＝1 000－（4 000－1 600）/8－100×（3－2）＝600（万元）

借：长期股权投资——损益调整　　　　　　　　180（600×30％）

　　贷：投资收益　　　　　　　　　　　　　　　　　　　180

（3）2×10 年 2 月 5 日 B 公司董事会提出 2×09 年分配方案，按照 2×09 年实现净利润的 10％提取盈余公积，发放现金股利 400 万元。

不编制会计分录。

（4）2×10 年 3 月 5 日 B 公司股东大会批准董事会提出 2×09 年分配方案，按照 2×09 年实现净利润的 10％提取盈余公积，发放现金股利改为 500 万元。

借：应收股利　　　　　　　　　　　　　　150（500×30％）

　　贷：长期股权投资——损益调整　　　　　　　　　　150

（5）2×10 年 B 公司因其他权益变动增加资本公积 100 万元。

借：长期股权投资——其他权益变动　　　　30（100×30％）

　　贷：资本公积——其他资本公积　　　　　　　　　　30

（6）2×10 年 5 月 10 日，上年 B 公司向 A 公司销售的剩余 100 件商品，A 公司已全部对外销售。2×10 年 6 月 30 日 A 公司向 B 公司销售商品一件，成本 700 万元，价款 900 万元，B 公司取得后作为管理用固定资产，采用直线法并按 10 年计提折旧。2×10 年度 B 公司发生净亏损为 600 万元。

调整后的净利润＝－600－（4 000－1 600）/8＋100－（200－200/10×6/12）＝－990（万元）

借：投资收益　　　　　　　　　　　　　　　　　　297

　　贷：长期股权投资——损益调整　　　　　　297（990×30％）

（7）2×11 年度未发生过内部交易。2×11 年度 B 公司发生净亏损为 17 000 万元。假定 A 公司应收 B 公司的长期款项 200 万元且实质构成对被投资单位的净投资额，此外投资合同约定 B 公司发生亏损 A 公司需要按照持股比例承担额外损失的最高限额为 50 万元。

调整后的净利润＝－17 000－（4 000－1 600）/8＋20＝－17 280（万元），应承担的亏损额＝17 280×30％＝5 184（万元），长期股权投资账面价值＝（1）5 100＋（2）180－（4）150＋（5）30－（6）297＝4 863（万元），实际承担的亏损额＝4 863＋200＋50＝5 113（万元），未承担的亏损额＝5 184－5 113＝71（万元）。

借：投资收益　　　　　　　　　　　　　　　　5 113

　　贷：长期股权投资——损益调整　　　　　　　　4 863

　　　　长期应收款　　　　　　　　　　　　　　　200

　　　　预计负债　　　　　　　　　　　　　　　　50

（8）2×12 年度 B 公司实现净利润为 3 000 万元。

调整后的净利润＝3 000－（4 000－1 600）/8＋20＝2 720（万元）

借:预计负债   50

  长期应收款   200

  长期股权投资——损益调整   495

  贷:投资收益   745(2 720×30%－71)

(9) 2×13 年 1 月 10 日 A 公司出售对 B 公司投资,出售价款为 4 000 万元。

借:银行存款   4 000

  长期股权投资——损益调整 4 635(－5 130＋495＝－4 635)

  贷:长期股权投资——成本   5 100

    长期股权投资——其他权益变动   30

    投资收益   3 505

借:资本公积——其他资本公积   30

  贷:投资收益   30

三、长期股权投资的减值

  长期股权投资在按照规定进行核算确定其账面价值的基础上,如果存在减值迹象的,应当按照相关准则的规定计提减值准备。其中,对子公司、联营企业及合营企业的投资,应当按照《企业会计准则第 8 号——资产减值》的规定确定其可收回金额及应予计提的减值准备,上述有关长期股权投资的减值准备在计提以后,均不允许转回。

第三节 长期股权投资核算方法的转换及处置

一、长期股权投资核算方法的转换

(一) 增加投资

1. 原归属于金融工具核算的股权投资因增加投资变为联营或合营情况下持有的长期股权投资

  投资方因追加投资等原因能够对被投资单位施加重大影响或实施共同控制但不构成控制的,应当按照原持有股份的公允价值加上新增投资成本之和,作为改按权益法核算的初始投资成本。原持有股份因按公允价值重新计量后导致的公允价值与账面价值的差额计入当期损益。原持有股份被确认为"以公允价值计量且其变动计入其他综合收益的金融资产"的,其原计入其他综合收益的累计公允价值变动应当转入当期损益。

  【例 2-14】 A 公司按照净利润的 10% 提取盈余公积。A 公司有关投资业务资料如下:

  (1) 20×3 年 1 月 2 日,A 公司以银行存款 500 万元从 B 公司其他股东受让取得该公司10%的有表决权股份,A公司将其分类为"以公允价值计量且其变动计入其他综合收益的金融资产",按公允价值计量。取得投资时B公司可辨认净资产公允价值总额为5 000万元(假定公允价值与账面价值相同)。

借:以公允价值计量且其变动计入其他综合收益的金融资产——成本

500

 贷:银行存款   500

(2) 20×3年B公司实现的净利润为600万元,未派发现金股利或利润。20×3年12月31日,该10%股权的公允价值为550万元。

借:以公允价值计量且其变动计入其他综合收益的金融资产——公允价值变动

50

 贷:其他综合收益   50

(3) 20×4年前3个月B公司实现的净利润为200万元。

不编制会计分录。

(4) 20×4年4月1日,A公司又以1 800万元从B公司取得30%的股权,至此持股比例达到40%,取得该部分股权后,按照B公司章程规定,A公司能够派人参与B公司的生产经营决策,对该项长期股权投资转为采用权益法核算。20×4年4月1日B公司可辨认净资产公允价值总额为5 000万元。不考虑所得税影响。

① 20×4年4月1日,A公司增持30%股份后对B公司能产生重大影响,应按长期股权投资核算对B公司的投资。原10%股份的账面价值为上期期末的公允价值550万,其4月1日的公允价值应该为(1 800/30%)×10%=600万元。原10%股份账面价值(550万元)与公允价值(600万元)的差额50万元确认为当期损益。长期股权投资为原持有股份的公允价值加上新增投资成本之和,长期股权投资=600+1 800=2 400万元,账务处理为:

借:长期股权投资——成本   2 400

 贷:银行存款   1 800

  以公允价值计量且其变动计入其他综合收益的金融资产 550

  投资收益   50

② 原持有的"以公允价值计量且其变动计入其他综合收益的金融资产"计入其他综合收益的累积公允价值变动应当转入改按权益法核算的当期损益。

借:其他综合收益   50

 贷:投资收益   50

(5) 由于该笔长期股权投资的后续计量采用权益法,因此需要比较其初始入账价值2 400万元与取得该项投资时按照持股比例计算确定的应享有被投资单位可辨认净资产公允价值份额2 000万元(5 000×40%)之间的大小,因为初始入账价值大于取得的其占可辨认净资产公允价值份额,故无须调整长期股权投资入账价值;反之,则需按差额调增长期股权投资,并确认营业外收入。

若甲公司在最初取得10%股权时将其划分为"以公允价值计量且其变动计入当

期损益的金融资产",则无须上述分录(4)中②的处理,其他处理类似。

2. 原归属于金融工具核算的股权投资因增加投资变为能够对被投资单位实施控制的长期股权投资

投资方因追加投资等原因能够对非同一控制下的被投资单位实施控制的,在编制个别财务报表时,应当按照原持有的股权投资账面价值加上新增投资成本之和,作为改按成本法核算的初始投资成本。购买日之前持有的股权投资按照《企业会计准则第22号——金融工具确认和计量》的有关规定进行会计处理的,原计入其他综合收益的累计公允价值变动应当在改按成本法核算时转入当期损益。在编制合并财务报表时,应当按照《企业会计准则第33号——合并财务报表》的有关规定进行会计处理。

【例2-15】 A公司有关投资业务资料如下:

20×3年9月1日,A公司以银行存款200万元从B公司其他股东受让取得该公司5%的有表决权股份,对B公司不具有重大影响。取得投资时B公司可辨认净资产公允价值总额为4 000万元(假定公允价值与账面价值相同)。20×3年12月31日,该5%股权的公允价值为250万元。20×4年3月1日,A公司又以4 000万元的价格从B公司其他股东受让取得该公司55%的股权,至此持股比例达到60%,取得该部分股权后,按照B公司章程规定,A公司能够派人参与B公司的生产经营决策,对该项长期股权投资转为采用成本法核算。20×4年4月1日B公司可辨认净资产公允价值总额为6 000万元。不考虑所得税影响。

假定A公司将20×3年9月1日取得的B公司5%的股权分类为"以公允价值计量且其变动计入其他综合收益的金融资产",按公允价值计量,则A公司的会计处理如下:

(1) 20×3年9月1日取得B公司5%的股权:

借:以公允价值计量且其变动计入其他综合收益的金融资产——成本

　　　　　　　　　　　　　　　　　　200

　　贷:银行存款　　　　　　　　　　　　　　　　　　　200

(2) 20×3年12月31日,该5%股权的公允价值为250万元,需调整账面价值50万元(250万元－200万元)

借:以公允价值计量且其变动计入其他综合收益的金融资产——公允价值变动

　　　　　　　　　　　　　　　　　　50

　　贷:其他综合收益　　　　　　　　　　　　　　　　50

(3) 20×4年3月1日,A公司增持55%股份后对B公司能实施控制,应按长期股权投资核算对B公司的投资。原5%股份的账面价值为上期期末的公允价值250万元,长期股权投资在购买日的初始投资成本为原持有的股权投资的账面价值加上新增投资成本之和,长期股权投资=250+4 000=4 250万元,账务处理为:

借:长期股权投资　　　　　　　　　　　　　　　4 250

　　贷:银行存款　　　　　　　　　　　　　　　　　4 000

　　　以公允价值计量且其变动计入其他综合收益的金融资产　　250

（4）20×4年3月1日，原持有的"以公允价值计量且其变动计入其他综合收益的金融资产"计入其他综合收益的累积公允价值变动应当转入改按成本法核算的当期损益。

借：其他综合收益　　　　　　　　　　　　　　　　　　　　50

　　贷：投资收益　　　　　　　　　　　　　　　　　　　　　　　50

3. 原归属于联营或合营情况下的长期股权投资因增加投资能够对被投资单位实施控制

投资方因追加投资等原因能够对非同一控制下的被投资单位实施控制的，在编制个别财务报表时，应当按照原持有的股权投资账面价值加上新增投资成本之和，作为改按成本法核算的初始投资成本。购买日之前持有的股权投资因采用权益法核算而确认的其他综合收益，应当在处置该项投资时采用与被投资单位直接处置相关资产或负债相同的基础进行会计处理，即不在增持日对累积的其他综合收益进行处理，待处置该投资时再进行处理。在编制合并财务报表时，应当按照《企业会计准则第33号——合并财务报表》的有关规定进行会计处理。

【例 2-16】　甲公司有关投资业务资料如下：

20×3年10月1日，甲公司以银行存款4 000万元从乙公司其他股东受让取得该公司25%的有表决权股份，对乙公司具有重大影响，甲公司将按权益法对该笔长期股权投资进行后续计量。取得投资时乙公司可辨认净资产公允价值总额为10 000万元（假定公允价值与账面价值相同）。20×3年12月31日乙公司实现账面净利润1 000万元，拨款转入导致资本公积增加200万元。20×4年4月1日，甲公司又以8 000万元的价格从乙公司其他股东受让取得该公司55%的股权，至此持股比例达到80%，取得该部分股权后，按照乙公司章程规定，甲公司能够派人参与乙公司的生产经营决策，对该项长期股权投资转为采用成本法核算。20×4年4月1日乙公司可辨认净资产公允价值总额为12 000万元。不考虑所得税影响，甲公司的会计处理如下：

（1）20×3年10月1日：

借：长期股权投资　　　　　　　　　　　　　　　　　　　4 000

　　贷：银行存款　　　　　　　　　　　　　　　　　　　　　4 000

（2）20×3年12月31日，按权益法要求确认投资收益及相关资本公积的增加：

借：长期股权投资——损益调整　　　　　　　　　　　　　　250

　　贷：投资收益　　　　　　　　　　　　　　　　　　　　　　250

借：长期股权投资——其他权益变动　　　　　　　　　　　　50

　　贷：资本公积——其他资本公积　　　　　　　　　　　　　　50

（3）20×4年4月1日：

投资方因追加投资等原因能够对非同一控制下的被投资单位实施控制的，应当按照成本法对其进行后续计量，初始投资成本为原持有的股权投资账面价值加上新增投资成本之和，因此长期股权投资＝4 000＋250＋50＋8 000＝12 300万元。

借：长期股权投资　　　　　　　　　　　　　　　　　　　12 300

贷:银行存款	8 000
长期股权投资——成本	4 000
长期股权投资——损益调整	250
长期股权投资——其他权益变动	50

原确认的资本公积——其他资本公积,待处置该投资时再进行处理。

(二)减少投资

1. 原归属于联营或合营情况下的长期股权投资因减少投资变为以金融工具核算方式核算的股权投资

投资方因处置部分股权投资等原因丧失了对被投资单位的共同控制或重大影响的,处置后的剩余股权应当改按《企业会计准则第 22 号——金融工具确认和计量》核算,其在丧失共同控制或重大影响之日的公允价值与账面价值之间的差额计入当期损益。原股权投资因采用权益法核算而确认的其他综合收益,应当在终止采用权益法核算时采用与被投资单位直接处置相关资产或负债相同的基础进行会计处理。

新准则的规定将这类减持即视同全部处置后再按公允价值购入剩余比例股权,因此剩余股权最终按照公允价值计量,其后续计量按《企业会计准则第 22 号——金融工具确认和计量》的规定进行。

【例 2-17】 甲公司持有乙公司 20% 的有表决权股份,能够对乙公司的生产经营决策施加重大影响,采用权益法核算。20×4 年 2 月,甲公司将该项投资中的 50% 对外出售,出售以后,无法再对乙公司施加重大影响,因此甲公司将其分类为"以公允价值计量且其变动计入其他综合收益的金融资产",按公允价值计量。出售时,该项长期股权投资的账面价值为 2 400 万元,其中投资成本为 1 900 万元,损益调整为 400 万元,其他权益变动为 100 万元;出售时取得价款为 1 350 万元。甲公司的会计处理如下:

(1)出售 10% 股权的处理:

借:银行存款	1 350
其他综合收益	50
贷:长期股权投资——成本	950
——损益调整	200
——其他权益变动	50
投资收益	200

(2)剩余 10% 股权视同出售,以公允价值转入"以公允价值计量且其变动计入其他综合收益的金融资产":

借:以公允价值计量且其变动计入其他综合收益的金融资产——成本	
	1 350
其他综合收益	50
贷:长期股权投资——成本	950
——损益调整	200

——其他权益变动	50
投资收益	200

2. 原能够对被投资单位实施控制的长期股权投资因减少投资变为以金融工具核算方式核算的股权投资

投资方因处置部分权益性投资等原因丧失了对被投资单位的控制的,在编制个别财务报表时,处置后的剩余股权不能对被投资单位实施共同控制或施加重大影响的,应当改按《企业会计准则第 22 号——金融工具确认和计量》的有关规定进行会计处理,其在丧失控制之日的公允价值与账面价值间的差额计入当期损益。在编制合并财务报表时,应当按照《企业会计准则第 33 号——合并财务报表》的有关规定进行会计处理。

【例 2-18】 甲公司 20×3 年 6 月以 6 000 万元购入乙公司 60％的有表决权股份,能够对乙公司的生产经营决策施加控制,取得投资时乙公司可辨认净资产公允价值总额为 10 000 万元(假定公允价值与账面价值相同)。20×4 年 4 月,甲公司将乙公司50％的股份全部对外出售,出售取得价款 6 000 万元。出售以后,甲公司无法再对乙公司施加重大影响。假定甲公司将 20×4 年 4 月出售后将该项投资中剩余的 10％的股权划分为"以公允价值计量且其变动计入其他综合收益的金融资产",按公允价值计量,则甲公司的会计处理如下:

(1) 20×3 年 6 月购入乙公司 60％股份取得控制权,在甲公司报表上以成本法对该长期股权投资进行后续计量。

借:长期股权投资	6 000
贷:银行存款	6 000

(2) 20×4 年 4 月出售乙公司 50％的股权:

借:银行存款	6 000
贷:长期股权投资	5 000
投资收益	1 000

(3) 20×4 年 4 月将剩余 10％的乙公司股权重分类为"以公允价值计量且其变动计入其他综合收益的金融资产",其账面价值为 1 000 万元,公允价值为(6 000 万元/50％)×10％＝1 200 万元,差额计入当期的投资收益。

借:以公允价值计量且其变动计入其他综合收益的金融资产	1 200
贷:长期股权投资	1 000
投资收益	200

3. 原持有的能够对被投资单位实施控制的股权投资因减少投资变为联营或合营

因减少投资导致对被投资单位的影响能力由控制转为具有重大影响或是与其他投资方一起实施共同控制的情况下,在投资企业的个别财务报表中,应按处置或收回投资的比例结转应终止确认的长期股权投资成本。在此基础上,应当比较剩余的长期股权投资成本与按照剩余持股比例计算原投资时应享有被投资单位可辨认净资产公允价值的份额,属于投资作价中体现的商誉部分,不调整长期股权投资的账面价值;属于投资成本小于应享有被投资单位可辨认净资产公允价值份额的,在调整长期股权投资成本的同时,应调整留存收益。对于原取得投资后至转变为权益法核算之间被投资单位实现的净损益中应享有的份额,一方面应调整长期股权投资的账面价值;同时对于原取得投资时至处置投资当期期初被投资单位实现的净损益(扣除已发放及已宣告发放的现金股利及利润)中应享有的份额,调整留存收益,对于处置投资当期期初至处置投资之日被投资单位实现的净损益中享有的份额,调整当期损益;其他原因导致被投资单位所有者权益变动中应享有的份额,在调整长期股权投资账面价值的同时,应当计入"其他综合收益"。

在合并报表中,对于剩余股权,应当按照其在丧失控制权日的公允价值进行重新计量。处置股权取得的对价与剩余股权公允价值之和,减去按原持股比例应享有原子公司按购买日公允价值持续计算的净资产份额之间的差额,计入丧失控制权当期的投资收益。与原子公司股权投资相关的其他综合收益,应当在丧失控制权时转为当期投资收益。企业应当在附注中披露处置后的剩余股权在丧失控制日的公允价值,按照公允价值重新计量产生的相关利得或损失的金额。

【例2-19】　A公司有关投资业务资料如下:

(1) 20×3年1月2日,A公司对B公司投资,取得B公司100%的股权,取得成本为9 000万元,B公司可辨认净资产公允价值总额为8 000万元(假定公允价值与账面价值相同)。

借:长期股权投资——B公司　　　　　　　　　　　　9 000
　　贷:银行存款　　　　　　　　　　　　　　　　　　　9 000

合并商誉=9 000-8 000×100%=1 000(万元)

(2) 20×3年B公司实现净利润1 000万元,B公司因"以公允价值计量且其变动计入其他综合收益的金融资产"变动增加其他综合收益200万元,假定B公司一直未进行利润分配。A公司和B公司在交易前不存在任何关联方关系。

不编制会计分录。

(3) 20×4年4月1日,A公司将其持有的对B公司60%的股权出售给某企业,出售取得价款7 350万元,A公司按净利润的10%提取盈余公积。

在出售60%的股权后,A公司对B公司的持股比例为40%,在被投资单位董事会中派有代表,但不能对B公司生产经营决策实施控制。对B公司长期股权投资应由成本法改为按照权益法核算。20×4年前3个月B公司实现的净利润为500万元,20×4年4月1日B公司可辨认净资产公允价值总额为9 700万元(假定公允价值与账面价值相同)。

20×4年4月1日确认长期股权投资处置损益:

借:银行存款　　　　　　　　　　　　　　　　　　　7 350
　　贷:长期股权投资　　　　　　　　　　　　5 400(9 000×60%)
　　　　投资收益　　　　　　　　　　　　　　　　　　1 950

调整长期股权投资账面价值:

① 剩余长期股权投资的账面价值＝9 000－5 400＝3 600（万元），大于按剩余股份计算的原投资时应享有被投资单位可辨认净资产公允价值的份额 1 200（3 600－8 000×40％）万元，不调整长期股权投资。

借：长期股权投资——成本　　　　　　　　　　　　　3 600
　　贷：长期股权投资　　　　　　　　　　　　　　　　　3 600

② 两个交易日之间 B 公司实现净利润 1500 万元：

借：长期股权投资——损益调整　　　　　　600（1 500×40％）
　　贷：盈余公积　　　　　　　　　　　　40（1 000×40％×10％）
　　　　利润分配——未分配利润　　　　360（1 000×40％×90％）
　　　　投资收益　　　　　　　　　　　200（500×40％）

③ 两个交易日之间 B 公司因"以公允价值计量且其变动计入其他综合收益的金融资产"变动增加 200 万元：

借：长期股权投资——其他权益变动　　　　80（200×40％）
　　贷：其他综合收益　　　　　　　　　　　　　　　　　80

④ 20×4 年 4 月 1 日的账面价值＝9 000－5 400＋600＋80＝4 280（万元）

二、长期股权投资的处置

企业处置长期股权投资时，应相应结转与所售股权相对应的长期股权投资的账面价值，出售所得价款与处置长期股权投资账面价值之间的差额，应确认为处置损益。

采用权益法核算的长期股权投资，在处置该项投资时，采用与被投资单位直接处置相关资产或负债相同的基础，按相应比例对原计入其他综合收益的部分进行会计处理。

【例 2-20】　A 企业原持有 B 企业 40％的股权，20×3 年 12 月 20 日，A 企业决定出售 10％的 B 企业股权，出售时 A 企业账面上对 B 企业长期股权投资的构成为：投资成本 1 800 万元，损益调整 480 万元，其他权益变动 300 万元。出售取得价款 705 万元。

（1）A 企业确认处置损益的账务处理为：

借：银行存款　　　　　　　　　　　　　　　　　　　705
　　贷：长期股权投资——成本　　　　　　　　　　　　　450
　　　　　　　　　　——损益调整　　　　　　　　　　　120
　　　　　　　　　　——其他权益变动　　　　　　　　　75
　　　　投资收益　　　　　　　　　　　　　　　　　　　60

（2）除应将实际取得价款与出售长期股权投资的账面价值进行结转，确认出售损益以外，还应将原计入其他综合收益的部分按比例转入当期损益。

借：其他综合收益　　　　　　　　　　　　　　　　　　75
　　贷：投资收益　　　　　　　　　　　　　　　　　　　75

思考题

1. 什么是长期股权投资?
2. 依据对被投资企业单位的影响,长期股权投资分为哪几种类型?
3. 如何确定长期股权投资的初始投资成本?
4. 简述长期股权投资成本法的适用范围及核算特点。
5. 简述长期股权投资权益法的适用范围及核算特点。
6. 长期股权投资的减值如何进行会计处理?

 练习题

1. 甲公司和乙公司同为 A 公司的子公司,20×4 年 5 月 1 日,甲公司以无形资产和固定资产作为合并对价支付给乙公司的原股东,取得乙公司 80% 的表决权资本。无形资产原值为 1 000 万元,已计提摊销额为 200 万元,公允价值为 2 000 万元;固定资产原值为 300 万元,已计提折旧额为 100 万元,公允价值为 200 万元(不考虑增值税)。合并日乙公司所有者权益的账面价值为 2 000 万元,合并日乙公司可辨认净资产的公允价值为 3 000 万元。为企业合并而发生的审计、法律服务、评估咨询等中介费用为 10 万元。请问:

(1) 长期股权投资的初始投资成本?

(2) 甲公司应确认的资本公积?

2. A 公司于 20×3 年 3 月 31 日取得 B 公司 70% 的股权。为核实 B 公司的资产价值,A 公司聘请专业资产评估机构对 B 公司的资产进行评估,支付评估费用 300 万元。合并中,A 公司支付的有关资产在购买日的账面价值与公允价值如下表所示。

20×3 年 3 月 31 日 万元

项　　目	账面价值	公允价值
土地使用权(自用)	6 000	9 600
专利技术	2 400	3 000
银行存款	2 400	2 400
合计	10 800	15 000

假定合并前 A 公司与 B 公司不存在任何关联方关系,A 公司用作合并对价的土地使用权和专利技术原价为 9 600 万元,至企业合并发生时已累计摊销 1 200 万元。请编制 A 公司的会计分录。

3. 20×3 年 7 月 1 日,甲公司以银行存款 1 000 万元支付给乙公司的原股东,占其表决权资本的 80%,当日乙公司所有者权益的账面价值为 1 500 万元,可辨认净资产公允价值为 2 000 万元。

(1) 采用同一控制下企业合并,形成的长期股权投资初始成本?

(2) 采用非同一控制下企业合并,形成的长期股权投资初始成本?

（3）假定为非企业合并，占其表决权资本的40％，长期股权投资的成本？

4. 甲公司于20×2年1月10日购入乙公司30％的股份，购买价款为2 000万元，并自取得投资之日起派人参与乙公司的财务和生产经营决策。取得投资日，乙公司净资产公允价值为6 000万元，除下列项目外，其账面其他资产、负债的公允价值与账面价值相同（单位：万元）。

项　　目	账面原价	已提折旧（或已摊销）	公允价值	乙公司预计使用年限	乙公司已使用年限	甲公司取得投资后剩余使用年限
存货	500		700			
固定资产	1 000	200	1 200	20	4	16
无形资产	600	120	800	10	2	8

上述固定资产和无形资产为乙公司管理用，甲公司和乙公司均采用直线法计提折旧。至年末在甲公司取得投资时的乙公司账面存货有80％对外出售，剩下的20％于20×3年对外出售。

假定乙公司于20×2—20×3年实现净利润600万元，甲公司与乙公司的会计年度及采用的会计政策相同。假定甲、乙公司间未发生任何内部交易。

甲公司在确定其应享有的投资收益时，应在乙公司实现净利润的基础上，根据取得投资时有关资产账面价值与其公允价值差额的影响进行调整（不考虑所得税影响）。请确认20×2年、20×3年的投资收益，并编制相关分录。

5. 甲公司于20×2年7月取得乙公司20％有表决权股份，能够对乙公司施加重大影响。假定甲公司取得该项投资时，乙公司各项可辨认资产、负债的公允价值与其账面价值相同。

（1）假定一（逆流交易）：20×2年11月，乙公司将其成本为100万元的某商品以400万元的价格出售给甲公司，甲公司将取得的商品作为固定资产，预计使用寿命为10年，采用直线法计提折旧，净残值为0。至20×2年资产负债表日，甲公司未对外出售该固定资产。

（2）假定二（顺流交易）：20×2年11月，甲公司将其成本为100万元的某商品以400万元的价格出售给乙公司，乙公司将取得的商品作为固定资产，预计使用寿命为10年，采用直线法计提折旧，净残值为0。至20×2年资产负债表日，乙公司未对外出售该固定资产。

（3）乙公司20×2年实现净利润为500万元（其中1—6月发生净亏损500万元）。假定不考虑所得税因素影响。

请根据上述业务编制20×2年、20×3年的个别报表、合并报表的会计分录。

6. 甲公司于20×1年1月1日取得乙公司10％的有表决权股份，能够对乙公司施加重大影响，假定甲公司取得该投资时，乙公司仅有一项A商品的公允价值与账面价值不相等，除此之外，其他可辨认资产、负债的账面价值与公允价值相等。该100件A商品存货单位成本为0.8万元，公允价值为1万元。20×1年9月，甲公司将其单位成本为6万元的200件B商品以7万元的价格出售给乙公司，乙公司取得商品作为存货核算。乙公司各年实现的净利润均为 900 万元。不考虑所得税影响。

（1）至 20×1 年年末，乙公司对外出售该 A 商品 40 件，出售了 B 商品 130 件。20×1 年调整后的净利润为多少？

（2）至 20×2 年年末，乙公司对外出售该 A 商品 20 件，出售了 B 商品 30 件。20×2 年调整后的净利润为多少？

（3）至 20×3 年年末，乙公司对外出售该 A 商品 40 件，即全部出售。出售了 B 商品 40 件，即全部出售。20×3 年调整后的净利润为多少？

7. 甲公司于 20×3 年 8 月取得乙公司 10% 的股权，成本为 1 350 万元，取得时乙公司可辨认净资产公允价值总额为 12 600 万元（假定公允价值与账面价值相同）。甲公司将该项投资分类为"以公允价值计量且其变动计入其他综合收益的金融资产"，按公允价值计量。20×3 年 12 月 31 日，该 10% 股权的公允价值为 1 500 万元。20×4 年 4 月 1 日，甲公司又以 2 700 万元取得乙公司 12% 的股权，当日乙公司可辨认净资产公允价值总额为 18 000 万元。取得该部分股权后，按照乙公司章程规定，甲公司能够派人参与乙公司的财务和生产经营决策，对该项长期股权投资转为采用权益法核算。请编制甲公司的会计分录。

8. 20×1 年 1 月 1 日，甲公司支付 600 万元取得乙公司 100% 的股权，投资当时乙公司可辨认净资产的公允价值为 500 万元，有商誉 100 万元。20×1 年 1 月 1 日至 20×2 年 12 月 31 日，乙公司的净资产增加了 75 万元，其中按购买日公允价值计算实现的净利润 50 万元，持有"以公允价值计量且其变动计入其他综合收益的金融资产"的公允价值升值 25 万元。

20×3 年 1 月 8 日，甲公司转让乙公司 60% 的股权，收取现金 480 万元存入银行，转让后甲公司对乙公司的持股比例为 40%，能对其施加重大影响。20×3 年 1 月 8 日，即甲公司丧失对乙公司的控制权日，乙公司剩余 40% 股权的公允价值为 320 万元。假定甲、乙公司提取盈余公积的比例均为 10%。假定乙公司未分配现金股利，并不考虑其他因素。请写出甲公司在其个别和合并报表中的处理。

 练习题参考答案

第三章
合并财务报表编制的基本 程序和方法

本章在对合并财务报表编制的基本理论进行简单的阐述后,主要介绍合并财务报表编制的基本步骤,重点论述并购日及并购日后的合并财务报表的编制,包括同一控制下合并日及合并日后的合并财务报表编制和非同一控制下购买日及购买日后的合并财务报表编制。本章和第四章、第五章的内容主要依据《企业会计准则第33号——合并财务报表》及相关应用指南展开。

第一节　合并财务报表编制的基本理论

合并财务报表是指以母公司及其全部子公司组成的企业集团为一个报告主体,以母公司和子公司单独编制的个别财务报表为基础,由母公司编制的综合反映企业集团整体财务状况、经营成果和现金流量的财务报表。

母公司,是指控制一个或一个以上主体(含企业、被投资单位中可分割的部分,以及企业所控制的结构化主体等,下同)的主体。子公司,是指被母公司控制的主体。合并财务报表至少应当包括下列组成部分:①合并资产负债表;②合并利润表;③合并现金流量表;④合并所有者权益(或股东权益,下同)变动表;⑤附注。企业集团中期期末编制合并财务报表的,至少应当包括合并资产负债表、合并利润表、合并现金流量表和附注。

一、合并财务报表编制的基本理论概述

合并报表的编制都是依据一定的合并理论进行的,不同的合并理论具有不同的编制目的,会使所编制的合并报表产生一定的差异。首先,我们先简要介绍几种基本的合并理论以及在不同合并理论下编制的合并报表的特点。

（一）所有权理论

所有权理论是业主理论在合并财务报表中的具体应用，业主理论认为会计主体与其终极所有者是一个完整不可分割的整体，会计主体没有必要特别强调资本保全，应当允许其终极所有者按照自己的意愿决定是否抽回资本。所有权理论不强调企业集团中存在法定控制关系，认为母、子公司之间的关系是拥有与被拥有的关系，主张采用比例合并法编制合并财务报表，只要母公司在其他公司拥有其一定比例的所有权，不论母公司是否能够控制得了其投资的这家公司，都需编制合并财务报表。

所有权理论下编制合并财务报表的目的，是满足母公司股东的信息需求，而不是为了满足子公司少数股东的信息需求，后者的信息需求应当通过子公司的个别报表予以满足。当母公司合并非全资子公司时，在合并资产负债表中应当按母公司实际拥有的股权比例，合并子公司的资产、负债和所有者权益。同样地，在合并利润表上应当将非全资子公司的收入、成本费用及净收益按母公司的持股比例予以合并。

当存在控制关系时，从经济实质上来讲，母、子公司形成一个共同利益集团，同属于一个会计主体，而比例合并法人为地把子公司分为"合并部分"和"非合并部分"，忽视了子公司作为一个独立经营实体的整体完整性和"控制"的经济实质。因此，所有权理论削弱了合并财务报表信息的相关性，有悖于"控制"的经济实质。

所有权理论主张采用比例合并法，解决了由于全部合并不能解决隶属于两个或两个以上的集团的企业或只是部分地隶属于一个集团的企业的合并财务报表编制问题。事实上，所有权理论一般只适用于共同控制实体的合并（合营企业）。而在我国，合营企业已经取消了比例合并的做法，直接按权益法对合营企业的长期股权投资进行核算。

所有权理论下编制的合并报表有如下特点。

（1）在所有权理论中，对子公司按比例合并法合并，不存在少数股权。尽管在控股合并下，投资企业持股比例可能低于100%，但由于持有多数表决权，投资企业能够完全按照自己的意愿来管理和利用被投资企业的全部资产。

（2）在所有权理论下，公司间交易中未实现利润按母公司的持股比例抵销。

（3）在所有权理论下不会出现少数股权，所以就不存在"少数股东损益"。

（二）实体理论

实体理论是一种站在由母公司及其子公司组成的统一实体的角度来看待母子公司间的控股合并关系的合并理论，强调母子公司所构成的企业集团是一个独立的经济主体。合并中的实体理论源自权益理论中的主体观念。主体观念认为，会计主体与其终极所有者是相互独立的个体。一个会计主体的资产、负债、所有者权益、收入、费用以及形成这些报表要素的交易、事项或情况是会计主体所固有的，他们都独立于终极所有者。可以说，实体理论是现代财务会计中主体假设的理论基础。实体理论将债权人与所有者视为同等重要的利益当事人，十分强调"资本保全"，不允许所有者在会计主体存续期间抽回资本，以免侵害债权人的正当权益。实体理论在合并范围的确定上体现"控制"理念，即无论企业是否拥有另一企业超过50％的绝对控股比例，只要存在控制与被控制的经济实质就应当作为合并对象。在股权分散化的现代股份制公司条件下，企业集团内部多层控股和交叉持股的现象将普遍出现，实体理论的控制论立场更加符合现代企业制度的要求。

实体理论将合并主体中的少数股东和多数股东等同看待，强调母子公司之间的关系是控制与被控制的关系，而不是拥有与被拥有的关系。编制合并财务报表的目的，是为合并主体的全体股东服务，而不仅仅为母公司的股东提供信息。具体地说，合并财务报表是为了反映合并主体所控制的资源。实体理论采用完全合并法编制合并财务报表，当母公司合并非全资子公司的会计报表时，在合并资产负债表中，将该子公司的全部资产、负债、所有者权益予以合并，反应合并主体的财务状况。同样地，在合并利润表中，也将子公司的全部收入、费用及净收益予以合并，解释合并主体的经营成果。

实体理论下编制的合并报表有如下特点。

（1）子公司"少数股东权益"（又称"少数股权"）包括在合并资产负债表的股东权益内，在合并资产负债表合并股东权益中单独列示。

（2）将"少数股东损益"视同利润分配（企业集团对其股东的分配），少数股东在各子公司净收益中享有的份额是合并净利润的一个组成部分。

（3）对子公司同一资产项目采用单一计价，无论母公司拥有的股权部分，还是子公司少数股东拥有的部分，都按合并日收购价格计价（按公允价值计价）。商誉按全部商誉列示。

（4）公司间交易中未实现利润从合并利润中100％进行抵销。

（三）母公司理论

母公司理论是一种站在母公司股东的角度来看待母公司与其子公司之间的控股合并关系的合并理论。母公司理论将合并报表看成母公司本身报表的延伸，将母公司个别会计报表上总括反映的对子公司投资加以具体化，合并报表主要为母公司的股东服务。在确定合并范围时，母公司理论强调以法定控制为基础，即以是否持有多数股权或表决权来判断是否纳入合并范围，另外，法定控制也可以通过签订协议使一家企业处于另一家企业的法定支配下而实现。

在合并财务报表目的方面，母公司理论采纳了所有权理论的看法，否定了实体理论关于合并财务报表是为合并主体所有资源提供者编制的理论，认为编制合并财务报表的目的是满足母公司股东的信息需求。在报表要素合并方法方面，母公司理论摒弃了所有权理论的"拥有观"，认为应采取实体理论所主张的控制观点。母公司理论同样采用全面合并法来合并子公司的会计报表。但是母公司理论采用更稳健的方式来处理少数股东权益和少数股东损益，在合并报表中分别作负债和费用处理。

母公司理论下的合并财务报表能够满足母公司的股东和债权人对合并财务报表

信息的需求,但它混淆了合并整体中的股东权益和债权人权益,没有从合并整体的角度去揭示整个企业集团的财务信息,具有明显的倾向性。

母公司理论下编制的合并报表有如下特点。

(1)将各子公司的"少数股东权益"(又称"少数股权")视同负债,不包括在合并资产负债表的股东权益内,而是单独列示在合并资产负债表的负债与合并股东权益两大类目之间。

(2)将"少数股东损益"视同费用,各子公司的少数股东应享收益份额作为费用项目从合并净利润中扣除。

(3)对子公司的同一资产采用双重计价,母公司拥有的股权部分按购买价格计价(按公允价值计价),而少数股东拥有的部分仍按子公司的账面价值计价。商誉仅列示属于母公司控股的部分。

(4)公司间交易中未实现的利润,顺销时从合并净利润中100%消除,逆销时按母公司拥有的权益比例进行消除。

二、我国合并财务报表编制的概述

(一)企业合并理论在我国的应用

我国《企业会计准则第33号——合并财务报表》并没有明确合并财务报表所依据的理论,但从其规定中可以看出现行会计准则关于合并理论的定位是侧重实体观念,即实体理论为主,母公司理论为辅。

1)实体理论在现行会计准则中的体现

现行会计准则中规定:合并财务报表的合并范围应当以控制为基础予以确定,即能够决定被投资企业的财务和经营政策,并能据以从其活动中获取利益,母公司控制的特殊目的主体也应纳入合并财务报表的合并范围;子公司所有者权益中不属于母公司的份额,应作为"少数股东权益",在合并资产负债表的"所有者权益"项目下单独列示;公司当期净损益中属于少数股东权益的份额,应当在合并利润表中"净利润"项目下以"少数股东损益"项目列示;集团中母公司与子公司、子公司相互之间所有的内部交易产生的未实现利润无论顺销还是逆销均应全额抵销。

2)母公司理论在现行会计准则中的体现

现行会计准则规定对非同一控制下的企业合并采取购买法,在购买日将购买方的合并成本大于取得的可辨认净资产公允价值份额的差额确认为商誉。计算合并商誉时不考虑子公司少数股东权益对应可能产生的商誉,仅仅确认与母公司权益相关的商誉。

(二)合并财务报表的合并范围的确定

合并财务报表的合并范围应当以控制为基础予以确定。母公司应当将其全部子公司(包括母公司所控制的单独主体)纳入合并财务报表的合并范围。控制,是指投资方拥有对被投资方的权力,通过参与被投资方的相关活动而享有可变回报,并且有能力运用对被投资方的权力影响其回报金额。这里的被投资方的相关活动是指对被投资方的回报产生重大影响的活动,需根据具体情况进行判断,通常包括商品或劳务的销售和购买、金融资产的管理、资产的购买和处置、研究与开发活动以及融资活动等。

一般认为,符合下列情况之一的,视为投资方对被投资方拥有权力,除非有确凿证据表明其不能主导被投资方相关活动:

(1) 投资方持有被投资方半数以上的表决权的;

(2) 投资方持有被投资方半数或以下的表决权,但通过与其他表决权持有人之间的协议能够控制半数以上表决权的。

以控制为基础确定合并财务报表的合并范围,应当强调实质重于形式原则,综合考虑所有相关事实和情况后进行判断。当投资方持有被投资方半数或以下的表决权,但综合考虑下列事实和情况后,判断投资方持有的表决权足以使其目前有能力主导被投资方相关活动的,视为投资方对被投资方拥有权力:

(1) 投资方持有的表决权相对于其他投资方持有的表决权份额的大小,以及其他投资方持有表决权的分散程度;

(2) 投资方和其他投资方持有的被投资方的潜在表决权,如可转换公司债券、可执行认股权证等;

(3) 其他合同安排产生的权利;

(4) 被投资方以往的表决权行使情况等其他相关事实和情况。

在投资方难以判断其享有的权利是否足以使其拥有对被投资方的权力的情况下,应当考虑其能否任命或批准被投资方的关键管理人员;能否出于其自身利益决定或否决被投资方的重大交易;能否掌控被投资方董事会等类似权力机构成员的任命程序,或者从其他表决权持有人手中获得代理权;与被投资方的关键管理人员或董事会等类似权力机构中的多数成员是否存在关联方关系等因素判断其单方面主导被投资方相关活动的实际能力。

极个别情况下,有确凿证据表明同时满足下列条件并且符合相关法律法规规定的,投资方应当将被投资方的一部分(以下简称"该部分")视为被投资方可分割的部分(单独主体),进而判断是否控制该部分(单独主体)。这些条件包括:①该部分的资产是偿付该部分负债或该部分其他权益的唯一来源,不能用于偿还该部分以外的被投资方的其他负债;②除与该部分相关的各方外,其他方不享有与该部分资产相关的权利,也不享有与该部分资产剩余现金流量相关的权利。

需注意的特殊情况是:如果母公司是投资性主体,则母公司应当仅将为其投资活动提供相关服务的子公司(如有)纳入合并范围并编制合并财务报表;其他子公司不应当予以合并,母公司对其他子公司的投资应当按照公允价值计量且其变动计入当期损益。

判断母公司属于投资性主体的条件是:

(1) 该公司是以向投资者提供投资管理服务为目的,从一个或多个投资者处获取资金。

（2）该公司的唯一经营目的，是通过资本增值、投资收益或两者兼有而让投资者获得回报。

（3）该公司按照公允价值对几乎所有投资的业绩进行考量和评价。

母公司属于投资性主体通常符合下列特征：

（1）拥有一个以上投资；

（2）拥有一个以上投资者；

（3）投资者不是该主体的关联方；

（4）其所有者权益以股权或类似权益方式存在。

投资性主体的母公司本身不是投资性主体，则应当将其控制的全部主体，包括那些通过投资性主体所间接控制的主体，纳入合并财务报表范围。当母公司由非投资性主体转变为投资性主体时，除仅将为其投资活动提供相关服务的子公司纳入合并财务报表范围编制合并财务报表外，企业自转变日起对其他子公司不再予以合并，视同在转变日处置子公司但保留剩余股权的原则进行会计处理。当母公司由投资性主体转变为非投资性主体时，应将原未纳入合并财务报表范围的子公司于转变日纳入合并财务报表范围，原未纳入合并财务报表范围的子公司在转变日的公允价值视同为购买的交易对价。

母公司不能控制的被投资单位，不纳入合并财务报表的合并范围。下列被投资单位不是母公司的子公司，不应当纳入母公司的合并财务报表的合并范围：

（1）已宣告被清理整顿的原子公司；

（2）已宣告破产的原子公司；

（3）母公司不能控制的其他被投资单位。

投资企业对于与其他投资方一起实施共同控制的合营安排，应根据企业在合营安排中享有的权利和承担的义务分别确定为共同经营或合营企业。对于共同经营，投资企业应采用比例合并法将共同经营中的资产、负债、收益和费用按利益份额计入合并财务报表中相同或类似项目；对于合营企业，投资企业应在合并财务报表中采用权益法核算其在合营企业中的权益。

第二节　合并财务报表编制的基本步骤

一、合并财务报表编制的事前准备事项

（一）统一母子公司的会计政策

会计政策是指企业进行会计核算和编制财务报表时所采用的会计原则、会计程序和会计处理方法，是编制财务报表的基础，统一母公司与子公司的会计政策是保证母子公司财务报表各项目反映内容一致的基础。母公司应当统一子公司所采用的会计

政策,使子公司采用的会计政策与母公司保持一致。子公司所采用的会计政策与母公司不一致的,应当按照母公司的会计政策对子公司财务报表进行必要的调整;或者要求子公司按照母公司的会计政策另行编报财务报表。

（二）统一母子公司的资产负债表日及会计期间

财务报表总是反映一定日期的财务状况和一定期间的经营成果,母公司和子公司的个别财务报表只有在反映财务状况的日期和反映经营成果的会计期间一致的情况下,才能进行合并。母公司应当统一子公司的会计期间,使子公司的会计期间与母公司保持一致。子公司的会计期间与母公司不一致的,应当按照母公司的会计期间对子公司财务报表进行调整;或者要求子公司按照母公司的会计期间另行编报财务报表。

（三）对子公司以外币表示的财务报表进行折算

对母公司和子公司的财务报表进行合并,其前提是母子公司个别财务报表所采用的货币计量单位一致。将以外币作为记账本位币的企业纳入合并范围时,需将其个别财务报表折算为以母公司所采用的记账本位币表所示的财务报表。

（四）收集编制合并财务报表的相关资料

合并财务报表以母公司和其子公司的财务报表以及其他有关资料为依据,由母公司合并有关项目的数额编制。在编制合并财务报表时,子公司除了应当向母公司提供财务报表外,还应当向母公司提供下列有关资料:
（1）采用的与母公司不一致的会计政策及其影响金额;
（2）与母公司不一致的会计期间的说明;
（3）与母公司、其他子公司之间发生的所有内部交易的相关资料;
（4）所有者权益变动的有关资料;
（5）编制合并财务报表所需要的其他资料。

二、合并财务报表的编制程序

合并财务报表应当以母公司和其子公司的财务报表为基础,根据其他有关资料,按照权益法调整对子公司的长期股权投资后,由母公司编制。其编制程序为如下几步。
第一步:编制合并工作底稿。
第二步:将母公司、纳入合并范围的子公司个别财务报表的数据过入合并工作底稿。
第三步:编制调整分录和抵销分录。
调整和抵销分录是有区别的,调整分录是对母公司和子公司个别财务报表的调整。根据《企业会计准则第 20 号——企业合并》第十五条的规定,对于非同一控制下的企业合并,编制合并财务报表时,应当以购买日确定的各项可辨认资产、负债及或有负债的公允价值为基础对子公司的财务报表进行调整。原 2006 年颁布的《企业会计准则第 33 号——合并财务报表》第十一条规定,编制合并财务报表时应当先将母公司对子公司的长期股权投资由成本法调整为权益法,然后编制其他调整抵销分录。2014年修订后的《企业会计准则第 33 号——合并财务报表》删除了上述对合并报表编制程序的规定,不再对企业编制合并报表的程序做强制性规定,企业可以自行选择编制程序。本教材在后面章节依旧采取先将长期股权投资由成本法调整为权益法的处理方式,因为这种处理方式的逻辑含义最为清楚,便于初学者理解合并财务报表编制过程中的经济含义。

抵销分录是指在调整后的个别报表的基础上对个别财务报表各项目的加总数据中因内部交易引起的重复因素等予以抵销,如母公司对子公司长期股权投资与子公司所有者权益项目的抵销。

工作底稿中所出现的调整与抵销分录并不是母公司或子公司账上的正式分录,它仅仅是为了编制合并财务报表所作的一部分草稿,调整和抵销分录中借记或贷记的均为报表项目,而非会计账户。对于编制合并财务报表,分清两者的区别,意义不大。因此,在本章中对抵销与调整分录我们不作严格区分。

第四步:计算合并财务报表各项目的合并金额。

第五步:填列合并财务报表。

(一) 合并资产负债表

合并资产负债表应当以母公司和子公司的资产负债表为基础,在抵销母公司与子公司、子公司相互之间发生的内部交易对合并资产负债表的影响后,由母公司合并编制:

(1) 母公司对子公司的长期股权投资与母公司在子公司所有者权益中所享有的份额应当相互抵销,同时抵销相应的长期股权投资减值准备。在购买日,母公司对子公司的长期股权投资与母公司在子公司所有者权益中所享有的份额的差额,应当在商誉项目列示(非同一控制下的企业合并)。商誉发生减值的,应当按照经减值测试后的金额列示。各子公司之间的长期股权投资以及子公司对母公司的长期股权投资,应当比照上述规定,将长期股权投资与其对应的子公司或母公司所有者权益中所享有的份额相互抵销。

(2) 母公司与子公司、子公司相互之间发生的内部债权债务项目应当相互抵销,同时抵销应收款项的坏账准备和债券投资的减值准备。母公司与子公司、子公司相互之间的债券投资与应付债券相互抵销后,产生的差额应当计入投资收益项目。

(3) 母公司与子公司、子公司相互之间销售商品(或提供劳务,下同)或其他方式形成的存货、固定资产、工程物资、在建工程、无形资产等所包含的未实现内部销售损益应当抵销。对存货、固定资产、工程物资、在建工程和无形资产等计提的跌价准备或减值准备与未实现内部销售损益相关的部分应当抵销。

（4）母公司与子公司、子公司相互之间发生的其他内部交易对合并资产负债表的影响应当抵销。

子公司所有者权益中不属于母公司的份额，应当作为少数股东权益，在合并资产负债表中所有者权益项目下以"少数股东权益"项目列示。

母公司在报告期内因同一控制下企业合并增加的子公司，编制合并资产负债表时，应当调整合并资产负债表的期初数。因非同一控制下企业合并增加的子公司，编制合并资产负债表时，不应当调整合并资产负债表的期初数。

母公司在报告期内处置子公司，编制合并资产负债表时，不应当调整合并资产负债表的期初数。

（二）合并利润表

合并利润表应当以母公司和子公司的利润表为基础，在抵销母公司与子公司、子公司相互之间发生的内部交易对合并利润表的影响后，由母公司合并编制：

（1）母公司与子公司、子公司相互之间销售商品所产生的营业收入和营业成本应当抵销。母公司与子公司、子公司相互之间销售商品，期末全部实现对外销售的，应当将购买方的营业成本与销售方的营业收入相互抵销。母公司与子公司、子公司相互之间销售商品，期末未实现对外销售而形成存货、固定资产、工程物资、在建工程、无形资产等资产的，在抵销销售商品的营业成本和营业收入的同时，应当将各项资产所包含的未实现内部销售损益予以抵销。

（2）在对母公司与子公司、子公司相互之间销售商品形成的固定资产或无形资产所包含的未实现内部销售损益进行抵销的同时，也应当对固定资产的折旧额或无形资产的摊销额与未实现内部销售损益相关的部分进行抵销。

（3）母公司与子公司、子公司相互之间持有对方债券所产生的投资收益，应当与其相对应的发行方利息费用相互抵销。

（4）母公司对子公司、子公司相互之间持有对方长期股权投资的投资收益应当抵销。

（5）母公司与子公司、子公司相互之间发生的其他内部交易对合并利润表的影响应当抵销。

子公司当期净损益中属于少数股东权益的份额，应当在合并利润表中净利润项目下以"少数股东损益"项目列示。

子公司少数股东分担的当期亏损超过了少数股东在该子公司期初所有者权益中所享有的份额的，其余额仍应当冲减少数股东权益。

母公司在报告期内因同一控制下企业合并增加的子公司，应当将该子公司合并当期期初至报告期末的收入、费用、利润纳入合并利润表。因非同一控制下企业合并增加的子公司，应当将该子公司购买日至报告期末的收入、费用、利润纳入合并利润表。

母公司在报告期内处置子公司，应当将该子公司期初至处置日的收入、费用、利润纳入合并利润表。

（三）合并现金流量表

合并现金流量表应当以母公司和子公司的现金流量表为基础，在抵销母公司与子公司、子公司相互之间发生的内部交易对合并现金流量表的影响后，由母公司合并编制。这里及以下提及"现金"时，除非同时提及现金等价物，均包括现金和现金等价物。

编制合并现金流量表应当符合下列要求：

（1）母公司与子公司、子公司相互之间当期以现金投资或收购股权增加的投资所产生的现金流量应当抵销；

（2）母公司与子公司、子公司相互之间当期取得投资收益收到的现金，应当与分配股利、利润或偿付利息支付的现金相互抵销；

（3）母公司与子公司、子公司相互之间以现金结算债权与债务所产生的现金流量应当抵销；

（4）母公司与子公司、子公司相互之间当期销售商品所产生的现金流量应当抵销；

（5）母公司与子公司、子公司相互之间处置固定资产、无形资产和其他长期资产收回的现金净额，应当与购建固定资产、无形资产和其他长期资产支付的现金相互抵销；

（6）母公司与子公司、子公司相互之间当期发生的其他内部交易所产生的现金流量应当抵销。

合并现金流量表补充资料可以根据合并资产负债表和合并利润表进行编制。

母公司在报告期内因同一控制下企业合并增加的子公司，应当将该子公司合并当期期初至报告期末的现金流量纳入合并现金流量表。因非同一控制下企业合并增加的子公司，应当将该子公司购买日至报告期末的现金流量纳入合并现金流量表。

母公司在报告期内处置子公司，应当将该子公司期初至处置日的现金流量纳入合并现金流量表。

（四）合并所有者权益变动表

合并所有者权益变动表应当以母公司和子公司的所有者权益变动表为基础，在抵销母公司与子公司、子公司相互之间发生的内部交易对合并所有者权益变动表的影响后，由母公司合并编制：

（1）母公司对子公司的长期股权投资应当与母公司在子公司所有者权益中所享有的份额相互抵销。各子公司之间的长期股权投资以及子公司对母公司的长期股权投资，应当比照上述规定，将长期股权投资与其对应的子公司或母公司所有者权益中所享有的份额相互抵销。

（2）母公司对子公司、子公司相互之间持有对方长期股权投资的投资收益应当抵销。

（3）母公司与子公司、子公司相互之间发生的其他内部交易对所有者权益变动的影响应当抵销。合并所有者权益变动表也可以根据合并资产负债表和合并利润表进行编制。

有少数股东的,应当在合并所有者权益变动表中增加"少数股东权益"栏目,反映少数股东权益变动的情况。

第三节　并购日合并财务报表的编制

一、同一控制下合并日财务报表的编制

（一）同一控制下合并日的合并财务报表编制要求

根据现行企业会计准则,同一控制下的企业合并形成母子公司关系的,母公司在并购当日应当编制合并日的合并资产负债表、合并利润表和合并现金流量表。同一控制下合并日的合并财务报表编制要求如下。

1）合并资产负债表中被合并方的各项资产、负债,应当按其账面价值计量

对于被合并方采用的会计政策与合并方不一致而进行过调整的情况,应当以调整后的账面价值计量。

2）将合并方对被合并方的长期股权投资与被合并方的股东权益相互抵销并确认"少数股东权益"

从母、子公司形成的企业集团角度,母公司向子公司投资,与子公司接受母公司的投资纯属于企业集团的内部交易事项,即集团内部资金的调拨,既不会增加企业集团的长期股权投资,也不增加企业集团的所有者权益。因此,在编制合并日合并资产负债表时,需将合并方对被合并方的长期股权投资与被合并方的股东权益相互抵销,同时确认少数股东权益(在全资控股的情况下为0)。

在合并工作底稿中的抵销分录为:

借:股本(合并日子公司账面价值)

　　资本公积(合并日子公司账面价值)

　　盈余公积(合并日子公司账面价值)

　　未分配利润(合并日子公司账面价值)

　贷:长期股权投资(母公司对子公司的长期股权投资)

　　　少数股东权益(子公司可辨认净资产的账面价值×少数股东股权比例)

3）被合并方在合并前形成的留存收益自合并方资本公积转入留存收益

同一控制下企业合并按一体化存续原则,视同合并报告主体从合并日及以前期间就一直存在,子公司原由企业集团其他企业控制时的留存收益在合并财务报表中是存在的,因此在编制合并资产负债表时,对于被合并方在企业合并前实现的留存收益(盈余公积和未分配利润)中归属于合并方的部分,应按以下规定,自合并方的资本公积转入留存收益:第一,确认企业合并形成的长期股权投资后,合并方账面资本公积(资本

溢价或股本溢价)贷方余额大于被合并方在合并前实现的留存收益中归属于合并方的部分,在合并资产负债表中,应将被合并方在合并前实现的留存收益中归属于合并方的部分自"资本公积"转入"盈余公积"和"未分配利润"。在合并工作底稿中,借记"资本公积"项目,贷记"盈余公积"和"未分配利润"项目。第二,确认企业合并形成的长期股权投资后,合并方账面资本公积(资本溢价或股本溢价)贷方余额小于被合并方在合并前实现的留存收益中归属于合并方的部分的,在合并资产负债表中,应以合并方资本公积(资本溢价或股本溢价)的贷方余额为限,将被合并方在合并前实现的留存收益中归属于合并方的部分自"资本公积"按比例转入"盈余公积"和"未分配利润"。在合并工作底稿中,借记"资本公积"项目,贷记"盈余公积"和"未分配利润"项目。因合并方的资本公积(资本溢价或股本溢价)余额不足,被合并方在合并前实现的留存收益中归属于合并方的部分在合并资产负债表中未全额恢复的,合并方应当在会计报表附注中对这一情况进行说明,包括被合并方在合并前实现的留存收益金额、归属于本企业的金额及因资本公积余额不足在合并资产负债表中未转入留存收益的金额等。

4) 合并利润表应当包括参与合并各方自合并当期期初至合并日的利润

被合并方在合并前实现的净利润,应当在合并利润表中单列项目反映,即在"净利润"项目下单列"其中:被合并方在合并前实现的净利润"项目,以反映该项目由于该企业合并在合并当期自被合并方带入的损益。例如,同一控制下的企业合并发生于 20×3 年 3 月 31 日,合并方当日编制合并利润表时,应包括合并方及被合并方自 20×3 年 1 月 1 日至 20×3 年 3 月 31 日实现的净利润。双方在当期发生的交易,应当按照合并财务报表的有关原则进行抵销。

5) 合并现金流量表应当包括参与合并各方自合并当期期初至合并日的现金流量

涉及双方当期发生内部交易产生的现金流量,应按照合并财务报表准则规定的有关原则进行抵销。

(二) 同一控制下合并日的合并资产负债表的编制

【例 3-1】 A、B 公司分别为 S 公司控制下的两家子公司。20×2 年 1 月 1 日 A 公司发行了 2 000 万股普通股(每股面值 1 元,市价 2.5 元)自其母公司 S 处取得了 B 公司 80% 的股权,合并后 B 公司仍维持独立法人资格继续经营。假定 A、B 公司采用的会计政策和会计期间一致。合并前,A 公司与 B 公司合并前资产负债表如表 3-1 所示。

表 3-1　A 公司与 B 公司合并前资产负债表　　　　　　　万元

项　　目	A 公司	B 公司
货币资金	4 000	500
应收账款	3 000	200
存货	6 000	200
长期股权投资	5 000	2 000
固定资产	10 000	3 000

续表

项　　目	A公司	B公司
无形资产	4 500	600
资产总计	32 500	6 500
短期借款	2 500	1 000
应付账款	3 500	300
其他负债	500	700
股本	15 000	2 000
资本公积	3 000	1 000
盈余公积	5 000	500
未分配利润	3 000	1 000
负债和股东权益总计	32 500	6 500

1月1日，A公司取得B公司80%股份应编制的会计分录如下：

借：长期股权投资　　　　　　　　　　　　　　　　　　3 600
　　贷：股本　　　　　　　　　　　　　　　　　　　　　　　2 000
　　　　资本公积　　　　　　　　　　　　　　　　　　　　　1 600

在编制合并日的合并资产负债表时，应编制如下两笔调整与抵销分录：

(1) 将A公司对B公司的长期股权投资与B公司的股东权益相互抵销，同时确认少数股东权益：

借：股本　　　　　　　　　　　　　　　　　　　　　　2 000
　　资本公积　　　　　　　　　　　　　　　　　　　　1 000
　　盈余公积　　　　　　　　　　　　　　　　　　　　　500
　　未分配利润　　　　　　　　　　　　　　　　　　　1 000
　　贷：长期股权投资　　　　　　　　　　　　　　　　　　3 600
　　　　少数股东权益　　　　　　　　　　　　　　　　　　　900

(2) 将B公司在企业合并前实现的留存收益（盈余公积500万元和未分配利润1 000万元）中归属于A公司的部分，自A公司的资本公积转入留存收益（盈余公积400万元和未分配利润800万元）：

借：资本公积　　　　　　　　　　　　　　　　　　　　1 200
　　贷：盈余公积　　　　　　　　　　　　　　　　　　　　　400
　　　　未分配利润　　　　　　　　　　　　　　　　　　　　800

本例中A公司在确认对B公司的长期股权投资后，其资本公积的账面余额为4 600万元（3 000万元＋1 600万元），假定其中资本溢价或股本溢价的金额为3 500万元。如果B公司中的留存收益（盈余公积和未分配利润）为5 000万元（假定A公司合并B公司过程中形成的资本公积还是1 600万元），则第二个调整分录中，应当以A公司的资本公积（资本溢价或股本溢价）的贷方余额3 500万元为限，将B公司在合并前实现的留存收益中归属于A公司的部分自"资本公积"按比例转入"盈余公积"和"未分配利润"。

20×2年1月1日A公司与B公司的合并资产负债表工作底稿如表3-2所示。

表3-2　20×2年1月1日A公司与B公司的合并资产负债表工作底稿　　　万元

项　　目	A公司	B公司(80%)	调整与抵销分录 借	调整与抵销分录 贷	合并资产负债表
货币资金	4 000	500			4 500
应收账款	3 000	200			3 200
存货	6 000	200			6 200
长期股权投资	8 600	2 000		(1)3 600	7 000
固定资产	10 000	3 000			13 000
无形资产	4 500	600			5 100
资产总计	36 100	6 500			39 000
短期借款	2 500	1 000			35 000
应付账款	3 500	300			3 800
其他负债	500	700			1 200
股本	17 000	2 000	(1)2 000		17 000
资本公积	4 600	1 000	(1)1 000 (2)1 200		3 400
盈余公积	5 000	500	(1)500	(2)400	5 400
未分配利润	3 000	1 000	(1)1 000	(2)800	3 800
少数股东权益				(1)900	900
负债和股东权益总计	36 100	6 500			39 000

（三）同一控制下合并日的合并利润表的编制

本例中的合并日为1月1日,只需要将合并双方利润表的对应项目金额直接相加即可;如果并购发生在年中,则需在合并利润表中单列项目反映被合并方在合并前实现的净利润;当合并双方在当期发生内部交易,则应按照合并财务报表准则规定的有关原则进行抵销。

（四）同一控制下合并日的合并现金流量表的编制

在编制同一控制下合并日的合并现金流量表时,如果不涉及合并双方当期发生内部交易产生的现金流量,只需要将合并双方的对应项目金额直接相加即可;如果涉及合并双方当期发生内部交易产生的现金流量,应按照合并财务报表准则规定的有关原则进行抵销。

二、非同一控制下购买日合并财务报表编制

（一）非同一控制下购买日的合并财务报表编制要求

非同一控制下的企业合并形成母子公司关系的,母公司应当编制购买日的合并资

产负债表。非同一控制下购买日的合并财务报表编制要求如下:

1) 将子公司可辨认净资产从账面价值调整为公允价值

非同一控制下的企业合并,母公司在购买日编制合并资产负债表时,取得的被购买方各项可辨认资产、负债及或有负债应当以公允价值列示。在合并工作底稿中,借记子公司的"存货""固定资产"等公允价值与账面价值有差额的项目,贷记"资本公积"项目。

2) 将母公司对子公司长期股权投资与子公司的所有者权益相互抵销,同时确认"少数股东权益",并确定合并商誉

在编制合并资产负债表时,将母公司对子公司长期股权投资与子公司的所有者权益相互抵销,同时确认"少数股东权益"(全资控股的情况下为0)。企业合并成本大于合并中取得的被购买方可辨认净资产公允价值份额的差额,确认为合并资产负债表中的商誉。企业合并成本小于合并中取得的被购买方可辨认净资产公允价值份额的差额,企业合并准则中规定应计入合并当期损益,因购买日不需要编制合并利润表,该差额体现在合并资产负债表上,应调整合并资产负债表的盈余公积和未分配利润。

在合并工作底稿中的调整抵销分录为:

借:股本(购买日子公司的股本)

资本公积(子公司调整后的资本公积)

盈余公积(购买日子公司的盈余公积)

未分配利润(购买日子公司的未分配利润)

商誉(借方差额)

贷:长期股权投资(调整后金额)

少数股东权益(子公司可辨认净资产的公允价值×少数股东持股比例)

盈余公积(贷方差额×10%)

未分配利润(贷方差额×90%)

3) 对各项可辨认资产、负债及或有负债公允价值与账面价值的差额确认相应的递延所得税负债或递延所得税资产

在合并资产负债表中,被购买方各项可辨认资产、负债及或有负债是按照合并中确定的公允价值列示的。然而,《中华人民共和国企业所得税法》第五十二条规定:"除国务院另有规定外,企业之间不得合并缴纳企业所得税";《关于企业重组业务企业所得税处理若干问题的通知》(财税〔2009〕59号)规定:"被收购企业的相关所得税事项原则上保持不变"。也就是说,被购买方各项可辨认资产、负债及或有负债的计税基础,税务机关是按被购买方的原有计税基础确定的。由此即造成合并资产负债表中资产、负债的账面价值与其计税基础的差异。按照企业会计准则的规定,购买方取得的被购买方各项可辨认资产、负债及或有负债的公允价值与其计税基础之间存在差异的,应当确认相应的递延所得税资产或递延所得税负债。在确认递延所得税负债或递延所得税资产的同时,相关的递延所得税费用(或收益),通常应调整企业合并中所确认的商誉或营业外收入(或留存收益),即在合并工作底稿中,需就购买日存货、固定资

产等各项可辨认资产、负债及或有负债公允价值与账面价值的差额确认相应的递延所得税负债或递延所得税资产。借记"商誉"或"盈余公积""未分配利润"项目,贷记"递延所得税负债"项目;或借记"递延所得税资产"项目,贷记"商誉"或"盈余公积""未分配利润"项目。

4) 设置备查簿登记被购买方可辨认资产、负债及或有负债的公允价值

非同一控制下的企业合并形成母子公司关系的,母公司应自购买日起设置备查簿,登记其在购买日取得的被购买方可辨认资产、负债及或有负债的公允价值,为以后期间编制合并财务报表提供基础资料。

(二) 非同一控制下购买日的合并资产负债表的编制

【例 3-2】 假设 A、B 公司是两家无关的公司。20×2 年 1 月 1 日 A 公司发行了 2 000 万股面值 1 元,市价 2.5 元的普通股换取 B 公司 80% 的股权。假定 A、B 公司采用的会计政策和会计期间一致。A 公司与 B 公司合并前资产负债表如表 3-3 所示。

表 3-3　A 公司与 B 公司合并前资产负债表　　　　　　　　　　　　万元

项　　　目	A 公司(账面)	B 公司(账面)	B 公司(公允)
货币资金	4 000	500	500
应收账款	3 000	200	200
存货	6 000	200	200
长期股权投资	5 000	2 000	2 000
固定资产	10 000	3 000	3 500
无形资产	4 500	600	600
资产总计	32 500	6 500	7 000
短期借款	2 500	1 000	1 000
应付账款	3 500	300	300
其他负债	500	700	700
股本	15 000	2 000	
资本公积	3 000	1 000	
盈余公积	5 000	500	
未分配利润	3 000	1 000	
负债和股东权益总计	32 500	6 500	

1 月 1 日,A 公司取得 B 公司 80% 股份应编制的会计分录如下:

借:长期股权投资　　　　　　　　　　　　　　　　　　　5 000
　　贷:股本　　　　　　　　　　　　　　　　　　　　　　　2 000
　　　　资本公积　　　　　　　　　　　　　　　　　　　　3 000

(1) 在编制购买日的合并资产负债表时,应按公允价值对 B 公司的财务报表进行调整。在合并工作底稿中,调整分录为:

借:固定资产　　　　　　　　　　　　　　　　　　　　　500
　　贷:资本公积　　　　　　　　　　　　　　　　　　　　　500

（2）在编制购买日的合并资产负债表时，应将A公司对B公司的长期股权投资与B公司的股东权益相互抵销，同时确认少数股东权益和商誉。在合并工作底稿中，抵销分录为：

借：股本	2 000
资本公积	1 500
盈余公积	500
未分配利润	1 000
商誉	1 000
贷：长期股权投资	5 000
少数股东权益	1 000

实际上，以上两笔分录也可以合并编制一笔调整抵销分录：

借：股本	2 000
资本公积	1 000
盈余公积	500
未分配利润	1 000
固定资产	500
商誉	1 000
贷：长期股权投资	5000
少数股东权益	1 000

其中：少数股东权益＝B公司可辨认净资产的公允价值×少数股东持股比例＝5 000×20％＝1 000（万元）；商誉＝企业合并成本－合并中取得的被购买方可辨认净资产公允价值份额＝5 000－5 000×80％＝1 000（万元）。

（3）就固定资产公允价值与账面价值的价差确认相应的递延所得税负债[①]。假设所得税税率为25％，则确认的递延所得税负债为125万元（500×25％）。在合并工作底稿中，调整与抵销分录为：

借：商誉	125
贷：递延所得税负债	125

20×2年1月1日A公司与B公司的合并资产负债表工作底稿如表3-4所示。

表3-4　20×2年1月1日A公司与B公司的合并资产负债表工作底稿　　　万元

项　目	A公司	B公司(80％)	调整与抵销分录 借	调整与抵销分录 贷	合并资产负债表
货币资金	4 000	500			4 500
应收票据	3 000	200			3 200

---

① 合并资产负债表中资产账面价值（合并报表中确认的公允价值）大于计税基础（B公司原账面价值）形成递延所得税负债。免税合并形成的暂时性差异的对应科目为商誉，而商誉自身的暂时性差异是不确认递延所得税。

续表

项　目	A 公司	B 公司 (80％)	调整与抵销分录		合并资产 负债表
			借	贷	
存货	6 000	200			6 200
长期股权投资	10 000	2 000		(2)5 000	7 000
固定资产	10 000	3 000	(1)500		13 500
无形资产	4 500	600			5 100
商誉	0		(2)1 000 (3)125		1 125
资产总计	37 500	6 500			40 625
短期借款	2 500	1 000			3 500
应付账款	3 500	300			3 800
递延所得税负债				(3)125	125
其他负债	500	700			1 200
股本	17 000	2 000	(2)2 000		17 000
资本公积	6 000	1 000	(2)1 500	(1)500	6 000
盈余公积	5 000	500	(2)500		5 000
未分配利润	3 000	1 000	(2)1 000		3 000
少数股东权益				(2)1 000	1 000
负债和股东权益总计	37 500	6 500			40 625

　　【例 3-3】　沿用例 3-2 的资料。假设 1 月 1 日,A 公司发行的是 1 500 股每股面值 1 元、市价 2.5 元的普通股换取了 B 公司 80％的股份。则 A 公司应编制会计分录如下:

　　　　借:长期股权投资　　　　　　　　　　　　　　　　　　　3 750
　　　　　　贷:股本　　　　　　　　　　　　　　　　　　　　　　　1 500
　　　　　　　　资本公积　　　　　　　　　　　　　　　　　　　　　2 250

　　(1) 将 A 公司对 B 公司的长期股权投资与 B 公司的股东权益相互抵销,同时确认 B 公司固定资产的公允价值与账面价值的价差以及少数股东权益。由于合并成本 3 750 万元小于合并中取得的 B 公司可辨认净资产公允价值份额 4 000 万元(5 000×80％),假设两家公司均按照净利润的 10％提取盈余公积,差额 250 万元应按 10％和 90％的比例调整盈余公积和未分配利润。在合并工作底稿中,调整与抵销分录为:

　　　　借:股本　　　　　　　　　　　　　　　　　　　　　　　2 000
　　　　　　资本公积　　　　　　　　　　　　　　　　　　　　　1 000
　　　　　　盈余公积　　　　　　　　　　　　　　　　　　　　　　500
　　　　　　未分配利润　　　　　　　　　　　　　　　　　　　　1 000
　　　　　　固定资产　　　　　　　　　　　　　　　　　　　　　　500
　　　　　　贷:长期股权投资　　　　　　　　　　　　　　　　　　3 750
　　　　　　　　少数股东权益　　　　　　　　　　　　　　　　　　1 000

盈余公积   25

未分配利润   225

其中:少数股东权益＝B公司可辨认净资产的公允价值×少数股东持股比例＝5 000×20%＝1 000(万元)。

(2)就固定资产公允价值与账面价值的价差确认相应的递延所得税负债。假设所得税税率为25%,则确认的递延所得税负债为125万元(500×25%)。在合并工作底稿中,调整与抵销分录为:

借:盈余公积   12.5

未分配利润   112.5

贷:递延所得税负债   125

20×1年1月1日A公司与B公司的合并资产负债表工作底稿如表3-5所示。

表3-5   **20×1年1月1日A公司与B公司的合并资产负债表工作底稿**   万元

项　　目	A公司	B公司 (80%)	调整与抵销分录		合并资产 负债表
			借	贷	
货币资金	4 000	500			4 500
应收票据	3 000	200			3 200
存货	6 000	200			6 200
长期股权投资	8 750	2 000		(1)3 750	7 000
固定资产	10 000	3 000	(1)500		13 500
无形资产	4 500	600			5 100
资产总计	36 250	6 500			39 500
短期借款	2 500	1 000			3 500
应付账款	3 500	300			3 800
递延所得税负债				(2)125	125
其他负债	500	700			1 200
股本	16 500	2 000	(1)2 000		16 500
资本公积	5 250	1 000	(1)1 000		5 250
盈余公积	5 000	5 00	(1)500 (2)12.5	(1)25	5 012.5
未分配利润	3 000	1 000	(1)1 000 (2)112.5	(1)225	3 112.5
少数股东权益				(1)1 000	1 000
负债和股东权益总计	36 250	6 500			39 500

第四节　并购日后合并财务报表的编制

一、同一控制下合并日后的合并财务报表编制

（一）合并当年的合并财务报表的编制

【例 3-4】　沿用例 3-1 的资料，A、B 公司分别为 S 公司控制下的两家子公司。20×2 年 1 月 1 日 A 公司取得了 B 公司 80% 的股权，B 公司 20×2 的账面净利润为 225 万元，派发现金股利 100 万元。两家公司按照净利润的 10% 提取盈余公积。

20×2 年 1 月 1 日，A 公司发行 2 000 万股普通股取得 B 公司 80% 的股权时，应编制的会计分录为：

借：长期股权投资　　　　　　　　　　　　　　　　3 600
　　贷：股本　　　　　　　　　　　　　　　　　　　　2 000
　　　　资本公积　　　　　　　　　　　　　　　　　　1 600

20×2 年，A 公司收到 B 公司派发的现金股利时，应编制的会计分录为：

借：银行存款　　　　　　　　　　　　　　　　　　80
　　贷：投资收益　　　　　　　　　　　　　　　　　　　80

假设 B 公司的股本和资本公积没有任何变化，20×3 年 A 公司和 B 公司的资产负债表、利润表、股东权益变动表中的利润分配表部分如表 3-6 中的 A 公司和 B 公司栏目所示。

20×3 年 12 月 31 日，在合并财务报表工作底稿中，应编制如下四笔调整与抵销分录：

（1）将 B 公司在企业合并前实现的留存收益中归属于 A 公司的部分，自 A 公司的资本公积转入留存收益。调整分录为：

借：资本公积　　　　　　　　　　　　　　　　　　1 200
　　贷：盈余公积　　　　　　　　　　　　　　　　　　　400
　　　　未分配利润——年初　　　　　　　　　　　　　　800

（2）按照权益法调整 A 公司对 B 公司的长期股权投资。调整的金额为：225×80%－80＝100（万元），调整分录为：

借：长期股权投资　　　　　　　　　　　　　　　　100
　　贷：投资收益　　　　　　　　　　　　　　　　　　　100

（3）将 A 公司对 B 公司的投资收益抵销。由于 A 公司对 B 公司的投资收益＝B 公司账面净利润×80%＝B 公司账面净利润－B 公司账面净利润×20%；少数股东损益＝B 公司账面净利润×20%；B 公司账面净利润＝B 公司年末未分配利润－B 公司年初未分配利润＋B 公司提取的盈余公积＋B 公司已分配股利。因此，A 公司对 B 公司的投资收益＋少数股东损益＋B 公司年初未分配利润＝B 公司年末未分配利润＋B

公司提取的盈余公积＋B公司已分配股利。所以,抵销分录为:

借:投资收益	180	
少数股东损益	45	
未分配利润——年初	1 000	
贷:利润分配——提取盈余公积		22.5
——已分配股利		100
未分配利润——年末		1 102.5

注意:同一控制下的企业合并形成母子公司关系的,少数股东损益总是等于子公司的账面净利润乘以少数股东持股比例。

抵销母公司持有子公司长期股权投资按权益法确认的投资收益,就是在抵销母公司按子公司本期实现的利润增加的母公司当期利润数额,以便消除权益法对母、子公司利润的重复计算。抵销子公司本期的利润分配处理是因为合并所有者权益变动表是站在企业集团角度来反映母公司利润的分配情况的。子公司本期利润分配中分配给母公司的利润不构成企业集团整体对外的利润分配,这里抵销的是相当于子公司实现的利润的数额、利润分配的数额,并不是子公司实现的利润、分配利润事项的本身。

(4) 将年末 A 公司对 B 公司的长期股权投资与 B 公司的股东权益相互抵销,同时确认少数股东权益。抵销分录为:

借:股本	2 000	
资本公积	1 000	
盈余公积	522.5	
未分配利润——年末	1 102.5	
贷:长期股权投资		3 700
少数股东权益		925

注意:同一控制下的企业合并形成母子公司关系的,少数股东权益总是等于子公司的账面股东权益(可辨认净资产账面价值)乘以少数股东持股比例。

20×2 年 12 月 31 日 A 公司与 B 公司的合并财务报表工作底稿如表 3-6 所示。

表 3-6　20×2 年 12 月 31 日 A 公司与 B 公司的合并财务报表工作底稿　　　万元

	A 公司	B 公司 (80%)	调整与抵销分录		合并财务报表
			借	贷	
资产负债表:					
货币资金	4 500	400			4 900
应收账款	4 000	300			4 300
存货	6 100	200			6 300
长期股权投资	9 000	2 000	(2)100	(4)3 700	7 400
固定资产	12 000	4 000			16 000
无形资产	4 500	600			5 100

续表

	A公司	B公司 (80%)	调整与抵销分录 借	调整与抵销分录 贷	合并财务报表
资产总计	40 100	7 500	100	3 700	44 000
短期借款	3 500	1 500			5 000
应付账款	4 500	400			4 900
其他负债	1 750	975			2 725
股本	17 000	2 000	(4)2 000		17 000
资本公积	4 600	1 000	(1)1 200 (4)1 000		3 400
盈余公积	5 150	522.5	(4)522.5	(1)400	5 550
未分配利润(见本表最后)	3 600	1 102.5			4 500
少数股东权益				(4)925	925
负债和股东权益总计	40 100	7 500			44 000
利润表:					
一、营业收入	10 000	1 200			11 200
减:营业成本	6 000	600			6 600
营业税金及附加	500	40			540
销售费用	900	100			1 000
管理费用	1 100	200			1 300
财务费用	500	80			580
加:投资收益	400	60	(3)180	(2)100	380
二、营业利润	1 400	240	180	100	1 560
加:营业外收入	800	100			900
减:营业外支出	200	40			240
三、利润总额	2 000	300	180	100	2 220
减:所得税费用	500	75			575
四、净利润	1 500	225	180	100	1 645
少数股东损益			(3)45		45
归属于母公司股东损益					1 600
未分配利润——年初	3 000	1 000	(3)1 000	(1)800	3 800
股东权益变动表:					
归属于母公司股东损益			180	100	1 600

续表

	A公司	B公司（80%）	调整与抵销分录		合并财务报表
			借	贷	
减：提取盈余公积	150	22.5		(3)22.5	150
减：已分配股利	750	100		(3)100	750
未分配利润——年末	3 600	1 102.5	(4)1 102.5 　　2 282.5	(3)1 102.5 　　2 125	4 500*

　　* 4 500＝3 600＋1 102.5－2 282.5＋2 125－45
　　2 282.5＝1 000＋180＋1 102.5；2 125＝800＋100＋22.5＋100＋1 102.5

（二）合并以后年份的合并财务报表的编制

　　假设 A 公司在整个 20×3 年维持其在 B 公司中 80% 的股东权益不变。B 公司 20×3 年账面净利润为 240 万元，派发现金股利 120 万元。两家公司均按照净利润的 10% 提取盈余公积。

　　20×3 年，A 公司收到 B 公司派发的现金股利时，会计分录为：

　　　　借：银行存款　　　　　　　　　　　　　　　　　　　　　96
　　　　　　贷：投资收益　　　　　　　　　　　　　　　　　　　　　　96

　　假设两家公司的股本和资本公积没有任何变化，20×3 年 A 公司和 B 公司的资产负债表、利润表、股东权益变动表中的利润分配表部分如表 3-7 中的 A 公司和 B 公司栏目所示。

　　20×3 年 12 月 31 日，在合并财务报表工作底稿中，应编制如下四笔调整与抵销分录：

　　(1) 将 B 公司在企业合并前实现的留存收益中归属于 A 公司的部分，自 A 公司的资本公积转入留存收益。调整分录为：

　　　　借：资本公积　　　　　　　　　　　　　　　　　　　　1 200
　　　　　　贷：盈余公积　　　　　　　　　　　　　　　　　　　　　400
　　　　　　　　未分配利润——年初　　　　　　　　　　　　　　　　800

　　(2) 按照权益法调整 A 公司对 B 公司的长期股权投资。调整的 20×2 年金额为：225×80%－80＝100(万元)；调整的 20×3 年金额为：240×80%－96＝96(万元)。调整分录为：

　　　　借：长期股权投资　　　　　　　　　　　　　　　　　　196
　　　　　　贷：投资收益　　　　　　　　　　　　　　　　　　　　　96
　　　　　　　　盈余公积　　　　　　　　　　　　　　　　　　　　　10
　　　　　　　　未分配利润——年初　　　　　　　　　　　　　　　　90

　　(3) 将 A 公司对 B 公司的投资收益抵销，抵销分录为：

　　　　借：投资收益　　　　　　　　　　　　　　　　　　　　192
　　　　　　少数股东损益　　　　　　　　　　　　　　　　　　　48

					1 102.5

未分配利润——年初   1 102.5

    贷:利润分配——提取盈余公积   24

        ——已分配股利   120

    未分配利润——年末   1 198.5

（4）将年末 A 公司对 B 公司的长期股权投资与 B 公司的股东权益相互抵销,同时确认少数股东权益。抵销分录为:

    借:股本   2 000

      资本公积   1 000

      盈余公积   546.5

      未分配利润——年末   1 198.5

    贷:长期股权投资   3 796

      少数股东权益   949

20×3 年 12 月 31 日 A 公司与 B 公司的合并财务报表工作底稿如表 3-7 所示。

表 3-7　20×3 年 12 月 31 日 A 公司与 B 公司的合并财务报表工作底稿　　　万元

	A 公司	B 公司 （80%）	调整与抵销分录		合并财务 报表
			借	贷	
资产负债表:					
货币资金	4 800	500			5 300
应收账款	4 500	450			4 950
存货	6 500	350			6 850
长期股权投资	10 000	2 000	(2)196	(4)3 796	8 400
固定资产	12 600	4 300			16 900
无形资产	4 600	600			5 200
资产总计	43 000	8 200	196	3 796	47 600
短期借款	4 200	2 000			6 200
应付账款	5 200	480			5 680
其他负债	2 370	975			3 345
股本	17 000	2 000	(4)2 000		17 000
资本公积	4 600	1 000	(1)1 200 (4)1 000		3 400
盈余公积	5 330	546.5	(4)546.5	(1)400 (2)10	5 740
未分配利润（见本表最后）	4 300	1 198.5			5 286
少数股东权益				(4)949	949
负债和股东权益总计	43 000	8 200			47 600

续表

	A公司	B公司 (80%)	调整与抵销分录		合并财务 报表
			借	贷	
利润表：					
一、营业收入	12 000	1 400			13 400
减：营业成本	7 000	675			7 675
营业税金及附加	600	45			645
销售费用	1 000	100			1 100
管理费用	1 300	250			1 550
财务费用	600	120			720
加：投资收益	500	50	(3)192	(2)96	454
二、营业利润	2 000	260	192	96	2 164
加：营业外收入	800	100			900
减：营业外支出	400	40			440
三、利润总额	2 400	320	192	96	2 624
减：所得税费用	600	80			680
四、净利润	1 800	240	192	96	1 944
少数股东损益			(3)48		48
归属于母公司股东损益					1 896
股东权益变动表：					
未分配利润——年初	3 600	1 102.5	(3)1 102.5	(1)800 (2)90	4 490
归属于母公司股东损益			192	96	1 896
减：提取盈余公积	180	24		(3)24	180
减：已分配股利	920	120		(3)120	920
未分配利润——年末	4 300	1 198.5	(4)1 198.5 2 493	(3)1 198.5 2 328.5	5 286*

　* 5 286＝4 300＋1 198.5－2 493＋2 328.5－48

　2 493＝1 102.5＋192＋1 198.5；2 328.5＝800＋90＋96＋24＋120＋1 198.5

　　本例中，假设A、B公司之间不存在内部债权债务、存货销售和固定资产交易项目等内部交易与事项，有关内部交易抵销这部分内容将在第四章中详述。

（三）合并日后的合并现金流量表的编制

　　20×3年A公司和B公司的现金流量表如表3-8中的A公司和B公司栏目所示。20×3年12月31日，在合并现金流量表工作底稿中，应将A公司从B公司取得投资收益收到的现金与B公司分配给A公司的股利、利润或偿付利息支付的现金相互抵销。抵销分录为：

> 借:分配股利、利润或偿付利息支付的现金　　　　　　　　　　　96
> 　　贷:取得投资收益收到的现金　　　　　　　　　　　　　　　　　96

20×3 年 12 月 31 日 A 公司与 B 公司的合并现金流量表工作底稿如表 3-8 所示。

表 3-8　20×3 年 12 月 31 日 A 公司与 B 公司的合并现金流量表工作底稿　　万元

现金流量表项目:	A 公司	B 公司(80%)	调整与抵销分录 借	调整与抵销分录 贷	合并现金流量表
经营活动产生的现金流量:					
销售商品、提供劳务收到的现金	12 300	1 350			13 650
购买商品、接受劳务支付的现金	(4 350)	(285)			(4 635)
支付给职工以及为职工支付的现金	(1 500)	(100)			(1 600)
支付的各项税费	(700)	(110)			(810)
支付其他与经营活动有关的现金	(2 800)	(365)			(3 165)
经营活动产生的现金流量净额					3 440
投资活动产生的现金流量:					
取得投资收益收到的现金	500	50		(1)96	454
处置固定资产、无形资产和其他长期资产而收到的现金净额	1000	200			1200
购建固定资产、无形资产和其他长期资产所支付的现金	2 700	1 150			(3 850)
权益性投资所支付的现金	1 000				(1 000)
投资活动产生的现金流量净额					(3 196)
筹资活动产生的现金流量:					
借款所收到的现金	1 320	500			1 820
分配股利、利润或偿付利息支付的现金	(1 520)	(240)	(1)96		(1 664)
筹资活动产生的现金流量净额	(920)	(120)			156
现金及现金等价物净增加额	300	100			400
年初现金及现金等价物余额	4 500	400			4 900
年末现金及现金等价物余额	4 800	500			5 300

如果存在内部交易,不仅母公司与子公司、子公司相互之间当期取得投资收益收到的现金应当与分配股利、利润或偿付利息支付的现金相互抵销,还应该:①母公司与子公司、子公司相互之间当期以现金投资或收购股权增加的投资所产生的现金流量应当抵销。借记"投资支付的现金",贷记"吸收投资收到的现金"。②母公司与子公司、子公司相互之间以现金结算债权与债务所产生的现金流量应当抵销,母公司与子公司、子公司相互之间当期销售商品所产生的现金流量应当抵销。借记"购买商品、接受劳务支付的现金",贷记"销售商品、提供劳务收到的现金"。③母公司与子公司、子公

司相互之间处置固定资产、无形资产和其他长期资产收回的现金净额,应当与购建固定资产、无形资产和其他长期资产支付的现金相互抵销。借记"购建固定资产、无形资产和其他长期资产支付的现金",贷记"处置固定资产、无形资产和其他长期资产收回的现金净额"。④母公司与子公司、子公司相互之间当期发生的其他内部交易所产生的现金流量应当抵销。借记"支付其他与经营活动有关的现金",贷记"收到其他与经营活动有关的现金"。

合并现金流量表补充资料可以根据合并资产负债表和合并利润表进行编制。其编制方法与单个企业在间接法下的现金流量表的编制方法相同。20×3年12月31日A公司与B公司的合并现金流量表补充资料工作底稿如表3-9所示。

表3-9　20×3年12月31日A公司与B公司的合并现金流量表补充资料工作底稿　　万元

合并资产负债表	年末金额	年初金额	当年变化	经营活动	投资活动	筹资活动
货币资金	5 300	4 900	400			
应收账款	4 950	4 300	650	(650)		
存货	6 850	6 300	550	(550)		
长期股权投资	8 400	7 400	1 000		(1000)	
固定资产	16 900	16 000	900	1 000	(1 900)	
无形资产	5 200	5 100	100	650	(750)	
资产总计	47 600	44 000	3 600			
短期借款	6 200	5 000	1 200			1 200
应付账款	5 680	4 900	780	780		
其他负债	3 345	2 725	620			620
股本	17 000	17 000	0			
资本公积	3 400	3 400	0			
盈余公积	5 740	5 550	190	215.2	44.4	(69.6)
未分配利润	5 286	4 500	786	1 932.8	399.6	(1 546.4)
少数股东权益	949	925	24	62	10	(48)
负债和股东权益总计	47 600	44 000	3 600	3440	(3 196)	1 56

根据表3-9中"经营活动"栏目的数据以及合并资产负债表和合并利润表,所编制的20×3年A公司与B公司合并现金流量表补充资料如表3-10所示。

表3-10　20×3年A公司与B公司合并现金流量表补充资料　　万元

1. 将净利润调节为经营活动现金流量:	
净利润	1 944
加:财务费用	720
减:投资收益	454
加:固定资产折旧	1 000

续表

加:无形资产摊销	650
减:应收账款增加	650
减:存货增加	550
加:应付账款增加	780
经营活动产生的现金流量净额	3 440
2. 不涉及现金收支的重大投资和筹资活动:	
3. 现金及现金等价物净变动情况:	
现金的期末余额	5 300
减:现金的期初余额	4 900
加:现金等价物的期末余额	
减:现金等价物的期初余额	
现金及现金等价物净增加额	400

二、非同一控制下购买日后的合并财务报表编制

（一）合并当年的合并财务报表的编制

【例 3-5】 沿用例 3-2 资料,20×2 年 1 月 1 日 A 公司发行了 2 000 万股普通股（每股面值 1 元,市价 2.5 元）换取 B 公司 80％的股权。该日,B 公司除了账面价值为 3 000 万元、公允价值为 3 500 万元的固定资产之外,其余各项资产和负债的账面价值均等于其公允价值。该增值的固定资产系管理用固定资产,剩余使用年限为 10 年,残值忽略不计,按直线法计提折旧。B 公司 20×2 年的账面净利润为 225 万元,派发现金股利 100 万元。两家公司按照净利润的 10％提取盈余公积。

20×2 年 1 月 1 日,A 公司发行 2 000 万股普通股取得 B 公司 80％的股权时,应编制的会计分录为:

　　　　借:长期股权投资　　　　　　　　　　　　　　　　5 000
　　　　　　贷:股本　　　　　　　　　　　　　　　　　　　2 000
　　　　　　　　资本公积　　　　　　　　　　　　　　　　3 000

20×2 年,A 公司收到 B 公司派发的现金股利时,应编制的会计分录为:

　　　　借:银行存款　　　　　　　　　　　　　　　　　　80
　　　　　　贷:投资收益　　　　　　　　　　　　　　　　　80

假设两家公司的股本和资本公积没有任何变化,20×2 年 A 公司和 B 公司的资产负债表、利润表、股东权益变动表中的利润分配表部分如表 3-11 中的 A 公司和 B 公司栏目所示。

20×2 年 12 月 31 日,在合并财务报表工作底稿中,应编制如下四笔调整与抵销分录:

(1) 按照权益法调整 A 公司对 B 公司的长期股权投资。调整的金额为:(225＋300－350)×80％－80＝60(万元),调整分录为:

借:长期股权投资　　　　　　　　　　　　　　　　　　　60
　　贷:投资收益　　　　　　　　　　　　　　　　　　　　　　　60

(2) 将 A 公司对 B 公司的投资收益抵销。由于 A 公司对 B 公司的投资收益＝B 公司实现净利润×80％＝B 公司实现净利润－B 公司实现净利润×20％;B 公司实现净利润＝B 公司账面净利润－B 公司未摊销价差的摊销额;少数股东损益＝B 公司实现净利润×20％;B 公司账面净利润＝B 公司年末未分配利润－B 公司年初未分配利润＋B 公司提取的盈余公积＋B 公司已分配股利。因此,A 公司对 B 公司的投资收益＋B 公司未摊销价差的摊销额＋少数股东损益＋B 公司年初未分配利润＝B 公司年末未分配利润＋B 公司提取的盈余公积＋B 公司已分配股利。所以,抵销分录为:

借:投资收益　　　　　　　　　　　　　　　　　　　　140
　　管理费用　　　　　　　　　　　　　　　　　　　　　50
　　少数股东损益　　　　　　　　　　　　　　　　　　　35
　　未分配利润——年初　　　　　　　　　　　　　　　1 000
　　贷:利润分配——提取盈余公积　　　　　　　　　　　　　22.5
　　　　　　　　——已分配股利　　　　　　　　　　　　　　100
　　未分配利润——年末　　　　　　　　　　　　　　　　1 102.5

其中:管理费用＝(3 500－3 000)/10＝50(万元)。应注意的是,在本例中,B 公司各项可辨认资产、负债的公允价值与账面价值有差额的,仅仅是管理用固定资产,因此,其差额的摊销应作为管理费用。如果 B 公司公允价值与账面价值有差额的项目是存货,其差额的摊销应作为营业成本。

少数股东损益＝(225＋300－350)×20％＝35(万元)。应注意的是,非同一控制下的企业合并形成母子公司关系的,少数股东损益总是等于子公司实现的净利润乘以少数股东持股比例。

(3) 将年末 A 公司对 B 公司的长期股权投资与 B 公司的股东权益相互抵销,同时确认 B 公司各项可辨认资产、负债的公允价值与账面价值的未摊销价差和少数股东权益,差额作为商誉或营业外收入处理。抵销分录为:

借:股本　　　　　　　　　　　　　　　　　　　　　2 000
　　资本公积　　　　　　　　　　　　　　　　　　　1 000
　　盈余公积　　　　　　　　　　　　　　　　　　　522.5
　　未分配利润——年末　　　　　　　　　　　　　　1 102.5
　　固定资产　　　　　　　　　　　　　　　　　　　　450
　　商誉　　　　　　　　　　　　　　　　　　　　　1 000
　　贷:长期股权投资　　　　　　　　　　　　　　　　　　5 060
　　　　少数股东权益　　　　　　　　　　　　　　　　　　1 015

其中:少数股东权益＝B 公司可辨认净资产自购买日开始按公允价值持续计算的

金额×少数股东持股比例＝(B公司可辨认净资产账面价值＋未摊销的价差)×少数股东持股比例＝(4 625＋450)×20％＝1 015(万元)；商誉＝企业合并成本－合并中取得的被购买方可辨认净资产公允价值份额＝5 000－5 000×80％＝1 000(万元)；固定资产年末未摊销的价差＝(3 500－3 000)－50＝450(万元)。

(4) 就购买日固定资产公允价值与账面价值的价差确认相应的递延所得税负债125万元(500×25％)，然后调整至年末数112.5万元(450×25％)。在合并工作底稿中，调整分录为：

借：商誉　　　　　　　　　　　　　　　　　　　　　125

　　贷：递延所得税负债　　　　　　　　　　　　　　　112.5

　　　　所得税费用——递延所得税费用　　　　　　　　12.5

20×2年12月31日A公司与B公司的合并财务报表工作底稿如表3-11所示。

表3-11　20×2年12月31日A公司与B公司的合并财务报表工作底稿　　　　万元

	A公司	B公司（80％）	调整与抵销分录		合并财务报表
			借	贷	
资产负债表：					
货币资金	4 500	400			4 900
应收账款	4 000	300			4 300
存货	6 100	200			6 300
长期股权投资	10 400	2 000	(1)60	(3)5 060	7 400
固定资产	12 000	4 000	(3)450		16 450
无形资产	4 500	600			5 100
商誉			(3)1 000 (4)125		1 125
资产总计	41 500	7 500	1 635	5 060	45 575
短期借款	3 500	1 500			5 000
应付账款	4 500	400			4 900
递延所得税负债				(4)112.5	112.5
其他负债	1 750	975			2 725
股本	17 000	2 000	(3)2 000		17 000
资本公积	6 000	1 000	(3)1 000		6 000
盈余公积	5 150	522.5	(3)522.5		5 150
未分配利润(见本表最后)	3 600	1 102.5			3 672.5
少数股东权益				(3)1 015	1 015
负债和股东权益总计	41 500	7 500			45 575
利润表：					
一、营业收入	10 000	1 200			11 200

续表

	A 公司	B公司 （80%）	调整与抵销分录		合并财务 报表
			借	贷	
减：营业成本	6 000	600			6 600
营业税金及附加	500	40			540
销售费用	900	100			1 000
管理费用	1 100	200	(2)50		1 350
财务费用	500	80			580
加：投资收益	400	60	(2)140	(1)60	380
二、营业利润	1 400	240	190	60	1 510
加：营业外收入	800	100			900
减：营业外支出	200	40			240
三、利润总额	2 000	300	190	60	2 170
减：所得税费用	500	75		(4)12.5	562.5
四、净利润	1 500	225	190	72.5	1 607.5
少数股东损益			(2)35		35
归属于母公司股东损益					1 572.5
未分配利润——年初	3 000	1 000	(2)1 000		3 000
股东权益变动表：					
归属于母公司股东损益			190	72.5	1 572.5
减：提取盈余公积	150	22.5		(2)22.5	150
减：已分配股利	750	100		(2)100	750
未分配利润——年末	3 600	1 102.5	(3)1 102.5 2 292.5	(2)1 102.5 1 297.5	3 672.5*

＊3 672.5＝3 600＋1 102.5－(190＋1 000＋1 102.5)＋(72.5＋22.5＋100＋1 102.5)－35

（二）合并以后年份的合并财务报表的编制

假设 A 公司在整个 20×3 年维持其在 B 公司中 80% 的股东权益不变。B 公司 20×3 年账面净利润为 240 万元，派发现金股利 120 万元。两家公司均按照净利润的 10% 提取盈余公积。

20×3 年，A 公司收到 B 公司派发的现金股利时，会计分录为：

借：银行存款   96

  贷：投资收益   96

假设两家公司的股本和资本公积没有任何变化，20×3 年 A 公司和 B 公司的资产负债表、利润表、股东权益变动表中的利润分配表部分如表 3-12 中的 A 公司和 B 公司栏目所示。

20×3 年 12 月 31 日，在合并财务报表工作底稿中，应编制如下四笔调整与抵销分录：

（1）按照权益法调整 A 公司对 B 公司的长期股权投资。调整的 20×2 年金额为：
（225－50）×80％－80＝60（万元）；调整的 20×3 年金额为：（240－50）×80％－96＝
56（万元）。调整分录为：

　　借：长期股权投资　　　　　　　　　　　　　　　　　116

　　　　贷：投资收益　　　　　　　　　　　　　　　　　　　56

　　　　　　盈余公积　　　　　　　　　　　　　　　　　　　6

　　　　　　未分配利润——年初　　　　　　　　　　　　　54

（2）将 A 公司对 B 公司的投资收益抵销，抵销分录为：

　　借：投资收益　　　　　　　　　　　　　　　　　　152

　　　　管理费用　　　　　　　　　　　　　　　　　　50

　　　　少数股东损益　　　　　　　　　　　　　　　　38

　　　　未分配利润——年初　　　　　　　　　　　　　1 102.5

　　　　　　贷：利润分配——提取盈余公积　　　　　　　　24

　　　　　　　　　　——已分配股利　　　　　　　　　　120

　　　　　　未分配利润——年末　　　　　　　　　　　　1 198.5

其中：投资收益＝（240＋300－350）×80％＝152（万元）；管理费用＝（3 500－
3 000）/10＝50（万元）；少数股东损益＝（240＋300－350）×20％＝38（万元）。

（3）将年末 A 公司对 B 公司的长期股权投资与 B 公司的股东权益相互抵销，同
时确认 B 公司各项可辨认资产、负债的公允价值与账面价值的未摊销价差和少数股
东权益，差额作为商誉或营业外收入处理。抵销分录为：

　　借：股本　　　　　　　　　　　　　　　　　　　　2 000

　　　　资本公积　　　　　　　　　　　　　　　　　　1 000

　　　　盈余公积　　　　　　　　　　　　　　　　　　546.5

　　　　未分配利润——年末　　　　　　　　　　　　　1 198.5

　　　　固定资产　　　　　　　　　　　　　　　　　　400

　　　　商誉　　　　　　　　　　　　　　　　　　　　1 000

　　　　　　贷：长期股权投资　　　　　　　　　　　　　5 116

　　　　　　　　少数股东权益　　　　　　　　　　　　　1 029

其中：少数股东权益＝B 公司可辨认净资产自购买日开始按公允价值持续计算的
金额×少数股东持股比例＝（B 公司可辨认净资产账面价值＋未摊销的价差）×少数
股东持股比例＝（4 745＋400）×20％＝1 029（万元）；商誉＝企业合并成本－合并中
取得的被购买方可辨认净资产公允价值份额＝5000－5000×80％＝1 000（万元）；固
定资产年末未摊销的价差＝（3500－3000）－50×2＝400（万元）。

（4）就购买日固定资产公允价值与账面价值的价差确认相应的递延所得税负债
125 万元（500×25％），然后调整至年末数 100 万元（400×25％）。在合并工作底稿
中，调整分录为：

借:商誉　　　　　　　　　　　　　　　　　　　　　　　　125

　　贷:递延所得税负债　　　　　　　　　　　　　　　　　100

　　　所得税费用——递延所得税费用　　　　　　　　　　12.5

　　　未分配利润——年初　　　　　　　　　　　　　　　12.5

20×3 年 12 月 31 日 A 公司与 B 公司的合并财务报表工作底稿如表 3-12 所示。

表 3-12　20×3 年 12 月 31 日 A 公司与 B 公司的合并财务报表工作底稿　　　　万元

	A 公司	B 公司 (80%)	调整与抵销分录		合并财务报表
			借	贷	
资产负债表:					
货币资金	4 800	500			5 300
应收账款	4 500	450			4 950
存货	6 500	350			6 850
长期股权投资	11 400	2 000	(1)116	(3)5 116	8 400
固定资产	12 600	4 300	(3)400		17 300
无形资产	4 600	600			5 200
商誉			(3)1 000 (4)125		1 125
资产总计	44 400	8 200	1 641	5 116	49 125
短期借款	4 200	2 000			6 200
应付账款	5 200	480			5 680
递延所得税负债				(4)100	100
其他负债	2 350	975			3 345
股本	17 000	2 000	(3)2 000		17 000
资本公积	6 000	1 000	(3)1 000		6 000
盈余公积	5 330	546.5	(3)546.5	(1)6	5 336
未分配利润(见本表最后)	4 300	1 198.5			4 435
少数股东权益				(3)1 029	1 029
负债和股东权益总计	44 400	8 200			49 125
利润表:					
一、营业收入	12 000	1 400			13 400
减:营业成本	7 000	675			7 675
营业税金及附加	600	45			645
销售费用	1 000	100			1 100
管理费用	1 300	250	(2)50		1 600
财务费用	600	120			720

续表

| | A 公司 | B 公司
（80％） | 调整与抵销分录 | | 合并财务
报表 |
			借	贷	
加：投资收益	500	50	(2)152	(1)56	454
二、营业利润	2 000	260	<u>202</u>	<u>56</u>	2 114
加：营业外收入	800	100			900
减：营业外支出	400	40			440
三、利润总额	2 400	320	202	56	2 574
减：所得税费用	600	80		(4)12.5	667.5
四、净利润	<u>1 800</u>	<u>240</u>	202	68.5	1 906.5
少数股东损益			(2)38		38
归属于母公司股东损益					1 868.5
股东权益变动表：					
未分配利润——年初	3 600	1 102.5	(2)1 102.5	(1)54 (4)12.5	3 666.5
归属于母公司股东损益			202	68.5	1 868.5
减：提取盈余公积	180	24		(2)24	180
减：已分配股利	920	120		(2)120	920
未分配利润——年末	4 300	1 198.5	(3)1 198.5 <u>2 503</u>	(2)1 198.5 <u>1 477.5</u>	4 435*

* 4 435＝4 300＋1 198.5－（1 102.5＋202＋1 198.5）＋（54＋12.5＋68.5＋24＋120＋1 198.5）－38

（三）购买日后的合并现金流量表的编制

本例中，20×3 年 A 公司和 B 公司的现金流量表如表 3-8 中的 A 公司和 B 公司栏目所示，20×3 年 12 月 31 日 A 公司与 B 公司的合并现金流量表工作底稿也如表 3-8 所示，与同一控制下企业合并的情况完全相同。但由于合并资产负债表和合并利润表不同，因此所编制的合并现金流量表补充资料也不同。20×3 年 12 月 31 日 A 公司与 B 公司的合并现金流量表补充资料工作底稿如表 3-13 所示。

表 3-13　20×3 年 12 月 31 日 A 公司与 B 公司的合并现金流量表补充资料工作底稿　　万元

合并资产负债表	年末金额	年初金额	当年变化	经营活动	投资活动	筹资活动
货币资金	5 300	4 900	400			
应收账款	4 950	4 300	650	(650)		
存货	6 850	6 300	550	(550)		
长期股权投资	8 400	7 400	1 000		(1 000)	
固定资产	17 300	16 450	850	1 050	(1 900)	
无形资产	5 200	5 100	100	650	(750)	

续表

合并资产负债表	年末金额	年初金额	当年变化	经营活动	投资活动	筹资活动
商誉	1 125	1 125	0			
资产总计	49 125	45 575	3 550			
短期借款	6 200	5 000	1 200			1 200
应付账款	5 680	4 900	780	780		
递延所得税负债	100	112.5	(12.5)	(12.5)		
其他负债	3 345	2 725	620			620
股本	17 000	17 000	0			
资本公积	6 000	6 000	0			
盈余公积	5 336	5 150	186	211.2	44.4	(69.6)
未分配利润	4 435	3 672.5	762.5	1 909.3	399.6	(1 546.4)
少数股东权益	1 029	1 015	14	52	10	(48)
负债和股东权益总计	49 125	45 575	3 550	3 440	(3 196)	1 56

根据表 3-13 中"经营活动"栏目的数据以及合并资产负债表和合并利润表,所编制的 20×3 年 A 公司与 B 公司合并现金流量表补充资料如表 3-14 所示。

表 3-14　20×3 年 A 公司与 B 公司合并现金流量表补充资料　　　　万元

1. 将净利润调节为经营活动现金流量:	
净利润	1 906.5
加:财务费用	720
减:投资收益	454
加:固定资产折旧	1 050
加:无形资产摊销	650
减:递延所得税负债减少	12.5
减:应收账款增加	650
减:存货增加	550
加:应付账款增加	780
经营活动产生的现金流量净额	3 440
2. 不涉及现金收支的重大投资和筹资活动:	
3. 现金及现金等价物净变动情况:	
现金的期末余额	5 300
减:现金的期初余额	4 900
加:现金等价物的期末余额	
减:现金等价物的期初余额	
现金及现金等价物净增加额	400

三、投入资本变化情况下合并财务报表的编制

（一）同一控制下合并财务报表的编制

沿用例 3-1 的资料，20×2 年 1 月 1 日 A 公司发行了 2 000 万股普通股取得了 B 公司 80％的股权，当日 B 公司的股东权益总额为 4 500 万元，其中股本为 2 000 万元、资本公积为 1 000 万元、盈余公积为 500 万元、未分配利润为 1 000 万元。B 公司 20×2 年的账面净利润 225 万元，派发现金股利 100 万元。两家公司均按照净利润的 10％提取盈余公积。

20×2 年 1 月 1 日，A 公司取得 B 公司 80％的股权时，会计分录为：

借：长期股权投资   3 600

  贷：股本   2 000

    资本公积   1 600

20×2 年，A 公司收到 B 公司派发的现金股利时，会计分录为：

借：银行存款   80

  贷：投资收益   80

假设 20×2 年 7 月 1 日 B 公司按原股东持股比例增发普通股 500 万股，每股面值 1 元，发行价格 2 元。B 公司的会计分录为：

借：银行存款   1 000

  贷：股本   500

    资本公积——股本溢价   500

A 公司的会计分录为：

借：长期股权投资   800

  贷：银行存款   800

另外，假设 B 公司 20×2 年 11 月 1 日购买"以公允价值计量且其变动计入其他综合收益的金融资产"（以下简称"FVTOCI"）300 万元，20×2 年 12 月 31 日该 FVTOCI 的公允价值为 350 万元。

B 公司购买 FVTOCI 时，会计分录为：

借：以公允价值计量且其变动计入其他综合收益的金融资产   300

  贷：银行存款   300

20×3 年 12 月 31 日，B 公司按公允价值对"以公允价值计量且其变动计入其他综合收益的金融资产"的价值进行调整的会计分录为：

借：以公允价值计量且其变动计入其他综合收益的金融资产   50

  贷：其他综合收益   50

20×2 年 A 公司和 B 公司的资产负债表、利润表、部分股东权益变动表如表 3-15 中的 A 公司和 B 公司栏目所示。

20×2 年 12 月 31 日，在合并财务报表工作底稿中，应编制如下四笔调整与抵销

分录：

（1）将 B 公司在企业合并前实现的留存收益中归属于 A 公司的部分，自 A 公司的资本公积转入留存收益。调整分录为：

借：资本公积——年初　　　　　　　　　　　　　　　1 200
　　贷：盈余公积——年初　　　　　　　　　　　　　　　　　400
　　　　未分配利润——年初　　　　　　　　　　　　　　　　800

（2）按照权益法调整 A 公司对 B 公司的长期股权投资。投资收益调整金额为：$225 \times 80\% - 80 = 100$（万元）；资本公积调整金额为：$50 \times 80\% = 40$（万元），调整分录为：

借：长期股权投资　　　　　　　　　　　　　　　　　140
　　贷：投资收益　　　　　　　　　　　　　　　　　　　　100
　　　　其他综合收益　　　　　　　　　　　　　　　　　　40

（3）将 A 公司对 B 公司的投资收益抵销。由于 A 公司对 B 公司的投资收益＝B 公司账面净利润×80％＝B 公司账面净利润－B 公司账面净利润×20％；少数股东损益＝B 公司账面净利润×20％；B 公司账面净利润＝B 公司年末未分配利润－B 公司年初未分配利润＋B 公司提取的盈余公积＋B 公司已分配股利。因此，A 公司对 B 公司的投资收益＋少数股东损益＋B 公司年初未分配利润＝B 公司年末未分配利润＋B 公司提取的盈余公积＋B 公司已分配股利。所以，抵销分录为：

借：投资收益　　　　　　　　　　　　　　　　　　　180
　　少数股东损益　　　　　　　　　　　　　　　　　　45
　　未分配利润——年初　　　　　　　　　　　　　　1 000
　　贷：利润分配——提取盈余公积　　　　　　　　　　　　22.5
　　　　　　　　——已分配股利　　　　　　　　　　　　　100
　　　　未分配利润——年末　　　　　　　　　　　　　　1 102.5

（4）将年末 A 公司对 B 公司的长期股权投资与 B 公司的股东权益相互抵销，同时确认少数股东权益。抵销分录为：

借：股本——年初　　　　　　　　　　　　　　　　2 000
　　　——所有者投入资本　　　　　　　　　　　　　　500
　　资本公积——年初　　　　　　　　　　　　　　　1 000
　　　　　——所有者投入资本　　　　　　　　　　　　　500
　　其他综合收益　　　　　　　　　　　　　　　　　　50
　　盈余公积——年初　　　　　　　　　　　　　　　　500
　　　　　——提取盈余公积　　　　　　　　　　　　　22.5
　　未分配利润——年末　　　　　　　　　　　　　　1 102.5
　　贷：长期股权投资　　　　　　　　　　　　　　　　4 540
　　　　少数股东权益　　　　　　　　　　　　　　　　1 135

20×2 年 12 月 31 日 A 公司与 B 公司的合并财务报表工作底稿如表 3-15 所示。

表 3-15　20×2 年 12 月 31 日 A 公司与 B 公司的合并财务报表工作底稿　　　万元

	A 公司	B 公司（80％）	调整与抵销分录 借	调整与抵销分录 贷	合并财务报表
资产负债表：					
货币资金	3 700	1 100			4 800
应收账款	4 000	300			4 300
存货	6 100	200			6 300
以公允价值计量且其变动计入其他综合收益的金融资产		350			350
长期股权投资	9 800	2 000	(2)140	(4)4 540	7 400
固定资产	12 000	4 000			16 000
无形资产	4 500	600			5 100
资产总计	40 100	8 550	140	4 540	44 250
短期借款	3 500	1 500			5 000
应付账款	4 500	400			4 900
其他负债	1 750	975			2 725
股本	17 000	2 500			17 000
资本公积	4 600	1 550			3 440
盈余公积	5 150	522.5			5 550
未分配利润（见本表最后）	3 600	1 102.5			4 500
少数股东权益				(4)1 135	1 135
负债和股东权益总计	40 100	8 550			44 250
利润表：					
一、营业收入	10 000	1 200			11 200
减：营业成本	6 000	600			6 600
营业税金及附加	500	40			540
销售费用	900	100			1 000
管理费用	1 100	200			1 300
财务费用	500	80			580
加：投资收益	400	60	(3)180	(2)100	380
二、营业利润	1 400	240	180	100	1 560
加：营业外收入	800	100			900
减：营业外支出	200	40			240
三、利润总额	2 000	300	180	100	2 220
减：所得税费用	500	75			575

续表

	A公司	B公司 （80%）	调整与抵销分录		合并财务 报表
			借	贷	
四、净利润	1 500	225	180	100	1 645
少数股东损益			(3)45		45
归属于母公司股东损益					1 600
股东权益变动表：					
未分配利润——年初	3 000	1 000	(3)1 000	(1)800	3 800
归属于母公司股东损益					1600
减：提取盈余公积	150	22.5		(3)22.5	150
减：已分配股利	750	100		(3)100	750
未分配利润——年末	3 600	1 102.5	(4)1 102.5	(3)1 102.5	4 500
盈余公积——年初	5 000	500	(4)500	(1)400	5 400
提取盈余公积	150	22.5	(4)22.5		150
盈余公积——年末	5 150	522.5			5 550
资本公积——年初	3 000	1 000	(1)1 200 (4)1 000		1 800
所有者投入资本	1 600	500	(4)500		1 600
其他综合收益		50	(4)50	(2)40	40
资本公积——年末	4 600	1 550			3 440
股本——年初	17 000	2 000	(4)2 000		17 000
所有者投入资本		500	(4)500		0
股本——年末	17 000	2 500			17 000

（二）非同一控制下合并财务报表的编制

沿用例3-2的资料，20×2年1月1日，A公司发行了2 000万股普通股（每股面值1元，市价2.5元）取得了B公司80%的股权，当日B公司的股东权益总额为4 500万元，其中股本为2 000万元、资本公积为1 000万元、盈余公积为500万元、未分配利润为1 000万元。该日，B公司除了账面价值为3 000万元、公允价值为3 500万元的固定资产之外，其余各项资产和负债的账面价值均等于其公允价值。该增值的固定资产系管理用固定资产，剩余使用年限为10年，残值忽略不计，按直线法计提折旧。B公司20×2年的账面净利润225万元，派发现金股利100万元。两家公司均按照净利润的10%提取盈余公积。

20×2年1月1日，A公司发行2 000万股普通股取得B公司80%的股权时，应编制的会计分录为：

借：长期股权投资　　　　　　　　　　　　　　　5 000

  贷:股本   2 000

   资本公积   3 000

  20×2年,A公司收到B公司派发的现金股利时,应编制的会计分录为:

  借:银行存款   80

   贷:投资收益   80

  假设20×2年7月1日B公司按原股东持股比例增发普通股500万股,每股面值1元,发行价格2元。B公司的会计分录为:

  借:银行存款   1 000

   贷:股本   500

    资本公积——股本溢价   500

  A公司的会计分录为:

  借:长期股权投资   800

   贷:银行存款   800

  另外,假设B公司20×2年11月1日购买"以公允价值计量且其变动计入其他综合收益的金融资产"(FVTOCI)300万元,20×2年12月31日该FVTOCI的公允价值为350万元。

  B公司购买FVTOCI时,会计分录为:

  借:以公允价值计量且其变动计入其他综合收益的金融资产   300

   贷:银行存款   300

  20×2年12月31日,B公司按公允价值对FVTOCI的价值进行调整的会计分录为:

  借:以公允价值计量且其变动计入其他综合收益的金融资产   50

   贷:其他综合收益   50

  20×2年A公司和B公司的资产负债表、利润表、部分股东权益变动表如表3-16中的A公司和B公司栏目所示。

  20×2年12月31日,在合并财务报表工作底稿中,应编制如下四笔调整与抵销分录:

  (1)按照权益法调整A公司对B公司的长期股权投资。投资收益调整金额为:(225+300-350)×80%-80=60(万元);其他综合收益调整金额:50×80%=40(万元),调整分录为:

  借:长期股权投资   100

   贷:投资收益   60

    其他综合收益   40

  (2)将A公司对B公司的投资收益抵销。由于,A公司对B公司的投资收益=B公司实现净利润×80%=B公司实现净利润-B公司实现净利润×20%;B公司实现净利润=B公司账面净利润-B公司未摊销价差的摊销额;少数股东损益=B公司实现净利润×20%;B公司账面净利润=B公司年末未分配利润-B公司年初未分配利润＋B公司提取的盈余公积＋B公司已分配股利。因此,A公司对B公司的投资收益＋B公司未摊销价差的摊销额＋少数股东损益＋B公司年初未分配利润＝B公司年末未分配利润＋B公司提取的盈余公积＋B公司已分配股利。所以,抵销分录为:

借:投资收益		140
管理费用		50
少数股东损益		35
未分配利润——年初		1 000
贷:利润分配——提取盈余公积		22.5
——已分配股利		100
未分配利润——年末		1 102.5

其中:投资收益＝(225＋300－350)×80%＝140(万元);管理费用＝(3 500－3 000)/10＝50(万元);少数股东损益＝(225＋300－350)×20%＝35(万元)。

(3) 将年末A公司对B公司的长期股权投资与B公司的股东权益相互抵销,同时确认B公司各项可辨认资产、负债的公允价值与账面价值的未摊销价差和少数股东权益,差额作为商誉或营业外收入处理。抵销分录为:

借:股本——年初		2 000
——所有者投入资本		500
资本公积——年初		1 000
——所有者投入资本		500
其他综合收益		50
盈余公积——年初		500
——提取盈余公积		22.5
未分配利润——年末		1 102.5
固定资产		450
商誉		1 000
贷:长期股权投资		5 900
少数股东权益		1 225

其中:少数股东权益＝B公司可辨认净资产自购买日开始按公允价值持续计算的金额×少数股东持股比例＝(B公司可辨认净资产账面价值＋未摊销的价差)×少数股东持股比例＝(5 675＋450)×20%＝1 225(万元);商誉＝企业合并成本－合并中取得的被购买方可辨认净资产公允价值份额＝5 000－5 000×80%＝1 000(万元);固定资产年末未摊销的价差＝(3500－3000)－50＝450(万元)。

(4) 就购买日固定资产公允价值与账面价值的价差确认相应的递延所得税负债125万元(500×25%),然后调整至年末数112.5万元(450×25%)。在合并工作底稿中,调整分录为:

借:商誉		125
贷:递延所得税负债		112.5

　　所得税费用——递延所得税费用　　　　　　　　　　　　　　12.5

　　20×2年12月31日A公司与B公司的合并财务报表工作底稿如表3-16所示。

表 3-16　20×2年12月31日A公司与B公司的合并财务报表工作底稿　　　万元

	A公司	B公司 (80%)	调整与抵销分录		合并财务 报表
			借	贷	
资产负债表:					
货币资金	3 700	1 100			4 800
应收账款	4 000	300			4 300
存货	6 100	200			6 300
以公允价值计量且其变动计入其他综合收益的金融资产		350			350
长期股权投资	11 200	2 000	(1)100	(3)5 900	7 400
固定资产	12 000	4 000	(3)450		16 450
无形资产	4 500	600			5 100
商誉			(3)1 000 (4)125		1 125
资产总计	41 500	8 550	1 675	5 900	45 825
短期借款	3 500	1 500			5 000
应付账款	4 500	400			4 900
递延所得税负债				(4)112.5	112.5
其他负债	1 750	975			2 725
股本	17 000	2 500			17 000
资本公积	6 000	1 550			6 040
盈余公积	5 150	522.5			5 150
未分配利润(见本表最后)	3 600	1 102.5			3 672.5
少数股东权益				(3)1 225	1 225
负债和股东权益总计	41 500	8 550			45 825
利润表:					
一、营业收入	10 000	1 200			11 200
减:营业成本	6 000	600			6 600
营业税金及附加	500	40			540
销售费用	900	100			1 000
管理费用	1 100	200	(2)50		1 350
财务费用	500	80			580
加:投资收益	400	60	(2)140	(1)60	380

续表

	A公司	B公司 (80%)	调整与抵销分录 借	调整与抵销分录 贷	合并财务 报表
二、营业利润	1 400	240	190	60	1 510
加:营业外收入	800	100			900
减:营业外支出	200	40			240
三、利润总额	2 000	300	190	60	2 170
减:所得税费用	500	75		(4)12.5	562.5
四、净利润	1 500	225	190	72.5	1 607.5
少数股东损益			(2)35		35
归属于母公司股东损益					1 572.5
股东权益变动表:					
未分配利润——年初	3 000	1 000	(2)1 000		3 000
归属于母公司股东损益					1 572.5
减:提取盈余公积	150	22.5		(2)22.5	150
减:已分配股利	750	100		(2)100	750
未分配利润——年末	3 600	1 102.5	(3)1 102.5	(2)1 102.5	3 672.5
盈余公积——年初	5 000	500	(3)500		5 000
提取盈余公积	150	22.5	(3)22.5		150
盈余公积——年末	5 150	522.5			5 150
资本公积——年初	6 000	1 000	(3)1 000		6 000
所有者投入资本		500	(3)500		0
其他综合收益		50	(3)50	(1)40	40
资本公积——年末	6 000	1 550			6 040
股本——年初	17 000	2 000	(3)2 000		17 000
所有者投入资本		500	(3)500		0
股本——年末	17 000	2 500			17 000

▶ 思考题

1. 什么是合并财务报表？母公司为什么要编制合并财务报表？

2. 哪些被投资单位必须纳入母公司合并财务报表的合并范围？哪些被投资单位可以不纳入？

3. 请简述合并财务报表的合并程序。

4. 同一控制下的企业合并形成母子公司关系的,母公司在合并日编制的合并财务报表包括哪些报表？

5. 同一控制下的企业合并,母公司在合并日编制的资产负债表中为什么要将被合并方在合并前形成的留存收益中属于合并方的部分自合并方资本公积转入留存收益？

6. 什么是少数股东权益？同一控制下的企业合并与非同一控制下的企业合并，少数股东权益的计算有何不同？

7. 非同一控制下的企业合并，在合并资产负债表中，对于企业合并成本小于合并中取得的被购买方可辨认净资产公允价值份额的差额应如何处理？

8. 合并工作底稿中的调整与抵销分录需要计入母公司或子公司的账册吗？为什么？

9. 什么是少数股东损益？同一控制下的企业合并与非同一控制下的企业合并，少数股东损益的计算有何不同？

10. 在编制合并财务报表时，为什么必须将母公司对子公司的投资收益抵销？

11. 在编制合并财务报表时，有关母公司对子公司投资收益的抵销分录，同一控制下的企业合并与非同一控制下的企业合并有何不同？

12. 合并现金流量表补充资料与合并现金流量表的编制方法有何不同？

▶ 练习题

1. 假设 M 公司与 N 公司为非同一控制下的两家公司。20×1 年 1 月 1 日，M 公司用 500 000 元的现金取得了 N 公司 70% 的股份。该日，N 公司除了账面价值为 250 000 元、公允价值为 300 000 元的管理用固定资产之外，其余各项资产和负债的账面价值均等于其公允价值。假设 N 公司该固定资产的剩余使用年限为 5 年，残值忽略不计，按年限平均法计提折旧，20×2 年 12 月 31 日，N 公司股东权益的账面价值为 720 000 元。

要求：计算确定 20×2 年 12 月 31 日合并资产负债表中所列示的少数股东权益。

2. 假设 L 公司与 M 公司为同一控制下的两家公司。20×1 年年初，L 公司对 M 公司进行长期股权投资 700 万元，持股 70%；M 公司所有者权益总额为 1 100 万元，其中实收资本 800 万元，资本公积 60 万元，盈余公积 200 万元，未分配利润 40 万元。假定 M 公司 20×1 年实现净利润 100 万元，提取盈余公积 20 万元，支付现金股利 70 万元；20×2 年 M 公司亏损 20 万元，未提取盈余公积和进行股利分配。

要求：编制 20×1 年年末、20×2 年年末有关合并会计报表的抵销分录。

3. A 公司于 20×2 年 12 月 31 日从证券市场上购买 B 公司发行在外的股份的 80%，实际支付 600 万元（两公司合并前无关联关系），20×2 年 12 月 31 日 B 公司所有者权益为：股本 500 万元，盈余公积 40 万元，未分配利润 160 万元。20×3 年 B 公司"以公允价值计量且其变动计入其他综合收益的金融资产"公允价值上涨 80 万元，实现净利润 100 万元，利润分配方案：按净利润的 10% 提取法定盈余公积，分配股票股利 80 万元。

要求：编制有关的调整与抵销分录，编制 20×3 年年末合并报表调整抵销分录。

4. 20×2 年 6 月 30 日，P 公司与 S 公司合并前资产负债表及 S 公司资产、负债的公允价值如表 3-17 所示。

表 3-17 P 公司与 S 公司合并前资产负债表   元

项　　目	P 公司（账面）	S 公司（账面）	S 公司（公允）
货币资金	150 000	40 000	40 000
应收票据	50 000	40 000	40 000
存货	100 000	70 000	70 000
固定资产	100 000	50 000	60 000
资产总计	400 000	200 000	210 000
短期借款	100 000	50 000	50 000
股本	225 000	75 000	
资本公积	15 000	30 000	
盈余公积	40 000	30 000	
未分配利润	20 000	15 000	
负债和股东权益总计	400 000	200 000	

假设 6 月 30 日，P 公司发行了 75 000 股每股面值 1 元、市价 2 元的普通股换取了 S 公司 90％的股份。

要求：

（1）如果 P 公司和 S 公司是同一控制下的两家公司，请编制 P 公司取得 S 公司 90％股权的会计分录以及合并日的合并资产负债表。

（2）如果 P 公司和 S 公司是非同一控制下的两家公司，请编制 P 公司取得 S 公司 90％股权的会计分录以及购买日的合并资产负债表。

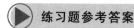 练习题参考答案

第四章
集团内部交易的抵销

　　企业集团内部交易(公司间交易)是指纳入合并报表范围的企业集团中各成员企业相互之间发生的除股权投资以外的各种往来业务及交易事项。若将企业集团作为一个独立的会计主体,企业集团中各成员企业对外从事的交易应作为企业集团的交易予以记录和反映,而各成员企业之间相互发生的内部交易从本质上看其涉及的利润是没有对外实现的,不能对相关的利润或损失进行记录和反映。但视企业集团各成员企业为独立会计主体时,这类内部交易所含未实现损益却都被反映在各自的个别财务报表中。因此,在以个别报表为基础编制合并财务报表时我们需要对这部分内部交易记录予以抵销。如果不作处理,合并财务报表的结果将会出现大量的重复或虚列。

第一节　集团内部交易概述

一、集团内部交易的种类

　　按内部交易事项具体内容可以将集团内部交易分为以下几类。
　　第一,内部存货交易。内部存货交易即各成员企业之间发生的存货购销交易。这种交易的特征是,在交易发生前后存货对集团而言的经济性质和经济价值都是没有改变的。
　　第二,内部固定资产交易。内部固定资产交易即各成员企业之间发生的固定资产销售交易,包含与此相关的工程物资、在建工程等交易。这种交易的特征是,在交易发生前后固定资产的经济性质可能会改变,如销售方销售的是存货,而购买方最终则形成固定资产并使用,但其对集团而言的经济价值是没有改变的。
　　第三,内部债权债务交易。其具体又分为以下两种:
　　(1)各成员企业之间在从事各种交易活动过程中,由于内部购销导致的债权债务交易,如内部的应收账款、应付账款、应收票据、应付票据、预付账款、预收账款等。
　　(2)各成员企业之间进行内部资金融通导致的债权债务交易,如内部"以摊余成本计量的金融资产"、应付债券、其他应收款、其他应付款、应收利息、应付利息等。这种交易的特点是,在企业集团一方个别财务报表中确认为债权(资产),必然在企业集团另一方个别财务报表中确认为债务（负债），但从集团角度看此类债权债务关系可以相互抵销。

二、内部交易损益的概述

内部交易损益是指企业集团中各成员企业之间因从事内部交易活动，在内部交易的出让方所记录的交易收益或损失。内部交易损益根据对外实现情况可分为内部交易未实现损益和内部交易已实现损益，如果一项内部交易未在企业集团外部再次进行交易，那么这种内部交易损益就表现为未实现损益；如果已经在企业集团外部再次进行交易，那么随着外部交易的进行，这种内部交易损益将会在外部得以实现，从而就表现为已实现损益。

需要抵销企业集团内部交易未实现损益的原因在于，母公司的管理部门可以控制所有的内部交易，包括授权发生内部交易、产品与劳务的定价，而这通常被认为是缺乏公平的交易基础而进行的内部交易行为。在合并财务报表中抵销未实现内部交易损益，能够使得合并报表更为真实的反映整个企业集团的财务状况、经营成果和现金流量。若不予以抵销，合并财务报表的资产和净利润将会虚计或高估。只有在企业间存货或是固定资产等向外界出售或消耗之后成为已实现的内部交易损益，才不需要抵销。

对于有关集团内部交易的未实现损益应该归属于母公司还是归属于子公司的问题，理论上有三种处理方法：

① 顺销（母公司向子公司销货）情况下，未实现损益归属于母公司；逆销（子公司向母公司销货）情况下，未实现损益归属于子公司。

② 无论是顺销还是逆销，未实现损益都归属于母公司。

③ 无论是顺销还是逆销，未实现损益都归属于子公司。按照我国《企业会计准则解释第1号》的规定，无论是顺销还是逆销，未实现损益都归属于子公司。因此本章在编制合并财务报表时将不考虑是顺流交易还是逆流交易。

三、编制合并财务报表时应抵销的项目

随着企业合并的完成及企业集团内部交易的发生，每期编制合并财务报表时，都要对涉及重复记录的项目在合并工作底稿中进行抵销调整处理后，才可以编制合并财务报表。其中涉及内部交易的事项主要包括：内部存货交易及交易损益的抵销；内部固定资产交易、交易损益、寿命期内多（少）计提累计折旧及以后处置的抵销；内部债权债务的抵销；等等。本章将对以上内容分别进行说明。

此外，有关企业在编制合并财务报表时，因抵销未实现内部销售损益在合并财务报表中产生的暂时性差异是否应当确认递延所得税，《企业会计准则解释第1号》专门作了解释："企业在编制合并财务报表时，因抵销未实现内部销售损益导致合并资产负

债表中资产、负债的账面价值与其在所属纳税主体的计税基础之间产生暂时性差异的,在合并资产负债表中应当确认递延所得税资产或递延所得税负债,同时调整合并利润表中的所得税费用,但与直接计入所有者权益的交易或事项及企业合并相关的递延所得税除外。"因此,本章业务处理中将考虑递延所得税的问题,对内部交易未实现损益变动所导致的递延所得税调整进行相应的会计处理。

第二节　集团内部存货交易的抵销

在内部购销活动中,销售企业将集团内部销售作为收入确认并计算销售利润,而购买企业则是以支付购货的价款作为其成本入账。在本期内未实现对外销售而形成期末存货时,其存货价值中也相应地包括两部分内容:一部分为集团中销售方采购存货支付的成本(销售方采购该商品的成本);另一部分为销售方的销售毛利(其销售收入减去销售成本的差额)。对于期末存货价值中包括的这部分销售毛利,从企业集团整体来看,并不是真正实现的利润。因为从整个企业集团来看,集团内部企业之间的商品购销活动实际上相当于企业内部物资调拨活动,这与企业内部上一车间将半成品转入下一车间并无区别。在这个过程中既不会实现利润,也不会增加商品的价值。从这一意义上来说,期末存货价值中包括的这部分销售企业作为利润确认的部分,对集团而言是未实现损益。因此,在编制合并资产负债表时,应当将存货价值中包含的未实现损益予以抵销。

一、初次编制合并财务报表时内部存货交易的抵销处理

在企业集团内部购进并且在会计期末形成存货的情况下,如前所述,一方面将销售企业实现的内部销售收入及其相对应的销售成本予以抵销;另一方面将内部购进形成的存货价值中包含的未实现损益部分予以抵销。因此,在合并工作底稿中应编制的抵销分录为:

(1)抵销集团当期内部存货交易的交易总额。

借:营业收入(集团内销售企业的销售总额)

　　贷:营业成本

(2)抵销集团内部存货交易所产生的期末存货中所包含的未实现损益。

借:营业成本(期末存货中的未实现内部销售损益)

　　贷:存货

【例 4-1】　在 20×1 年 A 公司销售了一批商品给其子公司 B,成本为 8 000 元,售价为 10 000 元,并且 B 公司按 6 000 元把这些商品的一半销售给了企业集团以外的客户。假设增值税税率为 17%。在 A 公司和 B 公司各自的账上记录与这一商品交易有关的会计分录,如表 4-1 所示。

表 4-1　20×1 年 A 公司与 B 公司有关会计分录　　　　　　　　元

	A 公司账上	B 公司账上
A 公司对 B 公司销货	(1) 记录对 B 公司的销货： 借：银行存款　　　　11 700 　　贷：主营业务收入　　　10 000 　　　　应交税费　　　　　1 700 (2) 记录对 B 公司的销货成本： 借：主营业务成本　　8 000 　　贷：库存商品　　　　　8 000	记录从 A 公司的购货： 借：库存商品　　　　10 000 　　应交税费　　　　　1 700 　　贷：银行存款　　　　　11 700
B 公司 对外销货		(1) 记录对外界的销货： 借：银行存款　　　　7 020 　　贷：主营业务收入　　　6 000 　　　　应交税费　　　　　1 020 (2) 记录对外界的销货成本： 借：主营业务成本　　5 000 　　贷：库存商品　　　　　5 000

　　从个别财务报表角度，企业一共确认了主营业务收入 16 000 元及主营业务成本 13 000 元，但从整个企业集团角度看，只可以确认对外进行交易的主营业务收入 6 000 元及主营业务成本 4 000 元，而且期末存货只是发生了位置移动并没有产生真实的利润流入，应抵销期末存货中未实现损益部分，所以 20×1 年 12 月 31 日编制合并财务报表时两个抵销分录如下：

　　(1) 抵销集团内部存货当期的购销额：

借：营业收入　　　　　　　　　　　　　　　　　　　　　　　　10 000

　　贷：营业成本　　　　　　　　　　　　　　　　　　　　　　　　10 000

　　(2) 抵销集团内部存货交易所产生的期末存货中所包含的未实现损益：

借：营业成本(10 000−8 000)×0.5　　　　　　　　　　　　　　1 000

　　贷：存货　　　　　　　　　　　　　　　　　　　　　　　　　1 000

　　此外，在编制合并财务报表时，需确认期末存货所包含的未实现损益暂时性差异的递延所得税影响：按未实现损益的数额乘上税率，借记"递延所得税资产"项目，贷记"所得税费用——递延所得税费用"项目。在合并工作底稿中，本例相应的调整分录为：

借：递延所得税资产(1 000×0.25)　　　　　　　　　　　　　　250

　　贷：所得税费用——递延所得税费用　　　　　　　　　　　　　250

二、连续编制合并财务报表时内部存货交易的抵销处理

　　在一些公司内部，公司间的存货交易属于经常性交易，每个会计期间都会发生。如果以前期间的内部交易存货在上期末已全部实现对外销售，则本期初(上期末)存货中已不再含有未实现的内部损益，以前期间的内部交易也不会对本期的营业收入、营

业成本的列报产生影响,因此在本期连续编制合并财务报表时不涉及对其进行处理的问题。但在大多数情况下,在发生内部交易的当期,购买方未必能够将内部交易的存货全部对外出售,在上期内部购进并形成期末存货的情况下,在编制合并财务报表进行抵销处理时,存货价值中包含的未实现内部损益的抵销,直接导致上期合并财务报表中合并净利润金额的调整,最终影响合并所有者权益变动表中期末未分配利润列示的金额。由于本期编制合并财务报表时是以母公司和子公司本期个别财务报表为基础,而母公司和子公司个别财务报表将这部分未实现损益包括在其期初未分配利润之中,以母子公司个别财务报表中期初未分配利润为基础计算得出的合并期初未分配利润的金额就可能与上期合并财务报表中的期末未分配利润的金额不一致。因此,以前期编制合并财务报表时抵销的内部购进存货中包含的未实现内部利润,也对本期的期初未分配利润产生影响,本期编制合并财务报表时必须在合并母子公司期初未分配利润的基础上,将上期抵销的未实现内部利润对本期期初未分配利润的影响进行处理,调整本期期初未分配利润的金额。

具体来说在连续编制合并财务报表的情况下,分为以下三个步骤。

(1) 将以前期间抵销的存货价值中包含的未实现内部利润对本期期初未分配利润的影响进行抵销。

借:未分配利润——年初(以前期抵销的存货价值中包含的未实现内部利润)

　　贷:营业成本

(2) 对于本期发生内部购销活动的,抵销集团内部存货交易当期的购销额。

借:营业收入(集团内销售方当期确认的内部销售收入)

　　贷:营业成本

(3) 将期末存货价值中包含的未实现内部利润予以抵销。对于期末内部交易形成的存货(包括上期结转形成的本期存货),应按照购买企业期末存货价值中包含的未实现内部利润的金额进行抵销。

借:营业成本(期末存货中的未实现内部销售利润)

　　贷:存货

【例 4-2】 沿用例 4-1 资料,假设第二年(20×2 年)B 公司按 3 000 元把剩余商品的一半销售给了企业集团外的客户,第三年(20×3 年)B 公司按 3 000 元把剩余全部商品销售给了企业集团外的客户。

20×2 年 A 公司账上没有有关的会计分录,B 公司账上记录对外界的销货编制分录为:

(1) 记录对外界的销货:

借:银行存款　　　　　　　　　　　　　　　　　　　　3 510

　　贷:主营业务收入　　　　　　　　　　　　　　　　　　3 000

　　　　应交税费　　　　　　　　　　　　　　　　　　　　510

(2) 记录对外界的销货成本:

借:主营业务成本　　　　　　　　　　　　　　　　　　2 500

贷：库存商品 2 500

因此，20×2年12月31日在合并工作底稿中，抵销分录为：

（1）将以前期抵销的存货价值中包含的未实现内部利润对本期期初未分配利润的影响进行抵销：

借：未分配利润——年初（10 000－8 000）×0.5 1 000
　　贷：营业成本 1 000

同时调整相应递延所得税，具体分录如下：

借：递延所得税资产 250
　　贷：未分配利润——年初 250

（2）本期没有发生内部购销活动。

（3）将期末存货价值中包含的未实现内部利润予以抵销：

借：营业成本（10 000－8 000）×0.5×0.5 500
　　贷：存货 500

同时调整相应递延所得税，具体分录如下：

借：所得税费用——递延所得税费用 125
　　贷：递延所得税资产 125

20×3年A公司账上没有有关的会计分录，B公司账上记录对外界的销货编制分录与20×2年相同。

因此，20×3年12月31日在合并工作底稿中，抵销分录为：

（1）将以前期抵销的存货价值中包含的未实现内部利润对本期期初未分配利润的影响进行抵销：

借：未分配利润——年初（10 000－8 000）×0.5×0.5 500
　　贷：营业成本 500

同时调整相应递延所得税，具体分录如下：

借：递延所得税资产 125
　　贷：未分配利润——年初 125

（2）本期没有发生内部购销活动。

（3）期末存货价值中不包含未实现内部利润，转回已计提的递延所得税资产：

借：所得税费用——递延所得税费用 125
　　贷：递延所得税资产 125

三、存货跌价准备的抵销

母公司与子公司、子公司相互之间内部存货交易抵销后，还应消除内部交易形成的存货所计提的存货跌价准备的影响。按照会计准则，资产负债表日企业存货应当按照成本与可变现净值孰低计量，存货成本高于其可变现净值的，应计提存货跌价准备。在个别财务报表中，如果内部交易取得的存货期末尚未出售，则按上述原则，将该存货的可变现净值与包含未实现内部利润的存货成本进行比较,当前者低于后者时,计提存货跌价准备,并计入当期损益,所计提的存货跌价准备反映在存货项目中;但从企业集团的角度看,应将存货的可变现净值与不包含未实现内部利润的存货原取得成本进行比较,只有当前者低于后者时,才需要计提存货跌价准备。

1. 内部交易存货初次计提存货跌价准备期间的抵销

对于初次计提存货跌价准备的调整具体可分为以下两种情况。

第一,个别财务报表中计提的存货跌价准备数额小于或等于存货中所包含的未实现内部利润时,意味着从集团角度看该存货没有发生减值,应将计提的存货跌价准备全额抵销。

第二,个别财务报表中计提的存货跌价准备数额大于存货中所包含的未实现内部利润时,意味着从集团角度看该存货发生了减值,应将计提的存货跌价准备中涉及的未实现损益部分抵销(按存货中所包含的未实现内部损益为上限进行抵销)。

按照以上方法编制抵销分录如下:

借:存货

　　贷:资产减值损失

【例 4-3】 沿用例 4-1 资料,本期剩余存货在 20×1 年 12 月 31 日可变现净值为 4 500 元,B 公司对于其存货提取存货跌价准备(5 000-4 500)500 元。

从整个企业集团角度,存货的可变现净值 4 500 元大于其成本 4 000 元,个别财务报表中计提的存货跌价准备数额 500 元小于存货中所包含的未实现内部利润 1 000 元,不需要计提存货跌价准备,因此需要进行全额抵销。

借:存货　　　　　　　　　　　　　　　　　　　　　500

　　贷:资产减值损失　　　　　　　　　　　　　　　　　　500

同时调整相应递延所得税,因为该存货个别报表中账面价值是 4 500 元,计税基础是 5 000 元,产生可抵扣暂时性差异 500 元,个别报表对此记录为:

借:递延所得税资产　　　　　　　　　　　　　　　　　125

　　贷:所得税费用——递延所得税费用　　　　　　　　　　125

但从整个企业集团合并财务报表角度,该存货账面价值为其合并财务报表所示 4 000 元,计税基础为 B 公司财务报表所示 5 000 元,产生可抵扣暂时性差异 1 000 元,需记录:

借:递延所得税资产　　　　　　　　　　　　　　　　　250

　　贷:所得税费用——递延所得税费用　　　　　　　　　　250

因此,合并工作底稿中的调整分录应该为:

借:递延所得税资产　　　　　　　　　　　　　　　　　125

　　贷:所得税费用——递延所得税费用　　　　　　　　　　125

【例 4-4】 沿用例 4-1 资料,本期剩余存货在 20×1 年 12 月 31 日可变现净值为 3 500 元,B 公司对于存货计提存货跌价准备(5 000-3 500)1 500 元。

从整个企业集团角度,存货可变现净值 3 500 元小于其成本 4 000 元,个别财务报表中计提的存货跌价准备数额 1 500 元大于存货中所包含的未实现内部利润 1 000 元,需要计提存货跌价准备 500 元,因此需要进行部分抵销,编制抵销分录如下:

借:存货　　　　　　　　　　　　　　　　　　　　　　　1 000

　　贷:资产减值损失　　　　　　　　　　　　　　　　　　　　　　1 000

同时考虑相应递延所得税,从 B 公司个别财务报表因 1 500 元可抵扣暂时性差异确认递延所得税资产 375 元,从合并报表角度,存货的账面价值为 3 500 元,计税基础为 B 公司存货的计税基础即 5 000 元,也需确认 1 500 元可抵扣暂时性差异导致的递延所得税资产,因此,无须调整相应递延所得税项目。

2. 以前期间计提存货跌价准备的内部交易存货对本期影响的抵销

以前期间计提存货跌价准备的内部交易存货对本期影响的抵销具体分为以下三种情况:以前期间计提存货跌价准备的内部交易存货在本期全部对外出售;本期全部未出售;本期仅是部分对外实现了销售。

第一,以前期间计提存货跌价准备的内部交易存货在本期全部对外出售。从企业集团来看,若该项存货在本期全部对外出售,应确认的销售成本是集团原取得成本扣除企业集团应计提的存货跌价准备,由于在前面的内部存货交易的抵销中,我们已抵销了不考虑存货跌价准备情况下内部交易存货个别财务报表和合并财务报表之间的营业成本的差异,因此此处我们只对由于计提存货跌价准备导致的个别财务报表和合并财务报表的营业成本差异进行补充抵销。同时由于上期末这些内部交易的存货所计提的存货跌价准备与合并财务报表应计提的存货跌价准备之差导致了上期末个别财务报表与合并财务报表的期末未分配利润产生差异,因此应按这种差异调整本期营业成本,同时调整本期期初未分配利润,其抵销分录为:

借:营业成本

　　贷:未分配利润——年初

【例 4-5】 沿用例 4-3 资料,剩余存货在 20×3 年全部对外出售,并且在出售之前市价一直高于成本。

20×3 年 12 月 31 日编制抵销分录如下:

借:营业成本　　　　　　　　　　　　　　　　　　　　　500

　　贷:未分配利润——年初　　　　　　　　　　　　　　　　　500

同时调整相应递延所得税,因为随着存货的出售,上年产生的暂时性差异在本期已不存在,所以应当编制相应的分录:

借:所得税费用——递延所得税费用　　　　　　　　　　　125

　　贷:未分配利润——年初　　　　　　　　　　　　　　　　　125

第二,以前期间计提存货跌价准备的内部交易存货在本期全部未实现对外出售。在这种情况下,内部交易的存货在个别财务报表上仍然包含在期末存货中,个别财务报表的存货跌价准备可能比上期末存货跌价准备增加,也可能相等或减少,因此个别财务报表本期末所计提的存货跌价准备与企业集团合并财务报表应计提的存货跌价准备之间的差异应相应调整资产负债表上期末存货的列报金额,而上期末个别财务报表所计提的存货跌价准备与企业集团合并财务报表应计提的存货跌价准备之间的差异应调整期初未分配利润,以上两项金额之间的差异应相应调整本期的资产减值损失,其抵销分录为:

借:存货

　　贷:未分配利润——年初

　　　　资产减值损失(或借)

【例 4-6】 沿用例 4-3 资料,20×3 年剩余存货全部未对外出售,并且在 20×3 年 12 月 31 日剩余存货可变现净值为 4 000 元,B 公司计提存货跌价准备(4 500−4 000) 500 元。

从整个企业集团的角度,由于可变现净值为 4 000 元等于其存货的成本,所以不应计提存货跌价准备,应当全额抵销所计提的存货跌价准备。

20×3 年 12 月 31 日编制抵销分录如下:

借:存货　　　　　　　　　　　　　　　　　　　　　　　1000

　　贷:未分配利润——年初　　　　　　　　　　　　　　　　500

　　　　资产减值损失　　　　　　　　　　　　　　　　　　　500

同时调整相应递延所得税,从个别财务报表 B 公司角度,存货的账面价值 4 000 元,与计税基础 5 000 元,产生暂时性差异 1 000 元。从整个企业集团合并财务报表的角度,存货的账面价值为 4 000 元,计税基础为 5 000 元,也产生暂时性差异 1 000 元,因此无须进行调整。

第三,以前期间计提存货跌价准备的内部交易存货在本期部分对外出售。在这种情况下,已对外出售的部分按照第一种方法处理,未对外出售的部分按照第二种方法进行处理。

四、集团存在内部存货交易情况下的合并财务报表编制

在编制合并财务报表时,按照《企业会计准则第 2 号——长期股权投资》的规定,投资企业对子公司的长期股权投资,应当采用成本法核算,编制合并财务报表时按照权益法进行调整。因此首先应当按权益法对长期股权投资进行调整。

在存在集团内部存货交易的情况下,少数股东损益应按以下方法计算:

(1)同一控制下的企业合并,少数股东损益=子公司实现的净利润×少数股东持股比例=(子公司账面净利润+期初存货中所包含的未实现损益−期末存货中所包含的未实现损益)×少数股东持股比例;

(2)非同一控制下的企业合并,少数股东损益=子公司实现的净利润×少数股东持股比例=(子公司账面净利润−未摊销价差的摊销额+期初存货中所包含的未实现损益−期末存货中所包含的未实现损益)×少数股东持股比例。

母公司对子公司投资收益的抵销:

(1)同一控制下的企业合并,由于母公司对子公司的投资收益=子公司实现净利

润×母公司持股比例＝子公司实现净利润－子公司实现净利润×少数股东持股比例；子公司实现净利润＝子公司账面净利润＋期初存货所包含的未实现损益－期末存货所包含的未实现损益；少数股东损益＝子公司实现净利润×少数股东持股比例；子公司年末未分配利润＝子公司年初未分配利润＋子公司账面净利润－子公司提取的盈余公积－子公司已分配股利。因此,母公司对子公司的投资收益＋少数股东损益＋子公司年初未分配利润－期初存货所包含的未实现损益＝子公司提取的盈余公积＋子公司已分配股利＋子公司年末未分配利润－期末存货所包含的未实现损益。

(2) 非同一控制下的企业合并与同一控制下的企业合并的差别在于是否存在未摊销价差的摊销问题。非同一控制下的企业合并,由于母公司对子公司的投资收益＝子公司实现净利润×母公司持股比例＝子公司实现净利润－子公司实现净利润×少数股东持股比例；子公司实现净利润＝子公司账面净利润－子公司未摊销价差的摊销额＋期初存货所包含的未实现损益－期末存货所包含的未实现损益；少数股东损益＝子公司实现净利润×少数股东持股比例；子公司年末未分配利润＝子公司年初未分配利润＋子公司账面净利润－子公司提取的盈余公积－子公司已分配股利。因此,母公司对子公司的投资收益＋少数股东损益＋子公司未摊销价差的摊销额＋子公司年初未分配利润－期初存货所包含的未实现损益＝子公司提取的盈余公积＋子公司已分配股利＋子公司年末未分配利润－期末存货所包含的未实现损益。在合并工作底稿中需要编制的调整抵销分录为:

借:投资收益

少数股东损益

未分配利润——年初(子公司账面年初未分配利润－期初存货所包含的未实现损益)

管理费用(未摊销价差的摊销额)

贷:利润分配——提取盈余公积

利润分配——已分配股利

未分配利润——年末(子公司账面年末未分配利润－期末存货所包含的未实现损益)

在存在集团内部存货交易的情况下,少数股东权益则应按以下方法计算:

(1) 同一控制下的企业合并,少数股东权益＝子公司实现的股东权益×少数股东持股比例＝(子公司账面股东权益－未实现损益)×少数股东持股比例；

(2) 非同一控制下的企业合并,少数股东权益＝子公司实现的股东权益×少数股东持股比例＝(子公司账面股东权益＋未摊销价差－未实现损益)×少数股东持股比例。

母公司对子公司的长期股权投资的抵销:

(1) 同一控制下的企业合并,由于母公司对子公司的长期股权投资＝(子公司账面股东权益－内部交易未实现损益)×母公司股东持股比例；

(2) 非同一控制下的企业合并与同一控制下的企业合并的差别在于存在未摊销

价差和商誉问题。非同一控制下的企业合并,由于母公司对子公司的长期股权投资＝(子公司账面股东权益＋未摊销价差－未实现损益)×母公司股东持股比例＋商誉,因此,在合并工作底稿中,抵销母公司对子公司的长期股权投资:

　　借:股本(子公司年末)

　　　　资本公积(子公司年末)

　　　　盈余公积(子公司年末)

　　　　未分配利润——年末(子公司账面年末未分配利润－未实现损益的金额)

　　　　存货、固定资产等(公允价值与账面价值有未摊销价差的项目)

　　　　商誉

　　　贷:长期股权投资(母公司对子公司)

　　　　少数股东权益

　　在存在集团内部存货交易的情况下,编制合并财务报表时,首先应按照权益法对长期股权投资进行调整,再抵销集团内部存货交易的影响,最后抵销母公司对子公司投资收益和母公司对子公司的长期股权投资。

第三节　集团内部固定资产交易的抵销

　　公司间存货交易的主要目的是再次向集团外部出售,存货中包含的未实现损益将随着购货方将货物售出而实现。公司间固定资产转让交易则不同,交易发生后,固定资产会长期驻留在企业集团内部,往往会使用到寿命期满,对外出售的情况很少。因此,公司间固定资产转让交易中的未实现损益只能随着购入方的使用,通过对固定资产提取折旧来逐步实现。

　　公司间固定资产转让交易分为以下三种类型:

　　(1)存货——固定资产:指企业集团内部成员企业将其自身生产的产品销售给集团内的其他成员企业作为固定资产使用;

　　(2)固定资产——固定资产:指企业集团内部成员企业将其自身使用的固定资产变卖给集团内其他成员企业作为固定资产使用;

　　(3)固定资产——存货:指企业集团内部成员企业将其自身使用的固定资产变卖给集团内的其他成员作为普通商品销售。第三种类型的固定资产转让交易,在企业集团内部发生的情况并不多见,并且金额不大,根据重要性原则,在编制合并报表时一般不对其进行抵销处理,因此本节不予以讲述。本节主要介绍前面两种类型的固定资产交易的抵销处理。

一、初次编制财务报表时对内部交易形成的固定资产在购入当期的抵销

　　在这种情况下,购买企业购进的固定资产,在其个别资产负债表中以支付的价款

作为该固定资产的原价列示,因此首先必须将该固定资产原价中包含的未实现内部销售或处置损益予以抵销。其次,购买企业对该固定资产计提了折旧,折旧费用中包含了未实现内部销售或处置损益,即在相同的使用寿命下,各期计提的折旧费用要大于不包含未实现内部销售或处置损益时计提的折旧费用,因此还必须将当期多计提的折旧额从该固定资产当期计提的折旧费用中予以抵销。最后,还需调整未实现内部销售或处置损益暂时性差异的递延所得税影响。

1. 第一种类型的交易——存货用于固定资产

将存货用于固定资产,在集团内部固定资产交易的当年,在合并工作底稿中,抵销分录主要有两笔。

(1) 将与内部交易形成的固定资产相关的销售收入、销售成本以及原价中包含的未实现损益予以抵销。

借:营业收入
  贷:营业成本
    固定资产——原价

(2) 将内部交易形成的固定资产当期多计提的折旧费用和累计折旧予以抵销。

借:固定资产——累计折旧
  贷:管理费用——折旧费用

【例 4-7】 假设 A 公司拥有 B 公司 80% 的股份。20×7 年 1 月 1 日,A 公司以 10 000 元的价格将其生产的产品销售给 B 公司,其销售成本为 8 000 元。B 公司购买该产品作为管理用固定资产使用,进项税允许抵扣,按 10 000 元入账。B 公司对该管理用固定资产按 5 年的使用寿命采用年限平均法计提折旧,预计净残值为零。两家公司的增值税税率均为 17%。20×7 年,在 A 公司和 B 公司账上有关的会计分录如表 4-2 所示。

表 4-2 在 A 公司和 B 公司账上有关的会计分录   元

	A 公司账上	B 公司账上

A 公司将其生产的产品销售给 B 公司	(1) 记录 A 公司向 B 公司销货:
	借:银行存款 11 700
	  贷:主营业务收入 10 000
	    应交税费 1 700
	(2) 记录 A 公司销货成本:
	借:主营业务成本 8 000
	  贷:库存商品 8 000
		记录从 A 公司购进固定资产:
		借:固定资产 10 000
		  应交税费 1 700
		    贷:银行存款 11 700

B 公司对固定资产折旧		借:管理费用 2 000 贷:累计折旧 2 000

20×7 年 12 月 31 日,编制 A 公司与 B 公司的合并财务报表时,抵销内部固定资产交易影响的抵销分录为:

(1) 将与内部交易形成的固定资产相关的销售收入、销售成本以及原价中包含的未实现损益予以抵销:

借:营业收入   10 000
　　贷:营业成本   8 000
　　　　固定资产——原价   2 000

同时:

借:递延所得税资产   500
　　贷:所得税费用——递延所得税费用   500

(2) 将内部交易形成的固定资产当期多计提的折旧费用和累计折旧予以抵销:

借:固定资产——累计折旧(10 000-8 000)/5   400
　　贷:管理费用——折旧费用   400

同时:

借:所得税费用——递延所得税费用   100
　　贷:递延所得税资产   100

2. 第二种类型的交易——固定资产用于固定资产

固定资产用于固定资产,在集团内部固定资产交易的当年,在合并工作底稿中,抵销分录有两笔。

(1) 将与内部交易形成的固定资产相关的营业外收入以及原价中包含的未实现损益予以抵销:

借:营业外收入
　　贷:固定资产——原价

(2) 将内部交易形成的固定资产当期多计提的折旧费用和累计折旧予以抵销:

借:固定资产——累计折旧
　　贷:管理费用——折旧费用

【例4-8】 假设 A 公司拥有 B 公司 90% 的股份。20×7 年 1 月 1 日,A 公司将一套电子设备出售给 B 公司,该套电子设备的原始成本 9 000 元,累计折旧 1 000 元,净值 8 000 元,售给 B 公司的售价为 10 000 元。该套电子设备于 20×7 年 1 月 1 日尚可使用 5 年,预计残值为零,按年限平均法计提折旧。B 公司购买该套电子设备作为管理用固定资产使用。20×7 年,在 A 公司和 B 公司账上有关的会计分录如表 4-3 所示。

表 4-3　在 A 公司和 B 公司账上有关的会计分录　　　　　　　　　　　　元

	A 公司账上		B 公司账上	
A 公司出售业务 B 公司采购业务	借:银行存款 　　累计折旧 　　贷:固定资产 　　　　营业外收入	10 000 1 000 9 000 2 000	借:固定资产 　　贷:银行存款	10 000 10 000
B 公司对固定资产折旧			借:管理费用 　　贷:累计折旧	2 000 2 000

20×7 年 12 月 31 日,编制 A 公司与 B 公司的合并财务报表时,抵销内部固定资

产交易影响的抵销分录为:

(1) 将与内部交易形成的固定资产相关的营业外收入以及原价中包含的未实现损益予以抵销:

借:营业外收入 2 000

　　贷:固定资产——原价 2 000

同时:

借:递延所得税资产 500

　　贷:所得税费用——递延所得税费用 500

(2) 将内部交易形成的固定资产当期多计提的折旧费用和累计折旧予以抵销:

借:固定资产——累计折旧 400

　　贷:管理费用——折旧费用 400

同时:

借:所得税费用——递延所得税费用 100

　　贷:递延所得税资产 100

二、连续编制合并财务报表时对内部固定资产交易的抵销处理方法

由于固定资产的使用期限至少是 1 年以上,所以内部固定资产交易不仅影响到交易当期的合并财务报表,而且影响到以后各期的合并财务报表。在每期编制合并财务报表时,不仅要抵销当期新发生的内部固定资产交易对当期个别财务报表产生的影响,而且也要抵销以前期间内部固定资产交易对本期合并财务报表的持续性影响。具体来说,分为以下两种情况。

1. 以前期间内部交易的固定资产在本期仍然处于正常使用状态(未超过预计的使用年限)

与以前年度发生的内部存货交易在本期的抵销处理类似,上期末对固定资产中包含的未实现内部损益的抵销也是在合并财务报表工作底稿中完成的,其结果最终抵销了上期末"固定资产"项目中所包括的未实现内部损益以及内部固定资产交易导致的未实现内部损益对当期"管理费用""未分配利润——期初""未分配利润——期末"项目的影响,从而使合并财务报表的"未分配利润——期末"项目不再包含本期和以前期间所发生的内部固定资产交易未实现损益的影响。由于本期合并财务报表仍然是在该期个别财务报表的基础上编制的,个别财务报表上的期初未分配利润仍然是包含了内部固定资产交易未实现内部损益影响的结果,个别财务报表的期初未分配利润合计与合并财务报表上的期初未分配利润并不相符,因此,必须对期初未分配利润的数额进行调整,需抵销调整的数额正是上期末固定资产中所包含的未实现内部损益。编制抵销会计分录如下:

(1) 将内部交易形成的固定资产原价中包含的未实现内部损益抵销,并调整期初未分配利润。在交易发生后的会计期间,内部交易形成的固定资产仍然以原价在购买

企业的个别资产负债表中列示,因此合并报表中必须将原价中包含的未实现内部销售损益的金额予以抵销;相应地,销售企业以前会计期间由于该内部交易所实现的销售利润,形成销售当期的净利润的一部分并结转到以后会计期间,在其个别所有者权益变动表中列示,因此合并报表中必须将期初未分配利润中包含的该未实现内部销售损益予以抵销,以调整期初未分配利润的金额。

  借:未分配利润——年初(原价中包含的未实现内部销售损益的金额)

   贷:固定资产——原价

  (2) 将以前会计期间内部交易形成的固定资产多计提的累计折旧抵销,并调整期初未分配利润。对于该固定资产在以前会计期间计提折旧而形成的期初累计折旧,由于将以前会计期间按包含未实现内部销售损益的原价为依据而多计提折旧的抵销,一方面必须按照以前会计期间累计多计提的折旧额抵销期初累计折旧;另一方面由于以前会计期间累计折旧抵销而影响到期初未分配利润,因此还必须调整期初未分配利润的金额。

  借:固定资产——累计折旧(以前会计期间该内部交易形成的固定资产多计提的
   累计折旧额)

   贷:未分配利润——年初

  (3) 将本期内部交易形成的固定资产多计提的累计折旧抵销,并调整相关资产的成本或当期损益。该内部交易形成的固定资产在本期仍然计提了折旧,由于多计提折旧导致本期有关资产或费用项目增加并形成累计折旧,为此一方面必须将本期多计提折旧而计入相关资产的成本或当期损益的金额予以抵销;另一方面将本期多计提折旧而形成的累计折旧额予以抵销。

  借:固定资产——累计折旧(本期该内部交易形成的固定资产多计提的折旧额)

   贷:管理费用

【例 4-9】 沿用例 4-8 资料,B 公司在 20×8 年继续正常使用该固定资产。

20×8 年 12 月 31 日,编制 A 公司与 B 公司的合并财务报表时,抵销内部固定资产交易影响的抵销分录为:

(1) 将内部交易形成的固定资产原价中包含的未实现内部销售损益抵销,并调整期初未分配利润:

  借:未分配利润——年初   2 000

   贷:固定资产——原价   2 000

  同时:

  借:递延所得税资产   500

   贷:未分配利润——年初   500

  (2) 将以前会计期间内部交易形成的固定资产多计提的累计折旧抵销,并调整期初未分配利润:

  借:固定资产——累计折旧   400

   贷:未分配利润——年初   400

同时：

借：未分配利润——年初 100

　　贷：递延所得税资产 100

（3）将本期内部交易形成的固定资产多计提的累计折旧抵销，并调整相关资产的成本或当期损益：

借：固定资产——累计折旧 400

　　贷：管理费用 400

同时：

借：所得税费用——递延所得税费用 100

　　贷：递延所得税资产 100

2. 以前期间内部交易的固定资产在本期处于超龄使用的状态

如果内部交易的固定资产在本期处于超龄状态，则由于该内部交易的固定资产在其正常使用期期满的那个期间就已经提足了折旧，因此在超龄使用期间不再计提折旧，在不考虑内部交易固定资产残值的情况下，该超龄使用的固定资产在正常使用结束的期末其固定资产价值中已不再包括未实现的内部损益。因此，在超龄使用期的期末，不存在未实现损益，无须编制抵销分录。

三、内部交易形成的固定资产在清理期间的抵销

对于销售方而言，内部固定资产交易未实现损益，会作为期末未分配利润的一部分结转到以后的会计期间，直到购买企业对该内部交易形成的固定资产进行清理为止。从购买企业来说，对内部交易形成的固定资产进行清理期间，在其个别财务报表中表现为固定资产价值的减少和营业外收入（或营业外支出）的变化。从整个企业集团来说，随着该内部交易形成的固定资产的清理处置，其包含的未实现损益将转化为已实现损益。无论是第一种类型的交易，还是第二种类型的交易，在对集团内部交易形成的固定资产进行清理的年份，其抵销分录均为：

借：未分配利润——年初（按期初固定资产净值中所包含的未实现损益）

　　贷：管理费用——折旧费用（当期多计的折旧）

　　　　营业外收入（通过清理实现的内部交易未实现损益）

【例 4-10】 沿用例 4-8 资料，B 公司在 20×9 年 12 月 31 日将该固定资产以 7 000 元价格出售给集团外客户。则当年 B 公司作会计分录：

借：固定资产清理 4 000

　　累计折旧 6 000

　　贷：固定资产 10 000

借：银行存款 7 000

　　贷：固定资产清理 7 000

借：固定资产清理 3 000

贷:营业外收入   3000

20×7年1月1日,固定资产原价中包含未实现损益2 000元,20×7年和20×8年每年多计折旧400元,因此,20×8年12月31日固定资产净值中所包含的未实现损益为1 200元。由于20×9年B公司对该项固定资产计提过折旧,还需要抵销这部分折旧。从企业集团的观点看,20×7年1月1日该项固定资产原价为8 000元,每年计提折旧1 600元,20×9年12月1日账面价值为3 200元,按7 000元的价格出售,营业外收入应为3 800元,而B公司在账上只记录了3 000元,因此,在合并工作底稿中还应贷记"营业外收入"项目800元。

20×9年12月31日编制合并报表抵销分录:

借:未分配利润——年初(10 000−8 000)−400×2   1 200

　　贷:管理费用——折旧费用   400

　　　　营业外收入[7 000−(8 000−1 600×3)]−3 000   800

同时:

借:所得税费用——递延所得税费用   100

　　未分配利润——年初   200

　　贷:递延所得税资产   300

四、固定资产交易形成的固定资产减值准备的抵销

1. 内部交易的固定资产首次计提固定资产减值准备的抵销

企业会计准则规定,企业应当在资产负债表日判断固定资产是否存在可能发生减值的迹象。如果可收回金额低于账面价值,应当按其差额计提固定资产减值准备。由于个别财务报表中计提固定资产减值准备涉及"资产减值损失"和"固定资产"两个项目,所以在编制合并财务报表时应将这两个项目予以相应调整。

在个别财务报表中,企业通过内部交易形成的固定资产中包含一部分内部销售利润,首次计提固定资产减值准备时,计提数额主要是由固定资产账面价值(包含内部销售利润的固定资产原值减去以此为基础的累计折旧)和可收回金额决定的。其中,固定资产可收回金额是指固定资产期末公允价值减去处置费用后的净额与预计未来现金流量现值的较高者,固定资产可收回金额低于账面价值的差额为实际计提的固定资产减值准备。计提的减值准备一方面反映在资产负债表中;另一方面已计入当期利润表。从整个企业集团角度看,决定计提数额是不包含内部销售利润的固定资产原始账面价值和可收回金额的。可收回金额低于账面价值的差额为应计提的固定资产减值准备,该差额与个别账务报表当期实际计提的固定资产减值准备的差额即为合并当期应予以调整的数额。其具体可分为以下三种情况。

第一,当期末固定资产可收回金额大于个别财务报表中列示的固定资产账面价值时,意味着固定资产没有发生减值,个别报表和合并财务报表编制中不涉及固定资产减值准备的记录,无须进行相关账务处理。

第二，当期末固定资产可收回金额小于个别财务报表中的固定资产账面价值，但大于扣除未实现内部销售利润后合并财务报表中的固定资产的账面价值时，意味着个别财务报表中固定资产发生了减值，而从合并财务报表编制的角度看则没有发生减值，所以应将个别财务报表中所提取的固定资产减值准备全部予以反向抵销。

第三，当期末固定资产可收回金额小于扣除未实现内部销售利润后合并财务报表中的固定资产账面价值时，意味着无论从个别财务报表的角度，还是从合并财务报表的角度看，固定资产均发生了减值，但是两者应计提的金额是不同的。应将个别财务报表中计提的固定资产减值准备部分予以抵销（个别财务报表中实际计提的固定资产减值准备与合并财务报表中应计提的减值准备的差额部分，其数额相当于期末固定资产中包含的内部交易未实现损益）。

编制抵销分录如下：

借：固定资产

　　贷：资产减值损失

【例 4-11】 沿用例 4-8 资料，假设 20×7 年 12 月 31 日该固定资产可收回金额为 6 000 元，B 公司为此固定资产计提固定资产减值准备 2 000 元。

20×7 年 12 月 31 日从整个企业集团角度，该固定资产可收回金额 6 000 元小于其扣除内部交易未实现损益后合并财务报表中的固定资产账面价值 6 400 元，发生减值 400 元，应将个别财务报表中计提的固定资产减值准备部分予以抵销。

借：固定资产　　　　　　　　　　　　　　　　　　　　　　　1 600

　　贷：资产减值损失　　　　　　　　　　　　　　　　　　　　　　　1 600

同时调整相应的递延所得税，从个别财务报表角度 B 公司确定暂时性差异为 2 000 元，从企业整体合并财务报表角度，账面价值为 6 000 元，计税基础为 B 公司计税基础 8 000 元，也需确定暂时性差异 2 000 元，因此不需要进行调整。

若假设 20×7 年 12 月 31 日该固定资产可收回金额为 7 000 元，B 公司为此固定资产计提固定资产减值准备 1 000 元。

20×7 年 12 月 31 日从整个企业集团角度，该固定资产可收回金额 7 000 元大于其扣除未实现内部销售利润前合并财务报表中的固定资产账面价值 6 400 元，未发生减值，应将个别财务报表中计提的固定资产减值准备全部予以抵销。

借：固定资产　　　　　　　　　　　　　　　　　　　　　　　1 000

　　贷：资产减值损失　　　　　　　　　　　　　　　　　　　　　　　1 000

同时调整相应递延所得税，从个别财务报表确认暂时性差异 1 000 元，从企业整体合并报表角度，固定资产账面价值为 6 400 元，计税基础为 8 000 元，产生暂时性差异 1 600 元，因此调整分录为：

借：递延所得税资产　　　　　　　　　　　　　　　　　　　　　150

　　贷：所得税费用——递延所得税费用　　　　　　　　　　　　　　　150

若假设 20×7 年 12 月 31 日该固定资产可收回金额为 8 200 元，无论从 B 公司的角度还是从整个企业集团的角度，该固定资产均未发生减值，不作调整分录。

2. **以前期间计提固定资产减值准备的内部交易固定资产在本期继续使用对本期影响的抵销**

以前期间计提固定资产减值准备的内部交易固定资产在本期继续使用对本期影响的抵销主要分为以下三步。

（1）抵销个别财务报表与合并财务报表期初固定资产账面价值的差异。

借：未分配利润——年初（个别财务报表与合并财务报表期初固定资产账面价值的差异）
　　贷：固定资产

（2）抵销个别财务报表与合并财务报表本期计提折旧的差异。

借：固定资产（个别财务报表与合并财务报表本期计提折旧的差异）
　　贷：管理费用

（3）抵销个别财务报表与合并财务报表本期补提的固定资产减值准备的差异。

借：固定资产（个别财务报表与合并财务报表本期补提的固定资产减值准备的差异）
　　贷：资产减值损失

【例 4-12】　沿用例 4-8 资料，假设 20×7 年 12 月 31 日该固定资产可收回金额为 7 000 元，B 公司为此固定资产计提固定资产减值准备 1 000 元，20×8 年 12 月 31 日该固定资产可收回金额为 3 000 元，B 公司为此固定资产计提固定资产减值准备（7 000－7 000/4－3 000）2 250 元。

从企业集团的角度，此固定资产在 20×7 年 12 月 31 日并没有发生减值，其固定资产账面价值应为 6 400 元，20×8 年 12 月 31 日该固定净值为（6 400－8 000/5）4 800元，可收回金额为 3 000 元，应计提固定资产减值准备 1 800 元，应进行部分抵销。

（1）抵销个别财务报表与合并财务报表期初固定资产账面价值的差异：

借：未分配利润——期初（7 000－6 400）　　　　　　　　　　600
　　贷：固定资产　　　　　　　　　　　　　　　　　　　　　　　600

同时：

借：递延所得税资产　　　　　　　　　　　　　　　　　　　150
　　贷：未分配利润——年初　　　　　　　　　　　　　　　　　150

（2）抵销个别财务报表与合并财务报表本期计提折旧的差异：

借：固定资产　　　　　　　　　　　　　　　　　　　　　150
　　贷：管理费用（7 000/4－8 000/5）　　　　　　　　　　　　150

同时：

借：所得税费用——递延所得税费用　　　　　　　　　　　37.5
　　贷：递延所得税资产　　　　　　　　　　　　　　　　　　37.5

（3）抵销个别财务报表与合并财务报表本期补提的固定资产减值准备的差异：

借：固定资产（2 250－1 800）　　　　　　　　　　　　　　450
　　贷：资产减值损失　　　　　　　　　　　　　　　　　　　450

同时从个别财务报表角度看,计提固定资产减值准备导致 B 公司产生暂时性差异 2 250 元,即需再计提 562.5(2 250×25%)元递延所得税资产;从企业集团合并报表看,计提固定资产减值准备导致集团合并报表产生暂时性差异 1 800 元(计提减值准备对应的 1 800 元),需要再计提 450(1 800×25%)元递延所得税资产,所以合并报表应转回 112.5 元递延所得税资产的差异:

借:所得税费用——递延所得税费用　　　　　　　　　　112.5
　　贷:递延所得税资产　　　　　　　　　　　　　　　　112.5

五、集团存在内部固定资产交易情况下的合并财务报表编制

在存在集团内部固定资产交易的情况下,非同一控制下的企业合并,少数股东损益应按以下方法计算:

(1) 在集团内部固定资产交易的当年,少数股东损益＝子公司实现的净利润×少数股东持股比例＝(子公司账面净利润－未摊销价差的摊销额－原价中所包含的未实现损益＋当年多计提的折旧额)×少数股东持股比例;

(2) 在集团内部固定资产交易以后持有年份,少数股东损益＝子公司实现的净利润×少数股东持股比例＝(子公司账面净利润－未摊销价差的摊销额＋当年多计提的折旧额)×少数股东持股比例;

(3) 在集团内部固定资产交易以后报废或再出售的年份,少数股东损益＝子公司实现的净利润×少数股东持股比例＝(子公司账面净利润－未摊销价差的摊销额＋期初固定资产净值中所包含的未实现损益)×少数股东持股比例。如果是同一控制下的企业合并,上述计算中无须考虑未摊销价差的摊销问题。

与前述集团内部存货交易的分析相同,在合并工作底稿中,抵销母公司对子公司的投资收益:

(1) 如果是非同一控制下的企业合并,借记"投资收益""少数股东损益""未分配利润——年初""管理费用"等项目,贷记"提取的盈余公积""已分配股利""未分配利润——年末"项目,其中"未分配利润——年初"项目的金额是子公司账面年初未分配利润减去期初固定资产净值中所包含的未实现损益,"未分配利润——年末"项目的金额是子公司账面年末未分配利润减去期末固定资产净值中所包含的未实现损益。

(2) 如果是同一控制下的企业合并,与非同一控制下的企业合并的差别在于没有未摊销价差的摊销问题。

同样,少数股东权益则应按以下方法计算:

(1) 同一控制下的企业合并,少数股东权益＝子公司实现的股东权益×少数股东持股比例＝(子公司账面股东权益－未实现损益)×少数股东持股比例;

(2) 非同一控制下的企业合并,少数股东权益＝子公司实现的股东权益×少数股东持股比例＝(子公司账面股东权益＋未摊销价差－未实现损益)×少数股东持股比例。

在合并工作底稿中,抵销母公司对子公司的长期股权投资:

(1) 如果是非同一控制下的企业合并,借记子公司年末的"股本""资本公积""盈余公积""未分配利润"项目以及"存货""固定资产"等公允价值与账面价值有未摊销价差的项目,贷记母公司对子公司的"长期股权投资"项目以及"少数股东权益"项目,借贷的差额借记"商誉"等项目,其中"未分配利润"项目的金额是子公司账面年末未分配利润减去未实现损益的金额。

(2) 如果是同一控制下的企业合并,则不需要考虑未摊销价差和商誉问题。

在存在集团内部固定资产交易的情况下,编制合并财务报表时,首先应按照权益法对长期股权投资进行调整,再抵销集团内部固定资产交易的影响,最后抵销母公司对子公司投资收益和母公司对子公司的长期股权投资。

第四节　集团内部债权与债务的抵销

母公司与子公司、子公司相互之间的债权和债务项目,是指母公司与子公司、子公司相互之间因销售商品、提供劳务以及发生结算业务等原因产生的应收账款与应付账款、应收票据与应付票据、预付账款与预收账款、其他应收款与其他应付款、"以摊余成本计量的金融资产"与应付债券等项目。发生在母公司与子公司、子公司相互之间的这些项目,企业集团内部企业的一方在其个别财务报表中反映为资产,而另一方则在其个别资产负债表中反映为负债。但从企业集团整体角度来看,它只是内部资金运动,既不能增加企业集团的资产,也不能增加负债。为此,为了消除个别资产负债表直接加总中的重复计算因素,在编制合并财务报表时应当将内部债权债务项目予以抵销。

一、应收账款与应付账款的抵销处理

1. 初次编制合并财务报表时应收账款与应付账款的抵销处理

在应收账款计提坏账准备的情况下,某一会计期间坏账准备的金额是以当期应收账款为基础计提的。在编制合并财务报表时,随着内部应收账款的抵销,与此相联系也须将内部应收账款计提的坏账准备予以抵销。内部应收账款抵销时,其抵销分录为:

借:应付账款
　　贷:应收账款
内部应收账款计提的坏账准备抵销时,其抵销分录为:
借:应收账款——坏账准备
　　贷:资产减值损失

【例4-13】 假设20×7年1月1日A公司取得了B公司100%的股权。20×7

年 12 月 31 日,A 公司个别资产负债表中应收账款 8 000 元为 20×7 年向 B 公司销售商品发生的应收销货款的账面价值,A 公司对该笔应收账款计提的坏账准备为 2 000 元。B 公司个别资产负债表中应付账款 10 000 元系 20×7 年向 A 购进商品存货发生的应付购货款。20×7 年 12 月 31 日,在编制合并财务报表时,应将内部应收账款与应付账款相互抵销;同时还应将内部应收账款计提的坏账准备予以抵销,其抵销分录为:

借:应付账款   10 000
 贷:应收账款   10 000
借:应收账款——坏账准备   2 000
 贷:资产减值损失   2 000

同时,需调整暂时性差异的递延所得税影响:

借:所得税费用——递延所得税费用   500
 贷:递延所得税资产   500

2. 连续编制合并财务报表时内部应收账款坏账准备的抵销处理

从合并财务报表来讲,内部应收账款计提的坏账准备的抵销是与抵销当期资产减值损失相对应的,上期抵销的坏账准备的金额,即上期资产减值损失抵减的金额,最终将影响到本期合并所有者权益变动表中的期初未分配利润金额的增加。由于利润表和所有者权益变动表是反映企业一定会计期间经营成果及其分配情况的财务报表,其上期期末未分配利润就是本期所有者权益变动表期初未分配利润(假定不存在会计政策变更和前期差错更正的情况)。本期编制合并财务报表是以本期母公司和子公司当期的个别财务报表为基础编制的,随着上期编制合并财务报表时内部应收账款计提的坏账准备的抵销,以此个别财务报表为基础加总得出的期初未分配利润与上一会计期间合并所有者权益变动表中的未分配利润金额之间则会产生差额。为此,编制合并财务报表时,必须将上期因内部应收账款计提的坏账准备抵销而抵销的资产减值损失对本期期初未分配利润的影响予以抵销,调整本期期初未分配利润的金额。连续编制合并财务报表进行的抵销处理如下:

(1) 将前期资产减值损失中抵销的内部应收账款计提的坏账准备对本期期初未分配利润的影响予以抵销。

借:应收账款——坏账准备(按上期资产减值损失项目中抵销的内部应收账款计
 提的坏账准备的金额)
 贷:未分配利润——年初

(2) 将内部应收账款与应付账款予以抵销。

借:应付账款(按内部应收账款的金额)
 贷:应收账款

(3) 对本期个别财务报表中内部应收账款相对应的坏账准备增减变动的金额予以抵销。

借:应收账款——坏账准备(按本期个别资产负债表中期末内部应收账款相对应

的坏账准备的增加额)

贷:资产减值损失

或相反分录。

【例4-14】 沿用例4-13资料,假设20×8年12月31日,A公司个别资产负债表中应收账款18 000元为向B公司销售商品发生的应收销货款的账面价值,A公司对今年新增应收账款计提的坏账准备为10 000元。B公司个别资产负债表中应付账款30 000元系向A购进商品存货发生的应付购货款。20×8年12月31日,在编制合并财务报表时,其抵销分录为:

(1) 将以前期资产减值损失中抵销的内部应收账款计提的坏账准备对本期期初未分配利润的影响予以抵销:

借:应收账款——坏账准备	2 000	
贷:未分配利润——年初		2000

同时:

借:未分配利润——年初	500	
贷:递延所得税资产		500

(2) 将内部应收账款与应付账款予以抵销:

借:应付账款	30 000	
贷:应收账款		30 000

(3) 对本期个别财务报表中内部应收账款相对应的坏账准备增减变动的金额予以抵销:

借:应收账款——坏账准备	10 000	
贷:资产减值损失		10 000

同时:

借:所得税费用——递延所得税费用	2 500	
贷:递延所得税资产		2 500

假设20×9年12月31日,A公司个别资产负债表中应收账款48 000元为向B公司销售商品发生的应收销货款的账面价值,A公司对今年新增应收账款计提的坏账准备为40 000元。B公司个别资产负债表中应付账款100 000元系向A购进商品存货发生的应付购货款。20×9年12月31日,在编制合并财务报表时,其抵销分录为:

(1) 将以前期资产减值损失中抵销的内部应收账款计提的坏账准备对本期期初未分配利润的影响予以抵销:

借:应收账款——坏账准备	12 000	
贷:未分配利润——年初		12 000

同时:

借:未分配利润——年初	3 000	
贷:递延所得税资产		3 000

（2）将内部应收账款与应付账款予以抵销：

借：应付账款 100 000

　　贷：应收账款 100 000

（3）对本期个别财务报表中内部应收账款相对应的坏账准备增减变动的金额予以抵销：

借：应收账款——坏账准备 40 000

　　贷：资产减值损失 40 000

同时：

借：所得税费用——递延所得税费用 10 000

　　贷：递延所得税资产 10 000

内部应收票据与应付票据、预付款项与预收款项、其他应收款与其他应付款等的抵销处理，与内部应收账款与应付账款的抵销处理方法相同。

二、集团内部债券投资与应付债券的抵销

1. 初次编制合并财务报表产生内部债券交易当年的债券投资与应付债券的抵销

（1）在编制合并财务报表时，母公司与子公司、子公司相互之间的债券投资与应付债券项目应当相互抵销。在内部债券交易的当年，母公司与子公司、子公司相互之间的债券投资与应付债券相互抵销后，产生的差额应当计入投资收益项目。其抵销分录为：

借：应付债券

　　贷：以摊余成本计量的金融资产

　　　　投资收益（或借）

（2）母公司与子公司、子公司相互之间持有对方债券所产生的投资收益（利息收入），应当与其相对应的发行方财务费用（利息费用）相互抵销。在内部债券交易的当年，母公司与子公司、子公司相互之间持有对方债券所产生的投资收益（利息收入）与其相对应的发行方财务费用（利息费用）相互抵销后，产生的差额应当计入投资收益项目。其抵销分录为：

借：投资收益

　　贷：财务费用

　　　　投资收益（或借）

【例 4-15】　A 公司拥有 B 公司 100％的股份。20×1 年 1 月 1 日 A 公司对外发行 5 年期债券一批，面值 10 000 000 元，票面利率 6％，实际年利率 5％，每年 12 月 31 日付息，发行价格为 10 432 700 元，发行费用为 432 700 元。20×2 年 1 月 1 日，B 公司从外界购入了该批债券，买价 10 354 335 元，满足"以摊余成本计量的金融资产"的条件。

则 A 公司、B 公司个别财务报表的有关会计分录如表 4-4 所示。

表 4-4　A 公司、B 公司个别财务报表的有关会计分录　　　　　　　　　　元

	A 公司账上	B 公司账上
A 公司 发行债券	借:银行存款　　　　　10 000 000 　贷:应付债券——面值　10 000 000	
A 公司于每年 12 月 31 日支 付财务费用	借:财务费用　　　　　　600 000 　贷:银行存款　　　　　　600 000	
B 公司 购买债券		借:以摊余成本计量的金融资产—— 　　面值　　　　　　　　10 000 000 　　以摊余成本计量的金融资产—— 　　利息调整　　　　　　　354 335 　贷:银行存款　　　　　10 354 335
B 公司获得 债券利息		借:银行存款　　　　　　600 000 　贷:投资收益　　　　　517 716.75 　　以摊余成本计量的金融资产 　　——利息调整　　　82 283.25

20×2 年 12 月 31 日,B 公司从外界购入该批债券后,"以摊余成本计量的金融资产"账面价值为 10 272 051.75 元,未来现金流量情况为:20×3 年、20×4 年、20×5 年每年年末会收到债券利息 600 000 元,20×5 年年末还会收到债券的面值 10 000 000元。根据金融工具确认和计量准则的规定,实际利率是指将金融资产或金融负债在预期存续期间或适用的更短期间内的未来现金流量,折现为该金融资产或金融负债当前账面价值所使用的利率。通过计算,B 公司上述"以摊余成本计量的金融资产"的实际利率为 5%。按实际利率法所计算的投资收益(利息收入)如表 4-5 所示。

表 4-5　按实际利率法所计算的投资收益(利息收入)　　　　　　　　　元

年份	期初债券 摊余价值 (a)	收到利息 (b)	投资收益 (利息收入) ($c=a\times5\%$)	利息调整 摊销 ($d=b-c$)	期末债券 摊余价值 ($e=a-d$)
20×1	10 432 700	600 000	521 635	78 365	10 354 335
20×2	10 354 335	600 000	517 716.75	82 283.25	10 272 051.75
20×3	10 272 051.75	600 000	513 602.59	86 397.41	10 185 654.34
20×4	10 185 654.34	600 000	509 282.72	90 717.28	10 094 937.06
20×5	10 094 937.06	600 000	505 062.94**	94 937.06*	10 000 000

* 94 937.06＝1 009 493.06－10 000 000

** 505 062.94＝600 000－94 937.06

20×2 年 12 月 31 日,编制合并财务报表时,抵销内部债券交易影响的抵销分录为:

(1) 母公司与子公司、子公司相互之间的债券投资与应付债券项目应当相互抵销。其抵销分录为:

借:应付债券　　　　　　　　　　　　　　　　　　　　100 000 000

投资收益 272 051.75

　　贷：以摊余成本计量的金融资产 10 272 051.75

　　（2）母公司与子公司、子公司相互之间持有对方债券所产生的投资收益（利息收入），应当与其相对应的发行方财务费用（利息费用）相互抵销。其抵销分录为：

借：投资收益（利息收入） 517 716.75

投资收益（债权赎回损失） 82 283.25

　　贷：财务费用 600 000

　　2. 连续编制合并财务报表内部债券交易的债券投资与应付债券的抵销

　　（1）在内部债券交易以后年份，母公司与子公司、子公司相互之间的债券投资与应付债券相互抵销后，产生的差额应当计入年初未分配利润项目。其抵销分录为：

借：应付债券

　　贷：以摊余成本计量的金融资产

　　　　未分配利润——年初（或借）

　　（2）母公司与子公司、子公司相互之间持有对方债券所产生的投资收益（利息收入），应当与其相对应的发行方财务费用（利息费用）相互抵销。在内部债券交易以后年份，母公司与子公司、子公司相互之间持有对方债券所产生的投资收益（利息收入）与其相对应的发行方财务费用（利息费用）相互抵销后，产生的差额应当计入年初未分配利润项目。其抵销分录为：

借：投资收益

　　贷：财务费用

　　　　未分配利润——年初（或借）

　　【例 4-16】 沿用例 4-15 资料，20×3 年 12 月 31 日，编制 A 公司与 B 公司的合并财务报表时，抵销内部债券交易影响的抵销分录为：

　　（1）母公司与子公司、子公司相互之间的债券投资与应付债券相互抵销后，产生的差额应当计入年初未分配利润项目。其抵销分录为：

借：应付债券 100 000 000

未分配利润——年初 185 654.34

　　贷：以摊余成本计量的金融资产 10 185 654.34

　　（2）母公司与子公司、子公司相互之间持有对方债券所产生的投资收益（利息收入），应当与其相对应的发行方财务费用（利息费用）相互抵销。其抵销分录为：

借：投资收益 513 602.59

未分配利润——年初 86 397.41

　　贷：财务费用 600 000

　　20×4 年 12 月 31 日，编制 A 公司与 B 公司的合并财务报表时，抵销内部债券交易影响的抵销分录为：

　　（1）母公司与子公司、子公司相互之间的债券投资与应付债券相互抵销后，产生的差额应当计入年初未分配利润项目。其抵销分录为：

借:应付债券   1 000 00 000

  未分配利润——年初   94 937.06

  贷:以摊余成本计量的金融资产   10 094 937.06

（2）母公司与子公司、子公司相互之间持有对方债券所产生的投资收益（利息收入），应当与其相对应的发行方财务费用（利息费用）相互抵销。其抵销分录为：

借:投资收益   509 282.72

  未分配利润——年初   90 717.28

  贷:财务费用   600 000

20×5 年 12 月 31 日，编制 A 公司与 B 公司的合并财务报表时，抵销内部债券交易影响的抵销分录为：

（1）母公司与子公司、子公司相互之间的债券投资与应付债券相互抵销后，产生的差额应当计入年初未分配利润项目。其抵销分录为：

借:应付债券   100 000 000

  贷:以摊余成本计量的金融资产   100 000 000

（2）母公司与子公司、子公司相互之间持有对方债券所产生的投资收益（利息收入），应当与其相对应的发行方财务费用（利息费用）相互抵销。其抵销分录为：

借:投资收益   505 062.94

  未分配利润——年初   94 937.06

  贷:财务费用   600 000

母公司与子公司、子公司相互之间的债券投资与应付债券项目相互抵销的同时，还应抵销相应的债券投资的减值准备，其抵销处理的方法与坏账准备的抵销相同。

第五节　综合运用举例

【例 4-17】　A 公司于 20×8 年 1 月 1 日用 240 000 元取得了 B 公司 80％的股份，当时 B 公司的股东权益由股本 250 000 元、盈余公积 5 000 元、未分配利润 45 000 元构成。由于 A 公司对 B 公司 80％股权的投资成本等于所取得的 B 公司净资产账面价值（300 000×80％），且 B 公司各项资产、负债的账面价值等于公允价值，因此不存在未摊销价差，也不存在商誉问题。20×8 年，B 公司账面净利润为 100 000 元，派发现金股利 25 000 元；20×9 年，B 公司账面净利润为 50 000 元，派发现金股利 25 000 元。两家公司均按照净利润的 10％提取盈余公积。

第一，A 公司在合并后向 B 公司出售存货，20×9 年有关存货内部交易资料如下所示：

20×9 年向 B 公司出售存货 150 000 元。

20×9 年 1 月 1 日期初存货中的未实现损益 18 400 元。

20×9 年 12 月 31 日期末存货中的未实现损益 13 800 元。

第二,20×8年1月1日A公司将自己的设备出售给B公司作为固定资产,该设备在A公司账面上为8 000元,售价为10 000元,该固定资产剩余使用期限为5年。

第三,20×9年1月1日A公司与B公司由于日常交易,产生应收账款与应付账款往来1 000元,两公司均未对该笔款项计提减值准备。

20×8年1月1日,A公司取得B公司80%的股权时,其会计分录为:

借:长期股权投资　　　　　　　　　　　　　　　　　　240 000

　　贷:银行存款　　　　　　　　　　　　　　　　　　　　　240 000

20×8年和20×9年,A公司收到B公司派发的现金股利时,其会计分录为:

借:银行存款　　　　　　　　　　　　　　　　　　　　20 000

　　贷:投资收益　　　　　　　　　　　　　　　　　　　　　20 000

假设两家公司的股本和资本公积没有任何变化,20×9年A公司和B公司的利润表、股东权益变动表中的利润分配表部分、资产负债表如表4-6所示。

表4-6　20×9年12月31日A公司与B公司合并工作底稿　　　　　　元

	A公司	B公司(80%)	调整与抵销分录 借	调整与抵销分录 贷	合并财务报表
利润表:					
营业收入	1 500 000	750 000	(2)150 000		2 100 000
减:营业成本	1 000 000	500 000	(3)13 800	(2)150 000 (4)18 400	13 45 400
减:各项费用	294 000	200 000	(7)100	(3)3 450 (7)400	490 250
加:投资收益——B公司	20 000		(9)44 000	(1)24 000	
减:少数股东损益			(9)11 000		11 000
净利润	226 000	50 000			253 350 ←
股东权益变动表:					
未分配利润——年初	396 600	110 000	(4)18 400 (5)2 000 (9)90 000 (6)100	(1)39 600 (4)4 600 (5)500 (6)400	441 200
加:净利润	226 000√	50 000√			253 350
减:提取盈余公积	22 600	5 000	(1)2 400	(9)5 000	25 000
减:已分配股利	200 000	25 000		(9)25 000	200 000
未分配利润——年末	400 000	130 000			469 550 ←
资产负债表:					
货币资金	400 000	90 000			490 000
存货	742 000	150 000		(3)13 800	878 200
应收账款	50 000	10 000	(8)1 000		61 000

续表

	A 公司	B 公司 (80%)	调整与抵销分录		合并财务 报表
			借	贷	
长期股权投资——B公司	240 000		(1)68 000	(10)308 000	
固定资产	1 000 000	250 000	(6)400 (7)400	(5)2 000	1 248 800
递延所得税资产			(3)3 450 (4)4 600 (5)500	(7)100 (6)100	8 350
资产总计	2 432 000	500 000			2 686 350
应付账款	450 000	100 000		(8)1000	551 000
股本	1 500 000	250 000	(10)250 000		1 500 000
盈余公积	82 000	20 000	(10)20 000	(1)4 400 (1)2 400	88 800
未分配利润	400 000√	130 000√	(10)115 000	(9)115 000	469 550
少数股东权益				(10)77 000	77 000
负债和股东权益总计	2 432 000	500 000			2 686 350

如表 4-7 所示,20×9 年 12 月 31 日在合并财务报表工作底稿中,应编制如下调整与抵销分录:

(1) 按照权益法调整 A 公司对 B 公司的长期股权投资。调整的 20×8 年金额为:(100 000－18 400－2 000＋400)×80%－20 000＝44 000(元);调整的 20×9 年金额为:(50 000＋18 400＋400－13 800)×80%－20 000＝24 000(元)。其调整分录为:

借:长期股权投资   68 000

  贷:投资收益   24 000

    盈余公积   4 400

    未分配利润——年初   39 600

同时:

借:利润分配——提取盈余公积   2 400

  贷:盈余公积   2 400

(2) 抵销集团内部存货当期购销额的抵销分录为:

借:营业收入   150 000

  贷:营业成本   150 000

(3) 抵销期末存货所包含的未实现损益的抵销分录为:

借:营业成本   13 800

  贷:存货   13 800

同时,需确认期末存货所包含的未实现损益暂时性差异的递延所得税影响:

借:递延所得税资产 3 450
  贷:所得税费用——递延所得税费用 3 450

（4）抵销期初存货所包含的未实现损益的抵销分录为：

借:未分配利润——年初 18 400
  贷:营业成本 18 400

同时,需确认期初存货所包含的未实现损益暂时性差异的递延所得税影响：

借:递延所得税资产 4 600
  贷:未分配利润——年初 4 600

（5）将内部交易形成的固定资产原价中包含的未实现内部销售损益抵销,并调整期初未分配利润：

借:未分配利润——年初 2 000
  贷:固定资产——原价 2 000

同时：

借:递延所得税资产 500
  贷:未分配利润——年初 500

（6）将以前会计期间内部交易形成的固定资产多计提的累计折旧抵销,并调整期初未分配利润：

借:固定资产——累计折旧 400
  贷:未分配利润——年初 400

同时：

借:未分配利润——年初 100
  贷:递延所得税资产 100

（7）将本期内部交易形成的固定资产多计提的累计折旧抵销,并调整相关资产的成本或当期损益：

借:固定资产——累计折旧 400
  贷:管理费用 400

同时：

借:所得税费用——递延所得税费用 100
  贷:递延所得税资产 100

（8）将本期内部交易形成的应收账款与应付账款进行抵销：

借:应付账款 1 000
  贷:应收账款 1 000

（9）将 A 公司对 B 公司的投资收益抵销,其抵销分录为：

借:投资收益 44 000
  少数股东损益 11 000
  未分配利润——年初 90 000
  贷:利润分配——提取盈余公积 5 000

      ——已分配股利   25 000

    未分配利润——年末   115 000

  其中:少数股东损益=(50 000+18 400−2 000+400+400−12 200)×20%=11 000(元);未分配利润——年初=110 000−18 400−2 000+400=90 000(元);未分配利润——年末=130 000−13 800−(2 000−400×2)=115 000(元)。

  (10) 抵销年末A公司对B公司的长期股权投资,其抵销分录为:

借:股本   250 000

  盈余公积   20 000

  未分配利润——年末   115 000

  贷:长期股权投资   308 000

   少数股东权益   77 000

  其中:少数股东权益=(250 000+20 000+115 000)×20%=77 000(元)。

  应当注意的是,抵销分录的编制基本上没有公式可循,但编制抵销分录时,始终应坚持以下原则:

  (1) 合并报表是以个别报表为基础编制的。以前期间内部交易对合并报表的影响并未记入个别财务报表。

  (2) 分析个别报表合计数与合并数之间的差异是一种较易于确定抵销分录的方法。其中,合并数的确定依赖于将企业集团作为一个整体分析而得。

  (3) 在分析抵销分录的编制时,分清前期影响和当期影响,并分别予以消除可以简化处理。

  (4) 编制抵销分录时应具体问题具体分析。抵销分录的编制取决于个别企业已有的会计记录。个别企业会计处理不同,抵销分录也不同。

▶ **思考题**

  1. 说明合并抵销分录的性质及其与母公司、子公司账簿中的记录的不同点。

  2. 为什么在编制合并财务报表时需要消除公司间交易?

  3. 集团内部销售固定资产与集团内部存货交易有什么不同?

  4. 是否应该消除集团内部子公司之间所有的内部交易? 为什么?

  5. 为什么说销售方的未实现损益随着固定资产购入方计提折旧而实现?

▶ **练习题**

  1. 母公司20×8年向子公司销售产品20 000元,与之相关的销售成本为16 000元。子公司20×8年向企业集团以外销售了其中的10000元,剩余存货在20×8年12月31日可变现净值为9 000元,这项内部交易在20×8年年末编制合并财务报表时如何处理? 如果剩余的10 000元,子公司20×9年仍未对外销售,剩余存货在20×9年12月31日可变现净值为7 000元,在编制20×9年合并财务报表时应如何处理?

  2. 母公司持有子公司80%股份,20×8年子公司将自己生产的产品出售给母公司作为固定资产，售价 20 000 元，销售成本 16 000 元。固定资产使用寿命为 5 年。20×8 年 12 月 31 日该固定资产可收回金额为 18 000 元，20×9 年该固定资产可收回金额为 13 000 元，请编制 20×8 年、20×9 年年末的合并抵销分录。

3. 20×8 年 12 月 31 日，母公司个别资产负债表中应收账款 6 000 元为 20×8 年向子公司销售商品发生的应收销货款的账面价值，母公司对该笔应收账款计提的坏账准备为 1 000 元，子公司个别财务报表中列示为应付账款 7 000 元。20×9 年 12 月 31 日，母公司个别资产负债表中应收账款 22 000 元为向子公司销售商品发生的应收销货款的账面价值，母公司对该笔应收账款计提的坏账准备余额为 10 000 元，子公司个别财务报表列示为 32 000 元，请编制 20×8 年、20×9 年年末的合并抵销分录。

 练习题参考答案

第五章
复杂情形下合并财务报表编制

在前述章节我们介绍了企业合并财务报表的一些基本原则,本章将更深入探讨在我们实务中可能遇到的更加复杂情形下的财务报表合并问题。前述章节我们所讲述的财务报表合并问题一方面介绍的是静态情形下即一步式的合并、股权只涉及母子公司直接持股问题,另一方面通常设定并购日发生在期初。而本章将打破前述的若干理想状态,介绍多次交易分步实现企业合并、并购后继续购买子公司少数股权、间接持股、交叉持股、期中合并和股权处置下的财务报表合并问题。

第一节 股权变动下财务报表合并

本节将股权发生变动情形分为控制权取得前的股权变动和控制权取得日之后的股权变动两类进行介绍。控制权取得前的股权变动涉及多次交易分步实现企业合并,而控制权取得日之后的股权变动涉及母公司继续增持或减少股权的情形,具体分析如下。

一、多次交易分步实现企业合并

针对多次交易分步实现的企业合并,我们依然需要区分同一控制下和非同一控制下两种情况进行处理。由于同一控制下的多次交易分步实现企业合并的处理原则仅在《企业会计准则解释第 6 号(征求意见稿)》中提出,而在 2014 年 1 月 24 日出台的《企业会计准则解释第 6 号》中并没有提及,所以在此只是简单介绍一下征求意见稿中的处理原则,以区分非同一控制下的处理原则。征求意见稿中规定:合并方应当根据《财政部关于印发企业会计准则解释第 5 号的通知》(财会〔2012〕19 号)关于"一揽子交易"的判断标准,判断多次交易是否属于"一揽子交易"。属于"一揽子交易"的,合并方应当根据《企业会计准则第 2 号——长期股权投资》《企业会计准则第 20 号——企业合并》和《企业会计准则第 33 号——合并财务报表》的有关规定进行会计处理。不属于"一揽子交易"的,应当视同各项有关交易在发生时即比照上述规定处理进行调整:①确定同一控制下企业合并形成的长期股权投资的初始投资成本。在合并日,应当按照《企业会计准则第 2 号——长期股权投资》有关规定确定长期股权投资的初始投资成本。同时，对合并前取得的长期股权投资视同取得时即按照同一控制下企业合并的原则处理进行调整，合并日长期股权投资初始投资成本与达到合并前的长期股权投资账面价值（经调整）加上合并日取得进一步股份新支付对价的账面价值之和的差额，调整资本公积（资本溢价或股本溢价），资本公积不足冲减的，冲减留存收益。②编制合并财务报表。合并方应当按照《企业会计准则第 20 号——企业合并》和《企业会计准则第 33 号——合并财务报表》的规定编制合并财务报表。合并方在达到合并之前持有的股权投资，在取得之日与合并日之间已确认有关损益或其他综合收益的，应予以冲回。

非同一控制下多次交易分步实现企业合并已在《企业会计准则解释第 4 号》中有明确规定。对于非同一控制下分步实现企业合并，在控制权取得前即按照《企业会计准则第 2 号——长期股权投资》有关规定确定长期股权投资的初始投资成本，而在控制权取得日按照《企业会计准则解释第 4 号》处理，即通过多次交易分步实现非同一控制下企业合并的，应当区分个别财务报表和合并财务报表进行相关会计处理：①在个别财务报表中，应当以购买日之前所持被购买方的股权投资的账面价值与购买日新增投资成本之和，作为该项投资的初始投资成本；购买日之前持有的被购买方的股权涉及其他综合收益的，应当在处置该项投资时将与其相关的其他综合收益（可供出售金融资产公允价值变动计入资本公积的部分，下同）转入当期投资收益。②在合并财务报表中，对于购买日之前持有的被购买方的股权，应当按照该股权在购买日的公允价值进行重新计量，公允价值与其账面价值的差额计入当期投资收益；购买日之前持有的被购买方的股权涉及其他综合收益的，与其相关的其他综合收益应当转为购买日所属当期投资收益。购买方应当在附注中披露其在购买日之前持有的被购买方的股权在购买日的公允价值、按照公允价值重新计量产生的相关利得或损失的金额。对于非同一控制下分步实现企业合并，购买日确认的商誉＝（新购买权益＋旧购买权益）于购买日的合计公允价值—被购买方可辨认净资产于购买日的公允价值×购买方在购买日的累计持股比例。

【例 5-1】 20×5 年 1 月 1 日 M 公司以银行存款 4 000 000 元收购 N 公司 30％的股权，20×5 年 1 月 1 日 N 公司的简易资产负债表如表 5-1 所示，N 公司固定资产为管理用固定资产，剩余使用年限为 10 年，残值忽略不计，按直线法进行折旧。20×5 年度 N 公司实现账面净利润 200 000 元，发放现金股利 40 000 元，M 公司、N 公司均按照 10％提取盈余公积，所得税税率均为 25％。

表 5-1　20×5 年 1 月 1 日 N 公司的简易资产负债表　　　　　　　　　元

	账面价值	公允价值
货币资金	500 000	500 000
存货	1 500 000	1 500 000
固定资产	6 000 000	9 000 000
无形资产	2 000 000	2 000 000

续表

	账面价值	公允价值
资产总计	10 000 000	13 000 000
短期借款	1 000 000	1 000 000
股本	5 000 000	
资本公积	2 000 000	
盈余公积	1 000 000	
未分配利润	1 000 000	
净资产	9 000 000	12 000 000

20×6 年 1 月 1 日 M 公司以 6 000 000 元再购买 N 公司 40%股权,20×6 年 1 月 1 日 N 公司的简易资产负债表如表 5-2 所示,20×6 年 N 公司实现净利润 400 000 元,发放现金股利 80 000 元,存货期末全部售出。

表 5-2　20×6 年 1 月 1 日 N 公司的简易资产负债表　　　　　　　　元

	账面价值	公允价值
货币资金	1 260 000	1 260 000
存货	1 500 000	1 600 000
固定资产	5 400 000	9 000 000
无形资产	2 000 000	2 000 000
资产总计	10 160 000	13 860 000
短期借款	1 000 000	1 000 000
股本	5 000 000	
资本公积	2 000 000	
盈余公积	1 020 000	
未分配利润	1 140 000	
净资产	9 160 000	12 860 000

M 公司在个别财务报表中应编制分录:

(1) 20×5 年 1 月 1 日取得 N 公司 30%股权,采用权益法核算,支付对价 4 000 000 元大于当日享有 N 公司净资产公允价值的份额(12 000 0000×30%＝3 600 000 元),所以不需对初始投资成本进行调整:

借:长期股权投资——N 公司　　　　　　　　　　　　　　　4 000 000

　　贷:银行存款　　　　　　　　　　　　　　　　　　　　　　4 000 000

(2) 20×5 年度获 N 公司发放现金股利:

借:银行存款　　　　　　　　　　　　　　　　　　　　　　　12 000

　　贷:长期股权投资——N 公司　　　　　　　　　　　　　　　12 000

(3) 20×5 年度 N 公司实现账面净利润 200 000 元,根据固定资产公允价值与账面价值的折旧差额,对其进行调整,则实现公允价值下净利润＝200 000＋(600 000－900 000)＝－100 000(元):

借:投资收益——N 公司　　　　　　　　　　　　　　　　　　30 000

贷:长期股权投资——N公司 30 000

(4) 20×6年1月1日M公司再购买N公司40%股权后,总股权数达到70%,按成本法进行核算:

借:长期股权投资——N公司 6 000 000

 贷:银行存款 6 000 000

(5) 20×6年度收到现金股利=80 000×70%=56 000(元):

借:银行存款 56 000

 贷:投资收益——N公司 56 000

M公司20×6年度编制合并财务报表时的调整抵销分录:

(1) 20×6年1月1日为控制权取得日,应当对原取得的长期股权投资按照控制权取得日的公允价值进行调整,差额计入投资收益。20×6年1月1日原取得的长期股权投资账面价值=4 000 000-12 000-30 000=3 958 000(元),对应的公允价值为=(6 000 000/40%)×30%=4 500 000(元),所以确认投资收益=4 500 000-3 958 000=542 000(元):

借:长期股权投资——N公司 542 000

 贷:投资收益——投资利得 542 000

(2) 按照权益法调整20×6年度M享有N公司的投资收益,按照公允价值调整净利润,调整后的净利润=(400 000+600 000-1 000 000+1 500 000-1 600 000)=-100 000(元),并考虑个别财务报表中对分配股利的处理,将成本法调整为权益法,调整的投资收益=(-100 000-80 000)×70%=-126 000(元):

借:投资收益——N公司 126 000

 贷:长期股权投资——N公司 126 000

(3) 将M公司对N公司的投资收益抵销:

借:营业成本 100 000

管理费用 400 000

未分配利润——期初 1 140 000

 贷:利润分配——分配现金股利 80 000

  利润分配——提取盈余公积 40 000

  未分配利润——期末 1 420 000

  投资收益——N公司 70 000

  少数股东损益——N公司 30 000

其中:营业成本=1 600 000-1 500 000=100 000(元);管理费用=(9 000 000/9)-(5 400 000/9)=400 000(元);少数股东损益=(400 000-100 000-400 000)×30%=-30 000(元)。

(4) 抵销M公司对N公司的长期股权投资:

借:股本 5 000 000

资本公积 2 000 000

盈余公积		1 060 000
未分配利润——期末		1 420 000
固定资产		3 200 000
商誉		1 498 000
贷:长期股权投资		10 374 000
少数股东权益		3 804 000

少数股东权益=(5 000 000+2 000 000+1 060 000+1 420 000+3 200 000)×30%=3 804 000(元),商誉=购买日长期股权投资公允价值-应享有被购买方购买日净资产公允价值份额=(6 000 000+4 500 000)-12 860 000×70%=1 498 000(元)。

（5）考虑所得税的影响。就购买日的各项资产公允价值与账面价值的差额确认相应的递延所得税负债,并根据自购买日持续计算的差额的余额进行调整:

借:商誉		925 000
贷:递延所得税负债		925 000
借:递延所得税负债		125 000
贷:所得税费用——递延所得税费用		125 000

购买日确认递延所得税负债=购买日各项资产公允价值与账面价值的差额×所得税税率=(13 860 000-10 160 000)×25%=925 000(元)。

20×6年年末确认递延所得税负债=年末资产的公允价值与账面价值的差额×所得税税率=固定资产公允价值与账面价值差额×所得税税率=(8 000 000-4 800 000)×25%=800 000(元)。

所以应调整的递延所得税负债=925 000-800 000=125 000(元)。

20×6年12月31日,M公司和N公司的合并财务报表的工作底稿如表5-3所示。

表5-3　20×6年12月31日M公司和N公司的合并财务报表的工作底稿　　元

	M公司	N公司	调整与抵销分录		合并财务报表
			借	贷	
利润表:					
营业收入	10 464 000	2 133 333			12 597 333
减:营业成本	8 500 000	1 500 000	(3)100 000		10 100 000
减:期间费用	500 000	100 000	(3)400 000		1 000 000
加:投资收益——N公司	56 000		(2)126 000	(3)70 000	0
投资收益——利得				(1)542 000	542 000
减:少数股东损益				(3)30 000	-30 000
所得税费用	352 000	133 333		(5)125 000	360 333

续表

	M公司	N公司	调整与抵销分录 借	调整与抵销分录 贷	合并财务报表
净利润	1 168 000	400 000			1 709 000
股东权益变动表：					
未分配利润——期初	4 000 000	1 140 000	(3)1 140 000		4 000 000
加：净利润	1 168 000	400 000			1 709 000
减：提取盈余公积	116 800	40 000		(3)40 000	116 800
减：已分配股利	100 000	80 000		(3)80 000	100 000
未分配利润——期末	4 951 200	1 420 000			5 492 200
资产负债表：					
货币资金	100 000 000	1 680 000			101 680 000
存货	2 000 000	2 000 000			4 000 000
长期股权投资——N公司	9 958 000		(1)542 000	(2)126 000 (4)10 374 000	
无形资产	5 000 000	2 000 000			7 000 000
固定资产	400 000 000	4 800 000	(4)3 200 000		408 000 000
商誉			(4)1 498 000 (5)925 000		2 423 000
资产总计	516 958 000	10 480 000			523 103 000
短期借款	30 000 000	1 000 000			31 000 000
递延所得税负债				(5)800 000	800 000
股本	300 000 000	5 000 000	(4)5 000 000		300 000 000
资本公积	100 000 000	2 000 000	(4)2 000 000		100 000 000
盈余公积	82 006 800	1 060 000	(4)1 060 000		82 006 800
未分配利润	4 951 200	1 420 000	(4)1 420 000	(3)1 420 000	5 492 200
少数股东权益				(4)3 804 000	3 804 000
负债和股东权益合计	516 958 000	10 480 000			523 103 000

二、购买子公司少数股权

购买子公司少数股权是指取得控制权后继续增持股份的行为。我们应区别个别财务报表和合并财务报表进行处理：对于个别财务报表，母公司购买子公司少数股权所形成的长期股权投资,应当按照《企业会计准则第2号——长期股权投资》第四条的规定确定其投资成本;对于合并财务报表,因购买少数股权新取得的长期股权投资与按照新增持股比例计算应享有子公司按购买日(或合并日)公允价值持续计算的净资产份额之间的差额,应当调整所有者权益(资本公积),资本公积不足冲减的,调整留存收益。

【例5-2】 沿用例5-1的资料,20×7年1月1日M公司继续增持N公司股份,以3 000 000元银行存款购买N公司20%股权,当日N公司的简易资产负债表如表5-4所示,公司期初存货全部售出,20×7年N公司实现账面净利润8 000 000元,派发现金股利400 000元,M公司、N公司均按照10%提取盈余公积,所得税税率为25%。

表5-4 20×7年1月1日N公司的简易资产负债表 元

	账面价值	公允价值
货币资金	1 680 000	1 680 000
存货	2 000 000	2 500 000
固定资产	4 800 000	12 000 000
无形资产	2 000 000	2 000 000
资产总计	10 480 000	18 180 000
短期借款	1 000 000	1 000 000
股本	5 000 000	
资本公积	2 000 000	
盈余公积	1 060 000	
未分配利润	1 420 000	
净资产	9 480 000	17 180 000

M公司个别财务报表财务处理:

(1) 20×7年1月1日,M公司以3 000 000元取得N公司20%股权,会计处理如下:

借:长期股权投资   3 000 000

    贷:银行存款   3 000 000

(2) 20×7年N公司发放现金股利400 000元,个别财务报表按照成本法进行处理,确认投资收益=400 000×90%=360 000(元):

借:银行存款   360 000

    贷:投资收益   360 000

M公司合并财务报表所需进行的调整抵销分录:

(1) 首先对20×7年12月31日前述处理采用权益法进行调整:对于购买日之前的30%股权应按照购买日公允价值进行调整,20×6年1月1日原取得长期股权投资的账面价值=4 000 000−12 000−30 000=3 958 000(元),对应的公允价值为=(6 000 000/40%)×30%=4 500 000(元),其差额应调整留存收益=4 500 000−3 958 000=

542 000（元）。对于 20×6 年度实现的投资收益－126 000 元，调整留存收益－126 000 元，合计调整留存收益 416 000 元。

其次针对 20×7 年 1 月 1 日增持的少数股权进行处理，按照购买日公允价值持续计算的净资产公允价值＝20×6 年期初的净资产公允价值＋20×6 年实现的经公允价值调整的净利润－20×6 年发放的现金股利＝12 860 000＋400 000＋600 000－1 000 000＋1 500 000－1 600 000－80 000＝12 680 000（元），新增持股份占该公允价值份额＝12 680 000×20%＝2 536 000（元），其与购买该少数股权所支付对价的差额调整资本公积＝3 000 000－12 680 000×20%＝464 000（元）。

最后按照权益法调整 20×7 年度实现的投资收益：(8 000 000＋600 000－1 000 000－400 000)×90%＝6 480 000（元）：

借：长期股权投资——N 公司   6 432 000
    资本公积   464 000
      贷：盈余公积   41 600
        未分配利润——年初   374 400
        投资收益   6 480 000

注意：分录(1)中所有的项目均属于编制合并财务报表的调整项目，仅在工作底稿中存在。

（2）抵销本期确认的投资收益：

借：投资收益   6 840 000
    少数股东损益   760 000
    管理费用   400 000
    未分配利润——年初   1 420 000
      贷：利润分配——提取现金股利   400 000
        利润分配——提取盈余公积   800 000
        未分配利润——年末   8 220 000

（3）抵销 M 公司对 N 公司的长期股权投资：

借：股本   5 000 000
    资本公积   2 000 000
    盈余公积   1 860 000
    未分配利润——年末   8 220 000
    固定资产   2 800 000
    商誉   1 498 000
      贷：长期股权投资   19 390 000
        少数股东权益   1 988 000

注意：分录(3)中所抵减的所有者权益项目属于 N 公司项目，切记不要与分录(1)中的相关项目混为一谈。

（4）考虑所得税影响。就购买日的各项资产公允价值与账面价值的差额确认相

应的递延所得税负债,并根据自购买日持续计算的差额的余额进行调整:

借:商誉		925 000
贷:递延所得税负债		925 000
借:递延所得税负债		225 000
贷:所得税费用		100 000
盈余公积		12 500
未分配利润——年初		112 500

购买日确认递延所得税负债＝购买日各项资产公允价值与账面价值的差额×所得税税率(13 860 000－10 160 000)×25%＝925 000(元)。

20×7 年 12 月 31 日递延所得税负债余额＝20×7 年年末资产的公允价值与账面价值的差额×所得税税率＝固定资产公允价值与账面价值差额×所得税税率＝(7 000 000－4 200 000)×25%＝700 000(元)。

三、出售子公司股权

对于出售子公司股权,我们首先需明确出售子公司股权后是否继续保留对子公司的控制权,在保留控制权和丧失控制权下,财政部会计司均发文进行了不同的规定,在此分以下两种情况进行探讨。

(一)出售子公司少数股权(未丧失控制权)

对于出售子公司少数股权在没有丧失控制权的情形下的会计处理,《关于执行会计准则的上市公司和非上市企业做好 2009 年年报工作的通知》(财会〔2009〕16 号)对个别财务报表和合并财务报表的处理分别作出规定:①对于个别财务报表:企业处置对子公司的投资,处置价款与处置投资对应的账面价值的差额,应当确认为当期投资收益;②对于合并财务报表:处置价款与处置股份对应享有的子公司按购买日(或合并日)公允价值持续计算的净资产份额之间的差额,在未丧失控制权时应当按照《关于不丧失控制权情况下处置部分对子公司投资会计处理的复函》(财会便〔2009〕14 号)规定,将此项差额计入资本公积(资本溢价),资本溢价不足冲减的,应当调整留存收益。母公司在不丧失控制权的情况下部分处置对子公司的长期股权投资,在合并财务报表中处置价款与处置股份对应享有的子公司按购买日(或合并日)公允价值持续计算的净资产份额之间的差额,应当计入所有者权益〔注意:这里"子公司按购买日(或合并日)公允价值持续计算的净资产份额"指"股权处置日子公司可辨认净资产的账面价值＋未摊销的公允价值价差"〕。

【例 5-3】　继续沿用例 5-1 和例 5-2 的资料,假设 20×8 年 1 月 1 日 M 公司将其持有 N 公司股权的 1/9 出售给 N 公司的少数股东,取得价款 2 000 000 元。20×8 年 1 月 1 日 N 公司的简易资产负债表如表 5-5 所示,20×8 年 N 公司实现净利润 6 000 000 元,未派发现金股利。M 公司、N 公司均按照 10% 提取盈余公积,公司所得税税率均为 25%。

表 5-5　20×8 年 1 月 1 日 N 公司的简易资产负债表　　　　　　　　元

	账面价值	公允价值
货币资金	2 880 000	2 880 000
存货	6 000 000	6 500 000
固定资产	4 200 000	6 500 000
无形资产	5 000 000	5 000 000
资产总计	18 080 000	20 880 000
短期借款	1 000 000	1 000 000
股本	5 000 000	
资本公积	2 000 000	
盈余公积	1 860 000	
未分配利润	8 220 000	
净资产	17 080 000	19 880 000

20×8 年 1 月 1 日 M 公司个别财务报表应编制的分录：

20×8 年 1 月 1 日 M 公司对 N 公司个别财务报表上长期股权投资账面价值为 12 958 000 元，所以本次售出 1/9 的份额，面值为 1 439 778 元。

借：银行存款　　　　　　　　　　　　　　　　　　2 000 000

　　贷：长期股权投资——N 公司　　　　　　　　　　　　1 439 778

　　　　投资收益——股权出售利得　　　　　　　　　　　　560 222

20×8 年 12 月 31 日 M 公司合并资产负债表应编制的调整抵销分录：

（1）对于出售部分少数股权的调整：20×8 年 1 月 1 日 N 公司净资产公允价值的对应份额与所得价款之间的差额计入资本公积，结合例 5-2 的资料知当日 N 公司按照购买日持续计算的净资产公允价值为 19 880 000 元，从合并报表角度来看，该业务应该确认为：

借：银行存款　　　　　　　　　　　　　　　　　　2 000 000

　　贷：长期股权投资——N 公司　　　　1 988 000（19 880 000×10%）

　　　　资本公积　　　　　　　　　　　　　　　　　　12 000

由于合并财务报表是在个别报表基础上调整而得，故在合并报表工作底稿中对该业务的调整分录如下：

借：投资收益——股权出售利得　　　　　　　　　　　560 222

　　贷：长期股权投资——N 公司　　　　　　　　　　　　548 222

　　　　资本公积　　　　　　　　　　　　　　　　　　12 000

（2）针对前期以及本期交易编制调整分录。

首先对前述处理采用权益法进行调整：对于购买日之前的 30% 股权应按照购买日公允价值进行调整，20×6 年 1 月 1 日原取得的长期股权投资额账面价值 = 4 000 000 - 12 000 - 30 000 = 3 958 000（元），对应的公允价值 = （6 000 000/40%）×30% =

4 500 000(元),所以调整留存收益＝4 500 000－3 958 000＝542 000(元);对于 20×6
年度实现的投资收益－126 000 元,调整留存收益－126 000 元,合计调整留存收益
416 000元;对于 20×7 年度实现的投资收益:(8 000 000＋600 000－1 000 000－
400 000)×90％＝6 480 000(元),调整留存收益 6 480 000 元,合计调整留存收益
6 896 000元。

其次针对 20×7 年 1 月 1 日增持股份进行处理,按照购买日持续计算的净资产公允
价值＝12 860 000＋400 000－80 000－400 000－100 000＝12 680 000(元),所以按照支
付对价与占净资产公允价值之间的份额差异调减资本公积＝3 000 000－12 680 000×
20％＝464 000(元)。

最后按照权益法调整 20×8 年度实现的投资收益:(6 000 000＋600 000－
1 000 000)×80％＝4 480 000(元):

借:长期股权投资	10 912 000	
资本公积	464 000	
贷:盈余公积		689 600
未分配利润——期初		6 206 400
投资收益——N 公司		4 480 000

将上述两个调整分录合并即

借:长期股权投资——N 公司	10 363 778	
资本公积	452 000	
投资收益——股权出售利得	560 222	
贷:盈余公积		689 600
未分配利润——期初		6 206 400
投资收益——N 公司		4 480 000

(3) 抵销 M 公司对 N 公司本期的投资收益:

借:投资收益	4 480 000	
少数股东收益	1 120 000	
管理费用	400 000	
未分配利润——年初	8 220 000	
贷:利润分配——提取盈余公积		600 000
未分配利润——年末		13 620 000

(4) 将 M 公司对 N 公司的长期股权投资与 N 公司的所有者权益进行抵销:

借:股本	5 000 000	
资本公积	2 000 000	
盈余公积	2 460 000	
未分配利润——年末	13 620 000	
固定资产	2 400 000	
商誉	1 498 000	

   贷：长期股权投资   21 882 000

    少数股东权益   5 096 000

  20×8 年 12 月 31 日 N 公司按照购买日持续计算的净资产公允价值为 19 880 000＋5 600 000＝25 480 000（元），故少数股东权益为 25 480 000×20％＝5 096 000（元）。

  （5）考虑所得税影响。购买日的各项资产公允价值与账面价值的差额确认相应的递延所得税负债，并根据自购买日持续计算的差额的余额进行调整：

   借：商誉   925 000

    贷：递延所得税负债   925 000

   借：递延所得税负债   325 000

    贷：所得税费用   100 000

     盈余公积   22 500

     未分配利润——年初   202 500

  购买日确认递延所得税负债＝购买日各项资产公允价值与账面价值的差额×所得税税率＝(13 860 000－10 160 000)×25％＝925 000（元）。

  20×8 年 12 月 31 日递延所得税负债余额＝20×8 年年末资产的公允价值与账面价值的差额×所得税税率＝固定资产公允价值与账面价值差额×所得税税率＝(6 000 000－3 600 000)×25％＝600 000（元）。

（二）一次性出售子公司股权导致丧失控制权

  针对一次出售交易即实现丧失控制权的，《企业会计准则解释第 4 号》分别对个别财务报表和合并财务报表作出了规定，即企业因处置部分股权投资或其他原因丧失了对原有子公司控制权的，应当区分个别财务报表和合并财务报表进行相关会计处理：①在个别财务报表中，对于处置的股权，应当按照《企业会计准则第 2 号——长期股权投资》的规定进行会计处理；同时对于剩余股权，应当按其账面价值确认为长期股权投资或其他相关金融资产。处置后的剩余股权能够对原有子公司实施共同控制或重大影响的，按有关成本法转为权益法的相关规定进行会计处理。②在合并财务报表中，对于剩余股权，应当按照其在丧失控制权日的公允价值进行重新计量。处置股权取得的对价与剩余股权公允价值之和，减去按原持股比例计算应享有原有子公司自购买日开始持续计算的可辨认净资产公允价值份额与商誉之和（原有子公司自购买日开始持续计算的股权公允价值），形成的差额计入丧失控制权当期的投资收益。与原有子公司股权投资相关的其他综合收益，应当在丧失控制权时转为当期投资收益。企业应当在附注中披露处置后的剩余股权在丧失控制权日的公允价值、按照公允价值重新计量产生的相关利得或损失的金额。

  【例 5-4】 继续沿用例 5-1、例 5-2、例 5-3 的资料，假设 20×9 年 1 月 1 日 M 公司一次性转让持有的 N 公司股权 40％，转让价款为 10 000 000 元，20×9 年 1 月 1 日 N 公司的简易资产负债表如表 5-6 所示，2009 年 N 公司实现净利润 4 000 000 元，未派发现金股利。M 公司、N 公司均按照 10％提取盈余公积，公司所得税税率均为 25％。

表 5-6   20×9 年 1 月 1 日 N 公司的简易资产负债表   元

	账面价值	公允价值
货币资金	3 480 000	3 480 000
存货	9 000 000	9 000 000
固定资产	3 600 000	6 600 000
无形资产	8 000 000	8 000 000
资产总计	24 080 000	27 080 000
短期借款	1 000 000	1 000 000
股本	5 000 000	
资本公积	2 000 000	
盈余公积	2 460 000	
未分配利润	13 620 000	
净资产	23 080 000	26 080 000

20×9 年 1 月 1 日 M 公司个别财务报表应编制的分录:

(1) 20×9 年 1 月 1 日,M 公司出售持有 N 公司的 40% 的股权,按照长期股权投资的账面价值进行结转,应结转的长期股权投资账面价值＝[(12 958 000－1 439 778)/80%]×40%＝5 759 111(元)。

借:银行存款   10 000 000

    贷:长期股权投资——N 公司   5 759 111

        投资收益——股权出售利得   4 240 889

(2) 20×9 年 1 月 1 日,对剩余 40% 股权按照权益法对其从 20×6 年控制权取得日起到该日享有的被投资单位 N 公司的权益进行追溯调整:对于 20×6 年度调整的投资收益:(－100 000－80 000)×40%＝－72 000(元),调整留存收益－72 000 元;对于 20×7 年度实现的投资收益:(8 000 000＋600 000－1 000 000－400 000)×40%＝2880 000(元),调整留存收益 2880 000 元;对于 20×8 年度实现的投资收益:(6 000 000＋600 000－1 000 000)×40%＝2240 000(元),调整留存收益 2 240 000 元,合计调整留存收益 5 048 000 元。

借:长期股权投资   5 048 000

    贷:盈余公积   504 800

        未分配利润——期初   4 543 200

(3) 20×9 年 12 月 31 日,对剩余股权按权益法确认 M 公司当期享有的 N 公司的权益份额＝(4 000 000＋600 000－1 000 000)×40%＝1 440 000(元)。该业务在合并报表中不会被调整。

借:长期股权投资   1 440 000

    贷:投资收益   1 440 000

20×9 年 1 月 1 日 M 公司编制合并财务报表时应在个别报表的基础上编制以下分录:

(1) 处置 N 公司股权对 M 公司合并报表的影响,需编制调整分录(若 M 公司因

持有其他子公司,20×9 年 12 月 31 日仍需要编制合并报表,则也要编制下述分录):

借:投资收益	6 122 889
资本公积	452 000
贷:长期股权投资	807 111
盈余公积	576 777.8
未分配利润——期初	5 191 000.2

(2) 股权出售日将累计的相关资本公积转入投资收益:

借:投资收益	452 000
贷:资本公积	452 000

编制分录(1)的分析过程如下:

合并报表对该处置业务的认定为:

(1) 在 20×9 年 1 月 1 日处置 40％股权前,合并报表中对 80％股权价值的认定需要在个别报表认定的基础上进行以下调整,即针对 20×9 年 1 月 1 日之前交易编制调整分录。

首先对前述处理采用权益法进行调整:对于在控制权转移日之前的 30％股权应按照购买日公允价值进行调整,20×6 年 1 月 1 日原取得的长期股权投资的账面价值＝4 000 000－12 000－30 000＝3 958 000(元),对应的公允价值＝(6 000 000/40％)×30％＝4 500 000(元),所以调整留存收益＝4 500 000－3 958 000＝542 000(元);对于20×6 年度实现的投资收益:(－100 000－80 000)×70％＝－126 000(元),调整留存收益－126 000 元;对于 20×7 年度实现的投资收益:(8 000 000＋600 000－1 000 000－400 000)×90％＝6 480 000(元),调整留存收益 6 480 000 元;按照权益法调整20×8年度实现的投资收益:(6 000 000＋600 000－1 000 000)×80％＝4 480 000(元),调整留存收益 4 480 000 元,合计调整留存收益 11 376 000 元。

其次针对 20×7 年 1 月 1 日增持 20％股份进行处理,按照购买日持续计算的净资产公允价值＝12 860 000＋400 000－80 000－400 000－100 000＝12 680 000 元,所以按照支付对价与占净资产公允价值之间的份额差异调减资本公积＝3 000 000－12 680 000×20％＝464 000(元)。

借:长期股权投资	10 912 000
资本公积	464 000
贷:盈余公积	1 137 600
未分配利润——期初	10 238 400

(2) 针对 20×8 年出售少数股权需追溯调整,参见例 5-3 合并报表部分分录(1),编制调整分录:

借:未分配利润——期初	504 199.8
盈余公积	56 022.2
贷:长期股权投资——N 公司	548 222
资本公积	12 000

将上述两个调整分录合并即

借:长期股权投资——N公司   10 363 778

   资本公积   452 000

  贷:盈余公积   1 081 577.8

    未分配利润——期初   9 734 200.2

（3）20×9 年 M 公司在出售持有的 N 公司 40％股权之前,个别报表确认的 80％股权价值为(12 958 000－1 439 778)＝11 518 222(元),合并报表应确认的价值为调整前两笔分录后的金额:(11 518 222＋10 912 000－548 222)＝21 882 000(元)。故在合并财务报表中应按照合并财务报表中的长期股权投资额确认出售的长期股权投资价值＝(21 882 000/80％)×40％＝10 941 000(元),将其与支付对价之间的差额计入当期投资收益,差额＝10 941 000－10 000 000＝941 000(元)。从合并报表角度来说,该业务应该确认为:

借:银行存款   10 000 000

   投资收益   941 000

  贷:长期股权投资   10 941 000

（4）按照 20×9 年 1 月 1 日剩余股权的公允价值,将剩余股权调整为公允价值,差额计入投资收益。因为出售 40％股权取得的价款为 10 000 000 元,所以剩余 40％股权的公允价值应为 10 000 000 元,而剩余股权的合并财务报表上的账面价值为 10 941 000 元,所以编制调整分录为:

借:投资收益   941 000

  贷:长期股权投资   941 000

注意上述分录(1)~(4)都是合并报表角度对该处置业务的处理,但最终的合并报表是在个别报表的基础上调整而成的,并非单独根据业务累计编制的。因此,需要在个别财务报表分录(1)、(2)的基础上调整得到上述分录(1)~(4)的结果。

个别财务报表分录(1)、(2)合并后的结果为:

借:银行存款   10 000 000

  贷:长期股权投资   711 111(5 048 000－5 759 111)

    投资收益   4 240 889

    盈余公积   504 800

    未分配利润   4 543 200

上述分录(1)~(4)合并后的结果为:

借:银行存款   10 000 000

   投资收益   1 882 000

   资本公积   452 000

  贷:长期股权投资   1 518 222

    盈余公积   1 081 577.8

    未分配利润   9 734 200.2

因此,需要在个别财务报表分录(1)、(2)的基础上编制如下调整分录:

该分录可以保证在丧失控制权后在原合并财务报表中的商誉减为 0,即长期股权投资账面价值与剩余股权享有的自控制权日持续计算的被合并方净资产公允价值的份额之间的差额一致。

借:投资收益	6 122 889	
资本公积	452 000	
贷:长期股权投资		807 111
盈余公积		576 777.8
未分配利润——期初		5 191 000.2

(三)一揽子交易导致控制权丧失时

针对多次处置股权交易分步实现丧失对子公司控制权的会计处理,《企业会计准则解释第 5 号》作了明确具体的规定:如果处置对子公司股权投资直至丧失控制权的各项交易不属于一揽子交易的,企业通过多次交易分步处置对子公司股权投资直至丧失控制权的,应当按照《关于执行会计准则的上市公司和非上市企业做好 2009 年年报工作的通知》(财会〔2009〕16 号)和《企业会计准则解释第 4 号》(财会〔2010〕15 号)的规定对每一项交易进行会计处理。处置对子公司股权投资直至丧失控制权的各项交易属于一揽子交易的,应当将各项交易作为一项处置子公司并丧失控制权的交易进行会计处理。但是,在丧失控制权之前每一次处置价款与处置投资对应的享有该子公司净资产份额的差额,在合并财务报表中应当确认为其他综合收益(资本公积),在丧失控制权时一并转入丧失控制权当期的损益。

处置对子公司股权投资的各项交易的条款、条件以及经济影响符合以下一种或多种情况,通常表明应将多次交易事项作为一揽子交易进行会计处理。

(1)这些交易是同时或者在考虑了彼此影响的情况下订立的。

(2)这些交易整体才能达成一项完整的商业结果。

(3)一项交易的发生取决于其他至少一项交易的发生。

(4)一项交易单独看是不经济的,但是和其他交易一并考虑时是经济的。

【例 5-5】 继续沿用例 5-1、例 5-2、例 5-3 的资料,假设 20×9 年 1 月 1 日 M 公司与 N 公司少数股东乙签署股权转让协议:M 公司分别于 20×9 年 1 月 1 日和 2×10 年 1 月 1 日将自己持有 N 公司 40% 的股权平均分两次转让给少数股东乙,目的是在转让 N 公司控股权的情形下不至于对 N 公司的股价造成巨幅波动,两次转让价款分别为 4 000 000 元和 6 000 000 元。20×9 年 1 月 1 日 N 公司的简易资产负债表如表 5-7 所示,20×9 年 N 公司实现净利润 4 000 000 元,未派发现金股利。M 公司、N 公司均按照 10% 提取盈余公积,公司所得税税率均为 25%。

表 5-7　20×9 年 1 月 1 日 N 公司的简易资产负债表　　　　　　　　　元

	账面价值	公允价值
货币资金	3 480 000	3 480 000

续表

	账面价值	公允价值
存货	9 000 000	9 000 000
固定资产	3 600 000	6 600 000
无形资产	8 000 000	8 000 000
资产总计	24 080 000	27 080 000
短期借款	1 000 000	1 000 000
股本	5 000 000	
资本公积	2 000 000	
盈余公积	2 460 000	
未分配利润	13 620 000	
净资产	23 080 000	26 080 000

20×9 年 M 公司个别财务报表需编制分录:

20×9 年 1 月 1 日,M 公司以 4 000 000 元处置其持有的 20％股权,M 公司持有 N 公司 80％股权的长期股权投资当日的账面价值为 11 518 222 元。

借:银行存款   4 000 000
    贷:长期股权投资   2 879 556
        投资收益   1 120 444

20×9 年编制合并财务报表的处理:

20×9 年 12 月 31 日的合并报表,仍按处置少数股权的原则处理。

(1) 针对前期交易编制调整分录:

首先对前述处理采用权益法进行调整:对于购买日之前的 30％股权应按照购买日公允价值进行调整,20×6 年 1 月 1 日原取得的长期股权投资账面价值＝4 000 000－12 000－30 000＝3 958 000(元),对应的公允价值＝(6 000 000/40％)×30％＝4 500 000元,所以调整留存收益＝4 500 000－3 958 000＝542 000(元);对于 20×6 年度实现的投资收益－126 000 元,调整留存收益－126 000 元;对于 20×7 年度实现的投资收益:(8 000 000＋600 000－1 000 000－400 000)×90％＝6 480 000(元),调整留存收益6 480 000元;按照权益法调整 20×8 年度实现的投资收益:(6 000 000＋600 000－1 000 000)×80％＝4 480 000(元),调整留存收益 4 480 000 元,合计调整留存收益11 376 000元。

其次针对 20×7 年 1 月 1 日增持股份进行处理,按照购买日持续计算的净资产公允价值＝12 860 000＋400 000－80 000－400 000－100 000＝12 680 000(元),所以按照支付对价与占净资产公允价值之间的份额差异调减资本公积＝3 000 000－12 680 000×20％＝464 000(元)。

借:长期股权投资   10 912 000
    资本公积   464 000
    贷:盈余公积   1 137 600
        未分配利润——期初   10 238 400

（2）针对 20×8 年出售少数股权需追溯调整，编制调整分录：

借：未分配利润——期初   504 199.8

  盈余公积   56 022.2

    贷：长期股权投资——N 公司   548 222

      资本公积   12 000

此笔业务后长期股权投资在合并报表中反映为：12 958 000−1 439 778−2 879 556＋10 912 000−548 222＝19 002 444（元）。

（3）对于一揽子交易中控制权丧失前的交易，应按照处置少数股权处理，即在合并报表中将处置价款与处置投资对应的享有该子公司净资产份额的差额计入资本公积。20×9 年 1 月 1 日 N 公司按照购买日持续计算的净资产公允价值为：19 880 000＋5 600 000＝25 480 000（元），合并报表角度对该业务的处理为：

将处置股权对价与按照自购买日持续计算的净资产公允价值的 20% 股权的差额计入资本公积＝4 000 000−25 480 000×20%＝−1 096 000（元）：

借：银行存款   4 000 000

  资本公积   1 096 000

    贷：长期股权投资   5 096 000

因为控制权尚未丧失，所以在此对剩余股权不需要处理。

此分录不属于合并财务报表调整分录，所以此时需要将个别财务报表中的分录调整为上述分录，即在合并财务报表中编制的调整分录应为：

借：投资收益   1 120 444

  资本公积   1 096 000

    贷：长期股权投资   2 216 444

（4）确认 M 公司持有 N 公司剩余 60% 的股权在 20×9 年度的股东权益为（4 000 000＋600 000−1 000 000）×60%＝2 160 000（元）：

借：长期股权投资   2 160 000

    贷：投资收益   2 160 000

（5）抵销本期 M 公司享有 N 公司的投资收益：

借：投资收益   2 160 000

  少数股东损益   1 440 000

  管理费用   400 000

  未分配利润——期初   13 620 000

    贷：利润分配——提取盈余公积   400 000

      未分配利润——期末   17 220 000

（6）抵销 M 公司对 N 公司的长期股权投资：

借：股本   5 000 000

  资本公积   2 000 000

  盈余公积   2 860 000

未分配利润——期末	17 220 000
固定资产	2 000 000
商誉	1 498 000
贷:长期股权投资	18 946 000
少数股东权益	11 632 000

20×9 年 12 月 31 日持续计算的净资产公允价值为(27 080 000+2 000 000)=29 080 000(元);少数股权=29 080 000×40%=11 632 000(元)。

(7) 考虑所得税影响。就购买日的各项资产公允价值与账面价值的差额确认相应的递延所得税负债,并根据自购买日持续计算的差额的余额进行调整:

借:商誉	925 000
贷:递延所得税负债	925 000
借:递延所得税负债	425 000
贷:所得税费用	100 000
盈余公积	32 500
未分配利润——年初	292 500

购买日确认递延所得税负债=购买日各项资产公允价值与账面价值的差额×所得税税率=(13 860 000-10 160 000)×25%=925 000(元)。

20×9 年 12 月 31 日递延所得税负债余额=20×9 年年末资产的公允价值与账面价值的差额×所得税税率=固定资产公允价值与账面价值差额×所得税税率=(5 000 000-3 000 000)×25%=500 000(元)。

2×10 年丧失控制权后,个别报表的分录:

(1) 2×10 年 1 月 1 日,M 公司再以 6 000 000 元处置其持有的 20%股权,M 公司持有 N 公司 60%股权的长期股权投资当日的账面价值为 8 638 666 元:

借:银行存款	6 000 000
贷:长期股权投资	2 879 555
投资收益	3 120 445

(2) 2×10 年 1 月 1 日,个别报表因减持股份导致成本法变为权益法核算时的追溯调整:

2×10 年 1 月 1 日,对剩余 40%股权按照权益法对其从 20×6 年控制权取得日起到该日享有的被投资单位 N 公司的权益进行追溯调整:对于 20×6 年度调整的投资收益:(-100 000-80 000)×40%=-72 000(元),调整留存收益-72 000 元;对于 20×7 年度实现的投资收益:(8 000 000+600 000-1 000 000-400 000)×40%=2880 000(元),调整留存收益 2880 000 元;对于 20×8 年度实现的投资收益:(6 000 000+600 000-1 000 000)×40%=2240 000(元),调整留存收益 2 240 000 元;对于 20×9 年度实现的投资收益:(4 000 000+600 000-1 000 000)×40%=1440 000(元),调整留存收益 1 440 000 元;合计调整留存收益:6 488 000 元。

借:长期股权投资	6 488 000

贷:盈余公积	648 800
未分配利润——期初	5 839 200

2×10 年 1 月 1 日或 2×10 年 12 月 31 日母公司因持有其他公司需要编制合并报表时,如果这两笔交易属于一揽子交易,合并报表工作底稿中,要对一揽子交易编制以下调整分录:

(1) 借:投资收益   4 976 845

    资本公积   452 000

      贷:长期股权投资   615 111

        盈余公积   536 733.4

        未分配利润   4 830 600.6

(2) 股权出售日将累积的相关资本公积转入投资收益:

借:投资收益   452 000

    贷:资本公积   452 000

对分录(1)编制过程分析如下:

(a) 首先对前述处理采用权益法进行调整:对于购买日之前的 30% 股权应按照购买日公允价值进行调整,20×6 年 1 月 1 日原取得的长期股权投资额账面价值=4 000 000－12 000－30 000＝3 958 000(元),对应的公允价值＝(6 000 000/40%)×30%＝4 500 000(元),所以调整留存收益＝4 500 000－3 958 000＝542 000(元);对于 20×6 年度实现的投资收益－126 000 元,调整留存收益－126 000 元;对于 20×7 年度实现的投资收益:(8 000 000＋600 000－1 000 000－400 000)×90%＝6 480 000(元),调整留存收益 6 480 000 元;按照权益法调整 20×8 年度实现的投资收益:(6 000 000＋600 000－1 000 000)×80%＝4 480 000(元),调整留存收益 4 480 000 元;针对 20×9 年,剩余 60% 的股权 20×9 年度的股东权益:(4 000 000＋600 000－1 000 000)×60%＝2 160 000(元),调整留存收益 2 160 000 元,合计调整留存收益 13 536 000 元。

其次针对 20×7 年 1 月 1 日增持股份进行处理,按照购买日持续计算的净资产公允价值＝12 860 000＋400 000－80 000－400 000－100 000＝12 680 000(元),所以按照支付对价与占净资产公允价值之间的份额差异调减资本公积＝3 000 000－12 680 000×20%＝464 000(元)。

借:长期股权投资	13 072 000
资本公积	464 000
贷:盈余公积	1 353 600
未分配利润——期初	12 182 400

(b) 针对 20×8 年出售少数股权需追溯调整,编制调整分录:

借:未分配利润——期初	504 199.8
盈余公积	56 022.2
贷:长期股权投资——N 公司	548 222
资本公积	12 000

(c) 由于将 20×9 年处置 20％股权和 2×10 年处置 20％股权看作一揽子交易，故将其视为一次性处置，合并报表应以处置股权取得的对价与应享有原有子公司自购买日开始持续计算的净资产的份额之间的差额，计入丧失控制权当期的投资收益。2×10 年 1 月 1 日自购买日开始持续计算的净资产公允价值为 29 080 000 元，则处置股权对应部分为 29 080 000×40％＝11 632 000(元)，即合并报表对该处置业务的认定为：

借：银行存款   10 000 000
  投资收益   1 632 000
 贷：长期股权投资   11 632 000

(d) 对剩余股权的重新计价。《企业会计准则解释第 4 号》规定"在合并财务报表中，对于剩余股权，应当按照其在丧失控制权日的公允价值进行重新计量。处置股权取得的对价与剩余股权公允价值之和，减去按原持股比例计算应享有原有子公司自购买日开始持续计算的净资产的份额之间的差额，计入丧失控制权当期的投资收益"其处理结果是剩余股权是以"应享有原有子公司自购买日开始持续计算的权益份额"的公允价值重新计价，差额计入投资收益。出售股权对应原有子公司自购买日开始持续计算的净资产的份额为 29 080 000×40％＝11 632 000(元)。剩余股权在合并财务报表中的账面价值：21 882 000＋2 160 000－11 632 000＝12 410 000(元)，所以将差额调整进入投资收益 778 000 元。

借：投资收益   778 000
 贷：长期股权投资   778 000

上述(a)～(d)合并报表分录合并为：

借：银行存款   10 000 000
 资本公积   452 000
 长期股权投资   113 778
 投资收益   2 410 000
 贷：盈余公积   1 297 577.8
  未分配利润   11 678 200.2

个别报表 20×9 年对第一次处置的分录和 2×10 年对第二次出售业务的两笔分录在 2×10 年个别报表上的影响合并为：

借：银行存款   10 000 000
 长期股权投资   728 889
 贷：投资收益   3 120 445(4 240 889－1 120 444)
  盈余公积   760 844.4(648 800＋112 044.4)
  未分配利润——期初 6 847 599.6(5 839 200＋1 008 399.6)

因此，需要编制的调整分录为：

借：投资收益   4 976 845
 资本公积   452 000

  贷:长期股权投资   615 111

    盈余公积   536 733.4

    未分配利润   4 830 600.6

  另一种比较简单的调整思路是:在合并工作底稿中,先将个别报表对两次处置的记录全部作反向分录冲回,然后补充合并报表角度的(a)～(d)四笔分录及合并工作底稿上的第(2)笔调整资本公积的分录。其结果与上述分录相同。

  如果这两笔处置不属于一揽子交易,20×9 年的处理与一揽子交易下的处理一致,而 2×10 年出售 20％股权时一次性交易导致控制权丧失,其合并工作底稿中的调整为:

  (1)借:资本公积   1 548 000

    投资收益   7 314 001

    贷:长期股权投资   3 494 667

     盈余公积   536 733.4

     未分配利润   4 830 600.6

  (2) 相关资本公积调整:

  借:投资收益   1 548 000

   贷:资本公积   1 548 000

  对分录(1)的编制分析:

  (a) 首先对前述处理采用权益法继续调整:对于购买日之前的 30％股权应按照购买日公允价值进行调整,20×6 年 1 月 1 日原取得的长期股权投资额账面价值＝4 000 000－12 000－30 000＝3 958 000(元),对应的公允价值＝(6 000 000/40％)×30％＝4 500 000(元),所以调整留存收益＝4 500 000－3 958 000＝542 000(元);对于20×6 年度实现的投资收益－126 000 元,调整留存收益－126 000 元;对于 20×7 年度实现的投资收益:(8 000 000＋600 000－1 000 000－400 000)×90％＝6 480 000(元),调整留存收益 6 480 000 元;按照权益法调整 20×8 年度实现的投资收益:(6 000 000＋600 000－1 000 000)×80％＝4 480 000(元),调整留存收益 4 480 000元;针对 20×9 年,剩余 60％的股权 20×9 年度的股东收益(4 000 000＋600 000－1 000 000)×60％＝2 160 000(元),调整留存收益 2 160 000 元,合计调整留存收益13 536 000 元。

  其次针对 20×7 年 1 月 1 日增持股份进行处理,按照购买日持续计算的净资产公允价值＝12 860 000＋400 000－80 000－400 000－100 000＝12 680 000(元),所以按照支付对价与占净资产公允价值之间的份额差异调减资本公积＝3 000 000－12 680 000×20％＝464 000(元)。

  借:长期股权投资   13 072 000

   资本公积   464 000

   贷:盈余公积   1 353 600

    未分配利润——期初   12 182 400

(b) 针对 20×8 年和 20×9 年出售少数股权进行追溯调整,编制调整分录:

借:未分配利润——期初	504 199.8	
盈余公积	56 022.2	
贷:长期股权投资——N 公司		548 222
资本公积		12 000
借:未分配利润——期初	1 008 399.6	
盈余公积	112 044.4	
资本公积	1 096 000	
贷:长期股权投资		2 216 444

(c) 2×10 年处置 20% 股权导致控制权丧失,合并报表应以处置股权取得的对价与应享有原有子公司自购买日开始持续计算的净资产的份额之间的差额,计入丧失控制权当期的投资收益。2×10 年 1 月 1 日自购买日开始持续计算的净资产公允价值为 29 080 000 元,则处置股权对应部分为 29 080 000×20%＝5 816 000(元),即合并报表对该处置业务的认定为

借:银行存款	6 000 000	
贷:长期股权投资		5 816 000
投资收益		184 000

(d) 对剩余股权的重新计价。《企业会计准则解释第 4 号》规定"在合并财务报表中,对于剩余股权,应当按照其在丧失控制权日的公允价值进行重新计量。处置股权取得的对价与剩余股权公允价值之和,减去按原持股比例计算应享有原有子公司自购买日开始持续计算的净资产的份额之间的差额,计入丧失控制权当期的投资收益"。其处理结果是剩余股权是以"应享有原有子公司自购买日开始持续计算的权益份额"的公允价值重新计价,差额计入投资收益。出售股权对应原有子公司自购买日开始持续计算的净资产的份额为 29 080 000×40%＝11 632 000(元)。剩余股权在合并财务报表中的账面价值为(21 882 000＋2 160 000－2 216 444－5 816 000)＝16 009 556(元),所以将差额调整进入投资收益 4 377 556 元。

借:投资收益	4 377 556	
贷:长期股权投资		4 377 556

上述(a)～(d)合并报表分录合并为

借:银行存款	6 000 000	
资本公积	1 548 000	
长期股权投资	113 778	
投资收益	4 193 556	
贷:盈余公积		1 185 533.4
未分配利润		10 669 800.6

个别报表的分录(1)、(2)合并为

借:银行存款	6 000 000	

长期股权投资	3 608 445	
贷:投资收益		3 120 445
盈余公积		648 800
未分配利润——期初		5 839 200

故合并工作底稿中的调整分录(1)为

借:资本公积	1 548 000	
投资收益	7 314 001	
贷:长期股权投资		3 494 667
盈余公积		536 733.4
未分配利润		4 830 600.6

第二节　间接持股下和交叉持股下合并财务报表

一、间接持股下合并财务报表

本书前述股权控制关系均为直接控制,即母公司直接持有一家或者多家子公司的普通股份,而在本节中将重点介绍在间接持股下以及交叉持股下的合并财务报表如何处理。间接持股指的是母公司持有某一子公司的股权,同时该子公司又持有另一家子公司的股权份额,具体可分为以下两种情形。

(1) 父子孙结构,即母公司通过旗下子公司控制另一家公司,如母公司 M 持有 N 公司 90％的股权,而 N 公司又持有 Q 公司 60％的股权,也就是说 M 公司间接持有 Q 公司 54％的股权(90％×60％),而 Q 公司的少数股东持有其剩余的 46％的股权 (40％+10％×60％),如图 5-1(a)所示。

(2) 关联附属结构是指母公司除直接持有某公司的部分股权外,还通过旗下子公司间接持有该公司的部分股份,从而实现对该公司的控制。如 M 公司除直接持有 Q 公司 20％股权外,还通过 N 公司持有 Q 公司的 54％股权,即 M 公司总共持有 Q 公司 74％股权,而 Q 公司少数股东持有股权 26％(20％+10％×60％),如图 5-1(b)所示。

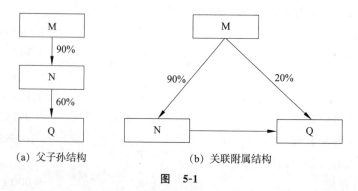

(a) 父子孙结构　　　　(b) 关联附属结构

图　5-1

（一）父子孙结构下合并财务报表

父子孙结构下合并财务报表要特别注意处理顺序的问题,需要从垂直结构中最底层的持股关系开始采用权益法进行调整处理,即从最底层开始对倒数第二层的子公司享有最底层的投资收益及长期股权投资进行调整抵销,并将倒数第二层享有最底层的投资收益转入倒数第二层子公司的净利润中,以转入部分以及倒数第二层自身实现的净利润之和为基础来确认倒数第三层子公司享有的权益,再编制调整和抵销分录,以此类推,逐层编制调整和抵销分录。这也就意味着有多少个层级的子公司就必须进行多少组调整和抵销分录。

【例 5-6】 20×5 年 1 月 1 日 M 公司以银行存款 800 000 元取得 N 公司 90% 的股权,同日 N 公司以银行存款 300 000 元取得 Q 公司 60% 的股权。20×5 年 1 月 1 日 N 公司、Q 公司的简易资产负债表如表 5-8、表 5-9 所示,20×5 年 N 公司实现净利润 400 000 元,未分配现金股利,固定资产为管理用固定资产,折旧年限为 10 年,无净残值,采用直线法计提折旧;20×5 年 Q 公司实现净利润 100 000 元,未分配现金股利,固定资产为管理用固定资产,折旧年限为 10 年,无净残值,采用直线法计提折旧。三家公司均按照 10% 提取盈余公积,所得税税率统一为 25%。

表 5-8　20×5 年 1 月 1 日 N 公司的简易资产负债表　　　　　　　元

	账面价值	公允价值
货币资金	100 000	100 000
存货	100 000	100 000
固定资产	400 000	600 000
无形资产	200 000	200 000
资产总计	800 000	1 000 000
短期借款	200 000	200 000
股本	100 000	
资本公积	200 000	
盈余公积	200 000	
未分配利润	100 000	
净资产	600 000	800 000

表 5-9　20×5 年 1 月 1 日 Q 公司的简易资产负债表　　　　　　　元

	账面价值	公允价值
货币资金	100 000	100 000
存货	100 000	100 000
固定资产	200 000	300 000
无形资产	100 000	100 000
资产总计	500 000	600 000
短期借款	200 000	200 000

续表

	账面价值	公允价值
股本	100 000	
资本公积	50 000	
盈余公积	50 000	
未分配利润	100 000	
净资产	300 000	400 000

个别财务报表中对相关业务的确认：

(1) 20×5 年 1 月 1 日 M 公司取得 N 公司 90％的股权：

借：长期股权投资——M 公司对 N 公司　　　　　　　　800 000

　　贷：银行存款　　　　　　　　　　　　　　　　　　　800 000

(2) 20×5 年 1 月 1 日 N 公司取得 Q 公司 60％的股权：

借：长期股权投资——N 公司对 Q 公司　　　　　　　　300 000

　　贷：银行存款　　　　　　　　　　　　　　　　　　　300 000

编制合并资产负债表时的调整抵销分录：

(1) 20×5 年 1 月 1 日,按权益法调整 N 公司对 Q 公司的投资收益,投资收益＝(100 000＋20 000－30 000)×60％＝54 000(元)：

借：长期股权投资——N 公司对 Q 公司　　　　　　　　54 000

　　贷：投资收益——N 公司对 Q 公司　　　　　　　　　　54 000

(2) 20×5 年 1 月 1 日,按照权益法调整 M 公司对 N 公司的投资收益,投资收益＝(400 000＋40 000－60 000＋54 000)×90％＝390 600(元)：

借：长期股权投资——M 公司对 N 公司　　　　　　　　390 600

　　贷：投资收益——M 公司对 N 公司　　　　　　　　　　390 600

(3) 抵销 N 公司对 Q 公司的投资收益：

借：投资收益——N 公司对 Q 公司　　　　　　　　　　54 000

　　少数股东损益——Q 公司　　　　　　　　　　　　　36 000

　　管理费用　　　　　　　　　　　　　　　　　　　　10 000

　　未分配利润——期初——Q 公司　　　　　　　　　　100 000

　　贷：利润分配——提取盈余公积——Q 公司　　　　　　　10 000

　　　　未分配利润——期末——Q 公司　　　　　　　　　　190 000

(4) 抵销 M 公司对 N 公司的投资收益：

借：投资收益——M 公司对 N 公司　　　　　　　　　　390 600

　　少数股东损益——N 公司　　　　　　　　　　　　　43 400

　　管理费用　　　　　　　　　　　　　　　　　　　　20 000

　　未分配利润——期初——N 公司　　　　　　　　　　100 000

　　贷：利润分配——提取盈余公积——N 公司　　　　　　　45 400

　　　　未分配利润——期末——N 公司　　　　　　　　　　508 600

（5）抵销 N 公司对 Q 公司的长期股权投资：

借：股本——Q 公司　　　　　　　　　　　　　　　　　100 000

　　资本公积——Q 公司　　　　　　　　　　　　　　　　 50 000

　　盈余公积——Q 公司　　　　　　　　　　　　　　　　 60 000

　　未分配利润——期末——Q 公司　　　　　　　　　　　190 000

　　固定资产　　　　　　　　　　　　　　　　　　　　　 90 000

　　商誉　　　　　　　　　　　　　　　　　　　　　　　 60 000

　　　贷：长期股权投资——N 公司对 Q 公司　　　　　　　　　　　354 000

　　　　　少数股东权益——Q 公司　　　　　　　　　　　　　　　196 000

（6）抵销 M 公司对 N 公司的长期股权投资：

借：股本——N 公司　　　　　　　　　　　　　　　　　100 000

　　资本公积——N 公司　　　　　　　　　　　　　　　　200 000

　　盈余公积——N 公司　　　　　　　　　　　　　　　　245 400

　　未分配利润——期末——N 公司　　　　　　　　　　　508 600

　　固定资产　　　　　　　　　　　　　　　　　　　　　180 000

　　商誉　　　　　　　　　　　　　　　　　　　　　　　 80 000

　　　贷：长期股权投资——M 公司对 N 公司　　　　　　　　　　 1 190 600

　　　　　少数股东权益——N 公司　　　　　　　　　　　　　　　123 400

（7）考虑所得税影响。

借：商誉　　　　　　　　　　　　　　　　　　　　　　 75 000

　　　贷：递延所得税负债　　　　　　　　　　　　　　　　　　　 75 000

借：递延所得税负债　　　　　　　　　　　　　　　　　　7 500

　　　贷：所得税费用　　　　　　　　　　　　　　　　　　　　　 7 500

购买日净资产公允价值与账面价值之间的差额确认相应的递延所得税负债＝（200 000＋100 000）×25％＝75 000（元）。

20×5 年期末自购买日持续计算的公允价值与账面价值之间的差额确认相应的递延所得税负债＝（180 000＋90 000）×25％＝67 500（元）。

（二）关联附属结构下合并财务报表

关联附属结构下合并财务报表的处理与父子孙结构下的处理原理类似，也需要从最底层开始针对子公司进行调整抵销分录的处理，调整抵销分录都是以子公司为对象，有多少家子公司就会进行多少次调整抵销分录，而不论持股多么复杂。与父子孙结构不同的是，针对同时被集团中多家公司持有股份的子公司编制调整抵销分录时，需要针对该子公司进行多项投资收益与长期股权投资的调整和抵销，其他环节与父子孙结构下的处理完全一样。

【例 5-7】　沿用例 5-6 的资料，假设 20×6 年 1 月 1 日 M 公司又以 100 000 元取得 Q 公司 20％股权，20×6 年 1 月 1 日 N 公司、Q 公司的简易资产负债表如表 5-10、

表 5-11 所示,20×6 年 N 公司实现净利润 600 000 元,未分配现金股利,固定资产为管理用固定资产,折旧年限为 10 年,无净残值,采用直线法计提折旧;20×5 年 Q 公司实现净利润 200 000 元,未分配现金股利,固定资产为管理用固定资产,折旧年限为 10 年,无净残值,采用直线法进行折旧。三家公司均按照 10%提取盈余公积,所得税税率统一为 25%。

表 5-10　20×6 年 1 月 1 日 N 公司的简易资产负债表　　　　　　元

	账面价值	公允价值
货币资金	300 000	300 000
存货	240 000	240 000
固定资产	360 000	660 000
无形资产	300 000	300 000
资产总计	1 200 000	1 500 000
短期借款	200 000	200 000
股本	100 000	
资本公积	200 000	
盈余公积	240 000	
未分配利润	460 000	
净资产	1000 000	1 300 000

表 5-11　20×6 年 1 月 1 日 Q 公司的简易资产负债表　　　　　　元

	账面价值	公允价值
货币资金	100 000	100 000
存货	200 000	200 000
固定资产	180 000	300 000
无形资产	120 000	100 000
资产总计	600 000	700 000
短期借款	200 000	200 000
股本	100 000	
资本公积	50 000	
盈余公积	60 000	
未分配利润	190 000	
净资产	400 000	500 000

个别财务报表中对相关业务的确认:

20×6 年 1 月 1 日 M 公司取得 Q 公司 20%的股权:

借:长期股权投资——M 公司对 Q 公司　　　　　　　　　　　100 000

　　贷:银行存款　　　　　　　　　　　　　　　　　　　　　　　　100 000

编制合并资产负债表时的调整抵销分录:

(1) 调整 M 公司对 Q 公司的投资收益,投资收益=(200 000-10 000)×20%=

38 000(元);因 M 公司继续增持子公司 Q 公司的股份,需要调整支付对价与自购买日持续计算的 Q 公司净资产的公允价值,资本公积=100 000－490 000×20％＝2 000(元):

借:长期股权投资——M 公司对 Q 公司	36 000	
资本公积	2 000	
贷:投资收益——M 公司对 Q 公司		38 000

(2)调整 N 公司对 Q 公司的投资收益。首先调整 20×5 年度 N 公司享有 Q 公司的留存收益=(100 000－10 000)×60％＝54 000(元);然后调整 20×5 年度 N 公司享有 Q 公司的投资收益=(200 000－10 000)×60％＝114 000(元):

借:长期股权投资——N 公司对 Q 公司	168 000	
贷:盈余公积——Q 公司		5 400
未分配利润——期初——Q 公司		48 600
投资收益——N 公司对 Q 公司		114 000

(3)调整 M 公司对 N 公司的投资收益。首先调整 20×5 年度 M 公司享有 N 公司的留存收益=(400 000－20 000＋54 000)×90％＝390 600(元),然后调整 20×6 年度 M 公司享有 N 公司的投资收益＝(600 000－20 000＋114 000)×90％＝624 600(元):

借:长期股权投资——M 公司对 N 公司	1 015 200	
贷:盈余公积——N 公司		39 060
未分配利润——年初——N 公司		351 540
投资收益——M 公司对 N 公司		624 600

(4)抵销 M 公司、N 公司对 Q 公司的投资收益:

借:投资收益——M 公司对 Q 公司	38 000	
——N 公司对 Q 公司	114 000	
少数股东损益——Q 公司	38 000	
管理费用	10 000	
未分配利润——年初——Q 公司	190 000	
贷:利润分配——提取盈余公积——Q 公司		20 000
未分配利润——年末——Q 公司		370 000

(5)抵销 M 公司对 N 公司的投资收益:

借:投资收益——M 公司对 N 公司	624 600	
少数股东损益——N 公司	69 400	
管理费用	20 000	
未分配利润——年初	508 600	
贷:利润分配——提取盈余公积		71 400
未分配利润——年末		1 151 200

（6）抵销 M 公司、N 公司对 Q 公司的长期股权投资：

借：股本——Q 公司	100 000	
资本公积——Q 公司	50 000	
盈余公积——Q 公司	80 000	
未分配利润——年末——Q 公司	370 000	
固定资产	80 000	
商誉	60 000	
贷：长期股权投资——M 公司对 Q 公司		136 000
——N 公司对 Q 公司		468 000
少数股东权益——Q 公司		136 000

（7）抵销 M 公司对 N 公司的长期股权投资：

借：股本——N 公司	100 000	
资本公积——N 公司	200 000	
盈余公积——N 公司	316 800	
未分配利润——年末——N 公司	1 151 200	
固定资产	160 000	
商誉	80 000	
贷：长期股权投资——M 公司对 N 公司		1 815 200
少数股东权益——N 公司		192 800

（8）考虑所得税影响：

借：商誉	75 000	
贷：递延所得税负债		75 000
借：递延所得税负债	15 000	
贷：盈余公积		750
未分配利润——期初		6 750
所得税费用		7 500

购买日净资产公允价值与账面价值之间的差额确认相应的递延所得税负债＝（200 000＋100 000）×25％＝75 000（元）。

20×5 年期末自购买日持续计算的公允价值与账面价值之间的差额确认相应的递延所得税负债＝（160 000＋80 000）×25％＝60 000（元）。

二、交叉持股下合并财务报表

交叉持股指的是参与合并财务报表持有存在相互持有股份的情形。交叉持股通常也存在两种情况：①母公司与子公司间相互持股，如母公司 S 持有 T 公司 80％的股权，T 公司同时持有 S 公司 20％的股权，关系如图 5-2（a）所示；②子公司之间相互持股，如母公司 S 持有 T 公司 80％的股权，持有 O 公司 30％的股权，同时 T 公司持有 O

公司 60％的股权，O 公司持有 T 公司 20％的股权，关系如图 5-2(b)所示。

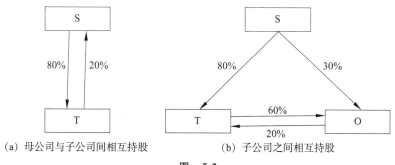

（a）母公司与子公司间相互持股　　　　（b）子公司之间相互持股

图　5-2

对于交叉持股下的处理也需要针对个别财务报表和合并财务报表分别进行处理。

在个别财务报表中，对于子公司持有母公司的股权的情况下，由于子公司无法对母公司实施控制、共同控制或重大影响，所以在此无论其持股比例多少，均采用成本法进行核算，即按照支付对价的账面价值计量长期股权投资，收到母公司发放的现金股利，按照持股比例确认为投资收益。

在合并财务报表中，应站在集团角度进行处理，子公司支付对价取得母公司的股权份额，需明确无论是子公司支付的对价还是母公司发行的股票都是集团的资源，相当于集团支付一定对价购买了集团发行在外的股份，与股票回购行为效果一致，应将子公司持有母公司的股票视为库存股，所以将子公司个别财务报表中的长期股权投资调整成为库存股，即贷记长期股权投资时，按其持股比例抵减母公司的所有者权益份额，然后将子公司收到母公司发放的现金股利确认的投资收益与母公司的利润分配项目抵销。

（一）母子公司间交叉持股下合并财务报表

【例 5-8】 20×9 年 1 月 1 日，S 公司以银行存款 600 000 元购买 T 公司 80％的股权，同时，T 公司以银行存款 300 000 元购买 S 公司 20％的股权，20×9 年 1 月 1 日 S 公司、T 公司的简易资产负债表如表 5-12 和表 5-13 所示，20×9 年 S 公司实现净利润 500 000 元，分配现金股利 40 000 元，固定资产为管理用固定资产，折旧年限为 10 年，净残值忽略不计，采用直线法计提折旧；20×9 年 T 公司实现净利润 100 000 元，分配现金股利 20 000 元，固定资产为管理用固定资产，折旧年限为 10 年，净残值忽略不计，采用直线法计提折旧。两公司均按照 10％提取盈余公积，公司所得税率为 25％。

表 5-12　20×9 年 1 月 1 日 S 公司的简易资产负债表　　　　　　　　　　元

	账面价值	公允价值
货币资金	300 000	300 000
存货	200 000	200 000
固定资产	400 000	600 000
无形资产	300 000	300 000
资产总计	1 200 000	1 400 000

续表

	账面价值	公允价值
短期借款	200 000	200 000
股本	200 000	
资本公积	200 000	
盈余公积	300 000	
未分配利润	300 000	
净资产	1 000 000	1 200 000

表 5-13　20×9 年 1 月 1 日 T 公司的简易资产负债表　　　　　　元

	账面价值	公允价值
货币资金	100 000	100 000
存货	200 000	200 000
固定资产	400 000	500 000
无形资产	100 000	100 000
资产总计	800 000	900 000
短期借款	200 000	200 000
股本	100 000	
资本公积	200 000	
盈余公积	100 000	
未分配利润	200 000	
净资产	600 000	700 000

S 公司个别财务报表对相关业务的确认:

(1) 20×9 年 1 月 1 日 S 公司取得 T 公司 80％的股权:

借:长期股权投资——S 公司对 T 公司 　　　　　　　600 000

　　贷:银行存款 　　　　　　　600 000

(2) S 公司取得 T 公司发放的现金股利:

借:银行存款 　　　　　　　16 000

　　贷:投资收益 　　　　　　　16 000

T 公司个别财务报表对相关业务的确认:

(1) 20×9 年 1 月 1 日 T 公司购买 S 公司 20％的股权:

借:长期股权投资——T 公司对 S 公司 　　　　　　　300 000

　　贷:银行存款 　　　　　　　300 000

(2) 取得 S 公司发放的现金股利(按成本法处理):

借:银行存款 　　　　　　　8 000

　　贷:投资收益——T 公司对 S 公司 　　　　　　　8 000

编制合并资产负债表时的调整抵销分录:

(1) 按照库存股的原理将 T 公司持有 S 公司的长期股权投资与享有 S 公司的相

应份额的权益进行抵销：

借：库存股	300 000	
贷：长期股权投资——T公司对S公司		300 000

（2）抵销T公司收到S公司发放的现金股利：

借：投资收益——T公司对S公司	80 000	
贷：利润分配——发放现金股利——S公司		80 000

（3）按照权益法追溯调整S公司对T公司的投资收益，投资收益＝（100 000－10 000－20 000）×80％＝56 000（元）：

借：长期股权投资	56 000	
贷：投资收益		56 000

（4）将S公司对T公司的投资收益抵销：

借：投资收益——S公司对T公司	72 000	
少数股东损益——T公司	18 000	
管理费用	10 000	
未分配利润——期初——T公司	200 000	
贷：利润分配——分配现金股利——T公司		20 000
利润分配——提取盈余公积——T公司		10 000
未分配利润——期末——T公司		270 000

（5）抵销S公司对T公司的长期股权投资：

借：股本——T公司	100 000	
资本公积——T公司	200 000	
盈余公积——T公司	110 000	
未分配利润——期末——T公司	270 000	
固定资产	90 000	
商誉	40 000	
贷：长期股权投资		656 000
少数股东权益		154 000

（二）子公司间交叉持股下合并财务报表

子公司相互持股必须明确子公司一方股权实质上能够控制另一方，而另一方又持有前者股份这种情况，才需要在编制集团财务报表中进行抵销内部相互持有的股权。如果两家子公司相互持有对方股权均不形成控制权，则在集团合并财务报表中不需要对其进行抵销处理。而针对需要进行编制内部抵销分录的情形，该环节与上述母子公司相互持股的情况类似，而其他环节的合并财务报表的编制与父子孙结构和关联附属结构下的编制方法一致，在此不再赘述。

第三节　期中实现合并和处置的合并财务报表编制

一、期中合并财务报表的编制

期中合并是指母公司在某会计期中而非会计期初实现合并，而我们前述的合并财务报表均在期初完成，并在期末进行合并财务报表编制，由于在同一控制下与非同一控制下企业合并中，对于合并当期合并前子公司实现的利润处理方式存在差异，故在此特别进行讲解。《企业会计准则第 33 号——合并财务报表》第三十八条对这种差异处理进行了明确规定：同一控制下的企业合并，母公司在报告期内因同一控制下企业合并增加的子公司，应当将该子公司合并当期期初至报告期末的收入、费用、利润纳入合并利润表中；在非同一控制下企业合并增加的子公司，应当将该子公司购买日至报告期末的收入、费用、利润纳入合并利润表中。也就是说，在期中进行合并财务报表时对于非同一控制下的处理与前述的期初合并的处理方式一致，而在同一控制下的企业合并需要考虑购买日前至购买当期期初的子公司实现的损益并将其纳入合并财务报表的范围内。所以，在此仅对同一控制下的期中合并进行举例说明，而对于非同一控制下的期中合并问题在此不再赘述。

【例 5-9】　假设 A 公司于 20×8 年 6 月 30 日以银行存款 800 000 元取得 B 公司 80% 的普通股份，且 A 公司与 B 公司是 C 集团下的两家公司。20×8 年 B 公司期中与期末的简易财务资料如表 5-14 所示，20×8 年上半年 B 公司实现利润 100 000 元，下半年实现利润 200 000 元，分配现金股利 60 000 元，两家公司均按照 10% 提取盈余公积。

表 5-14　20×8 年 B 公司期中与期末的简易财务资料　　　　　　元

	20×8 年 6 月 30 日	20×8 年 12 月 31 日
股本	200 000	200 000
资本公积	200 000	200 000
盈余公积	300 000	320 000
未分配利润	200 000	340 000
净资产	900 000	1 060 000

个别财务报表对相关业务的确认：

(1) 20×8 年 6 月 30 日，A 公司取得 B 公司股权：

借：长期股权投资——B 公司	720 000
资本公积	80 000
贷：银行存款	800 000

(2) 按成本法处理，20×8 年 B 公司发放现金股利：

借：银行存款	48 000

    贷:投资收益   48 000
编制合并财务报表时的调整抵销分录:

同一控制下的两企业在期中进行合并,应视同为合并形成于当年年初,因此从合并
报表的角度来看,本合并事项应视同为发生在 20×8 年 1 月 1 日,长期股权投资在合并
报表中的入账价值应该为:[900 000-(100 000-20 000)]×80%=656 000(元)。

    借:长期股权投资——B 公司   656 000
        资本公积   144 000
        贷:银行存款   800 000

按照权益法追溯处理 20×8 年上半年 A 公司享有 B 公司实现的投资收益:

    借:长期股权投资——B 公司   80 000(100 000×80%)
        贷:投资收益——B 公司   80 000

按照权益法追溯处理 20×8 年下半年 A 公司享有 B 公司实现的投资收益以及分
配的现金股利:

    借:长期股权投资——B 公司   160 000(200 000×80%)
        贷:投资收益——B 公司   160 000

    借:银行存款   48 000
        贷:长期股权投资   48 000

因此,在合并报表工作底稿中调整抵销分录包括以下几步。

(1) 在个别财务报表确认的基础上将上述业务调整成为合并财务报表角度表述
的结果,需要编制调整分录:

    借:长期股权投资   128 000
        资本公积   64 000
        利润分配——分配现金股利   16 000
        贷:投资收益   208 000

(2) 抵销 A 公司对 B 公司的投资收益:

    借:投资收益   240 000
        少数股东损益   60 000
        未分配利润——年初   130 000
        贷:利润分配——分配现金股利   60 000
            利润分配——提取盈余公积   30 000
            未分配利润——年末   340 000

(3) 抵销 A 公司对 B 公司的长期股权投资:

    借:股本   200 000
        资本公积   200 000
        盈余公积   320 000
        未分配利润——期末   340 000
        贷:长期股权投资   848 000

少数股东权益	212 000

二、期中处置子公司核算处理

前述对子公司股权的处理均发生在期末，考虑了处置当年子公司的收益调整，与其处理基本一致，《企业会计准则第 33 号——合并财务报表》第三十九条作出了明确的规定：母公司在报告期内处置子公司，应当将子公司期初至处置日的收入、费用、利润纳入合并利润表中。

【例 5-10】 沿用例 5-9 的资料，假设 20×9 年 6 月 30 日 A 公司将 B 公司的股权进行转让，取得价款 900 000 元，假设 B 公司上半年实现净利润 200 000 元，未发放现金股利，两家公司均按照 10％提取盈余公积。

个别财务报表对相关业务的确认：

20×9 年 6 月 30 日 A 公司财务报表处理：

借：银行存款	900 000	
贷：长期股权投资		720 000
投资收益——股权出售利得		180 000

编制合并财务报表时的调整抵销分录：

从合并报表角度来看，需要对上期交易进行追溯调整：

借：长期股权投资	128 000	
资本公积	64 000	
利润分配——分配现金股利	16 000	
贷：盈余公积		20 800
未分配利润——期初		187 200

从合并报表角度来看，对本期处置前实现净利润按权益法进行确认的处理为：

借：长期股权投资	160 000	
贷：投资收益		160 000

从合并报表角度来看，对长期股权投资进行处置的处理为：

借：银行存款	900 000	
投资收益——股权出售利得	108 000	
贷：长期股权投资		1 008 000

因此，在合并报表工作底稿中调整抵销分录包括以下几步。

（1）在个别财务报表确认的基础上将上述业务调整成为合并财务报表角度表述的结果，需要编制调整分录：

借：投资收益——股权出售利得	288 000	
资本公积	64 000	
利润分配——分配现金股利	16 000	
贷：盈余公积		20 800

未分配利润——期初	187 200
投资收益	160 000

（2）将投资收益进行抵销：

借：投资收益	160 000	
少数股东损益	40 000	
未分配利润——期初	340 000	
贷：利润分配——提取盈余公积		20 000
未分配利润——期中		520 000

▶ **思考题**

1. 如何确定分步实现企业合并的控制权取得日？

2. 取得控制权日以后年度的公允价值与账面价值之间的差异以什么为基础确定？

3. 何为一揽子交易？非一揽子交易和一揽子交易下处置少数股权至丧失控制权日合并财务报表会计处理有何差异？

4. 何为间接持股？间接持股有哪些类型？合并财务报表处理要点有哪些？

5. 何为交叉持股？站在集团的角度试分析母子公司交叉持股的实质是什么？合并财务报表该如何处理？

6. 在同一控制下和非同一控制下期中合并的合并财务报表处理原则有何差异？

▶ **练习题**

1. 假设 20×7 年 1 月 1 日甲公司以银行存款 400 000 元取得乙公司 40% 的股权，当日乙公司的简易资产负债表如表 5-15 所示，固定资产为管理用固定资产，折旧年限为 10 年，残值忽略不计，采用直线法计提折旧，20×7 年乙公司实现账面净利润 200 000 元，未发放现金股利。甲、乙两公司均按照 10% 提取盈余公积，所得税税率均为 25%。

表 5-15　20×7 年 1 月 1 日乙公司的简易资产负债表　　　　　　　　　　　　　　元

	账面价值	公允价值
货币资金	100 000	100 000
固定资产	400 000	600 000
无形资产	300 000	300 000
资产总计	800 000	1 000 000
短期借款	200 000	200 000
股本	100 000	
资本公积	100 000	
盈余公积	200 000	
未分配利润	200 000	
净资产	600 000	800 000

20×8年1月1日甲公司继续增持乙公司40%的股权,支付对价500 000元,当日乙公司的简易资产负债表如表5-16所示,固定资产还是原固定资产,20×8年度乙公司实现账面净利润300 000元,未发放现金股利。

表5-16　20×8年1月1日乙公司的简易资产负债表　　　　　　　　　　　元

	账面价值	公允价值
货币资金	240 000	240 000
固定资产	360 000	720 000
无形资产	400 000	400 000
资产总计	1 000 000	1 360 000
短期借款	200 000	200 000
股本	100 000	
资本公积	100 000	
盈余公积	220 000	
未分配利润	380 000	
净资产	800 000	1 160 000

20×9年1月1日,出于公司战略考虑,甲公司将持有乙公司的股权出售了1/4,取得价款300 000元,当日乙公司的简易资产负债表如表5-17所示,20×9年乙公司实现账面净利润100 000元,未发放现金股利。

表5-17　20×9年1月1日乙公司的简易资产负债表　　　　　　　　　　　元

	账面价值	公允价值
货币资金	580 000	580 000
固定资产	320 000	620 000
无形资产	400 000	400 000
资产总计	1 300 000	1 600 000
短期借款	200 000	200 000
股本	100 000	
资本公积	100 000	
盈余公积	250 000	
未分配利润	650 000	
净资产	1 100 000	1 400 000

要求:编制20×7年度、20×8年度、20×9年度甲公司的个别财务报表分录、合并财务报表分录。

2. 20×4年1月1日P公司以500 000元取得Q公司60%的股权,同时Q公司又以银行存款100 000元取得M公司80%的股权,当日Q公司、M公司的简易资产负债表如表5-18所示,两公司的账面净资产与公允价值一致,20×4年P公司实现净利润100 000元,Q公司实现净利润80 000元,未发放现金股利,按照10%提取盈余公积,所得税税率为25%。

表 5-18　20×9 年 1 月 1 日 Q 公司、M 公司的简易资产负债表　　　　元

	Q 公司	M 公司
货币资金	100 000	50 000
固定资产	500 000	100 000
无形资产	400 000	150 000
资产总计	1 000 000	300 000
短期借款	200 000	200 000
股本	100 000	10 000
资本公积	300 000	40 000
盈余公积	200 000	30 000
未分配利润	200 000	20 000
净资产	800 000	100 000

20×5 年 1 月 1 日 M 公司支付银行存款 300 000 元取得 Q 公司 20％的股权,当年 M 公司实现净利润 200 000 元,Q 公司实现净利润 100 000 元,未发放现金股利。

要求:编制 20×4 年度、20×5 年度个别财务报表和合并财务报表分录。

 练习题参考答案

第六章

基础金融工具

本章主要介绍基础金融工具的会计处理。本章的内容主要遵循《企业会计准则第22号——金融工具确认与计量》(2017年4月颁布)的相关规定。

第一节　金融工具概述

金融是现代经济的核心,金融市场(包括资本市场)的健康、可持续发展离不开金融工具的广泛运用和不断创新。近年来,我国的金融工具交易有了较快的发展。这对相关会计准则的制订提出了迫切的要求。《企业会计准则第22号——金融工具确认和计量》规范了包括金融企业在内的各类企业金融工具交易的会计处理,要求企业将所有金融工具尤其是衍生工具纳入表内核算,这将有助于全面反映企业的金融工具交易,便于投资者更好地了解企业的财务状况和经营成果。

金融工具是指形成一个企业的金融资产,并形成其他单位的金融负债或权益工具的合同。金融工具包括金融资产、金融负债和权益工具。其中,金融资产通常指企业的下列资产:现金、银行存款、应收账款、应收票据、贷款、股权投资、债权投资等;金融负债通常是指企业的下列负债:应付账款、应付票据、应付债券等;从发行方来看,权益工具通常指企业发行的普通股、认股权证等。

金融资产和金融负债的分类是金融工具会计处理的起点。企业在对金融资产进行分类时,主要考虑以下两个方面:

(1) 管理金融资产的业务模式,是指企业如何管理其金融资产以产生现金流量;如收取合同现金流量、出售或是两者兼有。

(2) 金融资产的合同现金流量特征,是指金融工具合同约定的、反映相关金融资产经济特征的现金流量属性,如相关金融资产在特定日期产生的合同现金流仅为对本金和以未偿付本金金额为基础的利息支付。

在综合考虑这两个因素的基础上,《企业会计准则第22号——金融工具确认和计量》将金融资产划分为以下三类:

(1) 以摊余成本计量的金融资产;

(2) 以公允价值计量且其变动计入当期损益的金融资产;

（3）以公允价值计量且其变动计入其他综合收益的金融资产。

金融负债被分为以下三类：

（1）以摊余成本计量的金融负债；

（2）以公允价值计量且其变动计入当期损益的金融负债；

（3）其他金融负债。

金融资产分类和计量密不可分，不同类别的金融资产，其初始确认和后续计量的基础也不同。因此，金融资产的分类一旦确定，不得随意改变。但是，当企业改变其管理金融资产的业务模式时，相关的金融资产可以按照准则的规定进行重分类，不存在其他的重分类限制要求。本章后几节将分别介绍相关金融资产的会计核算要求。

第二节 以公允价值计量且其变动计入当期损益的金融资产

一、以公允价值计量且其变动计入当期损益的金融资产概述

以公允价值计量且其变动计入当期损益的金融资产，可以进一步分为以交易为目的持有的金融资产和指定为以公允价值计量且其变动计入当期损益的金融资产。

金融资产满足以下条件之一的，应当划分为以交易为目的持有的金融资产。

（1）取得该金融资产主要是为了近期内出售。

（2）属于进行集中管理的可辨认金融工具组合的一部分，且有客观证据表明企业近期采用短期获利方式对该组合进行管理。

（3）属于衍生工具。但是，被指定为有效套期工具的衍生工具、属于财务担保合同的衍生工具、与在活跃市场中没有报价且其公允价值不能可靠计量的权益工具投资挂钩并须通过交付该权益工具结算的衍生工具除外。

金融资产满足下列条件之一的，应当被指定为以公允价值计量且其变动计入当期损益的金融资产。

（1）按照准则的要求，一项资产既不能被分类为以摊余成本计量的金融资产，也不能被分类为以公允价值计量且其变动计入其他综合收益的金融资产。

（2）企业在非同一控制下的企业合并中确认的或有对价如果构成了金融资产，该金融资产也应当被分类为以公允价值计量且其变动计入当期损益的金融资产。

（3）为了消除或显著减少会计错配，企业可以将金融资产指定为以公允价值计量且其变动计入当期损益的金融资产。该指定一经作出，不得撤销。

二、以公允价值计量且其变动计入当期损益的金融资产的会计处理

以公允价值计量且其变动计入当期损益的金融资产在初始确认时，应按公允价值计量，相关交易费用应当直接计入当期损益。其中，交易费用是指可直接归属于购买、

发行或处置金融工具新增的外部费用。交易费用包括支付给代理机构、咨询公司、券商等的手续费和佣金及其他必要支出,不包括债券溢价、折价、融资费用、内部管理成本以及其他与交易不直接相关的费用。

企业取得以公允价值计量且其变动计入当期损益的金融资产所支付的对价中,包含已宣告但尚未发放的现金股利或已到期但尚未领取的债券利息,应当单独确认为应收项目。在持有期间取得的利息或现金股利,应当确认为投资收益。

资产负债表日,企业应将以公允价值计量且其变动计入当期损益的金融资产的公允价值变动计入当期损益。

处置该金融资产时,其公允价值与初始入账金额之间的差额确认为投资收益,同时调整公允价值变动。具体的会计处理分录如下:

(1) 企业取得以公允价值计量且其变动计入当期损益的金融资产。

借:以公允价值计量且其变动计入当期损益的金融资产——成本(公允价值)
  投资收益(发生的交易费用)
  应收股利(已宣告但尚未发放的现金股利)
  应收利息(实际支付的款项中含有的利息)
  贷:银行存款等

(2) 持有期间的股利或利息。

借:应收股利(被投资单位宣告发放的现金股利×投资持股比例)
  应收利息(资产负债表日计算的应收利息)
  贷:投资收益

(3) 资产负债表日公允价值变动。

公允价值上升:

借:以公允价值计量且其变动计入当期损益的金融资产——公允价值变动
  贷:公允价值变动损益

公允价值下降:

借:公允价值变动损益
  贷:以公允价值计量且其变动计入当期损益的金融资产——公允价值变动

(4) 出售以公允价值计量且其变动计入当期损益的金融资产。

借:银行存款(价款扣除手续费)
  贷:以公允价值计量且其变动计入当期损益的金融资产——成本
                ——公允价值变动
  投资收益(差额也可能在借方)

同时:

借:公允价值变动损益(原计入该金融资产的公允价值变动)
  贷:投资收益

或:

借:投资收益

　　贷:公允价值变动损益

　　【例 6-1】 20×2 年 5 月 13 日,A 公司支付价款 1 060 元从二级市场购入 B 公司发行的股票 100 股,每股价格 10.6 元(含已宣告但尚未发放的现金股利 0.6 元),另外支付交易费用 100 元。A 公司将持有的 B 公司股权划分为以交易为目的持有的以公允价值计量且其变动计入当期损益的金融资产,且持有 B 公司股权后对其无重大影响。A 公司的其他相关资料如下:

　　(1) 5 月 23 日,收到 B 公司发放的现金股利。

　　(2) 6 月 30 日,B 公司股票价格涨到 13 元。

　　(3) 8 月 15 日,将持有的 B 公司股票全部售出,每股售价 15 元。

　　A 公司的财务处理如下:

　　(1) 5 月 13 日,购入 B 公司股票:

借:以公允价值计量且其变动计入当期损益的金融资产——成本　1 000

　　投资收益　　　　　　　　　　　　　　　　　　　　　　100

　　应收股利　　　　　　　　　　　　　　　　　　　　　　 60

　　贷:银行存款等　　　　　　　　　　　　　　　　　　　　　　1 160

　　(2) 5 月 23 日,收到 B 公司发放的现金股利:

借:银行存款　　　　　　　　　　　　　　　　　　　　　　 60

　　贷:应收股利　　　　　　　　　　　　　　　　　　　　　　　 60

　　(3) 6 月 30 日,确认股票价格波动:

借:以公允价值计量且其变动计入当期损益的金融资产——公允价值变动

　　　　　　　　　　　　　　　　　　　　　　　　　　　 300

　　贷:公允价值变动损益　　　　　　　　　　　　　　　　　　　 300

　　(4) 8 月 15 日,出售 B 公司全部股票:

借:银行存款　　　　　　　　　　　　　　　　　　　　　 1 500

　　贷:以公允价值计量且其变动计入当期损益的金融资产——成本　 1 000

　　　　　　　　　　　　　　　　　　　　　　——公允价值变动

　　　　　　　　　　　　　　　　　　　　　　　　　　　 300

　　　投资收益　　　　　　　　　　　　　　　　　　　　　　 200

借:公允价值变动损益　　　　　　　　　　　　　　　　　　 300

　　贷:投资收益　　　　　　　　　　　　　　　　　　　　　　　 300

第三节　以摊余成本计量的金融资产

一、以摊余成本计量的金融资产概述

　　以摊余成本计量的金融资产,是指企业管理该金融资产的业务模式是以收取合同现金流量为目标、并且该金融资产在特定日期产生的现金流量仅为对本金和以未偿付本金金额为基础的利息支付的非衍生金融资产。在通常情况下,企业持有的、在活跃市场上有公开报价的国债、企业债券、金融债券等,可以划分为以摊余成本计量的金融资产。股权投资往往并非以收取合同现金流量为目标,且其现金流量特征也不符合以摊余成本计量的金融资产的要求,因而不能划分为以摊余成本计量的金融资产。企业在将金融资产划分为以摊余成本计量的金融资产时,应当注意把握其以下两点。

1. 企业管理金融资产的业务模式是以收取合同现金流量为目标

首先,企业管理金融资产的业务模式,是指企业如何管理金融资产以产生现金流量,这直接决定了金融资产现金流量的来源。从企业内部的角度来说,企业对其金融资产管理模式的判断是以客观事实为依据,并建立在企业关键管理人员决定的对金融资产进行管理的特定业务目标的基础上。

其次,企业管理金融资产的业务模式决定了一项金融资产的业务目标是收取合同现金流量、出售金融资产还是两者兼有。根据最新会计准则的要求,只有以收取合同现金流量为目标的金融资产才有可能被划分为以摊余成本计量的金融资产。

2. 金融资产的合同现金流量特征仅为对本金和未偿付本金的利息支付

首先,金融资产的合同现金流量特征,是指金融工具合同约定的、反映相关金融资产经济特征的现金流量属性。以摊余成本计量的金融资产的合同现金流量特征,应当与基本的借贷安排(如银行贷款)保持一致。

其次,以摊余成本计量的金融资产在特定日期产生的合同现金流量仅为对本金和未偿付本金的利息支付。其中,本金是指金融资产在初始确认时的公允价值,并且可能因为提前还款等原因在金融资产整个的存续期内发生变动;而利息包括对货币时间价值、与特定时期未偿付本金金额相关的信用风险及其他基本借贷风险的补偿定价。值得注意的是,利息要素中对货币时间价值的定价仅仅是因为时间的流逝而提供的对价,并不包括对所持有金融资产的其他风险所提供的对价。

最后,如果在金融工具合同中包含了可能导致其合同现金流量的时间分布或金额发生变更的条款(如提前还款条款),企业应当对此进行评估(如提前还款的公允价值是否很小),以确定该项资产是否满足以摊余成本计量的金融资产的现金流量要求。

【例 6-2】 20×2 年 7 月,某银行支付 1 990 万美元从市场上以折价方式购入一批美国甲汽车金融公司发行的三年期固定利率债券,票面利率 4.5%,债券面值为 2 000 万美元。该银行打算持有这批债券至到期,3 年后收取本金和利息。

本例中,该银行管理这批债券的业务模式是持有至到期,该笔债券为银行带来的未来现金流量也仅为本金和以本金为基础的利息支付。因此,在银行的资产负债表中,应将该笔债券划分为以摊余成本计量的金融资产。

二、以摊余成本计量的金融资产的会计处理

1. 以摊余成本计量的金融资产的初始确认

以摊余成本计量的金融资产初始确认时,应当按照公允价值和相关交易费用之和作为初始入账金额。实际支付的价款中包括已到付息期但尚未领取的债券利息,应单独确认为应收项目。以摊余成本计量的金融资产初始确认时,应当计算确定其实际利率,并在该以摊余成本计量的金融资产预期存续期间或适用的更短期间内保持不变。

实际利率,是指将金融资产或金融负债在预期存续期间或适用的更短期间内的未来现金流量,折现为该金融资产或金融负债当前账面价值所使用的利率。在确定实际利率时,应当在考虑金融资产或金融负债所有合同条款(包括提前还款权、看涨期权或类似期权等)的基础上预计未来现金流量,但不应考虑未来信用损失。

金融资产合同各方之间支付或收取的、属于实际利率组成部分的各项收费、交易费用及溢价或折价等,应当在确定实际利率时予以考虑。金融资产的未来现金流量或存续期间无法预计时,应当采用该金融资产在整个合同期内的合同现金流量。

2. 以摊余成本计量的金融资产的后续计量

企业应当采用实际利率法,按摊余成本对以摊余成本计量的金融资产进行后续计量。实际利率法,是指按照金融资产或金融负债(含一组金融资产或金融负债)的实际利率计算其摊余成本及各期利息收入或利息费用的方法。摊余成本,是指该金融资产的初始确认金额经过下列调整后的结果:

(1)扣除已偿还的本金;

(2)加上或减去采用实际利率法将该初始确认金额与到期日金额之间的差额进行摊销形成的累计摊销额;

(3)扣除累计计提的减值准备(仅适用于金融资产)。

企业应在以摊余成本计量的金融资产持有期间,采用实际利率法,按照摊余成本和实际利率计算确认利息收入,计入投资收益。实际利率应当在取得以摊余成本计量的金融资产时确定,实际利率与票面利率差别较小时,也可按票面利率计算利息收入,计入投资收益。

企业因以摊余成本计量的金融资产部分出售或重分类的金额较大,且不属于企业会计准则所允许的例外情况,使该投资的剩余部分不再适合划分为以摊余成本计量的金融资产的,企业应当将该投资的剩余部分重分类为以公允价值计量且其变动计入其他综合收益的金融资产,并按照该金融资产在重分类日的公允价值进行后续计量。重分类日,该投资剩余部分的账面价值与其公允价值之间的差额计入其他综合收益,在该以公允价值计量且其变动计入其他综合收益的金融资产发生减值或终止确认时转出,计入当期损益。

处置以摊余成本计量的金融资产时,应将取得价款与以摊余成本计量的金融资产账面价值之间的差额,计入当期损益。具体的会计处理分录如下:

(1) 以摊余成本计量的金融资产的初始计量。

借:以摊余成本计量的金融资产——成本(面值)

应收利息(实际支付的款项中包含的已到付息期但尚未领取的利息)

以摊余成本计量的金融资产——利息调整(差额也可能在贷方)

贷:银行存款等

(2) 以摊余成本计量的金融资产的后续计量。

借:应收利息(分期付息债券按票面利率计算的利息)

以摊余成本计量的金融资产——应计利息(到期时一次还本付息债券按票面利率计算的利息)

贷:投资收益(以摊余成本计量的金融资产摊余成本和实际利率计算确定的利息收入)

以摊余成本计量的金融资产——利息调整(差额也可能在借方)

(3) 以摊余成本计量的金融资产转换。

借:以公允价值计量且其变动计入其他综合收益的金融资产(重分类日公允价值)

以摊余成本计量的金融资产减值准备

贷:以摊余成本计量的金融资产

其他综合收益(差额也可能在借方)

(4) 出售以摊余成本计量的金融资产。

借:银行存款等

以摊余成本计量的金融资产减值准备

贷:以摊余成本计量的金融资产

投资收益(差额也可能在借方)

【例 6-3】 20×0 年 1 月 1 日,A 公司支付价款 1 000 元(含交易费用),从活跃市场上购入某公司 5 年期债券,面值 1 250 元,票面年利率 4.72%,按年支付利息(每年支付 59 元),本金最后一次支付。合同约定该债券的发行方在遇到特定情况时可以将债券赎回,且不需要为提前赎回支付额外款项。A 公司在购买该债券时,预计发行方不会提前赎回。

A 公司将购入的该公司债券划分为以摊余成本计量的金融资产,且不考虑所得税、减值损失等因素。为此,A 公司在初始确认时先计算确定该债券的实际利率:

设该债券的实际利率为 r,则可列出如下等式:

$$59 \times (1+r)^{-1} + 59 \times (1+r)^{-2} + 59 \times (1+r)^{-3} + 59 \times (1+r)^{-4} + (59+1\ 250) \times (1+r)^{-5} = 1\ 000(元)$$

采用插值法,可以计算得出 $r=10\%$,由此可编制表 6-1。

表 6-1 元

年份	期初摊余成本(a)	实际利息(b) (按 10% 计算)	现金流入(c)	期末摊余成本 (d=a+b−c)
20×0 年	1 000	100	59	1 041

续表

年份	期初摊余成本(a)	实际利息(b) (按 10% 计算)	现金流入(c)	期末摊余成本 (d＝a＋b－c)
20×1 年	1 041	104	59	1 086
20×2 年	1 086	109	59	1 136
20×3 年	1 136	114*	59	1 191
20×4 年	1 191	118**	1 309	0

＊数字四舍五入取整；

＊＊数字考虑了计算过程中出现的尾差。

根据上述数据,A 公司的有关账务处理如下:

(1) 20×0 年 1 月 1 日,购入债券:

借:以摊余成本计量的金融资产——成本   1 250

    贷:银行存款   1 000

        以摊余成本计量的金融资产——利息调整   250

(2) 20×0 年 12 月 31 日,确认实际利息收入、收到票面利息等:

借:应收利息   59

    以摊余成本计量的金融资产——利息调整   41

        贷:投资收益   100

借:银行存款   59

    贷:应收利息   59

(3) 20×1 年 12 月 31 日,确认实际利息收入、收到票面利息等:

借:应收利息   59

    以摊余成本计量的金融资产——利息调整   45

        贷:投资收益   104

借:银行存款   59

    贷:应收利息   59

(4) 20×2 年 12 月 31 日,确认实际利息收入、收到票面利息等:

借:应收利息   59

    以摊余成本计量的金融资产——利息调整   50

        贷:投资收益   109

借:银行存款   59

    贷:应收利息   59

(5) 20×3 年 12 月 31 日,确认实际利息收入、收到票面利息等:

借:应收利息   59

    以摊余成本计量的金融资产——利息调整   55

        贷:投资收益   114

借:银行存款   59

    贷:应收利息   59

（6）20×4年12月31日，确认实际利息收入、收到票面利息和本金等：

借：应收利息　　　　　　　　　　　　　　　　　　　　　　　　　59

　　以摊余成本计量的金融资产——利息调整

　　　　　　　　　　　　　　　（250－41－45－50－55）59

　　贷：投资收益　　　　　　　　　　　　　　　　　　　　　　118

借：银行存款　　　　　　　　　　　　　　　　　　　　　　　　　59

　　贷：应收利息　　　　　　　　　　　　　　　　　　　　　　　59

借：银行存款等　　　　　　　　　　　　　　　　　　　　　1 250

　　贷：以摊余成本计量的金融资产——成本　　　　　　　　1 250

【例6-4】 假定在20×2年1月1日，A公司预计本金的一半（625元）将会在20×2年年末收回，而其余的一半本金将于20×4年年末付清。遇到这种情况时，A公司应当调整20×2年年初的摊余成本，计入当期损益。调整时采用最初确定的实际利率，其余条件同例6-3。据此，调整上述表中相关数据后如表6-2所示。

表 6-2　　　　　　　　　　　　　　　　　　　　　　　　　　　　　元

年份	期初摊余成本(a)	实际利息(b)（按10%计算）	现金流入(c)	期末摊余成本(d＝a＋b－c)
20×2年	1 139①	114②	684④	569
20×3年	569	57	30③	596
20×4年	596	59	655	0

① $(625+59)\times(1+10\%)^{-1}+30\times(1+10\%)^{-2}+(625+30)\times(1+10\%)^{-3}=1\ 139$元（四舍五入）

② $1\ 139\times10\%=114$（四舍五入）

③ $625\times4.72\%=30$（四舍五入）

④ $625+59=684$（收回的本金＋当期利息）

根据上述调整，公司的账务处理如下：

（1）20×2年1月1日，调整期初摊余成本：

借：以摊余成本计量的金融资产——利息调整　　　　　　　　　　53

　　贷：投资收益　　　　　　　　　　　　　　　　　　　　　　53

（2）20×2年12月31日，确认实际利息、收回本金等：

借：应收利息　　　　　　　　　　　　　　　　　　　　　　　　59

　　以摊余成本计量的金融资产——利息调整　　　　　　　　　　55

　　贷：投资收益　　　　　　　　　　　　　　　　　　　　　114

借：银行存款　　　　　　　　　　　　　　　　　　　　　　　　59

　　贷：应收利息　　　　　　　　　　　　　　　　　　　　　　59

借：银行存款　　　　　　　　　　　　　　　　　　　　　　　625

　　贷：以摊余成本计量的金融资产——成本　　　　　　　　　625

（3）20×3年12月31日，确认实际利息等：

借：应收利息　　　　　　　　　　　　　　　　　　　　　　　　30

　　以摊余成本计量的金融资产——利息调整　　　　　　　　　　27

   贷:投资收益   57
  借:银行存款   30
   贷:应收利息   30

  (4) 20×4 年 12 月 31 日,确认实际利息、收回本金等:

  借:应收利息   30
    以摊余成本计量的金融资产——利息调整   29
     贷:投资收益   59
  借:银行存款   30
    贷:应收利息   30
  借:银行存款   625
    贷:以摊余成本计量的金融资产——成本   625

  【例 6-5】 假定 A 公司购买的债券不是分次付息,而是到期一次还本付息,且利息不是以复利计算,其余条件同例 6-3。此时,A 公司所购买债券的实际利率 r,可以计算如下:

  $(59+59+59+59+59+1\,250)\times(1+r)^{-5}=1\,000$(元),由此得出 $r\approx9.05\%$。

  据此,调整上述表中相关数据后如表 6-3 所示。

表 6-3   元

年份	期初摊余成本(a)	实际利息(b) (按 9.05% 计算)	现金流入(c)	期末摊余成本 (d=a+b−c)
20×0 年	1 000	90.5	0	1 090.5
20×1 年	1 090.5	98.69	0	1 189.19
20×2 年	1 189.19	107.62	0	1 296.81
20×3 年	1 296.81	117.36	0	1 414.17
20×4 年	1 414.17	130.83*	1 545	0

 *考虑了计算过程中出现的尾差 2.85 元。

  根据上述数据,A 公司的有关账务处理如下:

  (1) 20×0 年 1 月 1 日,购入债券:

  借:以摊余成本计量的金融资产——成本   1 250
   贷:银行存款   1 000
    以摊余成本计量的金融资产——利息调整   250

  (2) 20×0 年 12 月 31 日,确认实际利息收入:

  借:以摊余成本计量的金融资产——应计利息   59
           ——利息调整   31.5
   贷:投资收益   90.5

  (3) 20×1 年 12 月 31 日,确认实际利息收入:

  借:以摊余成本计量的金融资产——应计利息   59
           ——利息调整   39.69
   贷:投资收益   98.69

(4) 20×2 年 12 月 31 日：

借：以摊余成本计量的金融资产——应计利息 59

——利息调整 48.62

贷：投资收益 107.62

(5) 20×3 年 12 月 31 日，确认实际利息：

借：以摊余成本计量的金融资产——应计利息 59

——利息调整 58.36

贷：投资收益 117.36

(6) 20×4 年 12 月 31 日，确认实际利息收入、收到本金和名义利息等：

借：以摊余成本计量的金融资产——应计利息 59

——利息调整 71.83

(250−31.5−39.69−48.62−58.36)

贷：投资收益 130.83

借：银行存款 1 545

贷：以摊余成本计量的金融资产——成本 1 250

——应计利息 295

第四节 以公允价值计量且其变动计入
其他综合收益的金融资产

一、以公允价值计量且其变动计入其他综合收益的金融资产概述

以公允价值计量且其变动计入其他综合收益的金融资产，必须同时满足以下两个要求。

(1) 企业管理该金融资产的业务模式既以收取合同现金流量为目标又以出售该金融资产为目标。

(2) 该金融资产的合同规定，特定日期金融资产产生的现金流量，仅为对本金和以未偿付本金金额为基础的利息的支付。

例如，企业购入的活跃市场上有报价的股票、债券和基金等，没有划分为以公允价值计量且其变动计入当期损益的金融资产或以摊余成本计量的金融资产等金融资产的，可归为此类。相较于以公允价值计量且其变动计入当期损益的金融资产而言，企业对以公允价值计量且其变动计入其他综合收益的金融资产的管理模式不明确。

初始确认时，企业可以将非交易性权益工具投资(如长期股权投资)指定为以公允价值计量且其变动计入其他综合收益的金融资产，并确认股利收入，计入当期损益。该指定一经作出，不得撤销。另外，对于企业在非同一控制下的企业合并中确认的或有对价构成金融资产的，企业不得将其指定为以公允价值计量且其变动计入其他综合

收益的金融资产。

二、以公允价值计量且其变动计入其他综合收益的金融资产的会计处理

以公允价值计量且其变动计入其他综合收益的金融资产的初始计量,应按公允价值计量,相关交易费用计入初始入账金额。企业取得以公允价值计量且其变动计入其他综合收益的金融资产支付的价款中包含的已到期但尚未领取的债券利息或已宣告但尚未发放的现金股利,应单独确认为应收项目。

以公允价值计量且其变动计入其他综合收益的金融资产持有期间取得的利息或现金股利,应当计入投资收益;资产负债表日,以公允价值计量且其变动计入其他综合收益的金融资产应当以公允价值计量,且公允价值变动计入其他综合收益。

以公允价值计量且其变动计入其他综合收益的金融资产发生的减值损失,应计入当期损益;如果以公允价值计量且其变动计入其他综合收益的金融资产是外币性金融资产,其形成的汇兑差额也应计入当期损益。采用实际利率法计算的以公允价值计量且其变动计入其他综合收益的金融资产的利息,应当计入当期损益。

处置以公允价值计量且其变动计入其他综合收益的金融资产时,应将取得的价款与该金融资产账面价值之间的差额,计入投资损益。同时,将直接计入所有者权益的公允价值累计变动额对应处置部分的金额转出,计入投资收益。具体的会计处理分录如下:

1. 企业取得以公允价值计量且其变动计入其他综合收益的金融资产

(1) 股票投资。

借:以公允价值计量且其变动计入其他综合收益的金融资产——成本(公允价值与交易费用之和)

应收股利(已宣告但尚未发放的现金股利)

贷:银行存款等

(2) 债券投资。

借:以公允价值计量且其变动计入其他综合收益的金融资产——成本(面值)

应收利息(实际支付的款项中包含的已到付息期但尚未领取的利息)

以公允价值计量且其变动计入其他综合收益的金融资产——利息调整(差额也可能在贷方)

贷:银行存款等

2. 资产负债表日计算利息

借:应收利息(分期付息债券按票面利率计算的利息)

以公允价值计量且其变动计入其他综合收益的金融资产——应计利息(到期时一次还本付息债券按票面利率计算的利息)

贷:投资收益(可供出售债券的摊余成本和实际利率计算确定的利息收入)

以公允价值计量且其变动计入其他综合收益的金融资产——利息调整(差额也可能在借方)

3. 资产负债表日公允价值变动

（1）公允价值上升：

借：以公允价值计量且其变动计入其他综合收益的金融资产——公允价值变动

    贷：其他综合收益

（2）公允价值下降：

借：其他综合收益

    贷：以公允价值计量且其变动计入其他综合收益的金融资产——公允价值变动

4. 持有期间被投资单位宣告发放现金股利

借：应收股利

    贷：投资收益

5. 将以摊余成本计量的金融资产重分类为以公允价值计量且其变动计入其他综合收益的金融资产

借：以公允价值计量且其变动计入其他综合收益的金融资产（重分类日公允价值）

    贷：以摊余成本计量的金融资产

       其他综合收益（差额也可能在借方）

6. 出售以公允价值计量且其变动计入其他综合收益的金融资产

借：银行存款等

    贷：以公允价值计量且其变动计入其他综合收益的金融资产

       投资收益（差额也可能在借方）

同时：

借：其他综合收益（从所有者权益中转出的公允价值累计变动额也可能在贷方）

    贷：投资收益

【例 6-6】 A 公司于 20×2 年 7 月 13 日从二级市场购入股票 1 000 股，每股市价 15 元，手续费 30 元。初始确认时，该股票划分为以公允价值计量且其变动计入其他综合收益的金融资产。

A 公司至 20×3 年 12 月 31 日仍持有该股票，该股票当时的市价为 16 元。

20×4 年 2 月 1 日，A 公司将该股票售出，售价为每股 13 元，另支付交易费用 30 元。

假定不考虑其他因素，A 公司的账务处理如下：

（1）20×2 年 7 月 13 日，购入股票：

借：以公允价值计量且其变动计入其他综合收益的金融资产——成本

                            15 030

    贷：银行存款   15 030

（2）20×3 年 12 月 31 日，确认股票价格变动：

借：以公允价值计量且其变动计入其他综合收益的金融资产——公允价值变动

                            970

    贷：其他综合收益   970

（3）20×4 年 2 月 1 日，出售股票：

借：银行存款   12 970

其他综合收益   970

投资收益   2 060

  贷:以公允价值计量且其变动计入其他综合收益的金融资产——成本 15 030

              ——公允价值变动

              970

第五节　三类金融资产的会计处理比较及重分类规定

一、三类金融资产会计处理的比较

以公允价值计量且其变动计入当期损益的金融资产、以摊余成本计量的金融资产和以公允价值计量且其变动计入其他综合收益的金融资产三类金融资产在会计处理方面既有相似之处,又有不同的地方。三类金融资产主要的会计处理总结如表 6-4 和表 6-5 所示。

表 6-4　金融资产初始确认

类　别	初始计量原则	
以公允价值计量且其变动计入当期损益的金融资产	公允价值,交易费用计入当期损益(第三十三条)	企业取得金融资产所支付的价款中包含的已宣告但尚未发放的债券利息或现金股利,应当单独确认为应收项目进行处理
以摊余成本计量的金融资产	公允价值,相关交易费用计入初始确认金额,构成计算实际利息的组成部分(第三十三条)	
以公允价值计量且其变动计入其他综合收益的金融资产	公允价值,交易费用计入初始确认金额,构成初始入账成本的一部分(第三十三条)	

表 6-5　金融资产后续计量

类　别		持有期利得或损失	处置时(不包括重分类)
以公允价值计量且其变动计入当期损益的金融资产		计入当期损益(第六十四条)	计入当期损益(第六十四条)
以摊余成本计量的金融资产		计入当期损益(第六十六条)	计入当期损益(第六十六条)
以公允价值计量且其变动计入其他综合收益的金融资产	债权资产	除减值损失或利得、汇兑损益、采用实际利率法计算的该金融资产的利息(计入当期损益)之外,均应当计入其他综合收益,直至该金融资产终止确认或被重分类(第七十一条)	之前计入其他综合收益的累计利得或损失应当从其他综合收益中转出,计入当期损益(第七十一条)
	股权资产	公允价值变动计入其他综合收益,收到股利计入当期损益(第六十五条)	之前计入其他综合收益的累计利得或损失应当从其他综合收益中转出,计入留存收益(第六十五条)

二、金融资产的重分类处理

当企业改变其管理金融资产的业务模式时,企业应当对所有受影响的相关金融资产进行重分类。主要的会计处理如表 6-6 所示。

表 6-6　金融资产重分类会计处理

类　别	调整方向	处理规则
以公允价值计量且其变动计入当期损益的金融资产	以摊余成本计量的金融资产	应当以其在重分类日的公允价值作为新的账面余额(未来适用法)(第三十二条)
	以公允价值计量且其变动计入其他综合收益的金融资产	应当继续以公允价值计量该金融资产(未来适用法)(第三十二条)
以摊余成本计量的金融资产	以公允价值计量且其变动计入当期损益的金融资产	应当以该金融资产在重分类日的公允价值进行计量,原账面价值与公允价值之间的差额计入当期损益(第三十条)
	以公允价值计量且其变动计入其他综合收益的金融资产	应当以该金融资产在重分类日的公允价值进行计量,原账面价值与公允价值之间的差额计入其他综合收益。该金融资产重分类不影响其实际利率和预期信用损失的计量(第三十条)
以公允价值计量且其变动计入其他综合收益的金融资产	以摊余成本计量的金融资产	应当将之前计入其他综合收益的累计利得或损失转出,调整该金融资产在重分类日的公允价值,并以调整后的金额作为新的账面价值,即视同该金融资产一直以摊余成本计量(第三十一条)
	以公允价值计量且其变动计入当期损益的金融资产	应当继续以公允价值计量该金融资产。同时,企业应当将之前计入其他综合收益的累计利得或损失从其他综合收益转入当期损益(第三十一条)

【例 6-7】　20×1 年 5 月 6 日,甲公司支付价款 1 016 万元(含交易费用 1 万元和已宣告发放现金股利 15 万元),购入乙公司发行的股票 200 万股,占乙公司表决权 0.5% 的股份。

20×1 年 5 月 10 日,甲公司收到乙公司发放的现金股利 15 万元。

20×1 年 6 月 30 日,该股票市价为每股 5.2 元。

20×1 年 12 月 31 日,甲公司仍持有该股票;当日,该股票市价为每股 5 元。

20×2 年 5 月 9 日,乙公司宣告发放股利 4 000 万元。

20×2 年 5 月 13 日,甲公司收到乙公司发放的现金股利。

20×2 年 5 月 20 日,甲公司以每股 4.9 元的价格将股票全部转让。

假定不考虑其他因素。

如果甲公司将其划分为以公允价值计量且其变动计入其他综合收益的金融资产,

甲公司的账务处理如下(金额单位:万元):

(1) 20×1 年 5 月 6 日,购入股票:

借:应收股利　　　　　　　　　　　　　　　　　　15
　　以公允价值计量且其变动计入其他综合收益的金融资产——成本
　　　　　　　　　　　　　　　　　　　　　　　1 001
　　贷:银行存款　　　　　　　　　　　　　　　　1 016

(2) 20×1 年 5 月 10 日,收到现金股利:

借:银行存款　　　　　　　　　　　　　　　　　　15
　　贷:应收股利　　　　　　　　　　　　　　　　15

(3) 20×1 年 6 月 30 日,确认股票价格变动:

借:以公允价值计量且其变动计入其他综合收益的金融资产——公允价值变动
　　　　　　　　　　　　　　　　　　　　　　　　39
　　贷:其他综合收益　　　　　　　　　　　　　　39

(4) 20×1 年 12 月 31 日,确认股票价格变动:

借:其他综合收益　　　　　　　　　　　　　　　　40
　　贷:以公允价值计量且其变动计入其他综合收益的金融资产——公允价值变动
　　　　　　　　　　　　　　　　　　　　　　　　40

(5) 20×1 年 5 月 9 日,确认应收现金股利:

借:应收股利　　　　　　　　　　　　　　　　　　20
　　贷:投资收益　　　　　　　　　　　　　　　　20

(6) 20×2 年 5 月 13 日,收到现金股利:

借:银行存款　　　　　　　　　　　　　　　　　　20
　　贷:应收股利　　　　　　　　　　　　　　　　20

(7) 20×2 年 5 月 20 日,出售股票:

借:银行存款　　　　　　　　　　　　　　　　　980
　　投资收益　　　　　　　　　　　　　　　　　　21
　　以公允价值计量且其变动计入其他综合收益的金融资产——公允价值变动
　　　　　　　　　　　　　　　　　　　　　　　　1
　　贷:以公允价值计量且其变动计入其他综合收益的金融资产——成本
　　　　　　　　　　　　　　　　　　　　　　1 001
　　　其他综合收益　　　　　　　　　　　　　　　1

如果甲公司将购入的乙公司股票划分为以公允价值计量且其变动计入当期损益的金融资产,且 20×1 年 12 月 31 日乙公司股票市价每股为 4.8 元,其他资料不变,则甲公司应作如下账务处理(金额单位:万元):

(1) 20×1 年 5 月 6 日,购入股票:

借:应收股利　　　　　　　　　　　　　　　　　　15
　　以公允价值计量且其变动计入当期损益的金融资产——成本　1 000

        投资收益   1

            贷：银行存款   1 016

（2）20×1年5月10日，收到现金股利：

借：银行存款   15

      贷：应收股利   15

（3）20×1年6月30日，确认股票价格变动：

借：以公允价值计量且其变动计入当期损益的金融资产——公允价值变动

                                            40

      贷：公允价值变动损益   40

（4）20×1年12月31日，确认股票价格变动：

借：公允价值变动损益   80

      贷：以公允价值计量且其变动计入当期损益的金融资产——公允价值变动

                                            80

注：公允价值变动＝200×(4.8−5.2)＝−80(万元)

（5）20×2年5月9日，确认应收现金股利：

借：应收股利   20

      贷：投资收益   20

（6）20×2年5月13日，收到现金股利：

借：银行存款   20

      贷：应收股利   20

（7）20×2年5月20日，出售股票：

借：银行存款   980

    投资收益   20

    以公允价值计量且其变动计入当期损益的金融资产——公允价值变动

                                            40

      贷：以公允价值计量且其变动计入当期损益的金融资产——成本   1 000

        公允价值变动损益   40

▶ 思考题

1. 什么是金融工具？什么是金融资产？什么是金融负债？

2. 我国现行的会计准则将金融资产划分为哪几类？

3. 金融资产的后续计量方法有哪几类？

4. 我国现行的会计准则将金融负债划分为哪几类？

5. 满足什么条件时，可以将金融资产划分为以摊余成本计量的金融资产？

▶ 练习题

1. 甲企业为工业生产企业，20×7年1月1日，从二级市场支付价款1 020 000元

(含已到付息期但尚未领取的利息 20 000 元)购入某公司发行的债券,另发生交易费用 20 000 元。该债券面值 1 000 000 元,期限为 2 年,票面年利率为 4%,每半年付息一次,其他资料如下:

(1) 20×7 年 1 月 5 日,收到该债券 20×6 年下半年利息 20 000 元;

(2) 20×7 年 6 月 30 日,该债券的公允价值为 1 150 000 元(不含利息);

(3) 20×7 年 7 月 5 日,收到该债券半年利息;

(4) 20×7 年 12 月 31 日,该债券的公允价值为 1 100 000 元(不含利息);

(5) 20×8 年 1 月 5 日,收到该债券 20×7 年下半年利息;

(6) 20×8 年 3 月 31 日,甲企业将该债券出售,取得价款 1 180 000 元(含第一季度利息 10 000 元)。

假定不考虑其他因素。甲企业如果将其划分为以公允价值计量且其变动计入当期损益的金融资产应该如何进行账务处理? 如果将其划分为以公允价值计量且其变动计入其他综合收益的金融资产应该如何进行账务处理?

2. 20×5 年 1 月 1 日,甲公司自证券市场购入面值总额为 2 000 万元的债券,购入时实际支付价款 2 078.98 万元,另外支付交易费用 10 万元,该债券发行日为 20×5 年 1 月 1 日,系分期付息、到期还本债券,期限为 5 年,票面年利率为 5%,实际年利率为 4%,每年 12 月 31 日支付当年利息,甲公司将该债券作为以摊余成本计量的金融资产核算,在持有该债券的 5 年内甲公司应该如何对其进行账务处理?

 练习题参考答案

第七章

衍生工具

本章在对金融衍生工具进行简单的阐述后,主要介绍远期、期货、互换、期权业务的会计处理。本部分的内容主要遵循《企业会计准则第 22 号——金融工具确认和计量》(2017 年 4 月颁布)的相关规定。

第一节　衍生工具概述

自 20 世纪 70 年代产生以来,衍生工具(derivative)发展十分迅速。我国的衍生工具交易量日益增大,交易品种日益丰富。《企业会计准则第 22 号——金融工具确认和计量》规范了包括金融企业在内的各类企业的金融工具交易的会计处理,要求企业几乎将所有金融工具尤其是衍生工具纳入表内核算,这有助于如实反映企业的金融工具交易,便于投资者更好地了解企业的财务状况和经营成果。

衍生工具是指其价值会随标的物资产价值变动而变动的合约,即这种合约的回报率是根据合约中约定的其他标的物的表现情况而衍生出来的。"衍生"是指演变而产生,从母体物质得到的新物质的过程。

一、衍生工具的主要特征

衍生工具主要指具有下列特征的金融工具或其他合同。

(一) 衍生工具的价值具有衍生性

所谓衍生性是指衍生工具的价值随着特定利率、其他金融工具价格、商品价格、汇率、价格指数、费率指数、信用等级、信用指数或其他类似变量的变动而变动,变量为非金融变量的(如特定区域的地震损失指数、特定城市的气温指数等),该变量与合同的任一方不存在特定关系。

衍生工具合约中会设定具体的标的物,衍生工具合约的价值变动取决于该标的变量的变化。例如,在浮动汇率机制下,甲银行与境外乙银行签订了一份 6 个月的汇率远期合约,6 个月后甲银行将按合同约定汇率向乙银行购买约定数量的外币。合约签订时,其公允价值为零。此后,相关汇率与合约签订的汇率不同,那么,合约的公允价值就会因汇率的变化而发生改变。

(二)衍生工具的交易过程具有杠杆性

企业从事衍生工具交易不要求初始净投资,或与对市场情况变动有类似反应的其他类型合同相比,要求很少的初始净投资。通常签订某项衍生工具合同时不需要支付现金,但是,不要求初始净投资,并不排除企业需要按照约定的交易惯例或规则相应地缴纳一笔保证金。例如,上述甲银行与境外乙银行签订汇率远期合约时就不需要在签订合同时支付将来购买外汇所需的现金;企业进行期货交易时则需要按要求缴纳一定的保证金。在某些情况下,企业从事衍生工具交易也会遇到要求进行现金支付的情况,但该现金支付只是相对很少的初始净投资。例如,企业从市场上购入认股权证,就需要先支付一笔款项,但相对于行权时购入相应股份所需支付的款项,此项支付往往是很小的。

这意味着企业在从事衍生工具交易时,一般只需要支付少量保证金或权利金就可以签订大额合约。例如,在20世纪80年代,希拉里·克林顿通过少量现金和大额保证金贷款的杠杆效用,利用活牛卖价上升而盈利颇丰。她从1988年开始购买活牛期货,那时活牛的市场价格为50美分/磅,到1989年7月,希拉里执行活牛期货交易时,活牛市场价格接近80美分/磅,超过了期货的执行价格60美分/磅。这场成功的期货交易,不仅使她收回了1 000美元的现金投资,还额外获利100 000美元。当然,杠杆性使收益可能成倍放大的同时,交易者所承担的风险与损失也被成倍放大,基础工具价格的轻微变动就能带来交易者的大盈大亏,金融衍生工具具有的杠杆性是导致其具有高风险性的一个重要原因。

(三)衍生工具在未来某一日期结算

在合约签订日,衍生工具合约的结算金额是不确定的。衍生工具通常在未来某一特定日期结算,也可能在未来多个日期结算。例如,利率互换可能涉及合同到期前多个结算日期。这一特征表明衍生工具结算金额需要经历一段特定期间根据标的物价格的变化来确定,其原因在于衍生工具合约签订的基础是交易双方对标的资产(underlying assets)变动趋势的不同预测,交易双方对标的资产价格未来变动趋势判断的准确程度直接决定了持有合约的损益程度。无论是哪一种金融衍生工具,其最终结算都发生在未来一段时间内或未来某时点上,影响的是未来期间的现金流入或流出。期权合约在签订时,并无法确定期权购入方是否会行权,有些期权可能由于是价外期权而到期不行权,这也是在未来日期结算的一种方式。

需要指出的是,如买卖非金融项目的合同,根据企业预期购买、出售或使用要求,以获取或交付非金融项目为目的而签订,那么此类合同不符合衍生工具的定义。但是,当此类合同可以通过现金或其他金融工具净额结算或通过交换金融工具结算,或者合同中的非金融项目可以方便地转换为现金时,这些合同应当比照衍生工具进行会计处理。例如,可以采用现金净额方式进行结算的商品期货合约。

二、衍生工具的主要功能

(一) 价格发现

在衍生工具的交易市场上,集中了各方面的市场参与者,这些参与者拥有的成千上万种基础资产的信息和市场预期,通过交易所内类似拍卖方式的公开竞价形成一种市场均衡价格,这种价格不仅对现货市场的价格具有指导性作用,而且有助于产品价格的稳定。例如,在期货市场上,到期期限为6个月的当前期货价格反映的是现在所有交易者预期的6个月后该标的资产的供需状况,期货市场形成这些均衡价格并及时将这些价格向外界发布的过程就是期货市场的价格发现功能。又如,上海交易所的金属价格为我国基础金属交易提供了参考价格,这有助于降低市场交易者的信息搜寻和定价成本,提高资源配置效率。

(二) 规避风险

套期保值或对冲风险是衍生工具市场的基本功能。套期保值,是指生产经营者为回避现货价格的变动风险,在现货市场上买进或卖出一定量的现货商品的同时,在期货市场上卖出或买进与现货品种相同、数量相当但买卖方向相反的期货商品,以达到用一个市场的盈利弥补另一个市场的亏损的目的。例如,某企业由于持有大量的库存商品(单价是每吨1 000元)而担心该商品价格在未来3个月会下跌,该企业就会买入相应的看跌期权来管理风险(买入执行价格为每吨1 000元的合约)。如果该商品价格真的下跌了,降到每吨900元,该企业就会行权,相当于以每吨1 000元的价格卖出库存商品。这样,期权市场的获利就可以用于弥补持有商品的损失。

三、衍生工具的基本种类

衍生工具合约的种类繁多,并处于不断创新阶段中。基本的衍生工具种类主要包括远期合同(forword contract)、期货合同、互换合同和期权合同。其他类型的衍生工具主要是在这些工具基础上进行组合叠加设计的,因此具有远期合同、期货合同、互换合同和期权合同中一种或一种以上特征的工具也具有衍生工具的特性。

(一) 远期合同

远期合同,是指交易双方在场外市场上通过协商约定在未来的某一确定时间[交割日(settlement date)]按照事先商定的价格买卖一定数量的某种标的物的合同。其中合同中规定在将来买入标的物的一方称为买方[或多头(long position)],在将来卖出标的物的一方称为卖方[或空头(short position)]。合同中规定的未来买卖标的物的价格称为交割价格。在合同签订的时刻,所选择的交割价格应该使远期合同的价值对双方都为零,否则就存在套利机会。这意味着无须成本就可以处于远期合同的多头或空头状态。远期合同是一种非标准化的合同,它不在规范的交易所内交易,通常在两个金融机构之间或金融机构与其公司客户之间签署该合同。在签订合同之前,双方可以就交割地点、交割时间、交割价格、合同规模等细节而进行谈判,以便尽量满足双方的需求,因此具有较大的灵活性。金融远期合约主要包括远期利率协议(forward rate agreement,FRA)、远期外汇协议(forward exchange contract)和远期股票合约。

(二)期货合同

期货合同,是指由期货交易所统一制定的、规定在将来某一特定的时间和地点交割一定数量与质量标的物的标准化合同。根据标的物的差异,期货合同主要分为商品期货和金融期货。金融期货主要包括货币期货、利率期货、股票指数期货和股票期货四种。

标准化是期货合同区别于远期合同的最主要特征,期货合同具有的标准化特征体现在:

(1)确定了标准化的数量和数量单位。例如,上海期货交易所规定每张铜期货合同单位为 5 吨,每个合同单位称为 1 手。

(2)制定了标准化的商品质量等级。这样便于买卖双方的交易,无须对商品的质量等级进行协商,如到实物交割时就按规定的等级进行交割。

(3)规定了标准化的交割地点。期货交易所在期货合同中为期货交易的实物交割确定经交易所注册的统一的交割仓库,以保证双方交割顺利进行。

(4)规定了标准化的交割期和交割程序。期货合同有不同的交割月份,交易者可自行选择,一旦选定之后,在交割月份到来之时如仍未对冲掉手中合同,就要按交易所规定的交割程序进行实物交割。

(三)期权合同

期权(options),是指合约买方向卖方支付一定费用(称为"期权费"或"期权价格")取得享有在约定日期内(或约定日期)按事先确定的价格向合约卖方购入或出售某种标的物的选择权的交易。期权合约赋予购买者一定的选择权,即期权购买者可以选择依据某一事先约定的价格向期权出售者买卖一定数量指定标的物,也可以选择不行使这一买卖标的物的权利。但期权购买者一旦行使合约赋予的权利,则期权出售者必须履行合同。也就是说,期权的购买方支付一定费用换取了选择的权利,而期权出售方收取一定费用后承担了相应义务。期权有两种基本类型:买入权与卖出权。前者赋予期权购买者可按固定价格向期权出售者购买指定标的物的权利,后者赋予期权购买者可按固定价格要求向期权出售者出售指定标的物的权利。期权合约签订时,购买者为取得权利而必须支付给出售者的一笔金额,称为期权费,也称为期权合同的价格。它代表着期权购买者可能损失的最高金额,同时也是期权出售者所能获得的最大利润。此后,随着时间的推移,期权合约的价值将随着合约标的物价格的变化而变化。

（四）互换合同

互换（suaps），是指两个或两个以上的当事人按共同商定的条件，在约定的时间内定期交换现金流的金融交易，具体可分为货币互换、利率互换、股权互换、信用违约互换等。货币互换，是指合同双方以即期汇率交换两种货币的本金，并在约定的期限内，相互交换不同货币的利息流量或只交换利息差额；合同同时约定，合同到期日双方换回本金或根据汇率变动计算的差额。这种互换相当于双方贷给对方一笔币种不同的款项。利率互换是指交换不同计息方式计算的利息金额的交易。在固定利率市场上，由于资金供给量有限，贷款资格的审核较为严格，信用等级不同的贷款者所需支付的利率差距将较大；在浮动利率市场，由于市场资金的供给较为充裕，贷款利率差距将较小。由于不同筹资者的资金成本不同，交易者在追求利润最大化的目标中，便利用互换合同取得满足自身需要且成本最低的资金。

第二节　远　期　合　约

一、远期合约中所涉及的基本概念

（1）远期合约：是交易双方签订的，分别承诺在将来某一特定时间以确定价格买卖标的资产的协议。

（2）标的资产：又称为基础资产，是远期合约中将要出售或购买的资产。随着时间的推移，远期合约的价值将随标的物资产市场价格的变化而变化。

（3）多头：在远期合同中指将在未来日期买入标的物资产的一方。

（4）空头：在远期合同中指将在未来日期出售标的物资产的一方。

（5）交易日：指达成远期协议约定的日期，即远期协议成交日。

（6）即期日：协议开始生效的日期，一般为交易日后两天。

（7）到期日：远期协议结束之日，也是协议条款执行日。

（8）交割日：买卖双方办理资金结算的日期。

二、远期合约的特点

（1）远期合约是场外交易。场外交易，是指交易双方直接成为交易对手的交易方式。远期合约属于买卖双方的私人协议。

（2）远期合约是非标准化合约。远期合约的合约期限、标的资产、交货地点等合约条款由双方商定，属于非标准合约。

（3）远期合约交易通常不交纳保证金，合约到期后才结算盈亏。

（4）合约的流动性较差。远期合约受条款个性化的限制，很难找到交易对手，因此在多数情况下只能等到期时履行合约,进行实物交割,否则就属于违约。如果一方中途违约,需提供更为优惠的条件,或找到第三方续约。

三、远期合约的种类

按标的物特征分类,远期合约主要分为商品远期合约和金融远期合约。商品远期合约的标的物对象可以是合约双方约定的任意商品,但要求必须以实物结算,而不能以现金或其他金融工具净额结算时,其不属于《企业会计准则第 22 号——金融工具确认和计量》规范的范围,本章不予关注。商品远期合约能以现金或其他金融工具净额结算时,应遵循《企业会计准则第 22 号——金融工具确认和计量》的要求进行核算。金融远期合约主要包括远期利率协议和远期外汇协议。

(一)远期利率协议

远期利率协议,是指交易双方约定在未来某一日、交换协议期间内在一定名义本金基础上分别以合同利率和参考利率计算的利息的金融合约。远期利率协议的买方以合同利率计算利息,卖方以参考利率计算利息。协议中的参考利率常常选择那些不太容易被操纵的有明确定义的利率,往往是某种市场利率,如伦敦同业拆借利率(LIBOR)、银行优惠利率、短期国库券利率等。

例如,20×9 年 1 月 5 日 ABC 银行发放一笔 1 000 万美元的贷款,期限为 9 个月,贷款利率为 12%,前 3 个月有利率为 8% 的 1 000 万美元的存款支持,3 个月后 ABC 银行拟通过行业拆借资金从其他银行拆入 6 个月期限的 1 000 万美元资金来支持其发放的 1 000 万美元的贷款。ABC 银行预期未来 6 个月美元利率要上升,为规避利率上升的风险,ABC 银行向 XYZ 银行买进一个 3×9 的远期利率协议(协议期限为 6 个月,3 个月后生效,这在市场上被称为"3×9"协议),协议利率为 8%。3 个月后到 20×9 年 10 月 5 日,市场利率上升并维持在 9%。

在上述例子中,远期利率协议约定的利率 8% 低于市场利率 9%,XYZ 银行需要向 ABC 银行支付的远期利率协议结算金的现值为(3 个月后协议生效时):1 000 万×(9%−8%)×180/360÷(1+9%×180/360)=4.78 万美元,ABC 银行只需要为原 9 个月期的贷款再筹集:1 000 万−4.78 万=995.22 万美元,即 XYZ 银行支付给 ABC 银行 4.78 万美元的远期利率协议结算金,使 ABC 银行将筹资成本锁定在了 8%。如果在 3 个月后至有效期内市场利率正好为 8%,则双方不必支付也得不到补偿,ABC 银行的筹资成本为 8%。如果在 3 个月后至有效期内市场利率为 7%,则 ABC 需要向 XYZ 行支付远期利率协议结算金,ABC 银行的筹资成本仍然为 8%。

(二)远期外汇协议

远期外汇协议又称为期汇交易,是指买卖外汇双方先签订合同,规定买卖外汇的数量、汇率和未来交割外汇的时间,到了规定的交割日期双方再按合同规定办理货币收付的外汇交易。例如汇丰银行曾经提供了多达8种货币的远期外汇合约服务，期限最长可达6个月，这些货币包括美元、欧元、英镑、日元、澳大利亚元（以下简称"澳元"）、加拿大元、瑞士法郎（SF）及泰铢。企业通过与银行签订远期外汇合约，可避免因汇率波动所带来的损失。

四、远期合约的会计处理

按照《企业会计准则第22号——金融工具确认和计量》第十九条的规定：金融资产或金融负债满足下列条件之一的，应当划分为以公允价值计量且其变动计入当期损益的金融资产或金融负债：①取得该金融资产或承担该金融负债的目的，主要是近期内出售或回购。②属于进行集中管理的可辨认金融工具组合的一部分，且有客观证据表明企业近期采用短期获利方式对该组合进行管理。③属于衍生工具。但是，被指定为有效套期工具的衍生工具、属于财务担保合同的衍生工具、与在活跃市场中没有报价且其公允价值不能可靠计量的权益工具投资挂钩并须通过交付该权益工具结算的衍生工具除外。

根据上述条款，当远期合约不作为有效套期工具，且能够以现金或其他金融工具净额结算时，一般应按以公允价值计量且其变动计入当期损益的金融资产或金融负债的会计处理原则在"衍生工具"科目核算。"衍生工具"科目应当按照衍生工具类别进行明细核算。

企业初始确认衍生工具，应当按照公允价值计量。签订远期合同时，远期合同的公允价值一般为零，不需要进行账务处理。如果发生相关交易费用，则应当直接计入当期损益"投资收益"科目。

企业应当按照公允价值对衍生工具进行后续计量，且不扣除将来处置该衍生工具时可能发生的交易费用。在远期合约交割前的每个资产负债表日，因远期合同的公允价值变动形成的利得或损失，应当计入当期损益"公允价值变动损益"科目，并对应调整"衍生工具——远期合约"科目。期末，"衍生工具——远期合约"科目期末借方余额，反映企业持有远期合约形成的资产的公允价值；"衍生工具——远期合约"科目期末贷方余额，反映企业持有远期合约形成的负债的公允价值。

衍生工具终止确认时，应当比照"以公允价值计量且其变动计入当期损益的金融资产""以公允价值计量且其变动计入当期损益的金融负债"等科目的相关规定进行处理。远期合约到期进行交割时，结清相关合约在"衍生工具——远期合约"科目记录的金额，确认该远期合约执行后的最终损益。

下面就以远期外汇合同为例来说明远期合同的会计处理。

（一）买入远期外汇的会计处理

【例 7-1】 甲公司于 20×3 年 6 月 1 日与乙公司签订了一项远期外汇合约，约定从乙公司买入期限为 60 天、本金为 20 000 美元的远期外汇。假定折现率为 6%，未来

3 个月的汇率变化如下：

20×3 年 6 月 1 日，即期汇率：100 美元＝625 元人民币；60 天远期汇率：100 美元＝655 元人民币

20×3 年 6 月 30 日，即期汇率：100 美元＝656 元人民币；30 天远期汇率：100 美元＝658 元人民币

20×3 年 7 月 30 日，即期汇率：100 美元＝657 元人民币

则甲公司的会计处理如下：

（1）20×3 年 6 月 1 日，远期外汇合约的公允价值为远期价格与远期合约价格二者之间差额的现值，由于该日该合约的远期价格＝合约价格，所以公允价值为零，不进行账务处理。

（2）20×3 年 6 月 30 日，按远期价格买入该外币需支付人民币金额＝20 000×6.58＝131 600（元），按合约价格买入该外币需支付人民币金额＝20 000×6.55＝131 000（元），因持有远期合约可以少支付人民币金额＝远期价格－合约价格＝600 元，这是甲公司持有该远期合约产生的收益。按 6％年利率贴现后为 597[600/(1＋0.5％)]元。会计处理为：

借：衍生工具——远期外汇合约　　　　　　　　　　　　　597
　　贷：公允价值变动损益　　　　　　　　　　　　　　　　　　　597

（3）20×3 年 7 月 30 日合约到期，按即期价格买入该外币需支付人民币＝20 000×6.57＝131 400（元），按合约价格买入该外币需支付人民币＝20 000×6.55＝131 000（元），因持有远期合约可以少支付人民币＝即期价格－合约价格＝400 元，由于前期已确认的合约价值为 597 元，因此合约的公允价值减少 197 元（此时合约已到期，不需要计算现值）。

借：公允价值变动损益　　　　　　　　　　　　　　　　197
　　贷：衍生工具——远期外汇合约　　　　　　　　　　　　　　197

（4）由于远期合约到期，甲公司按合约约定以 6.55 的汇率从乙公司买入 20 000 美元，结清该远期合约。会计处理为：

借：银行存款——美元　　　　　　　　　　　　　　131 400
　　贷：银行存款——人民币　　　　　　　　　　　　　　　131 000
　　　　衍生工具——远期外汇合约　　　　　　　　　　　　　400
借：公允价值变动损益　　　　　　　　　　　　　　　400
　　贷：投资收益　　　　　　　　　　　　　　　　　　　　　400

（二）卖出远期外汇的会计处理

【例 7-2】 沿用例 7-1 的资料，乙公司在该业务中属于卖出远期外汇方。

乙公司的会计处理如下：

（1）20×3 年 6 月 1 日，远期外汇合约的公允价值为远期价格与远期合约价格二者之间差额的现值，由于该日该合约的远期价格＝合约价格，所以公允价值为零，不进

行账务处理。

（2）20×3 年 6 月 30 日，按远期价格卖出该外币能收到的人民币＝20 000×6.58＝131 600（元），按合约价格卖出该外币能收到的人民币＝20 000×6.55＝131 000（元），因持有远期合约而少收取的人民币金额＝远期价格－合约价格＝600 元，这是乙公司持有该远期合约产生的损失。按 6% 年利率贴现后为 597[600/(1＋0.5%)]元。会计处理为：

借：公允价值变动损益　　　　　　　　　　　　　　　　　597
　　贷：衍生工具——远期外汇合约　　　　　　　　　　　　　　　597

（3）20×3 年 7 月 30 日合约到期，按远期价格卖出该外币能收到的人民币＝20 000×6.57＝131 400（元），按合约价格卖出该外币能收到的人民币＝20 000×6.55＝131 000（元），因持有远期合约而少收取的人民币金额＝即期价格－合同价格＝400元，由于前期已确认的合约负债价值为 597 元，因此合约负债的价值减少 197 元（此时合约已到期，不需要计算现值）。

借：衍生工具——远期外汇合约　　　　　　　　　　　　　197
　　贷：公允价值变动损益　　　　　　　　　　　　　　　　　　197

（4）由于远期合约到期，乙公司按合约约定以 6.55 的汇率向甲公司出售 20 000美元，结清该远期合约。会计处理为：

借：银行存款——人民币　　　　　　　　　　　　　131 000
　　衍生工具——远期外汇合约　　　　　　　　　　　400
　　贷：银行存款——美元　　　　　　　　　　　　　　　　131 400
借：投资收益　　　　　　　　　　　　　　　　　　400
　　贷：公允价值变动损益　　　　　　　　　　　　　　　　　400

第三节　期货合约的会计处理

一、期货合约涉及的基本概念

（1）开仓：是买进（或卖出）一定数量某一期货合约，使持有这一期货合约多单（或空单）增加的交易行为。

（2）平仓：指期货交易者卖出或者买入与其所持期货合约的品种、数量及交割月份相同但方向相反的期货合约，了结期货交易的行为。平仓可通过对冲买卖和实物交割两种方式完成。对冲平仓：通过买入或卖出相同交割月份的期货合约了结先前所卖出或买入的合约。交割平仓：指期货合约到期时，根据期货交易所的交易规则和程序，交易双方通过该期货合约所载商品所有权的转移，了结到期未平仓合约的过程。

（3）持仓：指已买入或卖出的期货合约尚未平仓的状态。未平仓量是指尚未平仓的合约数量，随着期货合约交割日的临近，交易商开始纷纷结束头寸，交割月的未平仓量将不断减少,愿意承担风险的交易商会在下一个交割月重新建立头寸。

(4) 买空:又称多头,指先买进后卖出的期货交易。投机者预料商品价格会上涨时,先买进期货合约;待价格真正上涨时,再以高的售价对冲平仓,以赚取价差收益。

(5) 卖空:又称空头,指先卖出后买进的期货交易。投机者预料商品价格会下跌时,先卖出期货合约;待价格真正下跌时,再以低的进价对冲平仓,以赚取价差收益。

(6) 保证金:指期货交易者按照规定标准交纳的资金,是确保买卖双方履约的一种财力担保,包括结算准备金、交易保证金两种。

(7) 结算准备金:指会员存入期货交易所或客户存入期货经纪公司的、为交易结算预先准备的款项。它是尚未被合约占用的保证金。结算准备金的最低余额由期货交易所决定。在一般情况下,这一最低余额水平的保证金不得用作交易保证金或结算款项,经纪公司退出期货交易所时,这笔保证金也随之退回。超过最低余额的结算准备金可以转为交易保证金使用。

(8) 交易保证金:指在从事具体的期货交易时根据成交合约的数量及规定比例计算、从结算准备金中划转的持仓合约占用的保证金。在每日无负债结算制度下,交易保证金应根据持仓合约当日结算价的变化而调整。交易保证金分为初始保证金、维持保证金和追加保证金。初始保证金是在新开仓时,期货经纪公司在交易所存入的,用以担保初始期货合约顺利履约的款项。维持保证金是期货交易所规定的交易者必须维持的最低保证金水平。当持仓合约价值发生变化,存入结算账户的资金余额低于维持保证金水平时,经纪公司必须补交保证金。追加保证金是当保证金账面余额低于维持保证金时,交易者必须在规定时间内补交的保证金,否则在下一交易日,交易所或者代理机构有权实施强行平仓。

(9) 平仓盈亏:指按照合约的初始成交价与平仓成交价计算的已实现盈亏。

(10) 浮动盈亏:又称持仓盈亏,指按持仓合约的初始成交价与当日结算价计算的潜在盈亏。

(11) 每日无负债结算制度:又称逐日盯市,实际上是对持仓合约实施的一种保证金管理方式,目的在于及时发现并有效控制期货交易风险。按正常的交易程序,期货交易所在每个交易日结束后,先由结算部门根据当日的结算价计算各会员的当日盈亏(包括平仓盈亏和持仓盈亏)、当日结算时的交易保证金、当日应交的手续费、税金等相关费用。然后,对各会员应收应付的款项实行净额一次划转,相应调整增加或减少会员的结算准备金。结算完毕,如果某会员"结算准备金"明细账户余额低于规定的最低数额,交易所则要求该会员在下一交易日开市前30分钟补交,从而做到无负债交易。

(12) 仓单:指交割仓库开出并经期货交易所认定的标准化提货凭证。

(13) 基差:是指某一特定商品在某一特定时间和地点的现货价格与该商品在期货市场的期货价格之差,即基差=现货价格-期货价格。随着期货合约逐渐接近其交割日,它的价格必须与其标的资产的即期价格趋于一致,因为到了交割日那天,期货交易将变成即期市场交易。在交割日当天,即期价格与期货价格之差,即基差必须等于零。

二、期货合约的特点

1. 交易的组织化和规范化

期货交易是在依法建立的期货交易所内进行的，期货交易所是买卖双方汇聚并进行期货交易的场所，作为非营利组织，旨在提供期货交易的场所与交易设施，制定交易规则，充当交易的组织者，本身并不介入期货交易活动，也不干预期货价格的形成，因此，期货交易具有高度组织化和规范化特征。

2. 合约的标准化

期货合约的合约条款由交易所统一设定，属于标准化合约。这种标准化体现在进行期货交易的商品的品级、数量、质量等都是预先规定好的，只有价格是变动的。期货合约标准化不仅大大简化了交易手续，也降低了交易成本，最大限度地减少了交易双方因对合约条款理解不同而产生的争议与纠纷。

3. 保证金和结算制度

期货交易在交易前需交纳合约金额 5％～10％ 的保证金，并由清算公司进行逐日清算，如有盈余，可以支取，如有损失必须及时补足。期货交易由专门的结算机构负责完成，所有在交易所内达成的交易，必须送到结算机构进行结算，经结算处理后才算最后达成，成为合法交易。需要指出的是，期货交易双方之间并不发生往来款项业务，都只以结算机构作为自己的交易对手，对结算机构负财务责任。

4. 标的物的特殊性

由于期货合约是标准化合约，因此作为期货交易的标的资产应具备以下四个条件：一是标的物具有价格风险即价格波动频繁；二是标的物的拥有者和需求者渴求避险保护；三是标的物能方便地进行交割或耐贮藏、易运输；四是标的物的等级、规格、质量等能比较容易地被划分，不同等级的标的物在期货交易中会有升贴水表现。只有符合这四个最基本条件，才有可能作为期货商品在期货交易所交易。

三、期货合约的种类

按合约标的物可以将期货合约大致分为两大类：商品期货与金融期货。

（一）商品期货

商品期货中主要品种可以分为农产品期货、金属期货（包括基础金属期货与贵金属期货）、能源期货三大类。

目前，经中国证监会的批准，我国可以上市交易的商品期货主要有以下几类。

（1）上海期货交易所：铜、铝、锌、天然橡胶、燃油、黄金、螺纹钢、线材、铅等 11 个期货品种。

（2）大连商品交易所：大豆（黄大豆 1 号、黄大豆 2 号）、豆粕、豆油、塑料、棕榈油、玉米、PVC、焦炭等 15 个期货品种。

（3）郑州商品交易所：硬麦、强麦、棉花、白糖、PTA[①]、菜籽油、籼稻，甲醇等 16 个期货品种。

（二）金融期货

金融期货中主要品种可以分为外汇期货、利率期货（包括中长期债券期货和短期利率期货）和股指期货。

外汇期货是以汇率为标的物的期货合约，用来回避汇率风险。它是金融期货中最早出现的品种。目前，外汇期货交易的主要品种有美元、欧元、日元、加拿大元、澳元等。从世界范围来看，外汇期货的主要市场在美国。

利率期货，是指以债券类证券为标的物的期货合约，它可以回避银行利率波动所引起的证券价格变动的风险。利率期货的种类繁多，按照合约标的物的期限长短利率期货可分为：①短期利率期货，其交易标的物为短期国库券、商业票据等；②长期利率期货，其交易标的物为中长期国库券、房屋抵押债券等。目前，我国交易的主要是国债期货。

股指期货，是指以股票价格指数为交易标的物的期货，是由交易双方订立的约定，在未来某一特定时间按成交时约定好的价格进行股票指数交易的一种标准化合约。合约的价格为当前市场股价指数乘以每一点所代表的金额。双方交易的是一定期限后的股票指数价格水平。股指期货的交割采用的是现金形式，而不用股票。

经中国证监会的批准，我国可以上市交易的金融期货主要指在中国金融期货交易所交易的股指期货和国债期货。

四、期货合约的会计处理

按照《企业会计准则第 22 号——金融工具确认和计量》，期货合约不作为有效套期工具的，且能够以现金或其他金融工具净额结算时，一般应按以公允价值计量且其变动计入当期损益的金融资产或金融负债的会计处理原则在"衍生工具"科目核算。"衍生工具"科目应当按照衍生工具类别进行明细核算。

签订期货合约时，根据合约计算存入的交易保证金代表着该期货合约的公允价值，在"衍生工具——××期货合约"中确认，如果发生相关交易费用，则应当直接计入当期损益"投资收益"科目。

在期货合约持有期间，追加保证金时相关价值在减计相关资金账户金额时，对应调整"衍生工具——××期货合约"科目。在期货合约持有期间的每个资产负债表日，因期货合约的公允价值变动形成的利得或损失，应当计入当期损益"公允价值变动损益"科目，并对应调整"衍生工具——××期货合约"科目。由于期货交易执行每日无

---

① 精对苯二甲酸（pure terephthalic acid）的英文缩写，是重要的大宗有机原料之一。

负债结算制度,期末"衍生工具——××期货合约"科目余额一般在借方,反映企业未平仓期货合约的公允价值。

期货合约平仓时,结清相关合约在"衍生工具——××期货合约"科目记录的金额,确认该期货合约执行后的最终损益。

（一）商品期货的会计处理

【例 7-3】 假设 201×年度 C 公司发生以下期货投资业务:①8 月 1 日买入黄大豆 1 号期货 20 手,每手 10 吨,2 100 元/吨,交易保证金为合约价值的 10%,交易手续费 4 元/手;②8 月 31 日结算价 2 070 元/吨;③9 月 30 日将上述大豆期货全部平仓,平仓成交价 2 050 元/吨,交易手续费 4 元/手。则 C 公司的有关会计分录如下:

（1）8 月 1 日买入大豆期货 20 手,交纳交易保证金 42 000（20×10×2 100×10%）元,交易手续费 80（20×4）元:

借:衍生工具——黄大豆 1 号期货	42 000
投资收益	80
贷:银行存款	42 080

（2）8 月 31 日大豆期货合约亏损 6 000[20×10×（2 100－2 070）]元:

借:公允价值变动损益	6 000
贷:衍生工具——黄大豆 1 号期货	6 000

（3）9 月 30 日大豆期货合约亏损 4 000[20×10×（2 070－2 050）]元:

借:公允价值变动损益	4 000
贷:衍生工具——黄大豆 1 号期货	4 000

（4）9 月 30 日将上述大豆期货全部平仓,并支付交易手续费 4 元/手:

借:银行存款	32 000
贷:衍生工具——黄大豆 1 号期货	32 000
借:投资收益	80
贷:银行存款	80
借:投资收益	10 000
贷:公允价值变动损益	10 000

【例 7-4】 假设 201×年度 D 公司发生以下期货投资业务:①7 月 1 日,卖出铜期货 10 手,每手 20 吨,19 000 元/吨,交易保证金为合约价值的 10%,交易手续费为成交金额的 4‰;②7 月 31 日结算价 18 800 元/吨;③8 月 31 日将上述铜期货全部平仓,平仓成交价 18 500 元/吨,交易手续费为成交金额的 4‰。则 D 公司的有关会计分录如下:

（1）7 月 1 日卖出铜期货 10 手,交纳交易保证金 380 000（10×20×19 000×10%）元,交易手续费 15 200（10×20×19 000×4‰）元:

借:衍生工具——铜期货	380 000
投资收益	15 200

　　　　贷:银行存款　　　　　　　　　　　　　　　　　　　　　　　　395 200

　　（2）7月31日,铜期货合约盈利40 000[10×20×(19 000−18 800)]元:

　　　　借:衍生工具——铜期货　　　　　　　　　　　　　　　　　　40 000

　　　　　　贷:公允价值变动损益　　　　　　　　　　　　　　　　　40 000

　　（3）8月31日,铜期货合约盈利60 000[10×20×(18 800−18 500)]元:

　　　　借:衍生工具——铜期货　　　　　　　　　　　　　　　　　　60 000

　　　　　　贷:公允价值变动损益　　　　　　　　　　　　　　　　　60 000

　　（4）8月31日,将上述铜期货全部平仓,并按成交金额的4‰支付交易手续费
14 800(10×20×18 500×4‰)元:

　　　　借:银行存款　　　　　　　　　　　　　　　　　　　　　　　480 000

　　　　　　贷:衍生工具——铜期货　　　　　　　　　　　　　　　　480 000

　　　　借:投资收益　　　　　　　　　　　　　　　　　　　　　　　14 800

　　　　　　贷:银行存款　　　　　　　　　　　　　　　　　　　　　14 800

　　　　借:公允价值变动损益　　　　　　　　　　　　　　　　　　　100 000

　　　　　　贷:投资收益　　　　　　　　　　　　　　　　　　　　　100 000

（二）金融期货的会计处理

1. 利率期货的会计处理

　　由于早期交易制度及市场投机气氛的问题,我国从1995年5月17日起暂停国债
期货交易。2013年中国金融期货交易所发布《关于5年期国债期货合约上市交易有
关事项的通知》宣布2013年9月6日起重启国债期货上市交易,该通知规定,国债期
货交易的合约标的物为人民币100万元、票面利率3%的5年期名义标准国债,国债
期货以百元净价报价,交易价格的变动价位为0.01个点(每张合约最小变动为100
元),合约期限为最近的三个季月(3、6、9、12季月循环)。最低交易保证金为合约价值
的3%。客户在开仓时,买卖一手合约需要保证金3万元,交易手续费标准暂定每手
合约3元,最后结算时的结算费为每手合约5元。由于国债期货按百元净价报价,持
仓盈亏和平仓盈亏的计算如下:

　　　　持仓盈亏=(当日结算价−持仓价)×10 000×持仓合约数

　　　　平仓盈亏=(卖出价−买入价)×10 000×平仓合约数

　　【例7-5】 假设201×年度A公司发生以下期货投资业务:①6月1日,以110元
报价买入国债期货合约5手,交易保证金30 000元/手,交易手续费3元/手;②6月
30日结算价113元;③7月31日将上述国债期货全部平仓,平仓成交价115元,交易
手续费5元/手。则A公司的有关会计分录如下:

　　（1）6月1日买入国债期货5手,交纳交易保证金150 000(5×30 000)元,交易手
续费15(5×3)元:

　　　　借:衍生工具——国债期货　　　　　　　　　　　　　　　　150 000

　　　　　　投资收益　　　　　　　　　　　　　　　　　　　　　　15

贷：银行存款　　　　　　　　　　　　　　　　　　　　150 015

（2）6 月 30 日，国债期货合约盈利 150 000[（113－110）×10 000×5]元：

借：衍生工具——国债期货　　　　　　　　　　　　　150 000

　　贷：公允价值变动损益　　　　　　　　　　　　　　　150 000

（3）7 月 31 日，国债期货合约盈利 100 000[（115－113）×10 000×5]元：

借：衍生工具——国债期货　　　　　　　　　　　　　100 000

　　贷：公允价值变动损益　　　　　　　　　　　　　　　100 000

（4）7 月 31 日，将上述国债期货全部平仓，并支付交易手续费 5 元/手：

借：银行存款　　　　　　　　　　　　　　　　　　　400 000

　　贷：衍生工具——国债期货　　　　　　　　　　　　　400 000

借：投资收益　　　　　　　　　　　　　　　　　　　　25

　　贷：银行存款　　　　　　　　　　　　　　　　　　　　25

借：公允价值变动损益　　　　　　　　　　　　　　　250 000

　　贷：投资收益　　　　　　　　　　　　　　　　　　　250 000

2. 外汇期货的会计处理

【例 7-6】　假设 201×年度 A 公司发生以下期货投资业务：①9 月 1 日，以 1 美元＝6.2 元人民币报价买入美元期货合约 10 手，每手 100 000 美元，交易保证金 20 000元/手，交易手续费 200 元/手；②9 月 30 日结算价 1 美元＝6.3 元人民币；③10 月 31日将上述美元期货全部平仓，平仓成交价 1 美元＝6.4 元人民币，交易手续费 200 元/手。则 A 公司的有关会计分录如下：

（1）9 月 1 日买入美元期货 10 手，交纳交易保证金 200 000（10×20 000）元，交易手续费 2 000（10×200）元：

借：衍生工具——美元期货　　　　　　　　　　　　　200 000

　　投资收益　　　　　　　　　　　　　　　　　　　　2 000

　　贷：银行存款　　　　　　　　　　　　　　　　　　　202 000

（2）9 月 30 日，美元期货合约盈利 100 000[（6.3－6.2）×100 000×10]元：

借：衍生工具——美元期货　　　　　　　　　　　　　100 000

　　贷：公允价值变动损益　　　　　　　　　　　　　　　100 000

（3）10 月 31 日，美元期货合约盈利 100 000[（6.4－6.3）×100 000×10]元：

借：衍生工具——美元期货　　　　　　　　　　　　　100 000

　　贷：公允价值变动损益　　　　　　　　　　　　　　　100 000

（4）12 月 31 日，将上述美元期货全部平仓，并支付交易手续费 200 元/手：

借：银行存款　　　　　　　　　　　　　　　　　　　400 000

　　贷：衍生工具——美元期货　　　　　　　　　　　　　400 000

借：投资收益　　　　　　　　　　　　　　　　　　　2 000

　　贷：银行存款　　　　　　　　　　　　　　　　　　　2 000

借：公允价值变动损益　　　　　　　　　　　　　　　200 000

　　贷:投资收益　　　　　　　　　　　　　　　　　　　　　　　　　　　200 000

　　3. 股指期货的会计处理

　　【例 7-7】　假设 201×年度 A 公司发生以下股票期货业务:①11 月 1 日购入恒生指数期货合约 10 手,当天恒生指数为 22 800 点,每份恒生指数期货合约的价值为指数乘以 50 元,即 22 800×50＝1 140 000 元,交易保证金为合约价值的 12%,交易手续费为合约成交金额的 0.01%;②11 月 30 日,恒生指数上涨为 23000 点;③12 月 31 日,公司卖出股指期货合约时恒生指数回落为 22 900 点,交易手续费为合约成交金额的 0.01%。则 A 公司的有关会计分录如下:

　　(1) 11 月 1 日购入恒生指数股指期货合约 10 手,交纳交易保证金 1 368 000 (1 140 000×10×12%)元,交易手续费 1 140(1 140 000×10×0.01%)元:

　　借:衍生工具——股指期货　　　　　　　　　　　　　　　　1 368 000
　　　　投资收益　　　　　　　　　　　　　　　　　　　　　　　1 140
　　　　贷:银行存款　　　　　　　　　　　　　　　　　　　　　　1 369 140

　　(2) 11 月 30 日,股指期货合约盈利 100 000[(23 000－22 00)×50×10]元:

　　借:衍生工具——股指期货　　　　　　　　　　　　　　　　100 000
　　　　贷:公允价值变动损益　　　　　　　　　　　　　　　　　100 000

　　(3) 12 月 31 日,股指期货合约亏损 50 000[(22 900－23 000)×50×10]元:

　　借:公允价值变动损益　　　　　　　　　　　　　　　　　　50 000
　　　　贷:衍生工具——股指期货　　　　　　　　　　　　　　　50 000

　　(4) 12 月 31 日,公司卖出上述股指期货合约,并支付交易手续费 1 145(22 900×50×10×0.01%)元:

　　借:银行存款　　　　　　　　　　　　　　　　　　　　　　1 418 000
　　　　贷:衍生工具——股指期货　　　　　　　　　　　　　　　1 418 000
　　借:投资收益　　　　　　　　　　　　　　　　　　　　　　1 145
　　　　贷:银行存款　　　　　　　　　　　　　　　　　　　　　1 145
　　借:公允价值变动损益　　　　　　　　　　　　　　　　　　50 000
　　　　贷:投资收益　　　　　　　　　　　　　　　　　　　　　50 000

第四节　期权合约的会计处理

一、期权合约涉及的基本概念

　　期权是一种选择权性质的合同,期权的买方向卖方支付一定金额的期权费后,就拥有在一定时间内以一定的价格出售或购买一定数量标的物的选择权。期权的买方行使权利时,卖出期权方必须按照期权合约规定的内容履行义务。其中,期权合约中规定的持有人在将来购买或出售标的资产的价格,为期权的执行价格(exercise price)。

(一) 期权的价格、内在价值与时间价值

(1) 期权的价格＝期权的内在价值(intrinsic value)＋期权的时间价值(time value)

(2) 期权的内在价值,是指期权购买者立即执行该期权能够获得的收益。如果立即执行期权不能产生正的现金流,则期权的内在价值为零,因此期权的内在价值大于或等于零。内在价值是期权价值的底线,若期权价格低于内在价值,投资者就具有了获得无风险套利的机会。在期权的价格中,内在价值占主导地位。

(3) 期权的时间价值,是指期权购买者为购买期权而支付的费用超过该期权内在价值的部分,该部分价值源于期权到期前标的资产价格波动可能给投资者带来的收益,即期权购买者希望在期权到期前,标的资产的市场价格会向有利的方向变动,执行期权将获得更好的收益。距离期权到期日的时间越长,期权的时间价值越高,因为在更长的时期内出现有利的价格变动的机会更大。而随着期权到期日的临近,期权时间价值会降低,从而使期权的价格趋向于期权的内在价值。

(二) 期权的价值状态

1. 实值状态(in the money)

在该状态下,期权持有人立即行权可以获得正的现金流。

2. 平值状态(at the money)

当标的资产的现行价格等于期权的执行价格时,该期权就处于平值状态,这时我们称为该期权为平价期权。

3. 虚值状态(out of the money)

在该状态下,期权持有人立即行权可以获得负的现金流。

二、期权合约的特点

1. 期权交易的对象是一种权利

期权交易与其他交易不同的地方在于期权交易是一种对选择权的买卖,即按特定价格买进或卖出某种标的物的权利,期权购入方并不承担一定要买进或卖出的义务,这是期权交易的一个显著特征。

2. 期权交易双方的权利和义务不对等

期权买方支付权利金后,有执行和不执行相关买卖交易的权利,而非义务;卖方收到权利金,无论市场情况如何不利,一旦买方提出执行要求,就负有履约的义务。期权买方拥有以支付有限的代价获取无限利润的可能性,期权卖方的收益只限于其收取的权利金,而期权卖方的损失则可能是无限的。

3. 期权交易的时效性

期权的持有者只有在合约规定的时间内才具有上述权利。超过规定的有效期,期权合约自动失效,期权购买者所拥有的权利随之消失。例如,美式期权,买方(或卖方)只能在期权成交日至期权到期日之前的任何一个工作日的纽约时间上午9点30分以前向对方宣布,决定执行或不执行期权合约。欧式期权的买方(或卖方)只能在期权到期日当天纽约时间上午9时30分以前向对方宣布执行或不执行期权合约。

4. 期权交易双方的收益与损失之和为零

在期权交易中,一方的收益与另一方的损失相等,期权交易是一个"零和博弈"。

三、期权合约的种类

(一)看涨期权

看涨期权(call option)是购买该期权的买方有权按预先确定的执行价买入某种基础证券(如股票或债券),同时,买方必须向卖方支付一笔前期费用,即看涨期权费。当基础股票的价格高于执行价时称为价内期权,当基础股票的价格低于执行价时称为价外期权。

当基础股票的价格低于执行价,看涨期权的买方就会放弃行使期权。此时,即使期权到期也不会按执行价格进行交易。如果期权到期时基础股票的价格与执行价格相等(此时的期权称为"平价期权"),买方也将放弃行使期权。此时,看涨期权的买方只承担了期权交易的成本(看涨期权费),而不会有其他损失。

买入看涨期权时,随着基础股票价格的上升,期权的买方可能会获得大笔利润。期权到期时,基础股票的价格越高,行使期权获得的利润就越大。随着基础股票价格的下降,期权买方的损失仅限于所支付的看涨期权费。当预期基础资产的价格上升时,应该买入看涨期权。

卖出看涨期权时,当基础股票价格下降时,期权卖方的收益会增加,但其收益仅限于所获得的看涨期权费。随着基础股票价格的上升,期权卖方可能会遭遇损失,期权到期时,基础股票的价格越高,行使期权的损失就越大。

(二)看跌期权

看跌期权(put option)的买方有权按预先确定的执行价向看跌期权的卖方出售某种基础证券(如股票或债券),同时,买方必须向卖方支付看跌期权费。与看涨期权相反,当基础股票的价格高于执行价时称为价外期权,当基础股票的价格低于执行价时称为价内期权。

如果期权到期时,基础股票的价格低于执行价,看跌期权的买方就会在股票市场上买入股票,并立即通过行使期权将股票按执行价卖给期权的卖方而获利。如果期权到期时,基础股票的价格高于执行价,看跌期权的买方就会放弃行权,其损失为看跌期权费。如果期权到期时基础股票的价格与执行价格相等（此时的期权也称为"平价期权"），买方也将放弃行使期权。此时，看跌期权的买方只承担了期权交易的成本（看跌期权费），而不会有其他损失。

买入看跌期权时，随着基础股票价格的下降，期权的买方可能会获得最大利润，期权到期时，基础股票的价格越低，行使期权获得的利润就越大。随着基础股票价格的上涨，期权买方的损失仅限于所支付的看跌期权费。当预期基础资产的价格下降时，应该买入看跌期权。

卖出看跌期权时，当基础股票价格上升时，期权卖方的收益会增加，但其收益仅限于所获得的看跌期权费。随着基础股票价格下降，期权卖方可能会遭遇损失，期权到期时，基础股票的价格越低，行使期权的损失就越大。

（三）看涨看跌双向期权

这种期权既包括看涨期权又包括看跌期权，也称为多空套做。购买者同时买入某种股票的看涨期权和看跌期权，其目的是在市场的盘整期间，投资者对后市无法作出正确推断的情况下，在减少套牢和踏空风险的同时获取利润。基于这种特点，购买双向期权的盈利机会最多，但其支付的费用也最大。例如，为规避汇率变动风险，投资者会同时买入协定价、金额和到期日都相同的看涨期权和看跌期权。虽然付出两倍的期权费用，但无论汇率朝哪个方向变动，期权买方的净收益一定是某种倾向汇率的差价减去两倍的权利金。也就是说，只要汇率波动较大，即汇率差价大于投资成本，无论汇率波动的方向如何，期权买方即投资者就均可受益。

四、期权合约的会计处理

以衍生工具处理的期权合约应按照公允价值进行初始计量和后续计量。签订期权合约时，期权购入方应按支付的期权费用借记"衍生工具——期权"，贷记相关资金账户；期权出售方则应按收到的期权费用贷记"衍生工具——期权"，借记相关资金账户。在期权到期前的每个资产负债表日，双方都要按期权合约公允价值变动调整"衍生工具——期权"，并确认"公允价值变动损益"。期权到期或期权购入方行权时，双方需要结清各自的"衍生工具——期权"账户，并按行权价格确认对应的投资损益。

（一）看涨期权的会计处理

【例 7-8】 A 公司于 201X 年 2 月 1 日向 B 公司发行以自身普通股为标的的看涨期权（欧式期权）。根据该期权合同，B 公司有权以每股 104 元的价格从 A 公司购入普通股 1 000 股。期权将以现金净额结算。其他有关资料如下：

（1）合同签订日 201X 年 2 月 1 日；

（2）行权日 201Y 年 1 月 31 日；

（3）201X 年 2 月 1 日每股市价 102 元；

（4）201X 年 12 月 31 日每股市价 106 元；

（5）201Y 年 1 月 31 日每股市价 106 元；

（6）201Y 年 1 月 31 日应支付的固定行权价格每股 104 元；

（7）期权合同中的普通股数量 1 000 股；

（8）201X 年 2 月 1 日期权的公允价值 5 000 元；

（9）201X 年 12 月 31 日期权的公允价值 3 000 元；

（10）201Y 年 1 月 31 日期权的公允价值 2 000 元。

分析：201Y 年 1 月 31 日，A 公司向 B 公司支付相当于本公司普通股 1 000 股市值的金额，即 1 000 股×106＝106 000 元。B 公司向 A 公司支付按合约行权价格计算的 1 000 股普通股价值，即 1 000 股×104＝104 000 元。

A 公司的有关会计分录如下：

（1）201X 年 2 月 1 日，确认发行的看涨期权：

借：银行存款　　　　　　　　　　　　　　　　　　　　　　5 000

　　贷：衍生工具——看涨期权　　　　　　　　　　　　　　　5 000

（2）201X 年 12 月 31 日，确认期权公允价值减少：

借：衍生工具——看涨期权　　　　　　　　　　　　　　　2 000

　　贷：公允价值变动损益　　　　　　　　　　　　　　　　　2 000

（3）201Y 年 1 月 31 日，确认期权公允价值减少：

借：衍生工具——看涨期权　　　　　　　　　　　　　　　1 000

　　贷：公允价值变动损益　　　　　　　　　　　　　　　　　1 000

（4）201Y 年 1 月 31 日，B 公司行使了该看涨期权，合同以现金净额方式进行结算。A 公司有义务向 B 公司交付 106 000（106×1 000）元，并从 B 公司收取 104 000（104×1 000）元，A 公司实际支付净额为 2 000 元。反映看涨期权结算的会计分录如下：

借：衍生工具——看涨期权　　　　　　　　　　　　　　　2 000

　　贷：银行存款　　　　　　　　　　　　　　　　　　　　　2 000

借：公允价值变动损益　　　　　　　　　　　　　　　　　3 000

　　贷：投资收益　　　　　　　　　　　　　　　　　　　　　3 000

B 公司的有关会计分录如下：

（1）201X 年 2 月 1 日，确认购买的看涨期权：

借：衍生工具——看涨期权　　　　　　　　　　　　　　　5 000

　　贷：银行存款　　　　　　　　　　　　　　　　　　　　　5 000

（2）201X 年 12 月 31 日，确认期权公允价值减少：

借：公允价值变动损益　　　　　　　　　　　　　　　　　2 000

　　贷：衍生工具——看涨期权　　　　　　　　　　　　　　　2 000

（3）201Y 年 1 月 31 日，确认期权公允价值减少：

借：公允价值变动损益　　　　　　　　　　　　　　　　　1 000

  贷:衍生工具——看涨期权   1 000

  (4) 201Y年1月31日,B公司行使了该看涨期权,合同以现金净额方式进行结算。A公司有义务向B公司交付106 000(106×1 000)元,并从B公司收取104 000(104×1 000)元,B公司实际收取的净额为2 000元。反映看涨期权结算的会计分录如下:

    借:银行存款   2 000

      贷:衍生工具——看涨期权   2 000

    借:投资收益   3 000

      贷:公允价值变动损益   3 000

(二) 看跌期权的会计处理

  【例7-9】 武汉飞宏有限责任公司于20×7年4月1日与深圳海安有限责任公司签订了一份期权合同。合同规定,飞宏公司有权于20×8年2月29日以每股35元的价格向海安公司出售飞宏公司的股票1 000股,即飞宏公司实际从海安公司处购买了一份看跌期权,其他有关资料如下:

  20×7年4月1日飞宏公司股票每股市价:40元

  20×7年12月31日飞宏公司股票每股市价:32元

  20×8年2月29日飞宏公司股票每股市价:30元

  20×7年4月1日该期权的公允价值:5 000元

  20×7年12月31日该期权的公允价值:4 000元

  20×8年2月29日该期权的公允价值:5 000元

  武汉飞宏公司有关账务处理如下:

  (1) 20×7年4月1日,购入看跌期权:

    借:衍生工具——看跌期权   5 000

      贷:银行存款   5 000

  (2) 20×7年12月31日,期权公允价值下降:

    借:公允价值变动损益   1 000

      贷:衍生工具——看跌期权   1 000

  (3) 20×8年2月29日,期权公允价值上升:

    借:衍生工具——看跌期权   1 000

      贷:公允价值变动损益   1 000

  (4) 在20×8年2月29日,海安公司需向飞宏公司支付35×1 000=35 000元,而飞宏公司需向海安公司支付价值相当于30×1 000=30 000元的股票。以现金净额方式结算该期权合约时,飞宏公司可以获得海安公司支付的净差额5 000元。

    借:银行存款   5 000

      贷:衍生工具——看跌期权   5 000

  深圳海安公司有关账务处理如下:

(1) 20×7 年 4 月 1 日,出售看跌期权时:

借:银行存款   5 000

    贷:衍生工具——看跌期权   5 000

(2) 20×7 年 12 月 31 日,期权公允价值下降:

借:衍生工具——看跌期权   1 000

    贷:公允价值变动损益   1 000

(3) 20×8 年 2 月 29 日,期权公允价值上升:

借:公允价值变动损益   1 000

    贷:衍生工具——看跌期权   1 000

(4) 在 20×8 年 2 月 29 日,海安公司需向飞宏公司支付 35×1 000＝35 000 元,而飞宏公司需向海安公司支付价值相当于 30×1 000＝30 000 元的股票。以现金净额方式结算该期权合约时,海安公司需向飞宏公司支付的净差额为 5 000 元。

借:衍生工具——看跌期权   5 000

    贷:银行存款   5 000

第五节　互换合约的会计处理

一、互换合约的概念及功能

互换合约又称掉期,是合约当事人按照协议条件在约定的时间内交换一系列现金流的协议。交换的具体对象可以是不同种类的货币、债券,也可以是不同种类的利率、汇率、价格指数等。互换交易是斯密的绝对优势理论和李嘉图的相对优势理论在金融领域最生动的运用。根据比较优势理论,只要满足以下两种条件,就可进行互换:①双方对对方的资产或负债均有需求;②双方在两种资产或负债上存在比较优势。作为复杂的衍生金融工具,互换的产生是国际金融领域的重大突破。互换工具和互换市场的发展反映了金融衍生工具市场的迅猛发展,为企业规避风险提供了极大的便利。

互换交易的功能主要体现在以下两个方面:第一,互换交易是联结商品劳务市场和金融市场、国际资本市场和国内资本市场的重要桥梁。互换交易使市场交易者利用所在国家市场的相对优势去融资,然后通过利率互换或货币互换等方式绕过贸易和融资障碍,以达到融资和投资目的。第二,互换有助于企业拓展融资渠道,规避融资风险和降低融资成本。借款者或投资者在进行融资或投资后,可以通过金融互换改变现有债务或投资的利率水平或外汇种类,大大降低了融资成本。

本文先通过两个例子来初步介绍互换交易。

(一) 世界银行与 IBM 之间的债务互换

第一份互换合约出现在 20 世纪 80 年代初,此后,互换市场经历了飞速发展。这次著名的互换交易发生在世界银行与国际商业机器公司(IBM)间,它由所罗门兄弟公司①(Salomon Brothers)于 1981 年 8 月安排成交。1981 年,由于美元对瑞士法郎、联邦德国马克(DM)急剧升值,货币之间出现了一定的汇兑差额,所罗门兄弟公司利用外汇市场中的汇差以及世界银行与 IBM 公司的不同需求,通过协商达成互换协议。这是一项在固定利率条件下进行的货币互换,而且在交易开始时没有本金的交换。

在这次互换中,世界银行将它的 2.9 亿美元金额的固定利率债务与 IBM 公司已有的瑞士法郎和德国马克的债务互换。双方互换的目的主要有以下两个方面:一方面,世界银行希望筹集固定利率的德国马克和瑞士法郎低利率资金,而世界银行无法通过直接发行债券来筹集。但是,世界银行具有 AAA 级的信誉,能够从市场上筹措到最优惠的美元借款利率,世界银行希望通过筹集美元资金换取 IBM 公司筹集的德国马克和瑞士法郎。另一方面,IBM 公司需要筹集一笔美元资金,由于数额较大,集中于任何一个资本市场都不妥,于是采用多种货币筹资的方法,他们运用本身的优势筹集了德国马克和瑞士法郎,然后通过互换,从世界银行换到优惠利率的美元。

(二)互换如何绕过资本管制

假设一家美国的跨国公司 A 在中国设立了一个子公司,受益于中国经济的长期稳定发展,该子公司在短短几年间就积累了大量利润,远远超过了该子公司在中国发展的需要。根据中国资本管制的有关规定,这笔利润远远超过法规允许汇回美国母公司的金额。在这样的情况下,该子公司向另一家美国跨国公司 B 在中国的子公司提供贷款,而该美国公司 B 同时向美国母公司 A 提供相同金额的贷款,这样美国公司 A 就通过互换交易成功地绕过了中国的资本管制,当然 A 公司要给 B 公司一些财务上的优惠予以补偿。

二、互换合约的特点

1. 互换交易具有明显的层级结构,并且层级相互之间或具有密切联系性,或具有不可断裂与不可分割性

互换交易不是单层的,而是包含多层结构的,即包括期初交易层级、期中交易层级与期末交易层级三大层级。只有这三个层级的交易全部完成,才能构成一项金融互换交易。金融互换的三层级交易结构在实践中会存在某些变形:一方面是有的本金交换层级只是名义上的交换,而非实际交换,如同种货币的利率互换;另一方面是层级交易被合并履行造成层级的形式表现不明显,如净额结算机制的适用就会造成这种变形。但无论实践中怎么变化,金融互换的三层交易层级结构都是始终存在的。

2. 互换合约以场外交易为主

在互换合约中,交易双方可以自行承担交易对手的违约风险;如果有一方或双方

---

① 所罗门兄弟公司是华尔街的著名投资银行,1910 年成立,20 世纪 90 年代末被旅行者集团并购(现属花旗集团)。

不愿意承担违约风险,那么就应该引入银行或其他金融机构充当互换中介,交易双方单独与互换中介签订互换合约。

3. 互换合约的非标准化

互换能满足交易者对非标准化交易的要求,运用面广泛。互换存在多种交易类别,各类别在交易内容上有着显著差异性,能满足交易者的不同需求。

4. 互换合约的风险管理复杂

一方面,使用互换交易进行套期保值可以省却对其他金融衍生工具所需头寸的日常管理,使用简便且风险转移较快。这使互换交易迅速得到市场的认同,发展迅猛。另一方面,大量的互换合约累积后的风险管理又是相当复杂的,2008年爆发于美国并席卷全球的金融危机主要就是包括信用违约互换在内的金融衍生交易风险不当积聚的结果。

三、互换合约的种类

作为金融创新的重要组成部分,互换合约的种类繁多,并处于不断演进扩展过程中。互换交易有狭义和广义之分。狭义的互换交易仅指利率互换和货币互换两大类。而广义的互换交易不仅包括利率互换和货币互换,也包括商品互换、产权互换等。互换的对象可以是货币,也可以是利率或息票,或者是其他的金融工具。

(一)货币互换

货币互换,是指交易双方相互交换不同币种、相同期限的等值借款,到期支付本金和利息以回避汇率风险的一种业务。例如,甲公司具有筹集美元的优势,但需要英镑资金,乙公司具有筹集英镑的优势,但需要美元资金,二者即可通过银行等金融中介机构进行货币互换,甲公司替乙公司筹集美元资金并为其支付美元利息,乙公司替甲公司筹集英镑资金并为其支付英镑利息,双方都可得到各自所需的资金,并回避汇率风险。

(二)利率互换

利率互换又称利率掉期,是交易双方将同种货币不同利率形式的资产或者债务相互交换。它是一项常用的债务保值工具,用于管理中长期利率风险。债务人根据国际资本市场利率走势,通过运用利率互换,将其自身的浮动利率债务转换为固定利率债务,或将固定利率债务转换为浮动利率债务。一般来说,当利率看涨时,将浮动利率债务转换成固定利率较为理想,而当利率看跌时,将固定利率转换为浮动利率较好。

(三)其他互换

随着金融市场的日益发达,互换交易种类也日益丰富,其他互换主要有:商品互换、信用互换、权益互换等。

1. 商品互换

商品互换是一种特殊类型的金融交易,交易双方为了管理商品价格风险,同意交换与商品价格有关的现金流。它包括固定价格及浮动价格的商品价格互换和商品价格与利率的互换等。

2. 信用互换

信用违约互换是对违约风险进行交换及委托管理的一种金融互换类别，其交换对象是信用及信用这种特定事物之上所产生的支付义务。例如，在 B 与 C 交易中 C 存在违约的信用风险，A 的信用良好并愿意以自己的信用来对外交换他人的违约信用风险，那么 A 与 B 之间就可以针对 C 的信用达成一项信用违约互换。

3. 权益互换

权益互换又称股权互换，是与股票收益相关联的互换，包括股票收益与利息（包括固定或浮动）的互换及两个不同股票市场的收益互换。股权互换可以被看作一组股票远期合约的组合。股权互换是有效的全球投资和风险分散工具，可以避开控制权纠纷、税务监管、资本流动监管，发挥风险对冲和减低成本的作用。常见的股权互换有股票指数收益与固定利息之间的互换。例如，一个固定收益与浮动收益互换的权益互换合约，约定中国平安 A 股为挂钩标的物，互换名义本金为 1 000 万元，合作期限为 3 个月，固定收益利率为 7%，浮动收益为中国平安 A 股的上涨幅度。固定收益利率支付方的最大损失为 7%，其盈利理论上是无上限的；浮动收益支付方则需要通过另外的金融工具锁定收益。

四、互换合约的会计处理

当互换合约不满足套期保值会计要求时，以衍生工具处理的互换合约应按照公允价值进行初始计量和后续计量。我们主要以货币互换和利率互换为例介绍相关的会计处理。

（一）货币互换的会计处理

货币互换的基本原理是利用不同当事人在不同的金融市场上拥有的比较优势，进行金融债权债务的相互交换。货币互换的主要目的是规避汇率风险。例如，A 公司能够较便利地获取美元贷款，但主要需要使用人民币进行投资，获取的收益也是人民币。如果使用美元贷款，则需要先将美元兑换为人民币使用，贷款到期后再将人民币收益兑换为美元。这期间的汇率波动风险可能吞噬掉整个投资收益。如果使用货币互换业务，A 公司可以通过货币互换业务锁定相关货币本金的名义金额，回避汇率波动风险。由于直接寻找交易对手的难度较大，现行的货币互换合约往往是与金融中介签订的。金融中介则利用自身信息优势对相关风险头寸进行匹配管理。

货币互换包含初始本金交换、期中利息定期支付及到期本金的换回三大步骤。初始本金交换即为期初交易层级，是指各自的本金在互换双方的第一次相互交换；期中利息定期支付即为期中交易层级，是指在货币互换存续的过程中，互换双方按照约定的利率相互支付因占有管理本金财产而产生的利息，具有按期持续履行的特点；到期本金的回换为期末交易层级,是指互换双方将期初所换入的、原本属于对方所有的本金再次相互交换回复至对方的交易过程。由此可见,货币互换包含了期初、期中与期末三大交易层级;这三大层级紧密相联不可分割,共同构成一项完整的货币互换。

【例 7-10】　假设 A 公司于 201X 年 1 月 1 日筹集到 100 万澳元的贷款,利率为 8%,期限为 2 年,利息按年支付,付息日为每年 12 月 31 日。A 公司只有人民币收入,没有澳元收入,公司为避免汇率变化的风险,与某银行签订了货币互换合同,将 100 万澳元以即期汇率 100 澳元＝640.00 元人民币转化为人民币,利率为 7%,利息按年支付。期间汇率变动如下:201X 年 1 月 1 日的即期汇率为 100 澳元＝640.00 元人民币,201X 年 12 月 31 日的即期汇率为 100 澳元＝630.00 元人民币,201Y 年 12 月 31 日的即期汇率为 100 澳元＝650.00 元人民币。

货币互换合同签订后,传统贷款交易过程与货币互换交易过程如图 7-1 所示。

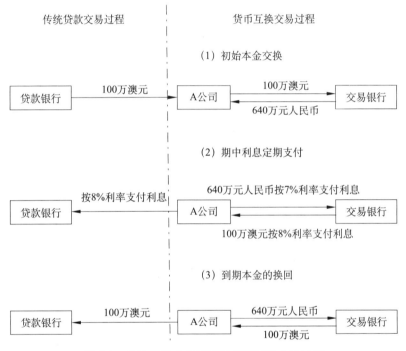

图 7-1　传统贷款交易过程与货币互换交易过程

假设该货币互换合同与澳元借款之间不满足套期保值的条件,并且不考虑衍生工具的时间价值因素。则 A 公司应编制的有关会计分录如下:

1. 201X 年 1 月 1 日账务处理如下:

(1) 从银行取得澳元:

借:银行存款——澳元　　　　　　　　　　　　　　　　　　6 400 000

　　贷:长期借款——澳元　　　　　　　　　6 400 000(1 000 000×6.40)

(2) 签订货币互换合同,进行本金互换:

借:银行存款——人民币　　　　　　　　　　　　　　　　　6 400 000

貸：银行存款——澳元　　　　　　　　　6 400 000(1 000 000×6.40)

2. 201X 年 12 月 31 日账务处理如下：

（1）对公司的外币借款进行调整，确认汇兑损益：

借：长期借款——澳元　　　　　　　　　100 000

　　贷：财务费用——汇兑损益　　100 000[1 000 000×(6.30－6.40)]

（2）支付外币借款利息：

借：财务费用——利息费用　　　　　　　504 000

　　贷：银行存款——澳元　　504 000(1 000 000×8％×6.30)

（3）确认货币互换合同损失：

借：公允价值变动损益　　　　　　　　　100 000

　　贷：衍生工具——货币互换　　100 000[1 000 000×(6.30－6.40)]

（4）互换利息结算：

借：银行存款——澳元　　　　　　　　　504 000

　　贷：财务费用——利息费用　　504 000(1 000 000×8％×6.30)

借：财务费用——利息费用　　　　　　　448 000

　　贷：银行存款——人民币　　448 000(6 400 000×7％)

3. 201Y 年 12 月 31 日账务处理如下：

（1）对公司的外币借款进行调整，确认汇兑损益：

借：财务费用——汇兑损益　　　　　　　200 000

　　贷：长期借款——澳元　　200 000[1 000 000×(6.50－6.30)]

（2）支付外币借款利息：

借：财务费用——利息费用　　　　　　　520 000

　　贷：银行存款——澳元　　520 000(1 000 000×8％×6.50)

（3）确认货币互换合同收益：

借：衍生工具——货币互换　　　　　　　200 000

　　贷：公允价值变动损益　　200 000[1 000 000×(6.50－6.30)]

（4）互换利息结算：

借：银行存款——澳元　　　　　　　　　520 000

　　贷：财务费用——利息费用　　520 000(1 000 000×8％×6.50)

借：财务费用——利息费用　　　　　　　448 000

　　贷：银行存款——人民币　　448 000(6 400 000×7％)

（5）合同到期，换回本金：

借：银行存款——澳元　　　　　　　　　6 500 000(1 000 000×6.50)

　　贷：银行存款——人民币　　　　　　6 400 000

　　　　衍生工具——货币互换　　　　　100 000

偿还债务：

借：长期借款——澳元　　　　　　　　　6 500 000

　　贷：银行存款——澳元　　　　　　　　　　　　　　　　　　　6 500 000

　　由此可见，A 公司的外汇借款通过货币互换避免了由于汇率波动造成的 100 000 元的损失，规避了汇率变动的风险。同时，由于进行了货币互换节约了利息 128 000（504 000－448 000＋520 000－448 000）元。

（二）利率互换的会计处理

　　利用利率互换，可以防范和转嫁利率变动风险，减少利率变动损失；帮助投资者维持收益稳定；帮助筹资者和融资者改善财务结构，降低资金成本。在利率互换中，互换交易额被称为名义本金，互换双方不必进行实际的本金交换，因为双方彼此互换相同金额的同种货币毫无意义，名义本金的作用仅在于计算交换的利息。在互换中，互换与实际发生的借款是相互独立的交易行为，该借款的本金、利率、偿还方式等与互换不存在任何直接的联系。

　　【例 7-11】　A 公司于 201X 年 1 月 1 日借入年利率为 6％的 2 年期贷款 1 亿元，每半年支付一次利息，B 公司借入了 2 年期浮动利率为 6 个月 LIBOR＋1.2％的贷款 1 亿元，每半年支付一次利息。次日，两家公司签订了一项利率互换合约，每半年 A 公司向 B 公司支付按 LIBOR＋1.2％计算的利息，B 公司向 A 公司支付按 6％计算的利息。互换合约期限内的 6 个月 LIBOR 利率变动如下：

　　201X 年 1 月 1 日 4.8％；

　　201X 年 6 月 30 日 4.9％；

　　201X 年 12 月 31 日 4.5％；

　　201Y 年 6 月 30 日 4.6％；

　　201Y 年 12 月 31 日 4.4％。

　　假设该利率互换合约与两个公司各自借款协议之间不满足套期保值会计处理的条件，并且不考虑衍生工具的时间价值因素。下面分别列式说明 A 公司和 B 公司在该笔互换合约中的会计分录。

　　在该笔交易中，由于本金相同，故双方不必交换本金，而只交换利息的现金流，在借款期间，A 向 B 支付 LIBOR＋1.2％浮动利率利息，B 向 A 支付 6％的固定利率利息。A 公司传统贷款交易过程与利率互换交易过程如图 7-2 所示，A 公司利率互换合约应收付利息如表 7-1 所示。

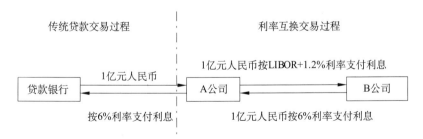

图 7-2　A 公司传统贷款交易过程与利率互换交易过程

表 7-1　A 公司利率互换合约应收付利息　　　　　　　　　　　　元

日　　期	应收利息	应付利息	收付净额
201X 年 6 月 30 日	3 000 000 （6％年利率）	3 050 000 （4.9％＋1.2％）年利率	−50 000
201X 年 12 月 31 日	3 000 000 （6％年利率）	2 850 000 （4.5％＋1.2％）年利率	150 000
201Y 年 6 月 30 日	3 000 000 （6％年利率）	2 900 000 （4.6％＋1.2％）年利率	100 000
201Y 年 12 月 31 日	3 000 000 （6％年利率）	2 800 000 （4.4％＋1.2％）年利率	200 000

则 A 公司应编制的有关会计分录如下：

1. 201X 年 1 月 1 日账务处理如下：

（1）签订借款协议时：

借：银行存款　　　　　　　　　　　　　　　　　　　100 000 000

　　贷：长期借款　　　　　　　　　　　　　　　　　　　100 000 000

（2）签订利率互换合约时，因固定利率等于浮动利率，合约本身不确认为资产和负债，不需要作会计分录。A 公司和 B 公司之间也没有约定相互支付费用。

2. 201X 年 6 月 30 日账务处理如下：

（1）不考虑衍生工具的时间价值因素时，就 A 公司而言，利率互换合约损失 200 000[100 000 000×(6.0％−6.1％)/2×4]元：

借：公允价值变动损益　　　　　　　　　　　　　　　　200 000

　　贷：衍生工具——利率互换　　　　　　　　　　　　　　200 000

（2）支付贷款利息：

借：财务费用　　　　　　　　　　　　　　　　　　　3 000 000

　　贷：银行存款　　　　　　　　　　　　　　　　　　　3 000 000

（3）以净额结算当期利率互换合约的内容，支付：

借：衍生工具——利率互换　　　　　　　　　　　　　　50 000

　　贷：银行存款　　　　　　　　　　　　　　　　　　　50 000

期末"衍生工具——利率互换"贷方余额 150 000 元，代表 LIBOR 保持在 4.9％水平时，A 公司未来期间因持有互换合约而承担的债务。

3. 201X 年 12 月 31 日账务处理如下：

（1）当期利率互换合约产生收益 600 000[100 000 000×(6.1％−5.7％)/2×3]元：

借：衍生工具——利率互换　　　　　　　　　　　　　　600 000

　　贷：公允价值变动损益　　　　　　　　　　　　　　　600 000

（2）支付贷款利息：

借：财务费用　　　　　　　　　　　　　　　　　　　3 000 000

　　贷：银行存款　　　　　　　　　　　　　　　　　　　3 000 000

（3）以净额结算当期利率互换合约的内容，收到：

借：银行存款　　　　　　　　　　　　　　　　　　　　　150 000
　　贷：衍生工具——利率互换　　　　　　　　　　　　　　　　　150 000

期末"衍生工具——利率互换"借方余额 300 000 元，代表 LIBOR 保持在 4.5% 水平时，A 公司未来期间因持有互换合约而拥有的资产。

4. 201Y 年 6 月 30 日账务处理如下：

（1）利率互换合约损失 100 000[100 000 000×（5.7%－5.8%）/2×2]元：

借：公允价值变动损益　　　　　　　　　　　　　　　　　　　100 000
　　贷：衍生工具——利率互换　　　　　　　　　　　　　　　　　100 000

（2）支付贷款利息：

借：财务费用　　　　　　　　　　　　　　　　　　　　　　3 000 000
　　贷：银行存款　　　　　　　　　　　　　　　　　　　　　　3 000 000

（3）结算利率互换合约：

借：银行存款　　　　　　　　　　　　　　　　　　　　　　100 000
　　贷：衍生工具——利率互换　　　　　　　　　　　　　　　　　100 000

期末"衍生工具——利率互换"借方余额 100 000 元，代表 LIBOR 保持在 4.6% 水平时，A 公司未来期间因持有互换合约而拥有的资产。

5. 201Y 年 12 月 31 日账务处理如下：

（1）利率互换合约收益 1 00 000[1 000 000 000×（5.8%－5.6%）/2×1]元：

借：衍生工具——利率互换　　　　　　　　　　　　　　　　　100 000
　　贷：公允价值变动损益　　　　　　　　　　　　　　　　　　100 000

（2）支付贷款利息：

借：财务费用　　　　　　　　　　　　　　　　　　　　　　3 000 000
　　贷：银行存款　　　　　　　　　　　　　　　　　　　　　　3 000 000

（3）结算利率互换合约：

借：银行存款　　　　　　　　　　　　　　　　　　　　　　200 000
　　贷：衍生工具——利率互换　　　　　　　　　　　　　　　　　200 000

本期期末互换合约执行完毕，"衍生工具——利率互换"无余额。

由于签订了利率互换合约，A 公司节省利息 400 000（150 000＋100 000＋200 000－50 000)元，从而规避了利率风险。

B 公司传统贷款交易过程与利率互换交易过程如图 7-3 所示，B 公司利率互换合

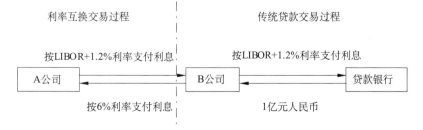

图 7-3　B 公司传统贷款交易过程与利率互换交易过程

约应收付利息如表 7-2 所示。

表 7-2　B 公司利率互换合约应收付利息　　　　　　　　　　　　　元

日　　期	应收利息	应付利息	收付净额
201X 年 6 月 30 日	3 050 000 (4.9%+1.2%)年利率	3 000 000 (6%年利率)	50 000
201X 年 12 月 31 日	2 850 000 (4.5%+1.2%)年利率	3 000 000 (6%年利率)	−150 000
201Y 年 6 月 30 日	2 900 000 (4.6%+1.2%)年利率	3 000 000 (6%年利率)	−100 000
201Y 年 12 月 31 日	2 800 000 (4.4%+1.2%)年利率	3 000 000 (6%年利率)	−200 000

B 公司应编制的有关会计分录如下：

1. 201X 年 1 月 1 日账务处理如下：

(1) 签订借款协议时：

借:银行存款　　　　　　　　　　　　　　　　　　　　100 000 000

　贷:长期借款　　　　　　　　　　　　　　　　　　　　100 000 000

(2) 签订利率互换合约时,因固定利率等于浮动利率,合约本身不确认为资产和负债,不需要作会计分录。A 公司和 B 公司之间也没有约定相互支付费用。

2. 201X 年 6 月 30 日账务处理如下：

(1) 不考虑衍生工具的时间价值因素时,就 B 公司而言,利率互换合约收益 200 000[100 000 000×(6.0%−6.1%)/2×4]元：

借:衍生工具——利率互换　　　　　　　　　　　　　　　200 000

　贷:公允价值变动损益　　　　　　　　　　　　　　　　　200 000

(2) 支付贷款利息：

借:财务费用　　　　　　　　　　　　　　　　　　　　　3 050 000

　贷:银行存款　　　　　　　　　　　　　　　　　　　　3 050 000

(3) 以净额结算当期利率互换合约的内容,支付：

借:银行存款　　　　　　　　　　　　　　　　　　　　　50 000

　贷:衍生工具——利率互换　　　　　　　　　　　　　　　50 000

期末"衍生工具——利率互换"借方余额 150 000 元,代表 LIBOR 保持在 4.9%水平时,B 公司未来期间因持有互换合约而拥有的资产。

3. 201X 年 12 月 31 日账务处理如下：

(1) 当期利率互换合约产生损失 600 000[100 000 000×(6.1%−5.7%)/2×3]元：

借:公允价值变动损益　　　　　　　　　　　　　　　　　600 000

　贷:衍生工具——利率互换　　　　　　　　　　　　　　　600 000

(2) 支付贷款利息：

借:财务费用　　　　　　　　　　　　　　　　　　　　　2 850 000

  贷:银行存款 2 850 000

  (3)以净额结算当期利率互换合约的内容,收到:

  借:衍生工具——利率互换 150 000

    贷:银行存款 150 000

  期末"衍生工具——利率互换"贷方余额 300 000 元,代表 LIBOR 保持在 4.5% 水平时,B 公司未来期间因持有互换合约而承担的负债。

  4. 201Y 年 6 月 30 日账务处理如下:

  (1)利率互换合约收益 100 000[100 000 000×(5.7%−5.8%)/2×2]元:

  借:衍生工具——利率互换 100 000

    贷:公允价值变动损益 100 000

  (2)支付贷款利息:

  借:财务费用 2 900 000

    贷:银行存款 2 900 000

  (3)结算利率互换合约:

  借:衍生工具——利率互换 100 000

    贷:银行存款 100 000

  期末"衍生工具——利率互换"贷方余额 100 000 元,代表 LIBOR 保持在 4.6% 水平时,B 公司未来期间因持有互换合约而承担的负债。

  5. 201Y 年 12 月 31 日账务处理如下:

  (1)利率互换合约损失 1 00 000[1 000 000 000×(5.8%−5.6%)/2×1]元:

  借:公允价值变动损益 100 000

    贷:衍生工具——利率互换 100 000

  (2)支付贷款利息:

  借:财务费用 2 800 000

    贷:银行存款 2 800 000

  (3)结算利率互换合约:

  借:衍生工具——利率互换 200 000

    贷:银行存款 200 000

  本期期末互换合约执行完毕,"衍生工具——利率互换"无余额。

  由于签订了利率互换合约,B 公司多支付利息 400 000(150 000＋100 000＋200 000−50 000)元,从而规避了利率风险。

▶ **思考题**

  1. 什么是衍生工具?为什么要在财务报表中披露衍生工具合约的价值变动?

  2. 衍生工具的主要特征有哪些?

  3. 衍生工具的主要功能有哪些?

  4. 衍生工具的基本类型有哪些?

5. 远期合约的会计核算方法是怎样的?

6. 远期合约与期货合约的异同点有哪些?

7. 期货合约与期权合约的异同点有哪些?

8. 简述互换交易及其作用。

9. 互换交易的种类有哪些?

10. 如何利用利率互换回避利率波动风险?

▶ 练习题

1. A 公司和 B 公司于 20×8 年 10 月 1 日签订了远期合约,约定 A 公司将于 20×9年 3 月 30 日向 B 公司购买 1 000 吨铜,协议价格是每吨 28 000 元,到期按净额结算。在远期合约期间,铜的价格变动如表 7-3 所示:

表 7-3　铜的价格变动　　　　　　　　　　　　　　　　　　元/吨

日　　期	即期价格	远期价格
20×8 年 10 月 1 日	26 000	28 000
20×8 年 12 月 31 日	27 500	30 000
20×9 年 3 月 30 日	28 600	28 600

要求:对 A 公司的远期合约业务进行会计处理。此题中假设年折现率为 6%。

2. 假设 201×年度新隆公司发生以下期货投资业务:①10 月 1 日买入大豆期货 10 手,每手 10 吨,2 100 元/吨,交易保证金为合约价值的 10%,交易手续费 4 元/手;②10 月 31 日结算价 2 070 元/吨;③11 月 30 日将上述大豆期货全部平仓,平仓成交价 2 050 元/吨,交易手续费 4 元/手。

要求:编制新隆公司的有关会计分录。

3. A 公司于 201X 年 7 月 1 日向 B 公司发行以自身普通股为标的的看涨期权。根据该期权合约,如果 B 公司行权(行权价为 106 元),B 公司有权以每股 106 元的价格从 A 公司购入普通股 1 000 股。其他有关资料如下:①合约签订日 201X 年 7 月 1 日;②行权日(欧式期权)201Y 年 6 月 30 日;③201X 年 7 月 1 日每股市价 100 元;④201X年 12 月 31 日每股市价 106 元;⑤201Y 年 6 月 30 日每股市价 111 元;⑥201Y 年 6 月 30 日应支付的固定行权价格每股 106 元;⑦期权合约中的普通股数量 1 000 股;⑧201X 年 7 月 1 日期权的公允价值 2 000 元;⑨201X 年 12 月 31 日期权的公允价值 3 000 元;⑩201Y 年 6 月 30 日期权的公允价值 5 000 元;⑪期权以现金净额结算。

要求:编制 A 公司和 B 公司的有关会计分录。

4. A 公司于 20×8 年 1 月 1 日与 B 银行签订了一笔 1 000 000 元两年期的固定利率借款合约,利率 5%,每半年支付一次利息。由于公司预测利率下跌的可能性比较大,所以该公司又在同日与 C 银行签订了一笔两年期的利率互换合约,名义本金为 1 000 000 元,每半年收付一次利息,收入利息按 5%,支付利息按 LIBOR+1.2%。通过互换合约把固定利率借款转换成浮动利率借款。该公司向 C 银行支付了 1 000 元

手续费。互换合约期限内的 LIBOR 利率变动如下:20×8 年 1 月 1 日 3.8％,20×8
年 6 月 30 日 3.9％,20×8 年 12 月 31 日 3.5％,20×9 年 6 月 30 日 3.7％,20×9 年
12 月 31 日 3.4％。假设该利率互换合约与借款合约之间不满足套期保值的条件,并
且不考虑衍生工具的时间价值因素。请编制 A 公司处理有关会计分录。

 练习题参考答案

第八章

套期工具

随着金融市场的发展,套期保值(Hedging)成为颇受欢迎的风险管理方法。本章主要介绍套期的会计处理,包括公允价值套期、现金流量套期和境外经营净投资套期的会计处理。本部分的内容主要遵循《企业会计准则第 24 号——套期会计》(2017 年 4 月颁布)的相关规定。

第一节　套期会计概述

套期的概念最早源于人们运用远期交易或者期货交易控制商品价格波动风险的活动,即通过跨期工具锁定价格实现保值目的。这里"套期"含义在于,当生产经营者在现货市场上买进或者卖出一定数量的现货商品时,在期货市场上卖出或者买进与现货品种相同、数量相当、但方向相反的期货商品(期货合约),以期在现货市场发生不利的价格变动时,达到规避价格风险的目的。但是,随着金融工具的丰富化和金融风险的复杂化,套期活动更强调的是"保值"概念,即通过使用各种工具对冲未来的风险、实现保值目的的活动。

一、套期会计的相关概念

《企业会计准则第 24 号——套期会计》中将套期界定为:企业为规避外汇风险、利率风险、商品价格风险、股票价格风险、信用风险等,指定一项或一项以上套期工具,使套期工具的公允价值或现金流量变动,预期抵销被套期项目全部或部分公允价值或现金流量变动。

套期作为一种风险管理手段,是由被套期项目和套期工具共同组成的组合体,单一工具无法被认定为套期活动,也就无法运用套期会计进行处理。企业往往是先存在需要进行风险管理的项目,然后选择合适的金融工具对冲该风险以实现风险管理目的,这两组事项共同组成了套期事项。一般企业主要运用商品期货进行套期时,其套期策略通常是,买入(卖出)与现货市场数量相当、但交易方向相反的期货合约,以期在未来某一时间通过卖出(买入)期货合约来补偿现货市场价格变动所带来的实际价格风险。金融企业由于面临较多的金融风险,如利率风险、外汇风险、信用风险等,对套期活动有更多的需求。例如,某上市银行为规避汇率变动风险,与某金融机构签订外币期权合约对现存数额较大的美元敞口进行套期保值。

(一)被套期项目

被套期项目,是指使企业面临公允价值或现金流量变动风险,且被指定为被套期对象的、能够可靠计量的下列单个项目、项目组合或其组成部分:①已确认资产或负债;②尚未确认的确定承诺;③极有可能发生的预期交易;④境外经营净投资。其中,确定承诺,是指在未来某特定日期或期间,以约定价格交换特定数量资源、具有法律约束力的协议;预期交易,是指尚未承诺但预期会发生的交易。

除此之外,企业还可以将符合条件的以下项目指定为被套期项目。

1. 非金融项目的组成部分

非金融项目风险敞口的某一风险成分(如铜线价格中的铜基准价格风险)或某一层级(如库存原油中最先实现销售的 100 桶原油的价格风险)均可以被指定为被套期项目。

2. 包括衍生工具的汇总风险敞口

企业可以将符合被套期项目条件的风险敞口与衍生工具组合形成的汇总风险敞口指定为被套期项目。

3. 一组项目的风险总敞口

当企业出于风险管理目的对一组项目进行组合管理,且组合中的每一个项目(包括其组成部分)单独都属于符合条件的被套期项目时,可以将该项目组合指定为被套期项目。

4. 一组项目的风险净敞口

在现金流量套期中,企业对一组项目的风险净敞口进行套期时,仅可以将外汇风险净敞口指定为被套期项目。

5. 一组项目名义金额的组成部分

在符合套期条件的情况下,企业可以将一组项目的一定比例或某一层级部分指定为被套期工具。

被套期项目是企业需要进行风险管理的对象,其本身存在公允价值或现金流动状况的波动。广义上被套期项目包含的范围相当广,狭义上被套期项目仅指套期会计准则规定的满足相关条件的项目。

(二)套期工具

套期工具,是指企业为进行套期而指定的、其公允价值或现金流量变动预期可抵销被套期项目的公允价值或现金流量变动的金融工具,包括以公允价值计量且其变动计入当期损益的衍生工具和以公允价值计量且其变动计入当期损益的非衍生金融资产或非衍生金融负债（指定为以公允价值计量且其变动计入当期损益，且其自身信用风险变动引起的公允价值变动计入其他综合收益的金融负债除外）。对外汇风险进行套期还可以将非衍生金融资产或非衍生金融负债的外汇风险成分作为套期工具。

企业在风险管理过程中可使用的工具非常多，能作为套期工具的基本条件则是其公允价值应当能够可靠地计量，同时套期工具必须能够对冲或抵销被套期项目具有的公允价值或现金流动状况波动风险，发挥风险管理作用。衍生工具通常可以作为套期工具。但是，某项衍生工具无法有效地对冲被套期项目风险的，不能作为套期工具。例如，企业发行的期权就不能作为套期工具，因为该期权的潜在损失可能大大超过被套期项目的潜在利得，从而不能有效地对冲被套期项目的风险。但是，购入期权的一方可能承担的损失最多就是期权费，而可能拥有的利得通常等于或大大超过被套期项目的潜在损失，因而购入期权的一方可以将购入的期权作为套期工具。以公允价值计量且其变动计入当期损益的非衍生金融资产或非衍生金融负债可以作为套期工具，但被指定为以公允价值计量且其变动计入当期损益，且其自身信用风险变动引起的公允价值变动计入其他综合收益的金融负债除外。

二、套期的分类

按套期活动的会计处理方式可以将套期分为公允价值套期、现金流量套期和境外经营净投资套期。

（一）公允价值套期

公允价值套期，是指对已确认资产或负债、尚未确认的确定承诺，或该资产或负债以及尚未确认的确定承诺中可辨认部分的公允价值变动风险进行的套期。该类价值变动源于某类特定风险，且将影响企业的损益或其他综合收益。其中，影响其他综合收益的情形，仅限于企业对指定以公允价值计量且其变动计入其他综合收益的非交易性权益工具投资的公允价值变动风险敞口进行的套期。

例如，某公司持有 100 吨原油，预计在 6 个月后出售。假设现在原油价格为每桶 70 美元，为控制原油公允价值在未来的波动，该公司签订了原油远期卖出合约，约定 6 个月后按每桶 68 美元（这是目前的 6 个月原油期货价格）的价格售出 100 吨原油。公司持有的原油现货和原油远期合约就构成了一个公允价值套期，其中原油远期合约控制的风险是原油公允价值的波动。

（二）现金流量套期

现金流量套期，是指对现金流量变动风险进行的套期。该类现金流量变动源于与已确认资产或负债、很可能发生的预期交易或上述项目组成部分有关的某类特定风险，且将影响企业的损益。对确定承诺的外汇风险进行套期时，企业既可以将其作为现金流量套期，也可选择将其作为公允价值套期。

现金流量套期的风险控制对象是某事项导致的企业未来现金流量的波动。例如，某航空公司 3 个月后因购买飞机需支付一定金额外币，为回避汇率风险导致的现金流量波动风险，另外签订了远期外汇购入合约。这一远期外汇购入合约与未来现金流量波动构成了一个现金流量套期，其中远期外汇合约控制的是汇率变动导致的现金支付金额波动的风险。

（三）境外经营净投资套期

境外经营净投资套期，是指对境外经营净投资外汇风险进行的套期，境外经营净投资是企业在境外经营净资产中的权益份额。企业既无计划也无可能于可预见的未来会计期间结算的长期外币货币性应收项目（含贷款），应当视同境外经营净投资的组成部分。因销售商品或提供劳务等形成的期限较短的应收账款不构成境外经营净投资。

例如，甲公司于 2005 年 1 月 1 日取得境外某美国公司 45% 的股权，净投资为 10 000 000 美元，当日人民币对美元汇率为 1 美元＝8.2 元人民币。预期人民币长期处于升值状态。为了避免人民币升值可能带来的损失，甲公司于 2005 年 1 月 1 日与汇丰银行签订一项远期外汇合约，约定于 12 个月后卖出 10 000 000 美元。这一远期外汇合约与境外经营净投资额构成了一个境外经营净投资套期，其中远期外汇合约控制的是汇率变动导致的境外经营净投资额的波动风险。

三、套期保值交易须遵循的原则

（一）交易方向相反原则

交易方向相反原则，是指被套期项目和套期工具买卖标的物的方向是相反的。当企业在现货市场上买入某商品时，其选择的套期工具应该是在期货市场上卖出该商品；如果企业在现货市场上卖出了某商品，其选择的套期工具应该是在期货市场上购入该商品。然后选择一个适当的时机，将期货合约予以平仓，以对冲在手合约。通过期货交易和现货交易互相之间的联动和盈亏互补性抵销商品价格变动所带来的风险，达到保值目的。

（二）交易标的物种类相同（相近）原则

交易标的物种类相同（相近）原则，是指被套期项目和套期工具买卖标的物的种类是相同（相近）的。只有标的物种类相同（相近），其期货价格和现货价格之间才有可能形成密切的关系，从而通过套期交易实现风险控制。否则，套期交易不仅不能达到规避价格风险的目的，反而可能会增加价格波动的风险。

（三）交易数量相等（相近）原则

交易数量相等（相近）原则，是指被套期项目和套期工具买卖标的物的数量要相等（相近）。只有保持两个市场上买卖标的物的数量相等（相近），才能使一个市场上的盈利额与另一个市场上的亏损额相等或最接近，从而保证两个市场盈亏互补的有效性，也即套期的有效性。

（四）交易期限或时点相同（或相近）原则

以商品期货套期保值为例，在做套期交易时，所选用的期货合约的交割月份最好与交易者将来在现货市场上交易商品的时间相同或相近。因为两个市场出现的盈亏金额受两个市场上价格变动的影响，只有使两者所选定的时间相同或相近，才能使期货价格和现货价格之间的联系更加紧密，达到增强套期保值的效果。

第二节 套期会计方法

一、运用套期会计方法的前提条件

套期会计方法，是指企业将套期工具和被套期项目产生的利得或损失在相同会计期间计入当期损益（或其他综合收益）以反映风险管理活动影响的方法。根据《企业会计准则第 24 号——套期会计》的规定，公允价值套期、现金流量套期或境外经营净投资套期同时满足下列条件的，才能运用套期会计方法进行处理。

第一，套期关系仅由符合条件的套期工具和被套期项目组成。

第二，在套期开始时，企业对套期关系（套期工具和被套期项目之间的关系）有正式指定，并准备了关于套期关系、风险管理目标和风险管理策略的正式书面文件。该文件至少载明了套期工具、被套期项目、被套期风险的性质以及套期有效性评价方法等内容。套期必须与具体可辨认并被指定的风险有关，且最终影响企业的损益或其他综合收益。

第三，套期关系符合套期有效性的要求。套期有效性，是指套期工具的公允价值或现金流量变动能够抵销被套期风险引起的被套期项目公允价值或现金流量变动的程度。套期工具的公允价值或现金流量变动大于或小于被套期项目的公允价值或现金流量变动的部分为套期无效部分。

以下依次具体解释被套期项目、套期工具、套期有效性问题。

二、被套期项目的认定

作为被套期项目，应当是使企业面临公允价值或现金流量变动风险（被套期风险），在本期或未来期间会影响企业损益的项目。库存商品、持有至到期投资、可供出售金融资产、贷款、长期借款、预期商品销售、预期商品购买、对境外经营净投资等项目使企业面临公允价值或现金流量风险变动的，均可被指定为被套期项目。

（一）可以作为被套期项目的项目

可以作为被套期项目的项目包括下列单个项目、项目组合或其组成部分。

（1）已确认资产或负债。

（2）尚未确认的确定承诺。

（3）极可能发生的预期交易。

（4）境外经营净投资。

（二）指定被套期项目的注意事项

（1）被套期风险通常包括外汇风险、利率风险、价格变动风险、信用风险等。企业一般的经营风险不能作为被套期风险，因为这些风险不能具体辨认和单独计量。基于同样的原因，与购买另一个企业的确定承诺相关的风险（外汇风险除外）也不能作为被套期风险。

（2）只有可能影响损益的风险敞口才可以被指定为被套期项目。然而，唯一例外的是，企业指定为以公允价值计量且其变动计入其他综合收益的非交易性权益工具投资也可以作为被套期项目。但是，一旦采用该选择，该权益投资中的利得或损失永远不能计入损益。

（3）衍生工具一般不能作为被套期项目的一部分。但是，一项符合被套期项目条件的风险敞口和一项衍生工具组合形成的汇总风险敞口可以被指定为被套期项目。

（4）采用权益法核算的股权投资和对子公司的投资都不能作为被套期项目，但是对境外经营净投资可以作为被套期项目，因为相关的套期针对的是外汇风险，而非境外经营净投资的公允价值变动风险。

（5）在金融资产或金融负债组合的利率风险公允价值套期中，可以将某货币金额（如人民币、美元或欧元金额）的资产或负债指定为被套期项目。

（6）企业可以将金融资产或金融负债的全部或部分指定为被套期项目。但金融资产或金融负债现金流量的一部分被指定为被套期项目的，被指定部分的现金流量应当少于该金融资产或金融负债现金流量总额。

（7）项目名义金额的组成部分，包括项目整体的一定比例部分（如 1 亿欧元固定利率贷款的 60%）或项目整体的某一层级部分（如 1 亿欧元固定利率贷款底层的 0.6 亿欧元），均可以被指定为被套期项目。但是，若某一层级部分包括提前还款权，只有当提前还款权的公允价值变动包含在被套期项目的公允价值计量中，该层级才可以被指定为被套期项目。

（8）在风险成分可单独识别且能可靠计量的前提下，非金融资产或非金融负债的风险成分可以被指定为被套期项目。例如，在一项合同中，合同条款明确电线价格部分与铜基准价格挂钩，部分与反映能源成本的可变设施费用挂钩。那么，根据准则的规定，电线价格与铜基准价格挂钩的风险成分就可以被指定为被套期项目。

（9）当企业出于风险管理的目的对一组项目进行组合管理，且组合中的每一个项目（包括其组成部分）单独都属于符合条件的被套期项目时，可以将该项目组合指定为被套期项目。

（10）在现金流量套期中，企业对风险净敞口的套期只能够将外汇风险敞口指定为被套期项目，并且在套期指定中应当明确预期交易预计影响损益的报告期间，以及预期交易的性质和数量。例如，一个主体在 6 个月内预计卖出 100 元外币并买进 80 元外币，则该主体可以使用单一的在 6 个月内卖出 20 元外币的外汇远期合约对净敞口进行套期。

（11）在满足一定条件的情况下，企业可以将净敞口为零的项目组合（各项目之间的风险完全相互抵销）指定为被套期项目。

（12）企业集团内的各组成企业或分部之间发生的套期活动，只能在各组成企业的财务报表或分部的分部报告中运用套期会计方法，而不能在企业集团合并财务报表中对其予以反映。但是，发生在企业集团内两个组成企业或两个分部之间的外币交易形成的外币货币性项目（如外币应收款项），如果其外币汇兑损益不能相互抵销，则可以在企业集团合并财务报表中运用套期会计方法。

三、套期工具的认定

作为套期工具的基本条件就是其公允价值应当能够可靠地计量，并且能够有效地对冲被套期项目的相关风险。套期工具既可以是衍生工具，也可以是非衍生金融资产或非衍生金融负债，但是指定为以公允价值计量且其变动计入当期损益，且其自身信用风险变动引起的公允价值变动计入其他综合收益的金融负债除外。

（一）可以作为套期工具的项目

可以作为套期工具的项目包括以下几项。

（1）衍生工具通常可以作为套期工具，但签出期权除外。衍生工具包括远期合约、期货合约、互换合约和期权合约，以及具有远期合约、期货合约、互换合约和期权合约中一种或一种以上特征的工具。例如，某企业为规避原材料铜价格上升的风险，可以买入一定数量铜期货合约，其中，铜期货合约即套期工具。另外，企业只有在对购入期权进行套期时，签出期权才可以作为套期工具，嵌入在混合合约中但未分拆的衍生工具不能作为单独的套期工具。

（2）非衍生金融资产或非衍生金融负债也可以作为套期工具，但是指定为以公允价值计量且其变动计入当期损益，且其自身信用风险变动引起的公允价值变动计入其他综合收益的金融负债除外。这是因为金融负债整体的公允价值变动没有被计入损益，这将导致主体在评价和计量套期无效性时忽视了其自身的信用风险，与套期会计的概念相矛盾。另外，对于外汇风险套期，企业可以将非衍生金融资产（以公允价值计量且其变动计入其他综合收益的非交易性权益工具投资除外）或非衍生金融负债的外汇风险成分指定为套期工具。同样，以公允价值计量且其变动计入其他综合收益的非交易性权益工具投资的公允价值变动不影响损益,这与套期的作用机制不符,因此该权益投资不能作为套期工具。

(3)企业可以将两项或两项以上金融工具的组合或该组合的一定比例指定为套期工具。

(二)指定套期工具时的注意事项

(1)企业在确立套期关系时,应当将符合条件的衍生工具整体或整体的一定比例(如其名义金额的50%)指定为套期工具。不能对套期工具的组成部分进行拆分,但下列情况除外:

① 对于期权,由于期权的内在价值和时间价值是可以明确区分计算的,企业可以只将期权的内在价值变动部分指定为套期工具;

② 对于远期合约,企业可以将远期合约的利息和即期价格分开,因此可以只将远期合约中即期价格变动部分指定为套期工具;

③ 对于金融工具,企业可以将金融工具的外汇基差单独分拆,只将排除外汇基差后的金融工具指定为套期工具。

(2)企业虽然可以将整体套期工具的一定比例指定为套期工具,但不能将属于套期工具剩余期限内的某一时段作为套期工具。例如,某公司拥有一项支付固定利息、收取浮动利息的4年期的互换合约,打算把它作为发行的2年期浮动利率债券的套期工具。在这种情况下,该公司不能将互换合约剩余期限中的某2年指定为套期工具。

(3)单项衍生工具往往只被指定为对一种风险进行套期,但同时满足下列条件的,也可以同时对多种风险进行套期:①各项被套期风险可以清晰辨认;②套期有效性可以证明;③可以确保该衍生工具与不同风险头寸之间存在具体指定关系。其中,套期有效性,是指套期工具的公允价值或现金流量变动能够抵销被套期风险引起的被套期项目公允价值或现金流量变动的程度。例如,甲企业的记账本位币是人民币,在借入一笔5年期美元浮动利率贷款后,又与某金融机构签订一项交叉货币利率互换合约。该互换合约约定甲企业在5年内可以定期收取按美元浮动利率计算确定的利息,同时支付按人民币固定利率计算确定的利息。该互换合约被指定为套期工具,对该贷款合约中利息部分的汇率风险和利率风险进行了套期。

(4)企业自身的权益工具既非企业的金融资产也非金融负债,因而也不能作为套期工具。在活跃市场上没有报价的权益工具投资及与该权益工具挂钩并须通过交付该权益工具进行结算的衍生工具,由于其公允价值难以可靠地计量,也不能作为套期工具。

(5)在分部或集团内各企业的财务报表中,只有涉及这些分部或企业以外的主体的工具及相关套期指定,才能在符合套期保值准则规定条件时运用套期会计方法,而在集团合并财务报表中,如果这些套期工具及相关套期指定并不涉及集团外的主体,则不能对其运用套期会计方法进行处理。

四、套期有效性的评价

套期保值会计的运用要以对套期关系有效性的评价为基础。与 2006 年的《企业会计准则》相比,现行《企业会计准则第 24 号——套期会计》准则不再要求套期关系 80％～125％的定量标准,而是采取一种预期性的评价方法,不涉及任何的界限,有效性的判断取决于不同的情况甚至也可能是定性的。

(一)有效套期的认定

套期关系只有满足下列全部条件时,企业才能认定其符合套期有效性的要求。

(1)被套期项目和套期工具之间存在经济关系。这意味着被套期风险的变化将使被套期项目和套期工具的价值面临相反方向的变化。

(2)被套期项目和套期工具经济关系产生的价值变动中,信用风险的影响不占主导地位。当确定信用风险在何时"主导"公允价值的变化时需要运用管理层的主观判断,只有当信用风险对被套期项目或套期工具的公允价值带来重大影响时,才会被认为"主导"了价值变动。

(3)套期关系的套期比率,等于企业实际套期的被套期项目数量与对其进行套期的套期工具实际数量之比,并且应当与企业用于风险管理目的的套期比率保持一致。但是,《企业会计准则第 24 号——套期会计》同时指出,如果套期比率反映套期无效性的失衡,并可能产生与套期会计目标不一致的会计结果,那么出于会计目的的套期比率就应当不同于风险管理目的的套期比率。这一规定是出于对蓄意套期不足的顾虑,即在现金流量套期中最小化无效性的确认或在公允价值套期中创造被套期项目的额外公允价值调整。

(二)套期有效性的评价方法

套期有效性评价方法应当与企业的风险管理策略相吻合,并在套期开始时就在风险管理有关的正式文件中详细加以说明。在这些正式文件中,企业应当就套期有效性评价的程序和方法、评价时是否包括套期工具的全部利得或损失、是否包括套期工具的时间价值等作出说明。常见的套期有效性评价方法有三种:①主要条款比较法;②回归分析法;③比率分析法。主要条款比较法和回归分析法主要适用于经济关联的评价,比率分析法适用于套期比率的评价。

(1)主要条款比较法。主要条款比较法,是通过比较套期工具和被套期项目的主要条款,以确定套期是否有效的方法。如果套期工具和被套期项目的所有主要条款均能准确地匹配,可认定因被套期风险引起的套期工具和被套期项目公允价值或现金流量变动可以相互抵销。套期工具和被套期项目的"主要条款"包括名义金额或本金、到期期限、内含变量、定价日期、商品数量、货币单位等。

值得注意的是,采用这种定性的方法对套期有效性进行评价通常用于证实经济关联的存在。然而当套期工具和被套期项目的主要条款不能基本匹配时,企业可能只能够采用定量评价方法(如下文将提到的回归分析法)来验证经济关系的存在。

(2)回归分析法。回归分析法是在掌握一定数量观察数据基础上,利用数理统计方法建立自变量和因变量之间回归关系函数的方法。将此方法运用到套期有效性评价中,需要分析套期工具和被套期项目价值变动之间是否具有高度相关性,进而判断套期是否有效。运用回归分析法,自变量反映被套期项目公允价值变动或预计未来现金流量现值变动,因变量反映套期工具公允价值变动。相关回归模型如:$y = kx + b + e$。其中,y:因变量,即套期工具的公允价值变动;k:回归直线的斜率,反映套期工具价值变动/被套期项目价值变动的比率;b:y 轴上的截距;x:被套期风险引起的被套期项目价值变动;e:均值为零的随机变量,服从正态分布。企业运用回归分析法确定套期有效性时,套期只有满足以下全部条件才能认为是高度有效的:①回归直线的斜率必须为负数;②决定系数(R^2)应大于 0.96,该系数反映 y 和 x 之间的相关性,其数值越大,表明回归模型对观察数据的拟合越好,用回归模型进行预测效果也就越好;③整个回归模型的统计有效性($F-$测试)必须是显著的。F 值也称置信程度,表示自变量 x 与因变量 y 之间线性关系的强度。F 值越大,置信程度越高。但是,我们也必须注意,这种统计上的负相关性本身并不足以证明经济关系的存在,仍然需要结合定性分析综合判断。

(3)比率分析法。比率分析法,是通过比较被套期风险引起的套期工具和被套期项目公允价值或现金流量变动比率,以确定套期是否有效的方法。运用比率分析法时,企业可以根据自身风险管理政策的特点选择以累计变动数(自套期开始以来的累计变动数)为基础比较,或以单个期间变动数为基础比较。如果上述比率与企业出于风险管理目的的套期比率保持一致(例外情况除外),就可以认为套期关系是有效的。

(三)套期有效性评价应注意的问题

(1)对于利率风险,企业可以通过编制金融资产和金融负债的到期时间表,标明每期的利率净风险,据此对套期有效性进行评价。

(2)在评价套期的有效性时,企业通常要考虑货币的时间价值。

(3)企业应当在套期开始日及以后的期间持续地对套期关系的有效性进行评估,尤其在资产负债表日及相关情形发生重大变化将影响套期有效性时对套期关系进行再评估。

(4)某企业由于套期比率的原因不再满足套期有效性的要求,如果该套期关系的风险管理目标并未发生改变,企业应该进行套期关系再平衡。这里的套期关系再平衡,是指对已经存在的套期关系中的被套期项目或套期工具的数量进行调整,以使套期比率重新符合套期有效性的要求。

(5)当企业的套期关系因套期比率之外的原因不符合套期有效性标准时,该企业应该从符合套期有效性的最后日期开始停止运用套期会计。但是,如果企业能够识别引起套期关系不符合有效性标准的事件或环境变化,并且能证明在该事件或环境变化之前套期是有效的,企业应从该事件或环境变化之日起停止运用套期会计。

五、套期保值会计处理原则

套期保值会计处理的总体原则就是要把企业回避风险这件事情，恰当地反映在会计报表上。为了核算套期保值业务，企业应设置"套期工具"和"被套期项目"两个科目。对套期保值关系中套期工具与被套期项目产生的利得或损失，要根据套期类别区分公允价值套期、现金流量套期、境外经营净投资套期分别通过"公允价值变动损益"计入当期损益，或者通过"其他综合收益"计入所有者权益。这种区别将在接下来的章节详细解释。

（一）"套期工具"科目

"套期工具"科目核算企业开展套期保值业务（包括公允价值套期、现金流量套期和境外经营净投资套期）套期工具公允价值变动形成的资产或负债。该科目可按套期工具类别进行明细核算。

套期工具的主要账务处理：

（1）企业将已确认的衍生工具等金融资产或金融负债指定为套期工具的，应按其账面价值，借记或贷记"套期工具"科目，贷记或借记"衍生工具"等科目。

（2）资产负债表日，对于有效套期，应按套期工具产生的利得，借记"套期工具"科目，并根据套期类别分情况确定贷记"公允价值变动损益"或"其他综合收益"等科目；套期工具产生损失作相反的会计分录。

（3）金融资产或金融负债不再作为套期工具核算的，应按套期工具形成的资产或负债，借记或贷记有关科目，贷记或借记"套期工具"科目。该科目期末借方余额，反映企业套期工具形成资产的公允价值；该科目期末贷方余额，反映企业套期工具形成负债的公允价值。

（二）"被套期项目"科目

"被套期项目"科目核算企业开展套期保值业务被套期项目公允价值变动形成的资产或负债。该科目可按被套期项目类别进行明细核算。

被套期项目的主要账务处理：

（1）企业将已确认的资产或负债指定为被套期项目，应按其账面价值，借记或贷记"被套期项目"科目，贷记或借记"库存商品""长期借款""以摊余成本计量的金融资产"等科目。已计提跌价准备或减值准备的，还应同时结转跌价准备或减值准备。

（2）资产负债表日，对于有效套期，应按被套期项目产生的利得，借记"被套期项目"科目，并根据套期类别分情况确定贷记"公允价值变动损益"或"其他综合收益"等科目；被套期项目产生损失作相反的会计分录。

（3）资产或负债不再作为被套期项目核算的，应按被套期项目形成的资产或负债，借记或贷记有关科目，贷记或借记"被套期项目"科目。该科目期末借方余额，反映企业被套期项目形成资产的公允价值;该科目期末贷方余额,反映企业被套期项目形成负债的公允价值。

第三节　公允价值套期的会计处理

一、公允价值套期会计处理的基本规定

公允价值套期满足运用套期会计方法条件的,应当按照下列规定处理。

(1)套期工具公允价值变动形成的利得或损失应当计入当期损益;如果套期工具是对选择以公允价值计量且其变动计入其他综合收益的非交易性权益工具投资进行套期的,套期工具形成的利得或损失应当计入其他综合收益。

(2)被套期项目因被套期风险形成的利得或损失应当计入当期损益,同时调整未以公允价值计量的已确认被套期项目的账面价值。被套期项目为按成本与可变现净值孰低进行后续计量的存货、按摊余成本进行后续计量的金融资产或以公允价值计量且其变动计入其他综合收益的金融资产的,也应当按此规定处理。

这意味着套期工具与被套期项目的相关利得或损失同时被计入了当期损益,其抵销后的净利得或净损失才会对报告期间的利润产生影响。当套期有效性为100%时,被套期风险完全被抵销,套期工具和被套期项目的价值波动不会影响报告期利润,从而在报表中正确披露了套期保值活动的经济实质。

二、被套期项目利得或损失的后续处理

因为上述原因,在公允价值套期中对被套期项目利得或损失进行后续处理时,还需注意以下问题。

(1)被套期项目为尚未确认的确定承诺的,该确定承诺因被套期风险引起的公允价值变动累计额应当确认为一项资产或负债,相关的利得或损失应当计入当期损益。而在没有进行套期保值活动时,该类业务是不需要在报表中披露的,直到确定承诺被履行时,报表中才会披露相关事项。

(2)在购买资产或承担负债的确定承诺的公允价值套期中,该确定承诺因被套期风险引起的公允价值变动累计额(已确认为资产或负债),应当调整履行该确定承诺所取得的资产或承担的负债的初始确认金额。这意味着相关资产或负债的初始确认金额是需要反映套期保值活动的影响的,即是否进行了套期保值这一事项会导致相关资产或负债入账价值产生差异,从而全面披露套期保值活动的经济后果。

(3)同理,被套期项目是以摊余成本计量的金融工具的,对被套期项目账面价值所作的调整,应当按照开始摊销日重新计算的实际利率在开始摊销日至到期日的期间内进行摊销,计入当期损益。该摊销日可以自调整日开始,但不应晚于终止对被套期

项目进行利得和损失调整的时点。被套期项目为以公允价值计量且其变动计入其他综合收益的金融资产,企业应按照相同的方式对累计确认的套期利得或损失进行摊销,并计入当期损益,但是不需要调整金融资产的账面价值。

(4)金融资产或金融负债组合中的利率风险剥离出来单独进行公允价值套期时,企业对被套期项目形成的利得或损失可按下列方法处理:①被套期项目在重新定价期间内是资产的,在资产负债表中资产项下单列项目反映,待终止确认时转销;②被套期项目在重新定价期间内是负债的,在资产负债表中负债项下单列项目反映,待终止确认时转销。

三、终止运用公允价值套期会计方法的条件

套期满足下列条件之一的,企业应终止运用公允价值套期会计。

(1)因风险管理目标发生变化导致套期关系不再满足风险管理目标。

(2)套期工具已到期、被出售、合同终止或已行使。

套期工具展期或被另一项套期工具替换时,展期或替换是企业正式书面文件所载明的套期策略组成部分的,不作为已到期或合同终止处理。

(3)被套期项目与套期工具之间不再存在经济关系,或者被套期项目与套期工具经济关系产生的价值变动中,信用风险的变动占据主导地位。

(4)该套期不再满足运用套期会计方法的其他条件。

四、公允价值套期会计处理举例

(一)对库存商品价格的下降风险进行套期

【例 8-1】 201×年1月1日,A公司为规避所持有存货X公允价值变动风险,与某金融机构签订了一项期货合约Y,标的资产与被套期项目存货X在数量、质量、价格变动和产地方面相同。企业将该期货合约指定为对201×年上半年存货X价格变化引起的公允价值变动风险进行的套期。201×年1月1日,期货合约Y的公允价值为零,被套期项目(存货X)的账面价值和成本均为2 000 000元,公允价值是2 100 000元。201×年6月30日,期货合约Y的公允价值上涨了35 000元,存货X的公允价值下降了35 000元。当日,A公司将存货X按当日公允价值出售,并对期货合约进行平仓结算。假定不考虑衍生工具的时间价值、商品销售相关的增值税及其他因素,A公司的账务处理如下(金额单位:元):

套期有效性评价:

A公司采用比率分析法评价套期有效性,即通过比较期货合约和存货X的公允价值变动评价套期有效性。A公司预期该套期完全有效。

相关账务处理:

(1)201×年1月1日将库存商品指定为被套期项目,套期工具公允价值为零,无

账务处理:

借:被套期项目——库存商品 X   2 000 000

  贷:库存商品——X   2 000 000

(2) 201×年 6 月 30 日:

确认套期工具与被套期项目公允价值的波动:

借:套期工具——期货合约 Y   35 000

  贷:公允价值变动损益   35 000

借:公允价值变动损益   35 000

  贷:被套期项目——库存商品 X   35 000

出售被套期项目,确认收入(当日存货公允价值 2 100 000 − 35 000)并结转相关成本:

借:应收账款或银行存款   2 065 000

  贷:主营业务收入   2 065 000

借:主营业务成本   1 965 000

  贷:被套期项目——库存商品 X   1 965 000

对期货合约进行平仓结算:

借:银行存款   35 000

  贷:套期工具——期货合约 Y   35 000

注:由于 A 公司采用了套期策略,规避了存货公允价值变动风险,因此其存货公允价值下降没有对预期毛利额 100 000(2 100 000 − 2 000 000)元产生不利影响。

【例 8-2】 沿用例 8-1 的资料,假定 201×年 6 月 30 日,期货合约 Y 的公允价值上涨了 32 500 元,存货 X 的公允价值下降了 35 000 元。其他资料不变,A 公司的账务处理如下:

(1) 201×年 1 月 1 日将库存商品指定为被套期项目:

借:被套期项目——库存商品 X   2 000 000

  贷:库存商品——X   2 000 000

(2) 201×年 6 月 30 日:

确认套期项目与被套期项目公允价值的波动:

借:套期工具——期货合约 Y   32 500

  贷:公允价值变动损益   32 500

借:公允价值变动损益   35 000

  贷:被套期项目——库存商品 X   35 000

出售被套期项目,确认收入并结转相关成本:

借:应收账款或银行存款   2 065 000

  贷:主营业务收入   2 065 000

借:主营业务成本   1 965 000

  贷:被套期项目——库存商品 X   1 965 000

对期货合约进行平仓结算：

借：银行存款   32 500

  贷：套期工具——期货合约 Y   32 500

结转无效套期损益：

借：投资收益   2 500

  贷：公允价值变动损益   2 500

说明：两种情况的差异在于，前者不存在"无效套期损益"，后者存在"无效套期损益"2 500元，从而对 A 公司当期利润总额产生 2 500 元影响。

（二）对确定承诺的外汇风险进行套期

【例 8-3】 甲公司为采用人民币作为记账本位币的境内商品生产企业。201×年2月1日，甲公司与某境外公司签订了一项商品销售合同（确定承诺），货物价格为外币 A（本题以下简称 A）270 000 元，交货日期为 201×年 5 月 1 日。201×年 1 月 8 日，甲公司签订了一项出售外币 B（本题以下简称 B）240 000 元的远期合约。根据该远期合约，甲公司将于 201×年 5 月 1 日出售 B 240 000 元换取人民币 147 000 元，汇率为 1B＝0.612 5 人民币元（201×年 5 月 1 日的现行远期汇率）。

甲公司将该远期合约指定为对由于人民币元/A 汇率变动可能引起的、确定承诺公允价值变动风险的套期工具，且通过比较远期合约公允价值总体变动和确定承诺人民币元公允价值变动评价套期有效性。假定最近 3 个月，人民币元对 B、人民币元对 A 之间的汇率变动具有高度相关性。201×年 5 月 1 日，甲公司履行确定承诺并以净额结算了远期合约。

与该套期有关的远期汇率资料如表 8-1 所示：

表 8-1 与该套期有关的远期汇率资料

日 期	201×年 5 月 1 日 B/人民币元的远期汇率	201×年 5 月 1 日 A/人民币元的远期汇率
201×年 1 月 8 日	1B＝0.612 5 人民币元	1A＝0.545 4 人民币元
201×年 3 月 31 日	1B＝0.598 3 人民币元	1A＝0.531 7 人民币元
201×年 5 月 1 日	1B＝0.577 7 人民币元（也为当日即期汇率）	1A＝0.513 7 人民币元（也为当日即期汇率）

根据上述资料，甲公司进行如下分析和账务处理：

（1）套期有效性评价：

甲公司预期该套期高度有效，原因有三点：第一，201X 年 2 月 1 日，B240 000 元与 A270 00 元按 201X 年 5 月 1 日的远期汇率换算，相差（仅为 258 人民币元）不大；第二，远期合约和确定承诺将在同一日期结算；第三，最近 3 个月，人民币元对 B、人民币元对 A 之间的汇率变动具有高度相关性。

但是，该套期并非完全有效，因为与远期合约名义金额 B240 000 元等值人民币元的变动，与 A 270 000 元等值人民币元的变动存在差异。另外，即期汇率与远期汇率之间的差异无须在评价套期有效性时考虑,因为确定承诺公允价值变动是以远期汇率来计量的。远期合约和确定承诺的公允价值变动如表 8-2 所示:

表 8-2 远期合约和确定承诺的允许价值变动

日 期	2 月 1 日	3 月 31 日	5 月 1 日
1. 远期合约			
5 月 1 日结算的人民币元/B 的远期汇率	0.612 5	0.598 3	0.577 7
金额/B	240 000	240 000	240 000
远期价格(B240 000 元折算成人民币元)/人民币元	(147 000)	(143 592)	(138 648)
合约价格/人民币元	147 000	147 000	147 000
以上两项的差额/人民币元	0	(3 408)	(8 352)
公允价值(上述差额的现值,假定折现率为 6%)/人民币元	0	(3 391)	(8 352)
本期公允价值变动/人民币元		(3 391)	(4 961)
2. 确定承诺			
5 月 1 日结算用的人民币元/A 远期汇率	0.545 4	0.531 7	0.513 7
金额/A	270 000	270 000	270 000
远期价格(A270 000 元折成人民币元)/人民币元	(147 258)	(143 559)	(138 699)
初始远期价格/人民币元(270 000×0.545 4)	147 258	147 258	147 258
以上两项的差额/人民币元	0	(3 699)	(8 559)
公允价值(上述差额的现值,假定折现率为 6%)/人民币元	0	(3 681)	(8 559)
本期公允价值变动/人民币元		(3 681)	(4 878)
C. 无效套期部分(以 B 标价的远期合约和以 A 标价的确定承诺两者公允价值变动的差额)/人民币元		290	83

(2)账务处理如下(单位:人民币元):

(为简化核算,假定不考虑设备购买有关的税费因素、设备运输和安装费用等)

① 201×年 2 月 1 日:

无须进行账务处理。因为远期合约和确定承诺当日公允价值均为零。

② 201×年 3 月 31 日确认远期合约和确定承诺公允价值变化导致的损益:

借:公允价值变动损益　　　　　　　　　　　　　　　3 681

　　贷:被套期项目——确定承诺　　　　　　　　　　　　　3 681

借:套期工具——远期合同　　　　　　　　　　　　　3 391

　　贷:公允价值变动损益　　　　　　　　　　　　　　　　3 391

③ 201×年 5 月 1 日:

确认远期合约和确定承诺公允价值变化导致的损益:

借:公允价值变动损益　　　　　　　　　　　　　　　　4 878

　　贷:被套期项目——确定承诺　　　　　　　　　　　　　　4 878

借:套期工具——远期合约　　　　　　　　　　　　　　4 961

　　贷:公允价值变动损益　　　　　　　　　　　　　　　　4 961

确认远期合约结算:

借:银行存款　　　　　　　　　　　　　　　　　　　　8 352

　　贷:套期工具——远期合约　　　　　　　　　　　　　　8 352

确认履行确定性承诺出售货物:

借:银行存款　　　　　　　　138 699(270 000×0.513 7)

　　被套期项目——确定承诺　　8 559

　　贷:营业收入　　　　　　　　　　　　　　　　　　　147 258

然后,按账面价值结转销售商品的成本即可。

注:甲公司通过运用套期策略,使所出售商品的收入锁定在将确定承诺的购买价格 A270 000 元按 1A=0.545 4 人民币元(套期开始日的远期合约汇率)进行折算确定的金额 270 000×0.545 4=147 258 人民币元上。无效套期部分已确认为当期损益。

(三)对股票价格下降风险进行套期

【例 8-4】　20×1 年 1 月 1 日,甲公司以每股 50 元的价格,从二级市场上购入 B 公司股票 30 000 股(占 B 公司有表决权股份的 3%),且将其划分为以公允价值计量且其变动计入其他综合收益的金融资产。为规避该股票价格下降风险,甲公司于 20×1 年 12 月 31 日支付期权费 120 000 元购入一项看跌期权。该期权的行权价格为每股 60 元,行权日期为 20×3 年 12 月 31 日。甲公司将该卖出期权指定为对以公允价值计量且其变动计入其他综合收益的金融资产(B 股票投资)的套期工具,在进行套期有效性评价时将期权的时间价值排除在外,即不考虑期权的时间价值变化。甲公司购入的 B 股票和卖出期权的公允价值变动如表 8-3 所示。假定甲公司于 20×3 年 12 月 31 日行使了卖出期权,同时不考虑税费等其他因素的影响。

表 8-3　甲公司购入的 B 股票和卖出期权的公允价值变动　　　　　　　　元

	20×1 年 12 月 31 日	20×2 年 12 月 31 日	20×3 年 12 月 31 日
30 000 股 B 股票公允价值:			
每股价格	60	62	57
总价	1 800 000	1 860 000	1 710 000
卖出期权的公允价值:			
时间价值	120 000	70 000	0
内在价值	0	−60 000	90 000
总价	120 000	10 000	90 000

甲公司套期有效性分析及账务处理如下：

1. 套期有效性分析：

甲公司套期有效性分析如表 8-4 所示。

表 8-4　甲公司套期有效性分析

日　　期	期权内在价值变化 （利得）损失/元	B 股票市价变化 （利得）损失/元	套期有效率
20×2 年 12 月 31 日	60 000	(60 000)	100%
20×3 年 12 月 31 日	(150 000)	150 000	100%

2. 账务处理：

(1) 20×1 年 1 月 1 日确认购买 B 股票：

借：以公允价值计量且其变动计入其他综合收益的金融资产　1 500 000

　　贷：银行存款　　　　　　　　　　　　　　　　　　　　　　1 500 000

(2) 20×1 年 12 月 31 日确认 B 股票公允价值的变动：

借：以公允价值计量且其变动计入其他综合收益的金融资产　300 000

　　贷：其他综合收益　　　　　　　　　　　　　　　　　　　　　300 000

指定以公允价值计量且其变动计入其他综合收益的金融资产为被套期项目：

借：被套期项目——以公允价值计量且其变动计入其他综合收益的金融资产

　　　　　　　　　　　　　　　　　　　　　　　　　　　　1 800 000

　　贷：以公允价值计量且其变动计入其他综合收益的金融资产　1 800 000

购入卖出期权并将其指定为套期工具，确认其时间价值：

借：套期工具——卖出期权　　　　　　　　　　　　　　　120 000

　　贷：银行存款　　　　　　　　　　　　　　　　　　　　　120 000

(3) 20×2 年 12 月 31 日：

确认套期工具公允价值变动——内在价值变动部分：

借：其他综合收益　　　　　　　　　　　　　　　　　　　60 000

　　贷：套期工具——卖出期权　　　　　　　　　　　　　　　60 000

确认被套期项目公允价值变动：

借：被套期项目——以公允价值计量且其变动计入其他综合收益的金融资产

　　　　　　　　　　　　　　　　　　　　　　　　　　　　60 000

　　贷：其他综合收益　　　　　　　　　　　　　　　　　　　　60 000

确认套期工具公允价值变动——时间价值变动部分：

借：公允价值变动损益　　　　　　　　　　　　　　　　　50 000

　　贷：套期工具——卖出期权　　　　　　　　　　　　　　　50 000

(4) 20×3 年 12 月 31 日：

确认套期工具公允价值变动——内在价值变动部分：

借：套期工具——卖出期权　　　　　　　　　　　　　　　150 000

    贷：其他综合收益   150 000

  确认被套期项目公允价值变动：

  借：其他综合收益   150 000

    贷：被套期项目——以公允价值计量且其变动计入其他综合收益的金融资产

                    150 000

  确认套期工具公允价值变动——时间价值变动部分：

  借：公允价值变动损益   70 000

    贷：套期工具——卖出期权   70 000

  确认卖出期权行权时：

  借：银行存款   1 800 000

    贷：套期工具——卖出期权   90 000

      被套期项目——以公允价值计量且其变动计入其他综合收益的金融资

                   1 710 000

  将 20×1 年直接计入其他综合收益的以公允价值计量且其变动计入其他综合收益的金融资产价值变动转出，转计入当期损益：

  借：其他综合收益   300 000

    贷：投资收益   300 000

  注：甲公司通过购入看跌期权对持有的 B 公司股票进行套期保值后，以支付 120 000 元期权费用为代价将该股票的收益锁定在了每股 60 元的水平，即锁定在了 20×1 年 12 月 31 日的股价水平，回避了此后两年内 B 公司股票价值的波动。

第四节 现金流量套期的会计处理

一、现金流量套期会计处理的基本规定

  现金流量套期满足运用套期会计方法条件的，应当按照下列规定处理。

  （1）套期工具利得或损失中属于有效套期的部分，应当直接确认为所有者权益，并单列项目反映（计入"其他综合收益"）。出于谨慎性原则，该有效套期部分的金额，按照下列两项的绝对额中较低者确定：①套期工具自套期开始的累计利得或损失；②被套期项目自套期开始的预计未来现金流量现值的累计变动额。

  （2）套期工具利得或损失中属于无效套期的部分（扣除直接确认为所有者权益后的其他利得或损失），应当计入当期损益。

  （3）在风险管理策略的正式书面文件中，载明了在评价套期有效性时将排除套期工具的某部分利得或损失或相关现金流量影响的，被排除的该部分利得或损失的处理适用《企业会计准则第 22 号——金融工具确认和计量》。

二、直接计入所有者权益中的有效套期部分的后续处理要求

在现金流量套期中,在套期有效期间直接计入所有者权益中的套期工具利得或损失不应当转出,直至预期交易实际发生时,再根据被套期项目的差异遵循以下要求处理。

(1) 被套期项目为预期交易,且该预期交易使企业随后确认一项金融资产或金融负债的,原直接确认为所有者权益的相关利得或损失,应当在该金融资产或金融负债影响企业损益的相同期间转出,计入当期损益。但是,出于谨慎性原则,企业预期原直接在所有者权益中确认的净损失全部或部分在未来会计期间不能弥补时,应当在预计不能弥补时将不能弥补的部分转出,计入当期损益。

(2) 被套期项目为预期交易,且该预期交易使企业随后确认一项非金融资产或非金融负债的,企业应当将原直接在所有者权益中确认的相关利得或损失转出,计入该非金融资产或非金融负债的初始确认金额(该处理与公允价值套期类似)。

当非金融资产或非金融负债的预期交易形成一项确定承诺时,该确定承诺满足运用套期保值准则规定的套期会计方法条件的,也应当按照上述方法进行处理。

(3) 不属于以上(1)或(2)所指情况的,原直接计入所有者权益中的套期工具利得或损失,应当在被套期预期交易影响损益的相同期间转出,计入当期损益。

(4) 预期交易预计不会发生时,原直接计入所有者权益中的套期工具利得或损失应当立刻转出,计入当期损益。

(5) 企业撤销了对套期关系的指定时,对于预期交易套期,在套期有效期间直接计入所有者权益中的套期工具利得或损失不应当转出,直至预期交易实际发生或预计不会发生。预期交易实际发生的,应按上述(1)、(2)、(3)的规定处理;预期交易预计不会发生的,应按上述(4)的规定处理。

特别要注意的是,上述五项要求并不全部是在终止运用现金流量套期会计方法时处理直接计入所有者权益部分的价值,绝大部分是要求预期交易实际发生后处理。

三、终止运用现金流量套期会计方法的条件

(1) 因风险管理目标发生变化导致套期关系不再满足风险管理目标。

(2) 套期工具已到期、被出售、合同终止或已行使。

套期工具展期或被另一项套期工具替换时,展期或替换是企业正式书面文件所载明的套期策略组成部分的,不作为已到期或合同终止处理。

(3) 被套期项目与套期工具之间不再存在经济关系,或者被套期项目与套期工具经济关系产生的价值变动中,信用风险的变动占据主导地位。

(4) 该套期不再满足运用套期会计方法的其他条件。

四、现金流量套期与公允价值套期会计处理方法的主要差异

现金流量套期与公允价值套期会计处理方法上的最大差异体现在套期工具利得或损失的披露项目上，在公允价值套期中相关波动同时计入当期损益的"公允价值变动损益"项目，在现金流量套期中仅套期工具的有效套期部分被直接计入所有者权益中的"其他综合收益"项目。

导致这种区别的原因是，在公允价值套期中，套期工具与被套期工具的利得或损失都是同步确认，由于有效套期保值存在风险抵销作用，将这些利得或损失披露在当期损益中不会造成当期利润的较大波动，能够体现套期保值活动的经济实质。而在现金流量套期中的套期对象是现金流量的波动，在套期期间被套期项目往往是不予确认的，因此若单独将套期工具的利得或损失全部计入当期损益，会造成当期利润的较大波动，扭曲了套期保值活动对冲风险的经济实质，这会导致报表使用者误认为企业暴露于风险之下。故《企业会计总则第 24 号——套期会计》要求将现金流量套期中套期工具价值波动中有效套期部分直接计入所有者权益，仅将套期无效部分计入当期损益。现金流量套期中的套期工具有效套期部分确认为所有者权益后，要等到被套期的预期交易影响损益的期间再转入损益，从而实现被套期项目和套期工具的价值变化对损益的影响在同一会计期间确认的目的，在报表中正确反映套期保值活动对冲风险的经济实质。

五、现金流量套期会计处理举例

（一）对确定承诺的外汇风险进行套期

对确定承诺的外汇风险进行套期既可适用公允价值套期的会计处理，也可适用现金流量套期的会计处理，以下将分别列示两种处理方法帮助理解两种会计处理方法的差异。

【例 8-5】 甲公司于 20×2 年 11 月 1 日与境外某公司签订合同，约定于 20×3 年 1 月 30 日以每吨 6 000 美元的价格购入 100 吨橄榄油。甲公司为规避购入橄榄油成本的外汇风险，于当日与某金融机构签订一项 3 个月到期的远期外汇合约，约定汇率为 1 美元＝6.2 人民币元，合约金额 600 000 美元。20×3 年 1 月 30 日，甲公司以净额方式结算该远期外汇合约，并购入橄榄油。

假定：①20×2 年 12 月 31 日，1 个月美元对人民币远期汇率为 1 美元＝6.4 人民币元，人民币的市场利率为 6%；②20×3 年 1 月 30 日，美元对人民币即期汇率为 1 美元＝6.5 人民币元；③该套期符合套期保值准则所规定的运用套期会计的条件；④不考虑增值税等相关税费。

情形 1：甲公司将该确定承诺的外汇风险套期划分为现金流量套期

（1）20×2 年 11 月 1 日：

不作账务处理，将套期保值进行表外登记（单位：人民币元）。

（2）20×2 年 12 月 31 日：

远期外汇合约的公允价值的变动＝（6.4－6.2）×600 000/（1＋6‰×1/12）＝119 403（人民币元）

借：套期工具——远期外汇合约 119 403
　　贷：其他综合收益（套期工具价值变动） 119 403

（3）20×3 年 1 月 30 日：

远期外汇合约的公允价值变动＝（6.5－6.2）×600 000－119 403＝60 597（人民币元）

借：套期工具——远期外汇合约 60 597
　　贷：其他综合收益（套期工具价值变动） 60 597

以净额方式结算该远期外汇合约：

借：银行存款 180 000
　　贷：套期工具——远期外汇合约 180 000

执行确定承诺，购买商品支付 6.5×600 000＝3 900 000（人民币元）：

借：库存商品——橄榄油 3 900 000
　　贷：银行存款 3 900 000

对套期工具于套期期间形成的公允价值变动计入其他综合收益中的累计额 180 000 元（本题中是净收益），甲公司应当将该累积额计入非金融资产的初始确认金额，橄榄油的入账金额为套期保值活动锁定的 3 720 000 元，甲公司需要编制下述分录：

借：其他综合收益（套期工具价值变动） 180 000
　　贷：库存商品——橄榄油 180 000

情形 2：甲公司将该确定承诺的外汇风险套期划分为公允价值套期

（1）20×2 年 11 月 1 日：

远期合约的公允价值为零，不作账务处理，将套期保值进行表外登记。

（2）20×2 年 12 月 31 日确认套期工具和被套期项目公允价值的变动：

远期外汇合约的公允价值变动＝（6.4－6.2）×600 000/（1＋6‰×1/12）＝119 403（人民币元）

借：套期工具——远期外汇合约 119 403
　　贷：公允价值变动损益 119 403

借：公允价值变动损益 119 403
　　贷：被套期项目——确定承诺 119 403

（3）20×3 年 1 月 30 日：

确认套期工具和被套期项目公允价值的变动：

远期外汇合约的公允价值变动＝（6.5－6.2）×600 000－119 403＝60 597（人民币元）

借：套期工具——远期外汇合约 60 597

$\qquad$ 贷：公允价值变动损益　　　　　　　　　　　　　　　　　　　60 597

$\qquad$ 借：公允价值变动损益　　　　　　　　　　　　　　60 597

$\qquad$ 贷：被套期项目——确定承诺　　　　　　　　　　　　　60 597

以净额方式结算该远期外汇合约：

$\qquad$ 借：银行存款　　　　　　　　　　　　　　　　　　180 000

$\qquad$ 贷：套期工具——远期外汇合约　　　　　　　　　　　　180 000

执行确定承诺，购买商品支付 $6.5 \times 600\,000 = 3\,900\,000$（人民币元）：

$\qquad$ 借：库存商品——橄榄油　　　　　　　　　　　　　3 900 000

$\qquad$ 贷：银行存款　　　　　　　　　　　　　　　　　　3 900 000

根据被套期项目的余额调整橄榄油的入账价值：

$\qquad$ 借：被套期项目——确定承诺　　　　　　　　　　　180 000

$\qquad$ 贷：库存商品——橄榄油　　　　　　　　　　　　　180 000

通过套期保值，橄榄油的价值锁定在了 $6.2 \times 600\,000 = 3\,720\,000$（人民币元）的水平。

【例 8-6】　沿用例 8-3 的汇率信息，假设甲公司为采用人民币作为记账本位币的境内商品生产企业。201X 年 2 月 1 日，甲公司与某境外公司签订了一项设备采购合同（确定承诺），设备价格为外币 A（本题以下简称 A）270 000 元，交货日期为 201X 年 5 月 1 日。201X 年 1 月 8 日，甲公司签订了一项购买外币 B（本题以下简称 B）240 000 元的远期合约。根据该远期合约，甲公司将于 201X 年 5 月 1 日支付人民币 147 000 元购买 B 240 000 元，汇率为 1B＝0.612 5 人民币元，201X 年 5 月 1 日的现行远期汇率。

甲公司将该远期合约指定为对由于人民币元/A 汇率变动可能引起的、确定承诺现金流量变动风险的套期工具，即将该套期划分为现金流量套期。假定最近 3 个月，人民币元对 B、人民币元对 A 之间的汇率变动具有高度相关性。201X 年 5 月 1 日，甲公司履行确定承诺并以净额结算了远期合约。

（1）套期有效性评价（同例 8-3，为方便阅读，重复列示表 8-2）：

表 8-2　远期合约和确定承诺的公允价值变动

日　　期	2 月 1 日	3 月 31 日	5 月 1 日
1. 远期合约			
5 月 1 日结算用的人民币元/B 的远期汇率	0.612 5	0.598 3	0.577 7
金额/B	240 000	240 000	240 000
远期价格（B240 000 元折算成人民币元）/人民币元	(147 000)	(143 592)	(138 648)
合约价格/人民币元	147 000	147 000	147 000
以上两项的差额/人民币元	0	(3 408)	(8 352)
公允价值（上述差额的现值，假定折现率为 6%）/人民币元	0	(3 391)	(8 352)
本期公允价值变动/人民币元		(3 391)	(4 961)
2. 确定承诺			

续表

日　　期	2月1日	3月31日	5月1日
5月1日结算用的人民币元/A远期汇率	0.545 4	0.531 7	0.513 7
金额/A	270 000	270 000	270 000
远期价格(A270 000元折成人民币元)/人民币元	(147 258)	(143 559)	(138 699)
初始远期价格/人民币元(270 000×0.545 4)	147 258	147 258	147 258
以上两项的差额/人民币元	0	(3 699)	(8 559）
公允价值(上述差额的现值,假定折现率为6%)/人民币元	0	(3 681)	(8 559)
本期公允价值变动/人民币元		(3 681)	(4 878)
C. 无效套期部分(以B标价的远期合约和以A标价的确定承诺两者公允价值变动的差额)/人民币元		290	(83)

（2）账务处理如下（单位：人民币元）：

① 201×年2月1日：

无须进行账务处理。因为远期合约当日公允价值均为零。

② 201×年3月31日：

确认远期合约公允价值变化导致的损益，其中有效套期部分计入其他综合收益，无效套期部分计入当期损益。基于谨慎性原则，有效套期部分的金额，按照下列两项的绝对额中较低者确定：a套期工具远期合约自套期开始的累计损失3 391元；b被套期项目确定性承诺自套期开始的预计未来现金流量现值的累计变动额3 681元。由于a＜b，套期工具的损失全部为有效套期计入其他综合收益，无计入当期损益的部分：

借：其他综合收益（套期工具价值变动）　　　　　　　　3 391

　　贷：套期工具——远期合约　　　　　　　　　　　　　　　3 391

③ 201×年5月1日确认远期合约公允价值变化导致的损益，有效套期部分的金额按照下列两项的绝对额中较低者确定：a套期工具自套期开始的累计损失8 352元；b被套期项目自套期开始的预计未来现金流量现值的累计变动额8 559元。由于a＜b，套期工具的损失中新增部分全部为有效套期计入其他综合收益，不用计入当期损益的部分：

确认远期合约和确定承诺公允价值变动导致的损益：

借：其他综合收益（套期工具价值变动）　　　　　　　　4 961

　　贷：套期工具——远期合约　　　　　　　　　　　　　　　4 961

确认远期合约结算：

借：套期工具——远期合约　　　　　　　　　　　　　　8 352

　　贷：银行存款　　　　　　　　　　　　　　　　　　　　　8 352

确认履行确定承诺购入固定资产,并按照按二（2）的方式处理将计入其他综合收

益中的累计额 8 352 元计入非金融资产的初始确认金额:

借:固定资产——设备	147 051	
贷:银行存款		138 699
其他综合收益(套期工具价值变动)		8 352

注:甲公司通过运用套期策略,使所购设备的成本锁定在将按确定承诺的购买价格 A 270 000 元以 1A=0.545 4 人民币元(套期开始日的远期合约汇率)进行折算确定的金额附近(270 000×0.545 4=147 258 元)。与公允价值套期处理的差异在于,本题中现金流量套期的无效套期部分影响了固定资产的入账价格。如果本题中套期工具自套期开始的累计变动额大于被套期项目自套期开始的预计未来现金流量现值的累计变动额(前述处理分析中 a 与 b 的比较),那么无效套期部分就会影响各期损益,最终该资产的入账价值将与公允价值套期的处理一致。

(二)对销售有关的现金流量变动风险进行套期

【例 8-7】 201×年 11 月 1 日,A 公司预期在 201×年 12 月 31 日将销售 40 吨铜,为规避与该预期销售有关的现金流量变动风险,A 公司卖出 2 个月的铜期货 4 手,每手 10 吨,38 000 元/吨,交易保证金为合约价值的 10%,并将其指定为该预期销售的套期工具。A 公司预期该套期完全有效。11 月 30 日,铜期货结算价 37 800 元/吨。12 月 31 日,A 公司按 37 500 元/吨出售 20 吨铜,并将上述铜期货全部平仓,平仓成交价 37 500 元/吨。假定不考虑衍生工具的时间价值、商品销售相关的增值税及其他因素。

则 A 公司应编制的有关会计分录如下:

1. 201×年 11 月 1 日的账务处理如下:

(1) 卖出铜期货 4 手,交纳交易保证金 152 000(4×10×38 000×10%)元:

借:衍生工具——铜期货	152 000	
贷:银行存款		152 000

(2) 将铜期货指定为套期工具:

借:套期工具——铜期货	152 000	
贷:衍生工具——铜期货		152 000

2. 201×年 11 月 30 日的账务处理如下:

确认套期工具公允价值变动 8 000[4×10×(38 000−37 800)]元:

借:套期工具——铜期货	8 000	
贷:其他综合收益		8 000

3. 201×年 12 月 31 日的账务处理如下:

(1) 确认套期工具公允价值变动 12 000[4×10×(37 800−37 500)]元:

借:套期工具——铜期货	12 000	
贷:其他综合收益		12 000

(2) 确认销售收入 1 500 000(4×10×37 500)元:

借:银行存款   1 500 000
  贷:主营业务收入   1 500 000
（3）将上述铜期货全部平仓：
借:银行存款   172 000
  贷:套期工具——铜期货   172 000
（4）预期交易已经发生,将原计入其他综合收益的套期工具公允价值变动转出,计入销售收入调整当期损益:
借:其他综合收益   20 000
  贷:主营业务收入   20 000

第五节　境外经营净投资套期的会计处理

一、境外经营净投资套期会计处理的基本规定

对境外经营净投资的套期,企业应按类似于现金流量套期会计的规定处理。

（1）套期工具形成的利得或损失中属于有效套期的部分,应当直接确认为所有者权益(其他综合收益),并单列项目反映。处置境外经营时,上述在所有者权益中单列项目反映的套期工具利得或损失应当转出,计入当期损益。

（2）套期工具形成的利得或损失中属于无效套期的部分,应当计入当期损益。

与现金流量套期会计不同的是,境外经营净投资的套期仅指对境外经营净投资的外汇风险进行套期,其会计处理中要将被套期项目因汇率变动导致的外币报表折算差额予以确认,现金流量套期中在套期期间是不对被套期项目的变化予以确认的。

二、境外经营净投资套期会计处理举例

【例 8-8】　201X 年 10 月 1 日,甲公司(记账本位币为人民币)对其境外子公司 S 的净投资额为 5 000 万美元。为规避境外经营净投资的外汇风险,甲公司与某境外金融机构签订了一项外汇远期合约,约定于 201Y 年 4 月 1 日卖出 5 000 万美元。甲公司每季度对境外净投资余额进行检查,且依据检查结果调整对净投资价值的套期。其他有关资料如表 8-5 所示:

表 8-5　有关汇率及远期合约公允价值

日　　期	即期汇率 （美元/人民币）	远期汇率 （美元/人民币）	远期合约的公允价值/元
201X 年 10 月 1 日	6.31	6.30	0
201X 年 12 月 31 日	6.24	6.23	3 680 000
201Y 年 3 月 31 日	6.20	不适用	5 000 000

甲公司在评价套期有效性时,将远期合约的时间价值排除在外。假定甲公司的上述套期满足运用套期会计方法的所有条件。则甲公司应编制的会计分录如下:

1. 201X 年 10 月 1 日的账务处理如下:

(1) 将境外经营净投资指定为被套期项目 50 000 000×6.31＝315 500 000 元:

借:被套期项目——境外经营净投资　　　　　　　　　　　　315 500 000

　　贷:长期股权投资　　　　　　　　　　　　　　　　　　　　315 500 000

(2) 远期外汇合约的公允价值为零,不作账务处理。

2. 201X 年 12 月 31 日的账务处理如下:

(1) 确认远期外汇合约的公允价值变动 3 680 000 元:

有效套期部分是汇率变动引起的公允价值变动部分[(6.30−6.23)×50 000 000]:

借:套期工具——远期外汇合约　　　　　　　　　　　　　　　3 500 000

　　贷:其他综合收益　　　　　　　　　　　　　　　　　　　　　3 500 000

　　　　无效套期部分是远期合约反映的时间价值　(3 680 000−3 500 000)

借:套期工具——远期外汇合约(远期合约的时间价值)　　　　　180 000

　　贷:公允价值变动损益　　　　　　　　　　　　　　　　　　　180 000

(2) 确认对子公司净投资的汇兑损益:

借:外币报表折算差额　　　　　　3 500 000[(6.31−6.24)×50 000 000]

　　贷:被套期项目——境外经营净投资　　　　　　　　　　　　3 500 000

3. 201Y 年 3 月 31 日的账务处理如下:

(1) 确认远期外汇合约的公允价值变动(5 000 000−3 680 000＝1 320 000 元):

有效套期部分是汇率变动引起的公允价值变动部分[(6.23−6.20)×50 000 000]:

借:套期工具——远期外汇合约　　　　　　　　　　　　　　　1 500 000

　　贷:其他综合收益　　　　　　　　　　　　　　　　　　　　　1 500 000

无效套期部分是对远期合约时间价值的调整,远期合约到期时间价值为零,2(1)中记录的 180 000 元的时间应该反向调整为 0。

借:公允价值变动损益　　　　　　　　　　　　　　　　　　　　180 000

　　贷:套期工具——远期外汇合约　　　　　　　　　　　　　　　180 000

(2) 确认对子公司净投资的汇兑损益:

借:外币报表折算差额　　　　　　2 000 000[(6.24−6.20)×50 000 000]

　　贷:被套期项目——境外经营净投资　　　　　　　　　　　　2 000 000

(3) 确认远期外汇合约的结算:

借:银行存款　　　　　　　　　　　　　　　　　　　　　　　5 000 000

　　贷:套期工具——远期外汇合约　　　　　　　　　　　　　　　5 000 000

境外经营净投资套期中套期工具产生的累计利得(6.30−6.20)×50 000 000＝5 000 000 元在所有者权益(其他综合收益)中列示,直至子公司被处置时再转入当期损益。

思考题

1. 什么是套期保值？套期保值分为哪几类？
2. 作为套期工具和被套期项目的基本条件是什么？
3. 简述判断套期有效性的三种方法。
4. 简述套期会计方法的概念和应用条件。
5. 公允价值套期与现金流量套期的会计处理方法有何区别？
6. 对确定承诺的外汇风险进行套期，企业可以将其作为什么类型的套期处理？
7. 对境外经营净投资的套期，应当如何进行会计处理？

 练习题

1. 20×8 年 11 月 1 日，C 公司持有 20 吨铜存货预期 2 个月后出售，为规避铜价格波动风险，卖出铜期货 2 手，每手 10 吨，39 000 元/吨，交易保证金为合约价值的 10%，并将其指定为 20×8 年 11 月和 12 月铜存货价格变化引起的公允价值变动风险的套期。C 公司预期该套期完全有效。11 月 1 日，被套期项目（铜存货）的账面价值和成本均为 35 000 元/吨，公允价值是 39 000 元/吨；11 月 30 日，公允价值 38 800 元/吨；12 月 31 日，公允价值 38 500 元/吨。12 月 31 日，C 公司将铜存货出售，并将上述铜期货全部平仓，平仓成交价 38 500 元/吨。假定不考虑衍生工具的时间价值、商品销售相关的增值税及其他因素。

请分下述两种情况分别处理：

(1) C 公司将该套期保值作为公允价值套期保值，如何进行账务处理？

(2) C 公司将该套期保值作为现金流量套期保值，如何进行账务处理？

2. XYZ 公司于 20×8 年 11 月 1 日签订一进口合同，约定于 20×9 年 1 月 30 日以某外币购入 100 吨原材料，每吨原材料的价格为 60 外币单位。为规避汇率变动风险，XYZ 公司从 JS 银行购入一项 3 个月到期的远期外汇合约，约定以 1 外币单位＝45 元人民币的汇率买进 6 000 外币单位。20×9 年 1 月 30 日，XYZ 公司以净额方式结算该远期外汇合约，并购入了原材料。期间，人民币的市场利率为 6%，相关的其他资料如表 8-6 所示：

表 8-6 相关的其他资料

日 期	20×8 年 11 月 1 日	20×8 年 12 月 31 日	20×9 年 1 月 30 日
即期汇率	45.10	45.90	44.60
30 天远期汇率	45.08	44.80	44.50
90 天远期汇率	45.00	44.50	44.40

假设该套期高度有效，请对 XYZ 公司发生的上述业务进行会计处理。

根据套期保值准则的相关规定，对外汇确定承诺的套期既可以划分为公允价值套期，也可以划分为现金流量套期。请分这两种情形分别进行会计处理。

3. 20×1 年 10 月 1 日，XYZ 公司（记账本位币为人民币）在其境外子公司 FS 有一项境外净投资外币 5 000 万元(FC5 000 万元)。为规避境外经营净投资外汇风险，XYZ 公司与某境外金融机构签订了一项外汇远期合约，约定于 20×2 年 4 月 1 日卖出 FC5 000 万元。XYZ 公司每季度对境外净投资余额进行检查，且依据检查结果调整对净投资价值的套期。其他有关资料如表 8-7 所示：

表 8-7　其他有关资料

日　　期	即期汇率 （FC/人民币）	远期汇率 （FC/人民币）	远期合约的 公允价值/元
20×1 年 10 月 1 日	1.71	1.70	0
20×1 年 12 月 31 日	1.64	1.63	3 430 000
20×2 年 3 月 31 日	1.60	不适用	5 000 000

XYZ 公司在评价套期有效性时，将远期合约的时间价值排除在外。假定 XYZ 公司的上述套期满足运用套期会计方法的所有条件。XYZ 公司如何进行账务处理？

 练习题参考答案

第九章
企业所得税会计

在经济领域,会计和税收是两个不同的分支,分别遵循不同的原则,规范不同的对象。会计遵循的是企业会计准则,税收遵循的是国家制定的税收法规。由此,往往导致资产、负债的账面价值与其计税基础之间产生差异。对于这种差异应如何处理?这是所得税会计所要研究和解决的基本问题。本章首先简要介绍企业所得税会计的相关概念,第二节阐述我国现行所得税会计处理方法——资产负债表债务法,第三节主要介绍所得税会计处理方法的演变,第四节主要介绍合并财务报表中的所得税会计问题。

第一节　所得税会计概述

一、会计收益和应税收益

会计收益是指根据会计准则和制度所确认的收入和费用的差额,应税收益是根据税法的规定所确认的收入总额和准予扣除的费用的差额,又称为应纳税所得额,是企业应纳所得税的计税依据。由于会计和税收是经济领域中的两个不同分支,会计准则和税法规定在收入和费用的确认范围、确认时间上都有可能不同,这样就使得税前会计利润与应纳税所得额之间产生差异。这种差异主要有两类:永久性差异和暂时性差异。

永久性差异是指某一会计期间,由于会计准则和税法在计算收益、费用或损失时的口径不同,所产生的税前会计利润与纳税所得之间的差异。永久性差异主要有以下几种类型:

(1) 会计核算时作为收入计入税前会计利润,在计算纳税所得时不作为收入处理。例如国债利息收入。

(2) 会计核算时不作为收入处理,而在计算纳税所得时作为收入,需要交纳所得税。例如企业建造固定资产领用本企业生产的库存商品。

(3) 会计上作为费用或支出在计算税前会计利润时予以扣除,而在计算应纳税所得时不予扣除。例如各种罚款、罚金、税收滞纳金。

暂时性差异是资产负债表债务法下的概念,是指资产、负债的账面价值与计税基础不同产生的差异。由于财务会计和税法目的不同,因此往往对相同的资产和负债采用了不同的计量属性、会计政策、会计估计,导致资产和负债项目的账面价值与计税基础产生了差异,这些差异随着时间的推移会逐渐消除。暂时性差异的存在,产生了在未来收回资产或清偿债务期间,应纳税所得额增加或减少并导致未来期间应交所得税增加或减少的情况,形成企业的资产和负债。暂时性差异主要有以下几种类型:

(1) 企业获得的某项收益,按照会计准则规定应当确认为当期收益,但按照税法规定须待以后期间确认为应纳税所得,从而形成应纳税暂时性差异。例如,权益法核算长期股权投资时,按照会计准则应当于当期按照应享有的份额确认投资收益,税法规定在被投资方将盈利分配时作为投资收益。

(2) 企业发生的某项费用或损失,按照会计准则规定应当作为当期费用或损失,但按照税法规定须待以后期间从应纳税所得中扣减,从而形成可抵扣暂时性差异。例如资产减值损失。

(3) 企业获得的某项收益,按照会计准则应于以后期间确认收益,但按照税法规定须计入当期应纳税所得,从而形成可抵扣暂时性差异。例如房地产企业的预收款项。

(4) 企业发生的某项费用或损失,按照会计准则规定应于以后期间确认为费用或损失,但按照税法规定可以从当期应纳税所得中扣减,从而形成应纳税暂时性差异。例如,某些类型的固定资产折旧,税法规定可采用加速折旧法计提折旧,而会计采用年限平均法。

二、当期所得税费用的计算

企业在计算应纳所得税时,应以税前会计利润为基础,按照税法规定调整计算出纳税所得。计算公式为

应纳税所得额＝税前会计利润±永久性差异±时间性差异－弥补以前年度亏损

应纳税额＝应纳税所得额×适用税率－减免税额－抵免税额

【例 9-1】 某企业 20×2 年罚款支出 50 000 元,非公益性捐赠支出 200 000 元;管理用固定资产折旧采用年限平均法,年折旧额 500 000 元,按照税法规定可采用双倍余额递减法,年折旧额为 650 000 元。该企业 20×8 年利润表上反映的税前会计利润为 1 500 000 元,所得税税率为 25％。有关计算及编制的会计分录如下:

应纳税所得额＝1 500 000＋50 000＋200 000＋500 000－650 000＝1 600 000(元)

应纳税额＝1 600 000×25％＝400 000(元)

借:所得税费用——当期所得税费用　　　　　　　　　　　　　　400 000

　　贷:应交税费——应交所得税　　　　　　　　　　　　　　　　　400 000

第二节　资产负债表债务法下的所得税会计处理

我国所得税会计采用了资产负债表债务法。该方法从企业资产负债表出发,通过比较资产负债表上列示的资产、负债按照会计准则规定确定的账面价值与按照税法规定确定的计税基础之间的差异,分别确定应纳税暂时性差异与可抵扣暂时性差异,并确认相关的递延所得税资产与递延所得税负债,并在此基础上确定每一会计期间利润表中的所得税费用。

一、所得税会计的一般程序

采用资产负债表债务法核算所得税的情况下,企业一般应于每一资产负债表日进行所得税的核算,一般应遵循以下程序。

(1) 按照会计准则确定资产负债表中除递延所得税资产和递延所得税负债以外的其他资产和负债的账面价值。

(2) 按照会计准则中资产和负债计税基础的确定方法,以税收法规为基础,确定资产和负债项目的计税基础。

(3) 比较资产、负债的账面价值与计税基础,对于两者之间存在的差异,除特殊情况外,分别确定应纳税暂时性差异与可抵扣暂时性差异,并根据此差异确定期末递延所得税资产和递延所得税负债的余额。将该期末余额与期初递延所得税资产和递延所得税负债的余额进行比较,以确定本期递延所得税资产和递延所得税负债的发生额,计入"递延所得税资产"和"递延所得税负债",同时确定"所得税费用——递延所得税费用"。

(4) 就企业当期发生的交易或事项,按照税法规定计算当期应纳税所得额,并确认当期所得税费用,分别计入"应交税费——应交所得税""所得税费用——递延所得税费用"科目。

(5) 确定利润表列示的所得税费用。利润表中的所得税费用包括当期应交所得税费用和递延所得税费用两部分。

二、资产、负债的计税基础及暂时性差异

所得税会计是以企业的资产负债表及其附注为依据,结合相关账簿资料,分析计算各项资产、负债的计税基础,通过比较资产、负债的账面价值与其计税基础之间的差异,确定应纳税暂时性差异和可抵扣暂时性差异,在此基础上确认递延所得税资产、递延所得税负债及递延所得税费用。

(一) 资产的计税基础

资产的计税基础,是指企业收回资产账面价值过程中,计算应纳税所得额时按照

税法规定可以自应税经济利益中抵扣的金额，即某一项资产在未来期间计税时按照税法规定可以税前抵扣的金额。

资产在初始确认时，其计税基础一般为取得成本，即企业为取得某项资产支付的成本在未来期间准予税前扣除的金额。在资产持续持有的过程中，其计税基础是指资产的取得成本减去以前期间按照税法规定已经税前扣除的金额后的余额。现举例说明部分资产项目计税基础的确定。

1. 固定资产

以各种方式取得的固定资产，初始确认都是按照会计准则的规定确定其账面价值，该账面价值一般是税法认可的，即取得时固定资产的账面价值一般等于计税基础。

固定资产在持有期间进行后续计量时，由于会计和税法规定的折旧方法、折旧年限及减值准备的提取等处理的不同，可能造成固定资产账面价值与计税基础的差异。

（1）折旧方法、折旧年限的差异。会计准则规定，企业应当根据与固定资产有关的经济利益的预期实现方式选择折旧方法，如年限平均法、双倍余额递减法、年数总和法等计提折旧。税法中除某些按照规定可以加速折旧的情况外，一般规定采用年限平均法计提折旧。另外，税法还就每一类固定资产的最低折旧年限作出了规定，而会计准则规定折旧年限是企业根据固定资产的性质和使用情况合理确定的。

（2）因计提固定资产减值准备产生的差异。持有固定资产期间，在对固定资产计提了减值准备后，因税法规定企业计提的资产减值准备在发生实质性损失前不允许税前扣除，也会造成固定资产的账面价值和计税基础的差异。

【例 9-2】 A 企业于 20×2 年 12 月 20 日取得的某项固定资产，原价为 750 万元，使用年限为 10 年，会计上采用年限平均法计提折旧，净残值为零。税法规定该类固定资产采用加速折旧法计提的折旧可予税前扣除。该企业在计税时采用双倍余额递减法计提折旧，净残值为零。20×4 年 12 月 31 日，企业估计的该项固定资产的可收回金额为 550 万元。

分析：20×4 年 12 月 31 日，计提减值准备前该项固定资产账面余额＝750－75×2＝600 万元，账面余额大于可收回金额 550 万元，两者之间的差额计提 50 万元的固定资产减值准备。因此 20×4 年 12 月 31 日，该项固定资产账面价值＝750－75×2－50＝550 万元，计税基础＝750－750×20％－600×20％＝480 万元。

该项固定资产账面价值 550 万元与其计税基础 480 万元之间的差额，将于未来期间对企业应纳税所得额产生影响。

2. 无形资产

除内部研究开发形成的无形资产以外，以其他方式取得的无形资产，其初始确认时按照会计准则规定确认的入账金额与按照税法规定确认的计税基础之间一般不存在差异。无形资产的差异主要产生于内部研究开发形成的无形资产及使用寿命不确定的无形资产。

（1）会计准则规定，内部研究开发形成的无形资产，其成本为开发阶段符合资本化条件以后至达到预定用途前发生的支出,除此之外,研究开发过程中发生的其他支出应予费用化计入损益。税法规定企业为开发新技术、新产品、新工艺发生的研究开发费用,未形成无形资产计入当期损益的,在按照规定据实扣除的基础上,按照研究开发费用的 50% 加以扣除;形成无形资产的,按照无形资产成本的 150% 摊销。

【例 9-3】 A 企业当期为开发新技术发生研究开发支出共计 2 000 万元,其中研究阶段支出 400 万元,开发阶段符合资本化条件前发生的支出为 400 万元,符合资本化条件后至达到预定用途前发生的支出为 1 200 万元。假定开发形成的无形资产在当期期末已达到预定用途(尚未开始摊销)。

分析:A 企业当期发生的研究开发支出中,按照会计准则规定应予费用化的金额为 800 万元,形成无形资产的成本为 1 200 万元,即期末所形成无形资产的账面价值为 1 200 万元。A 企业当期发生的 2 000 万元研发支出中,按照税法规定可在当期税前扣除的金额为 1 200(800+800×50%)万元。形成的无形资产在未来期间可予税前扣除的金额为 1 800(1 200×150%)万元,其计税基础为 1 800 万元,形成暂时性差异600 万元。

(2) 无形资产后续计量时。会计与税法的差异主要产生于是否需要摊销及无形资产减值准备的提取。会计准则规定,应根据无形资产的使用寿命情况,区分为使用寿命有限的无形资产和使用寿命不确定的无形资产。对于使用寿命不确定的无形资产,不要求进行摊销,但持有期间每年应进行减值测试。税法规定,企业取得的无形资产应在一定期限内摊销。对于使用寿命不确定的无形资产,会计处理时不予摊销,但计税时按照税法规定确定的摊销额允许税前扣除,这造成无形资产账面价值和计税基础的差异。

在对无形资产计提减值准备的情况下,因税法规定计提的无形资产价值准备在转为实质性损失前不允许税前扣除,无形资产的计税基础不会随减值准备的计提发生变化,从而造成无形资产的账面价值与计税基础的差异。

【例 9-4】 乙企业于 20×2 年 1 月 1 日取得的某项无形资产,取得成本为 1 500万元,取得该项无形资产后,乙企业将其作为使用寿命不确定的无形资产。20×2 年12 月 31 日,对该项无形资产进行减值测试表明未发生减值。企业在计税时,对该项无形资产按照 10 年的期限采用直线法摊销,摊销金额允许税前扣除。

分析:该项无形资产作为使用寿命不确定的无形资产,因未发生减值,其在 20×2年 12 月 31 日的账面价值为 1 500 万元。该项无形资产在 20×2 年 12 月 31 日的计税基础＝1 500－150＝1 350 万元。该项无形资产的账面价值 1 500 万元与其计税基础1 350 万元之间的差额将在未来期间继续影响企业应纳税所得额。

3. 以公允价值计量且其变动计入当期损益的金融资产

税法规定,企业以公允价值计量的金融资产、金融负债及投资性房地产等,持有期间公允价值的变动不计入应纳税所得额;在实际处置时,处置取得的价款扣除其历史成本后的差额应计入处置期间的应纳税所得额。因此,以公允价值计量的金融资产在持有期间的计税基础为初始计量的成本,从而造成在公允价值变动的情况下,其账面价值和计税基础之间的差异。

【例 9-5】 20×2 年 10 月 15 日，A 企业取得一项权益性投资，支付价款 2 000 万元，作为"以公允价值计量且其变动计入当期损益的金融资产"核算。20×2 年 12 月 31 日，该投资的市价为 2 200 万元。

分析：该项金融资产的期末市价为 2 200 万元，其按照会计准则进行核算，在 20×2 年年末资产负债表上的账面价值为 2 200 万元。按照税法规定，其计税基础仍为取得时支付的对价金额 2 000 万元。

4. 其他资产

由于会计准则规定与税法规定的差异，企业持有的其他资产也可能存在账面价值与计税基础之间的差异，如：

（1）投资性房地产。企业对持有的投资性房地产进行后续计量时，会计准则规定可以采用两种模式：一是成本模式，其账面价值与计税基础的确定与固定资产、无形资产的相同；二是公允价值模式，在投资性房地产公允价值发生变动时，其账面价值按公允价值调整，但其计税基础不反映公允价值的波动，按类似于固定资产与无形资产计税基础的确定方式确定。

（2）其他计提了资产减值准备的各项资产，如应收账款、存货等。按照税法规定，资产的计税基础不会因为减值准备的提取而发生变化，从而造成在计提资产减值准备之后，资产账面价值与计税基础之间的差异。

（二）负债的计税基础

"负债的计税基础"是指负债的账面价值减去未来期间计算应纳税所得额时按照税法规定可予抵扣的金额。负债的确认与偿还一般不会影响企业的损益，也不会影响其应纳税所得额，即未来期间计算应纳税所得额时按照税法规定可予抵扣的金额为零，那么这类负债的计税基础即为账面价值。但在某些情况下，负债的确认可能影响企业的税前收益，进而影响不同期间的应纳税所得额，使得计税基础与账面价值之间产生差额。

1. 企业因销售商品提供售后服务等原因确认的预计负债

按照或有事项准则规定，企业对于预计提供售后服务将发生的支出在满足相关确认条件时，在销售当期即应确认为费用，同时确认预计负债。但税法规定，与销售相关的支出应于实际发生时在税前扣除，那么该类事项产生的预计负债在期末的计税基础为其账面价值与未来期间可税前扣除的金额之间的差额，即为零。某些情况下，因有些事项确认的预计负债按税法规定其支出无论是否实际发生均不允许税前扣除，即未来期间按照税法规定可予抵扣的金额为零，此类预计负债的账面价值等于计税基础。

【例 9-6】 A 企业 20×2 年因销售产品承诺提供 3 年的保修服务，在当年度利润表中确认了 500 万元的销售费用，同时确认为预计负债，当年度未发生任何保修支出。假定按照税法规定，与产品售后服务相关的费用在实际发生时允许税前扣除。

分析：该项预计负债在 A 企业 20×2 年 12 月 31 日资产负债表中的账面价值为

500 万元。该项预计负债的计税基础＝账面价值－未来期间计算应纳税所得额时按照税法规定可予扣除的金额＝500－500＝0,该项预计负债存在账面价值和计税基础的差异。

2. 预收账款

企业在收到客户预付的款项时,因不符合确认收入条件,会计上将其确认为负债。税法中对于收入的确认原则一般与会计准则相同,该部分经济利益在未来期间计税时可予税前扣除的金额为零,计税基础等于账面价值。某些情况下,因不符合会计准则规定的收入确认条件,未确认收入的预收账款,在按税法规定应计入当期应纳税所得额时,有关预收账款的计税基础为零,即因其产生时已经计算交纳所得税,未来实现期间可全额税前扣除。

【例 9-7】 A 企业于 20×2 年 12 月 20 日从客户手中收到一笔合同预付款,金额为 2 500 万元,作为预收账款核算。按照使用税法规定,该款项应计入取得当期应纳税所得额计算交纳所得税。

分析:该预收账款在 A 公司 20×2 年 12 月 31 日资产负债表中的账面价值为 2 500 万元。该预收账款的计税基础＝2 500－2 500＝0。该负债的账面价值 2 500 万元与其计税基础零之间的暂时性差异会影响企业未来期间的应纳税所得额。

3. 应付职工薪酬

会计准则规定,企业给职工提供的各种形式的报酬及其他相关支出均作为企业的成本费用,在未支付之前确认为负债。税法中对于合理的职工薪酬基本允许税前扣除,但税法中如果规定了税前扣除标准,按照会计准则规定计入成本费用支出的金额超过规定标准部分,应进行纳税调整。超过部分在发生当期不允许税前扣除,在以后期间也不允许税前扣除,即该部分差额对未来期间计税不产生影响,所产生应付职工薪酬负债的账面价值等于计税基础。

【例 9-8】 A 企业 20×2 年 12 月计入成本费用的应付职工薪酬为 400 万元,至 20×2 年 12 月 31 日尚未支付。按照税法规定,当期计入成本费用的 400 万元工资支出中,可予税前扣除的合理部分为 300 万元。

分析:该项应付职工薪酬负债于 20×2 年 12 月 31 日的账面价值为 400 万元。该项应付职工薪酬负债于 20×2 年 12 月 31 日的计税基础＝400－0＝400 万元。该项负债的账面价值 400 万元与其计税基础 400 万元相同,不形成暂时性差异。

4. 政府补助

政府补助是指企业从政府无偿取得的货币性资产或非货币性资产,主要分为与资产有关的政府补助和与收益有关的政府补助。与收益有关的政府补助,按照税法规定作为当期的应纳税所得额或免税,这种情况下不会形成暂时性差异。与资产有关的政府补助,应于取得时确认为递延收益,在资产负债表上形成一项负债,按照税法规定,若该项政府补助为免税收入,未来期间会计上确认为收益时,同样不作为应纳税所得额,因此账面价值等于计税基础;若该项政府补助应于收到当期计入应纳税所得额,则在未来期间会计上确认为收益时可税前扣除,因此计税基础为零。

5. 其他负债

其他负债如企业应交的罚款和滞纳金等,在尚未支付之前按照会计规定确认为费用,同时作为负债反映。税法规定,罚款和滞纳金不能税前扣除,即该部分费用无论是在发生当期还是在以后期间均不允许税前扣除,其计税基础为账面价值减去未来期间计税时可予税前扣除的金额零之间的差额,即计税基础等于账面基础。

【例 9-9】 A 公司 20×2 年 12 月因违反当地有关环保法规的规定,接到环保部门的处罚通知,要求其支付罚款 500 万元。税法规定,企业因违反国家有关法律法规支付的罚款和滞纳金,计算应纳税所得额时不允许税前扣除。至 20×2 年 12 月 31 日,该项罚款尚未支付。

分析:应支付罚款产生的负债账面价值为 500 万元。该项负债的计税基础＝500－0＝500 万元。该项负债的账面价值 500 万元与其计税基础 500 万元相同,不形成暂时性差异。

另外,还有一些项目在资产负债表中没有反映,其账面价值为零。但是,按照税法的规定,这些事项对未来报告期间的应纳税所得额会产生影响,该等项目的计税基础并非为零(如企业的开办费)。那么,这些项目会形成暂时性差异。

【例 9-10】 A 企业 2013 年 1 月发生开办费 250 万元,按照会计准则的规定,企业筹建期间发生的开办费于发生时一次性计入管理费用。按照税法的有关规定,开办费应在企业开始生产经营当月起 5 年内摊销。那么 2013 年 12 月 31 日,该项开办费的账面余额为零,但其计税基础为 200(250－250/5)万元,形成暂时性差异 200 万元。

（三）暂时性差异

暂时性差异,是指资产或负债的账面价值与其计税基础之间的差额;未作为资产和负债确认的项目,按照税法规定可以确定其计税基础的,该计税基础与其账面价值之间的差额也属于暂时性差异。按照对未来期间应税金额的影响,暂时性差异可分为应纳税暂时性差异和可抵扣暂时性差异。

应纳税暂时性差异,是指在确定未来收回资产或清偿负债期间的应纳税所得额时,将导致产生应税金额的暂时性差异。应纳税暂时性差异通常产生于以下情况:

(1) 资产的账面价值大于其计税基础。资产的账面价值代表的是企业在持续使用或最终出售该项资产时将取得的经济利益的总额,而计税基础代表的是资产在未来期间可予税前扣除的总金额。资产的账面价值大于其计税基础,该项资产未来期间产生的经济利益对应的成本不能全部税前扣除,两者之间的差额需要交税,产生应纳税暂时性差异。

(2) 负债的账面价值小于其计税基础。负债的账面价值为企业预计在未来期间清偿该项负债时的经济利益流出,负债的计税基础与账面价值不同产生的暂时性差异,实质上是税法规定就该项负债在未来期间可以税前扣除的金额。负债的账面价值小于其计税基础,就意味着就该项负债在未来期间可以税前扣除的金额为负数,增加未来期间应纳税所得额,产生应纳税暂时性差异。

可抵扣暂时性差异,是指在确定未来收回资产或清偿负债期间的应纳税所得额时,将导致产生可抵扣金额的暂时性差异。该差异在未来期间转回时会减少转回期间的应纳税所得额,减少未来期间的应交所得税。可抵扣暂时性差异一般产生于以下情况:

(1)资产的账面价值小于计税基础。这意味着资产在未来期间产生的经济利益少,按照税法允许税前扣除的金额多,两者之间的差额可以减少企业在未来期间的应纳税所得额并减少应交所得税。

(2)负债的账面价值大于计税基础。这意味着未来期间按照税法规定与负债相关的全部或部分支出可以自未来应税收益中扣除,减少未来期间的应纳税所得额。

特殊项目产生的暂时性差异:

(1)未作为资产、负债的项目产生的暂时性差异。某些交易或事项发生以后,因为不符合资产、负债确认条件而未体现为资产负债表中的资产或负债,但按照税法规定能够确定计税基础的,其账面价值与计税基础之间的差异也构成暂时性差异。

(2)可抵扣亏损及税款抵减产生的暂时性差异。这些项目与可抵扣暂时性差异具有同样的作用,均能够减少未来期间的应纳税所得额,进而减少未来期间的应交所得税,会计处理上视同可抵扣暂时性差异处理。

【例 9-11】 20×2 年 A 企业实现销售收入 1 000 万元,发生了 200 万元广告费支出。

分析:按照会计准则规定,广告费在发生时作为销售费用全额计入当期损益,不作资产或负债确认,相关账面价值为零。税法规定,该类支出不超过当年销售收入 15% 的部分允许税前当期税前扣除。按照税法规定,当期可予税前扣除的广告费支出限额为 150 万元,未予税前扣除的 50 万元可以结转到以后年度扣除,其计税基础为 50 万元,产生可抵扣暂时性差异 50 万元。

【例 9-12】 A 企业 20×2 年发生经营亏损 2 000 万元,按照税法规定,该亏损可用于抵减以后 5 个年度的应纳税所得额。该企业预计其在未来 5 年期间能够产生足够的应纳税所得额弥补该亏损。

分析:该经营亏损不被单独确认为资产或负债,但可以减少未来期间企业的应纳税所得额,因此属于可抵扣暂时性差异。

三、所得税费用的确认和计量

(一)递延所得税负债的确认与计量

递延所得税负债产生于应纳税暂时性差异。因应纳税暂时性差异在转回期间将增加企业的应纳税所得额和应交所得税,导致企业经济利益的流出,在其发生当期,构成企业应支付税金的义务,应作为负债确认。

除下列交易中产生的递延所得税负债以外,企业应当确认所有应纳税暂时性差异产生的递延所得税负债:

（1）商誉的初始确认。非同一控制下的企业合并,企业合并成本大于合并中取得的被购买方可辨认净资产公允价值份额的差额,按照会计准则规定应确认为商誉。会计上作为非同一控制下的企业合并,但如果按照税法规定作为特殊性税务处理,当期暂不纳税的情况下,商誉的计税基础为零。对于商誉的账面价值与其计税基础不同产生的应纳税暂时性差异,会计准则规定不确认与其相关的递延所得税负债。

（2）除企业合并以外的其他交易或事项中,如果该项交易或事项发生时既不影响会计利润,也不影响应纳税所得额,则所产生的资产、负债的初始确认金额与其计税基础不同,形成应纳税暂时性差异的,交易或事项发生时不确认相应的递延所得税负债。该规定主要是考虑到由于交易发生时既不影响会计利润,也不影响应纳税所得额,确认递延所得税负债的直接结果是增加有关资产的账面价值或是降低所确认负债的账面价值,使得资产、负债在初始确认时,违背历史成本原则,影响会计信息的可靠性。

企业对与子公司、联营企业及合营企业投资相关的应纳税暂时性差异,同时应当确认相应的递延所得税负债。但是,同时满足下列条件的除外:

（1）投资企业能够控制应纳税暂时性差异转回的时间;

（2）该应纳税暂时性差异在可预见的未来很可能不会转回。

所得税准则规定,资产负债表日,对于递延所得税负债,应当根据适用税法规定,按照预期清偿该负债期间的适用税率计量,即递延所得税负债应以相关应纳税暂时性差异转回期间按照税法规定适用的所得税税率计量。在我国,除享受优惠政策的情况以外,企业适用的所得税税率在不同年度之间一般不会发生变化,企业在确认递延所得税负债时,可以现行适用税率为基础计算确定。对于享受优惠政策的企业,如经国家批准的经济技术开发区内的企业,享受一定期间的税率优惠,则所产生的暂时性差异应以预计其转回期间的适用所得税税率为基础计量。无论应纳税暂时性差异的转回期间在什么时候,准则中规定递延所得税负债的计量不要求折现。

（二）递延所得税资产的确认与计量

递延所得税资产产生于可抵扣暂时性差异。因资产、负债的账面价值与其计税基础不同而产生可抵扣暂时性差异的,在估计未来期间能够取得足够的应纳税所得额用以抵扣该可抵扣暂时性差异时,应当以很可能取得用来抵扣可抵扣暂时性差异的应纳税所得额为限,确认相关的递延所得税资产。

但是,同时具有下列特征的交易中因资产或负债的初始确认所产生的递延所得税资产不予确认:

（1）该项交易不是企业合并;

（2）交易发生时既不影响会计利润也不影响应纳税所得额（或可抵扣亏损）。资产负债表日,有确凿证据表明未来期间很可能获得足够的应纳税所得额用来抵扣可抵扣暂时性差异的,应当确认以前期间未确认的递延所得税资产。

企业对与子公司、联营企业及合营企业投资相关的可抵扣暂时性差异,应当确认相应的递延所得税资产。但是,同时满足下列条件的除外:

（1）投资企业能够控制可抵扣暂时性差异转回的时间；

（2）该可抵扣暂时性差异在可预见的未来很可能不会转回。

在判断企业于可抵扣暂时性差异转回的未来期间是否能够产生足够的应纳税所得额时，应考虑以下两个方面的影响：

（1）通过正常的生产经营活动能够实现的应纳税所得额，如企业通过销售商品、提供劳务等所实现的收入，扣除有关的成本费用等支出后的金额。该部分情况的预测应当以经企业管理层批准的最近财务预算或预测数据以及该预算或者预测期之后年份稳定的或者递减的增长率为基础。

（2）以前期间产生的应纳税暂时性差异在未来期间转回时将增加的应纳税所得额。考虑到可抵扣暂时性差异转回的期间内可能取得应纳税所得额的限制，因无法取得足够的应纳税所得额而未确认相关的递延所得税资产的，应在会计报表附注中进行披露。

同递延所得税负债的计量原则相一致，确认递延所得税资产时，应当以预期收回该资产期间的适用所得税税率为基础计算确定。另外，无论相关的可抵扣暂时性差异转回期间如何，递延所得税资产均不要求折现。

递延所得税资产和递延所得税负债的确认如图 9-1 所示。

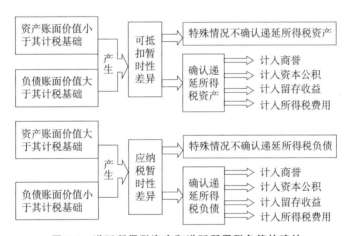

图 9-1 递延所得税资产和递延所得税负债的确认

【例 9-13】 A 企业对 B 企业进行吸收合并，以增发市场价值为 15 000 万元的自身普通股作为支付对价，合并前 A 企业与 B 企业不存在任何关联方关系。该项合并符合税法规定的免税条件，B 企业适用的所得税税率为 25%。购买日 B 企业各项可辨认资产、负债的公允价值及其计税基础如表 9-1 所示。

表 9-1 购买日 B 企业各项可辨认资产、负债的公允价值及其计税基础 万元

项 目	公允价值	计税基础	应纳税暂时性差异	可抵扣暂时性差异
固定资产	6 750	3 875	2 875	
应收账款	5 250	5 250		

续表

项 目	公允价值	计税基础	应纳税暂时性差异	可抵扣暂时性差异
存货	4 350	3 100	1 250	
其他应付款	(750)	0		750
应付账款	(3 000)	(3 000)		
不包括递延所得税的可辨认资产、负债	12 600	9 225	4 125	750

分析：可辨认净资产公允价值＝12 600 万元；递延所得税资产＝750×25％＝187.5 万元；递延所得税负债＝4 125×25％＝1 031.25 万元；考虑递延所得税后可辨认资产、负债的公允价值＝12 600＋187.5－1 031.25＝11 756.25 万元；商誉＝企业合并成本－考虑递延所得税后可辨认资产、负债的公允价值＝15 000－11 756.25＝3 243.75 万元。

因为该项合并符合税法规定的特殊性税务处理条件，购买方在合并中取得的被购买方有关资产、负债维持其原计税基础不变。按照准则规定，不再对该商誉确认相关的所得税影响。

【例 9-14】 A 企业进行内部研究开发形成的无形资产成本为 1 200 万元，按照税法规定可予未来期间税前扣除的金额为 1 800 万元，其计税基础为 1 800 万元。

分析：该项无形资产并非产生于企业合并，同时在初始确认时既不影响会计利润也不影响应纳税所得额，若确认其账面价值与计税基础之间产生暂时性差异的所得税影响，需要调整该项资产的初始入账成本，影响对其历史成本的反映，准则规定在这种情况下，因该资产并非产生于企业合并，同时在初始确认时既不影响会计利润也不影响应纳税所得额，不应确认相关的递延所得税资产。

【例 9-15】 A 企业 2007 年 1 月 1 日以 4 250 万元的价款取得 B 企业 40％的股权，并且能够参与 B 企业的财务与经营决策，采用权益法对这一长期股权投资进行会计处理。2007 年 B 企业共实现净利润 1 700 万元，A 企业和 B 企业适用的所得税税率为 25％。

分析：第一，按照权益法，A 企业在 2007 年 12 月 31 日增加长期股权投资账面价值 680 万元，但按照税法规定，长期股权投资的计税基础保持不变，由此产生应纳税暂时性差异 680 万元，确认递延所得税负债 170 万元。第二，若 A 企业能够控制该项投资暂时性差异的转回时间，并且在可预见的未来很可能无法转回，则 A 企业不确认相关的递延所得税负债。

（三）递延所得税费用的确认与计量

一般情况下，企业在确认递延所得税资产和递延所得税负债时，对应会产生递延所得税费用。递延所得税是指按照所得税准则规定应予确认的递延所得税资产和递延所得税负债在期末应有的金额相对于原已确认金额之间的差额，即递延所得税资产及递延所得税负债当期发生额的综合结果，但不包括直接计入所有者权益的交易或事

项对所得税的影响,即

递延所得税费用＝(递延所得税负债的期末余额－递延所得税负债的期初余额)－(递延所得税资产的期末余额－递延所得税资产的期初余额)

应予说明的是,企业因确认递延所得税资产和递延所得税负债产生的递延所得税,一般应当计入所得税费用,但以下两种情况除外:①某项交易或事项按照会计准则规定应计入所有者权益的,由该交易或事项产生的递延所得税资产或递延所得税负债及其变化亦应计入所有者权益,不构成利润表中的递延所得税费用(或收益)。②企业合并中取得的资产、负债,其账面价值与计税基础不同,应确认相关递延所得税的,该递延所得税的确认影响合并中产生的商誉或是计入合并当期损益的金额,不影响所得税费用。

(四)当期所得税费用

当期所得税是指企业按照税法规定计算确定的针对当期发生的交易和事项,应交纳给税务部门的所得税金额,即当期应交所得税。企业在确定当期应交所得税时,对于当期发生的交易或事项,会计处理与税法处理不同的,应在会计利润的基础上,按照适用税收法规的规定进行调整,计算出当期应纳税所得额,按照应纳税所得额与适用所得税税率计算当期应交所得税。一般情况下,应纳税所得额可在会计利润的基础上,考虑会计与税收之间的差异,按照以下公式计算确定:

应纳税所得额＝会计利润＋按照会计准则规定计入利润表但计税时不允许税前扣除的费用±计入利润表的费用与按照税法规定可予税前抵扣的金额之间的差额±计入利润表的收入与按照税法规定应计入应纳税所得额的收入之间的差额－税法规定的不征税收入±其他需要调整的因素

当期所得税费用＝当期应交所得税＝应纳税所得额×适用的所得税税率

(五)所得税费用

计算确定了当期所得税及递延所得税以后,利润表中应予确认的所得税费用为两者之和,即

所得税费用＝当期所得税＋递延所得税

【例 9-16】 某企业 20×3 年 12 月 31 日资产负债表中有关项目金额及其计税基础如表 9-2 所示。

表 9-2 有关项目金额及其计税基础 元

项 目	账面价值	计税基础	暂时性差异	
			应纳税暂时性差异	可抵扣暂时性差异
以公允价值计量且其变动计入其他综合收益的金融资产	4 000 000	3 000 000	1 000 000	
固定资产	3 000 000	3 400 000		400 000
合计			1 000 000	400 000

除上述项目外，该企业其他资产、负债的账面价值与其计税基础不存在差异，且递延所得税资产和递延所得税负债不存在期初余额，适用的所得税税率为25%。假定当期按照税法规定计算确定的应交所得税为1 000 000元。该企业预计在未来期间能够产生足够的应纳税所得额用来抵扣可抵扣暂时性差异。

分析：该企业计算确认的递延所得税负债、递延所得税资产、递延所得税费用以及所得税费用如下：

递延所得税负债＝1 000 000×25%＝250 000（元）

递延所得税资产＝400 000×25%＝100 000（元）

递延所得税费用＝－100 000（元）

所得税费用＝1 000 000－100 000＝900 000（元）

该企业所编制的所得税会计分录为：

借：所得税费用——当期所得税费用	1 000 000	
贷：应交税费——应交所得税		1 000 000
借：递延所得税资产	100 000	
贷：所得税费用——递延所得税费用		100 000
借：其他综合收益	250 000	
贷：递延所得税负债		250 000

【例 9-17】 某企业20×6年12月31日资产负债表中资产、负债的账面价值与其计税基础不存在差异，且递延所得税资产和递延所得税负债不存在期初余额，适用的所得税税率为33%。该企业20×6年发生亏损2 000 000元。假定该企业预计在未来5年期间每年能够产生1 000 000元的应纳税所得额，20×7年适用的所得税税率为33%，20×8年及以后适用的所得税税率为25%。则该企业计算确认的递延所得税资产如下：

递延所得税资产＝1 000 000×33%＋1 000 000×25%＝580 000（元）

20×6年该企业的所得税会计分录为：

借：递延所得税资产	580 000	
贷：所得税费用——递延所得税费用		580 000

假定20×7年该企业应纳税所得额为800 000元，该企业预计在未来4年期间每年能够产生800 000元的应纳税所得额。则

年末递延所得税资产＝1 200 000×25%＝300 000（元）

年初递延所得税资产＝580 000（元）

当年递延所得税资产减少额＝580 000－300 000＝280 000（元）

20×7年该企业的所得税会计分录为：

借：所得税费用——递延所得税费用	280 000	
贷：递延所得税资产		280 000

假定20×8年该企业应纳税所得额为200 000元，该企业预计在未来3年期间每年能够产生200 000元的应纳税所得额。则

年末递延所得税资产＝600 000×25％＝150 000(元)

年初递延所得税资产＝300 000(元)

当年递延所得税资产减少额＝300 000－150 000＝150 000(元)

20×8年该企业的所得税会计分录为：

借：所得税费用——递延所得税费用　　　　　　　　　　　　　　150 000

　贷：递延所得税资产　　　　　　　　　　　　　　　　　　　　　　150 000

假定20×9年该企业应纳税所得额为300 000元，该企业预计在未来2年期间每年能够产生400 000元的应纳税所得额。则

年末递延所得税资产＝700 000×25％＝175 000(元)

年初递延所得税资产＝150 000(元)

当年递延所得税资产增加额＝175 000－150 000＝25 000(元)

20×9年该企业的所得税会计分录为：

借：递延所得税资产　　　　　　　　　　　　　　　　　　　　　　25 000

　贷：所得税费用——递延所得税费用　　　　　　　　　　　　　　　25 000

【例9-18】 A企业于20×2年12月底购入一台机器设备，成本为525 000元，预计使用年限为6年，预计净残值为零。会计上采用直线法计提折旧，因该设备符合税法规定的税收优惠条件，计税时可采用年数总和法计提折旧，假定税法规定的使用年限及净残值与会计相同。除该项固定资产产生的会计与税法之间的差异外，不存在其他会计与税收的差异。

该企业每年因固定资产账面价值与计税基础不同应予确认的递延所得税情况如表9-3所示。

表9-3　A企业20×3—20×8年递延所得税情况

项　　目	20×3年	20×4年	20×5年	20×6年	20×7年	20×8年
取得成本/元	525 000	525 000	525 000	525 000	525 000	525 000
会计折旧/元	87 500	87 500	87 500	87 500	87 500	87 500
税法折旧/元	150 000	125 000	100 000	75 000	50 000	25 000
账面价值/元	437 500	350 000	262 500	175 000	87 500	0
计税基础/元	375 000	250 000	150 000	75 000	25 000	0
暂时性差异余额/元	62 500	100 000	112 500	100 000	62 500	0
适用税率/％	25	25	25	25	25	25
递延所得税负债余额/元	15 625	25 000	28 125	25 000	15 625	0

分析：本期递延所得税负债发生额＝期末递延所得税负债－期初递延所得税负债

① 20×3年：

借：所得税费用——递延所得税费用　　　　　　　　　　　　　　15 625

　贷：递延所得税负债　　　　　　　　　　　　　　　　　　　　　15 625

② 20×4年：

借：所得税费用——递延所得税费用　　　　　　　　　9 375

　　贷：递延所得税负债　　　　　　　　　　　　　　　　9 375

③ 20×5年：

借：所得税费用——递延所得税费用　　　　　　　　　3 125

　　贷：递延所得税负债　　　　　　　　　　　　　　　　3 125

④ 20×6年：

借：递延所得税负债　　　　　　　　　　　　　　　　3 125

　　贷：所得税费用——递延所得税费用　　　　　　　　　　3 125

⑤ 20×7年：

借：递延所得税负债　　　　　　　　　　　　　　　　9 375

　　贷：所得税费用——递延所得税费用　　　　　　　　　　9 375

⑥ 20×8年：

借：递延所得税负债　　　　　　　　　　　　　　　　15 625

　　贷：所得税费用——递延所得税费用　　　　　　　　　　15 625

【例 9-19】 A 企业 20×7 年利润表中的利润总额为 3 000 万元,该公司适用的所得税税率为 25%。递延所得税资产及递延所得税负债不存在期初余额。与所得税核算有关的情况如下：

(1) 20×7 年 1 月开始计提折旧的一项固定资产,成本为 1 500 万元,使用年限为 10 年,净残值为零,会计处理按双倍余额递减法计提折旧,税收处理按直线法计提折旧。假定税法规定的使用年限及净残值与会计规定相同。

(2) 向关联企业捐赠现金 500 万元。假定按照税法规定,企业向关联方的捐赠不允许税前扣除。

(3) 当期取得作为“以公允价值计量且其变动计入当期损益的金融资产”核算的股票投资成本为 800 万元,20×7 年 12 月 31 日的公允价值为 1 200 万元。根据税法规定,以公允价值计量的金融资产持有期间市价变动不计入应纳税额所得额违反环保法规定应支付罚款 250 万元。

(4) 期末对持有的存货计提了 75 万元的存货跌价准备。

分析：A 企业 20×7 年资产负债表相关项目金额及计税基础如表 9-4 所示。

表 9-4　A 企业 20×7 年资产负债表相关项目金额及计税基础　　　　　　　　万元

项　　目	账面价值	计税基础	应纳税暂时性差异	可抵扣暂时性差异
存货	2 000	2 075		75
固定资产	1 200	1 350		150
以公允价值计量且其变动计入当期损益的金融资产	1 200	800	400	
其他应付款	250	250		
总计			400	225

20×7 年应纳税所得额＝3 000＋150＋500－400＋250＋75＝3 575(万元)

当期应交所得税＝3 575×25％＝893.75(万元)

递延所得税资产＝225×25％＝56.25(万元)

递延所得税负债＝400×25％＝100(万元)

递延所得税＝100－56.25＝43.75(万元)

所得税费用＝当期所得税费用＋递延所得税费用＝893.75＋43.75＝937.5 万元,确认所得税费用的账务处理如下:

借:所得税费用   9 375 000

  递延所得税资产   562 500

贷:应交税费——应交所得税   8 937 500

  递延所得税负债   1 000 000

第三节　所得税会计处理方法的演变

我国所得税会计的处理方法主要经历了从应付税款法到利润表递延法和利润表债务法以及现在正在实行的资产负债表债务法的演进,这一演进过程揭示了会计准则从利润表到资产负债表的重心转移,加强了会计信息的可比性,提高了会计信息质量,也与国际会计准则保持了趋同。了解这些所得税会计处理方法的差别,能帮助我们更深刻地理解现行准则按资产负债表债务法处理所得税会计问题的经济含义。

应付税款法要求企业按税法规定计算的纳税所得为依据计算应缴纳所得税,并列作所得税费用处理。

利润表递延法是把本期由于时间性差异而产生的影响纳税的金额,保留到这一差异发生相反变化的以后期间予以转销。当税率变更或开征新税,不需要调整由于税率的变更或新税的征收对"递延税款"余额的影响。

利润表债务法首先计算当期所得税费用,然后根据当期所得税费用与当期应纳税额之间的差额,倒挤出本期发生的递延税款。

资产负债表债务法以资产负债表为基础,根据暂时性差异首先计算出资产负债表期末递延所得税资产和递延所得税负债,然后根据当期应纳税额剔除直接计入权益部分后,倒挤出利润表的当期所得税。

图 9-2 展示了上述方法间的分类关系。

一、应付税款法

应付税款法对所得税不进行跨期分摊,对会计收益与应纳税所得额之间的时间性差异和永久性差异不做明确的区分,将他们都在当期进行确认。应付税款法的特点是:①本期所得税费用就是按照应税所得与适用的所得税税率计算的应交所得税;

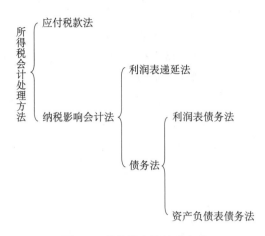

图 9-2　所得税会计处理方法

②本期从净利润中扣除的所得税费用等于本期应交的所得税;③暂时性差异产生的影响所得税的金额均在当期确认所得税费用,在财务报表中不反映为一项负债或一项资产。企业要按税法规定计算的纳税所得为依据计算应缴纳的所得税,借记"所得税费用",贷记"应交税费－应交所得税"。

【例 9-20】　某企业核定的全年计税工资总额为 200 000 元,2012 年实际发放的工资总额为 240 000 元。该企业固定资产折旧采用直线法,本年折旧额为 100 000 元。按照税法规定采用双倍余额递减法,本年折旧额为 130 000 元。该企业 2012 年的税前会计利润为 300 000 元,所得税率为 25%。有关计算及编制的会计分录如下:

应纳税所得额＝300 000＋40 000－30 000＝310 000(元)

本期应交所得税＝310 000×25%＝77 500(元)

本期所得税费用＝77 500(元)

借:所得税费用　　　　　　　　　　　　　　　　　　　　77 500

　　贷:应交税费——应交所得税　　　　　　　　　　　　　　　　77 500

二、利润表递延法和利润表债务法

应付税款法不确认时间性差异对所得税的影响金额,但是在利润表的递延法和债务法下,则需要确认时间性差异的所得税影响,并将确认的时间性差异计入"递延税款"的借方或贷方,同时确认所得税费用。时间性差异概念是在利润表递延法和债务法会计处理中的基本概念。时间性差异是指税法与会计准则确认收益、费用或损失的时间不同而产生的税前会计利润与应纳税所得额之间的差异。暂时性差异概念则出现在资产负债表债务法的处理中。此外,这两种处理方法主要强调"配比"原则,以利润表为导向。只有影响当期利润总额的时间性差异才会影响应纳税所得额,不影响当期利润总额的时间性差异不确认为递延税款的借方或贷方。

【例 9-21】　某公司每年税前利润总额为 1 000 万元,20×8 年预计了 200 万元的产品保修费用,实际支付发生于 20×9 年,适用的所得税税率为 25%。分析在应付税款法下和递延法下的所得税会计处理。

分析:在会计处理方面,产品保修费用计入销售费用,能在当期利润中扣除,但税法规定保修费用于实际发生时税前扣除,因此产生会计和税法上的差异。

(1)应付税款法下的所得税处理:

20×8—20×9 年应付税款法下的所得税情况如表 9-5 所示。

表 9-5　20×8—20×9 年应付税款法下的所得税情况　　　万元

项　　目	20×8 年	20×9 年
(会计)保修费用	200	0
(会计)利润总额	1 000	1 000
(税务)保修费用	0	200
应纳税所得额	1 000+200=1 200	1 000−200=800
当期应纳税额	1 200×25%=300	800×25%=200
所得税费用	300	200
净利润	1 000−300=700	1 000−200=800

(2)利润表递延法下的所得税处理:

20×8—20×9 年利润表递延法下的所得税情况如表 9-6 所示。

表 9-6　20×8—20×9 年利润表递延法下的所得税情况　　　万元

项　　目	20×8 年	20×9 年
(会计)保修费用	200	0
(会计)利润总额	1 000	1 000
(税务)保修费用	0	200
应纳税所得额	1 000+200=1 200	1 000−200=800
当期应纳税额	1 200×25%=300	800×25%=200
递延所得税	200×25%=50	−200×25%=−50
所得税费用	300−50=250	200+50=250
净利润	1 000−250=750	1 000−250=750

利润表递延法是将本期暂时性差异产生的影响所得税的金额,递延和分配到以后各期,并同时转回原已确认的暂时性差异对本期所得税的影响金额。在递延法下,企业的所得税费用由两部分组成:第一,本期应交所得税,等于应纳税所得额×所得税税率。第二,本期发生的暂时性差异产生的递延税款或本期转回的暂时性差异产生的递延税款。本期发生的暂时性差异的所得税影响额按照现行税率计算,而在本期转回的暂时性差异的所得税影响额,无论税率是否发生变化,都按照前期确认递延税款的历史税率进行计算。

在利润表债务法下,本期的所得税费用包括:第一,本期应交所得税;第二,本期发生或转回的暂时性差异所产生的递延税款；第三，由于税率变更而导致的、按照现行税率对前期确认的递延税款账面余额进行调整的金额。因此，在债务法下，不论是本期产生的暂时性差异还是前期暂时性差异的所得税影响金额，都必须按照现行的税率进行计算——包括对前期暂时性差异导致的所得税影响金额按照现行的税率进行调整。

可见，所得税税率不发生变化的情况下，利润表递延法和债务法的做法是相同的，而当所得税税率发生变化时，两者的做法是不同的。

1. 税率不变情况下的会计处理

【例 9-22】 某企业 20×4 年 12 月 25 日购入一台设备，原价为 60 000 元，预计净残值 300 元。按照税法规定可按年数总和法计提折旧，折旧年限 4 年，会计上采用直线法计提折旧，折旧年限 5 年。在其他因素不变的情况下，假设该企业每年实现的税前会计利润为 25 000 元（无其他纳税调整事项），企业适用的所得税税率为 33%。20×5—20×9 年会计折旧和税收折旧如表 9-7 所示：

表 9-7　20×5—2010 年会计折旧与税收折旧　　　　　　　　　　　　　元

项　　目	20×5 年	20×6 年	20×7 年	20×8 年	20×9 年
会计折旧	11 940	11 940	11 940	11 940	11 940
税法折旧	23 880	17 910	11 940	5 970	0

根据上表的资料，分别采用利润表递延法和债务法对企业的所得税进行处理。

（1）利润表递延法：

20×5—20×9 年利润表递延法下的所得税情况如表 9-8 所示。

表 9-8　20×5—20×9 年利润表递延法下的所得税情况

项　　目	20×5 年	20×6 年	20×7 年	20×8 年	20×9 年
税前会计利润/元	25 000	25 000	25 000	25 000	25 000
会计折旧/元	11 940	11 940	11 940	11 940	11 940
税法折旧/元	23 880	17 910	11 940	5 970	0
账面价值/元	48 060	36 120	24 180	12 240	300
计税基础/元	36 120	18 210	6 270	300	300
时间性差异/元	(11 940)	(5 970)	0	5 970	11 940
累计时间性差异/元	(11 940)	(17 910)	(17 910)	(11 940)	0
应税所得额/元	13 060	19 030	25 000	30 970	36 940
所得税税率/%	33	33	33	33	33
当期应交所得税/元	(4 309.8)	(6 279.9)	(8 250)	(10 220.1)	(12 190.2)
递延税款/元	(3 940.2)	(1 970.1)	0	1 970.1	3 940.2
所得税费用/元	8 250	8 250	8 250	8 250	8 250

注：当期应交所得税和递延税款项目的金额加括号的金额表示贷方。

（2）利润表债务法：

在税率不变情况下，利润表债务法的做法同上。

2. 税率发生变动情况下的会计处理

【例 9-23】 沿用例 9-22 的资料,另外假设 20×5—20×6 年所得税税率为 33%,从 20×7 年起所得税税率改为 30%。根据本例资料,分别采用利润表递延法和债务法对企业的所得税进行处理。

（1）利润表递延法：

改变税率后利润表递延法下的所得税情况如表 9-9 所示。

表 9-9 改变税率后利润表递延法下的所得税情况

项　　　目	20×5 年	20×6 年	20×7 年	20×8 年	20×9 年
税前会计利润/元	25 000	25 000	25 000	25 000	25 000
会计折旧/元	11 940	11 940	11 940	11 940	11 940
税法折旧/元	23 880	17 910	11 940	5 970	0
账面价值/元	48 060	36 120	24 180	12 240	300
计税基础/元	36 120	18 210	6 270	300	300
时间性差异/元	(11 940)	(5 970)	0	5 970	11 940
应税所得额/元	13 060	19 030	25 000	30 970	36 940
所得税税率/%	33	33	30	30	30
本期应交所得税/元	(4 309.8)	(6 279.9)	(7 500)	(9 291)	(11 082)
本期递延税款发生额/元	(3 940.2)	(1 970.1)	0	1 970.1	3 940.2
所得税费用/元	8 250	8 250	7 500	7 320.9	7 141.8

① 20×5 年：

本期发生的递延税款＝时间性差异×33%＝11 940×33%＝3 940.2(元)

借：所得税费用 　　　　　　　　　　　　　　　　8 250

　　贷：应交税费——应交所得税 　　　　　　　　　　4 390.8

　　　　递延税款 　　　　　　　　　　　　　　　　3 940.2

② 20×6 年：

本期发生的递延税款＝时间性差异×33%＝5 970×33%＝1 970.1(元)

借：所得税费用 　　　　　　　　　　　　　　　　8 250

　　贷：应交税费——应交所得税 　　　　　　　　　　6 279.9

　　　　递延税款 　　　　　　　　　　　　　　　　1 970.1

③ 20×7 年：

本期发生的递延税款＝时间性差异×30%＝0×30%＝0(元)

借：所得税费用 　　　　　　　　　　　　　　　　7 500

　　贷：应交税费——应交所得税 　　　　　　　　　　7 500

④ 20×8 年：

本期转回的递延税款＝时间性差异×33%＝5 970×33%＝1 970.1(元)

借：所得税费用 　　　　　　　　　　　　　　　　7 320.9

　　递延税款 　　　　　　　　　　　　　　　　　1 970.1

　　　　　　贷:应交税费——应交所得税　　　　　　　　　　　　　　9 291

⑤ 20×9年:

本期转回的递延税款＝时间性差异×33％＝11 940×33％＝3 940.2(元)

借:所得税费用　　　　　　　　　　　　　　　　　7 141.8

　　递延税款　　　　　　　　　　　　　　　　　　3 940.2

　　　贷:应交税费——应交所得税　　　　　　　　　　　　　11 082

　　本例中,20×5年和20×6年时间性差异形成时的税率为33％,20×7年时间性差异形成时的税率为30％,而时间性差异转回的临界点是20×8年,那么从20×8年开始前期转回的时间性差异按照33％的税率进行转回。

　　(2) 利润表债务法:

　　改变税率后利润表债务法下的所得税情况如表9-10所示。

表 9-10　改变税率后利润表债务下的所得税情况

项　　　目	20×5年	20×6年	20×7年	20×8年	20×9年
税前会计利润/元	25 000	25 000	25 000	25 000	25 000
会计折旧/元	11 940	11 940	11 940	11 940	11 940
税法折旧/元	23 880	17 910	11 940	5 970	0
账面价值/元	48 060	36 120	24 180	12 240	300
计税基础/元	36 120	18 210	6 270	300	300
时间性差异/元	(11 940)	(5 970)	0	5 970	11 940
累计时间性差异余额/元	(11 940)	(17 910)	(17 910)	(11 940)	0
应税所得额/元	13 060	19 030	25 000	30 970	36 940
所得税税率/%	33	33	30	30	30
本期应交所得税/元	(4 309.8)	(6 279.9)	(7 500)	(9 291)	(11 082)
递延税款余额/元	(3 940.2)	(5 910.3)	(5 373)	(3 582)	0
本期递延税款发生额/元	(3 940.2)	(1 970.1)	537.3	1 791	3 582
所得税费用/元	8 250	8 250	6 962.7	7 500	7 500

① 20×5年:

本期发生的递延税款＝时间性差异×33％＝11 940×33％＝3 940.2(元)

借:所得税费用　　　　　　　　　　　　　　　　　8 250

　　　贷:应交税费——应交所得税　　　　　　　　　　　　　4 390.8

　　　　　递延税款　　　　　　　　　　　　　　　　　　3 940.2

② 20×6年:

本期发生的递延税款＝时间性差异×33％＝5 970×33％＝1 970.1(元)

借:所得税费用　　　　　　　　　　　　　　　　　8 250

　　　贷:应交税费——应交所得税　　　　　　　　　　　　　6 279.9

    递延税款   1 970.1

③ 20×7 年：

本期发生的递延税款＝0×30％＝0(元)

由于所得税率变动调减递延税款＝(11 940＋5 970)×(33％－30％)＝17 910×3％＝537.3(元)

递延税款贷方发生额＝0－537.3＝－537.3(元)

借：所得税费用   6 962.7

     递延税款   537.3

      贷：应交税费——应交所得税   7 500

④ 20×8 年：

本期转回的递延税款＝时间性差异×30％＝5 970×30％＝1 791(元)

借：所得税费用   7 500

     递延税款   1 791

      贷：应交税费——应交所得税   9 291

⑤ 20×9 年：

本期转回的递延税款＝时间性差异×30％＝11 940×30％＝3 582(元)

借：所得税费用   7 500

     递延税款   3 582

      贷：应交税费——应交所得税   11 082

    在债务法下，期末递延税款的余额一定等于累计时间性差异的余额与现行税率的乘积，因此在税率变化的当年，本期递延税款的变动额可以直接采用期末递延税款与期初递延税款的差额，而不需要分成本期产生的时间性差异对所得税影响金额以及由于所得税税率变动影响递延税款的金额两部分。因此在本例中，20×9 年递延税款变动额＝17 910×30％－17 910×33％＝5 373－5 910.3＝－537.3 元，其他各年度递延税款的变动额也可参照此做法。但在递延法下，由于期末递延税款的余额不一定等于累计时间性差异的余额与现行税率的乘积，因此不能使用此方法。

三、资产负债表债务法

    我国所得税会计处理方法采用的是资产负债表债务法，在这种做法中用暂时性差异替代了前面几种处理方法中的时间性差异概念，具体的概念和举例详见第二节。

四、四种处理方法的比较

    应付税款法与其余三种会计处理方法的主要区别是所得税无跨期分摊，不确认递延所得税。利润表递延法和利润表债务法的主要区别在于所得税税率发生变化时，是否需要对递延税款余额进行调整。

2006年颁布的《企业会计准则第18号——所得税》规定,企业的所得税会计处理采用资产负债表债务法,放弃了先前的利润表债务法。资产负债表债务法与利润表债务法的共同点在于,两者都是纳税影响会计法的具体应用,都遵循权责发生制的核算要求。两者的不同点主要在于以下几个方面。

(1) 关注的财务报表不同。利润表债务法关注所得税对利润表的影响,当会计和税法对同一经济事项的规定有差异,而这一差异对利润表产生影响时需确认递延税款。资产负债表债务法则主要关注所得税对资产负债表的影响,当会计规定的资产和负债的账面价值和税法规定的计税基础产生差异时,则需要确认递延所得税资产或递延所得税负债(特殊情况除外)。

(2) 核算递延所得税的出发点不同。利润表债务法是通过利润表项目的时间性差异,倒挤递延所得税费用,具有间接性。资产负债表债务法从资产和负债账面价值与计税基础的暂时性差异出发核算递延所得税,具有直接性。

(3) 核算递延所得税的范围不同。利润表债务法核算时间性差异,资产负债表债务法核算暂时性差异。时间性差异是指由于会计和税法制度在确认费用或损失时的时间不同而产生的税前会计收益与应税收益之间的差异,在以后的一个或多个期间内可以转回。暂时性差异是指资产负债表内某项资产或负债账面价值与其按照税法规定的计税基础之间的差额,该差异在以后年度资产收回或负债清偿时,会产生应税利润或可抵扣金额。暂时性差异除了包括时间性差异外,还包括非时间性差异。非时间性差异主要包括:①资产评估增值或减值,在会计上作相应处理,但计税时不作相应调整。②可抵扣亏损。利润表债务法无法处理非时间性差异。

【例 9-24】 假设 A 公司 20×1 年 12 月购入一台先进生产设备,价值 15 000 元,无残值,会计按 3 年计提折旧,税法按 5 年计提折旧(均为直线法)。假设该公司无任何其他纳税调整事项。计算如表 9-11 和表 9-12 所示。

表 9-11 时间性差异计算表   元

年　　度	20×2	20×3	20×4	20×5	20×6
会计折旧	5 000	5 000	5 000	0	0
税法折旧	3 000	3 000	3 000	3 000	3 000
时间性差异	(2 000)	(2 000)	(2 000)	3 000	3 000

表 9-12 暂时性差异计算表   元

年　　度	20×2	20×3	20×4	20×5	20×6
账面价值	10 000	5 000	0	0	0
计税基础	12 000	9 000	6 000	3 000	0
暂时性差异	(2 000)	(4 000)	(6 000)	(3 000)	0

从上面的例子中,我们可以看出:①时间性差异着重于某一会计期间内税前会计利润与应纳税所得额之间的差额,反映的是一个时间段内产生或转回的差异;而暂时

性差异强调到某一时点为止累计的资产或负债的账面价值与计税基础之间的差额。②时间性差异体现的是"收入"概念,其差异指的是针对"会计收益"而言的差异,静态地反映了差异形成这一现象,本质上是以利润表的思路和分析方法来确认差异。暂时性差异是站在资产负债表的立场根据资产、负债的动态变化来确认差异,是一个动态的过程。③暂时性差异是时间性差异的延伸,所有的时间性差异都是暂时性差异,因为所有影响会计收益的因素事实上都会影响到资产负债表中的资产和负债。

(4) 在财务报表上披露的信息不同。利润表债务法中在资产负债表上列示"递延税款"项目,该项目的资产或负债属性不明。资产负债表债务法采用符合资产和负债定义的"递延所得税资产"和"递延所得税负债"分别列示,与其他资产和负债合并列表,能更为清晰地反映企业的财务状况。

四种企业所得税的会计处理方法比较如表 9-13 所示:

表 9-13 四种企业所得税的会计处理方法比较

项　　目	应付税款法	利润表递延法	利润表债务法	资产负债表债务法
是否永久性差异	√	√	√	√
是否确认时间性差异对未来所得税的影响	×	√	√	√
税率变动或开征新税时是否调整递延税款账面余额	—	×	√	√
是否按暂时性差异确认递延税款	—	—	×	√

第四节　所得税会计对企业合并的影响

企业合并,是指将两个或者两个以上单独的企业合并形成一个报告主体的交易或事项。企业合并分为同一控制下的企业合并和非同一控制下的企业合并。按企业合并的方式可以将企业合并分为吸收合并、新设合并和控股合并三种。

一、同一控制下企业合并的所得税会计处理

根据现行企业会计准则的规定,同一控制下合并方在企业合并中取得的资产和负债,应当按照合并日在被合并方的账面价值计量。合并方取得的净资产账面价值与支付的合并对价账面价值(或发行股份面值总额)的差额,应当调整资本公积(资本溢价或股本溢价);资本公积(资本溢价或股本溢价)不足冲减的,调整留存收益。

根据《关于企业重组业务企业所得税处理若干问题的通知(财税〔2009〕59 号)》和《关于促进企业重组有关企业所得税处理问题的通知(财税〔2014〕109 号)》(财税

〔2014〕109号主要对股权收购和资产收购的资产比例进行了修订）规定,企业的重组包括企业法律形式改变、债务重组、股权收购、资产收购、合并以及分立。企业重组的税务处理分为一般性税务处理规定和特殊性税务处理规定。

企业重组同时符合下列条件的,适用特殊性税务处理规定:

(1) 具有合理的商业目的,且不以减少、免除或者推迟缴纳税款为主要目的。

(2) 被收购、合并或分立部分的资产或股权比例不低于被收购企业全部资产或全部股权的50%(该比例由财税〔2009〕59号文的75%调整为财税〔2014〕109号文规定的50%)。

(3) 企业重组后的连续12个月内不改变重组资产原来的实质性经营活动。

(4) 重组交易对价中涉及股权支付金额符合本通知规定比例,支付对价中的股权支付金额不低于其支付总额的85%。

(5) 企业重组中取得股权支付的原主要股东,在重组后连续12个月内,不得转让所取得的股权。

按照《关于企业重组业务企业所得税处理若干问题的通知(财税〔2009〕59号)》一般性税务处理规定:对于企业合并,当事各方应按下列规定处理:

(1) 合并企业应按公允价值确定接受被合并企业各项资产和负债的计税基础。

(2) 被合并企业及其股东都应按清算进行所得税处理。

(3) 被合并企业的亏损不得在合并企业结转弥补。

对于企业股权收购、资产收购重组交易,相关交易应按以下规定处理:

(1) 被收购方应确认股权、资产转让所得或损失。

(2) 收购方取得股权或资产的计税基础应以公允价值为基础确定。

(3) 被收购企业的相关所得税事项原则上保持不变。

也就是说,在一般性税务处理中:

(1) 吸收合并形式的企业重组,合并企业应按公允价值确定接受被合并企业各项资产和负债的计税基础。

(2) 控股合并形式的企业重组,收购方应按公允价值确定接受被收购方各项的股权或资产;被收购企业的相关所得税事项原则上保持不变。被收购方各项可辨认资产、负债及或有负债的计税基础,税务机关是按被收购方的公允价值确定的;收购方和被收购方均应按相关资产或股权的账面价值与公允价值的差额确认资产、股权转让所得或损失,并计入应税收益中。

按照《关于企业重组业务企业所得税处理若干问题的通知(财税〔2009〕59号)》特殊性性税务处理规定:企业合并,企业股东在该企业合并发生时取得的股权支付金额不低于其交易支付总额的85%,以及同一控制下且不需要支付对价的企业合并,可以选择按以下规定处理:

(1) 合并企业接受被合并企业资产和负债的计税基础,以被合并企业的原有计税基础确定。

(2) 被合并企业合并前的相关所得税事项由合并企业承继。

（3）可由合并企业弥补的被合并企业亏损的限额＝被合并企业净资产公允价值×截至合并业务发生当年年末国家发行的最长期限的国债利率。

（4）被合并企业股东取得合并企业股权的计税基础，以其原持有的被合并企业股权的计税基础确定。

股权收购，收购企业购买的股权不低于被收购企业全部股权的 75%，且收购企业在该股权收购发生时的股权支付金额不低于其交易支付总额的 85%，可以选择按以下规定处理：

（1）被收购企业的股东取得收购企业股权的计税基础，以被收购股权的原有计税基础确定。

（2）收购企业取得被收购企业股权的计税基础，以被收购股权的原有计税基础确定。

（3）收购企业、被收购企业的原有各项资产和负债的计税基础和其他相关所得税事项保持不变。

也就是说，在特殊性税务处理中：

（1）吸收合并形式的企业重组，合并企业接受被合并企业资产和负债的计税基础，以被合并企业的原有计税基础确定。

（2）控股合并形式的企业重组，被收购企业资产和负债的计税基础保持不变。不论在吸收合并还是在控股合并中，合并/收购企业和被合并/被收购企业的账面价值和计税基础之间均不存在差异，且不需确认股权/资产转让所得或损失。

同一控制下，合并方取得的被合并方各项资产和负债的账面价值与其计税基础之间存在差额时，应确认相应的递延所得税资产或递延所得税负债，相关的递延所得税费用或收益，调整资本公积（资本溢价或股本溢价）。

1. 同一控制下吸收合并所得税会计处理

【例 9-25】 假定 20×2 年 1 月 1 日，在企业合并前 A 公司和 B 公司的资产负债表以及 B 公司资产和负债的公允价值如表 9-14 所示，且 A 和 B 公司属于同一控制下的公司。

表 9-14　A 公司与 B 公司吸收合并前资产负债表　　　　　　　　　　元

项　　目	A 公司账面价值	B 公司账面价值	B 公司公允价值
货币资金（银行存款）	300 000	0	0
应收票据	0	30 000	30 000
存货（库存商品）	300 000	50 000	60 000
固定资产	300 000	40 000	50 000
资产总计	900 000	120 000	140 000
短期借款	100 000	20 000	20 000
股本（每股面值 1 元）	200 000	50 000	
资本公积（股本溢价）	200 000	20 000	
盈余公积	200 000	20 000	
未分配利润	200 000	10 000	
负债和股东权益总计	900 000	120 000	

（1）假定 A 公司为了吸收合并 B 公司，发出 90 000 股面值 1 元、市价 2 元的普通股，换取 B 公司的全部普通股。在 A 公司账上记录这一合并业务的会计分录为：

借：应收票据　　　　　　　　　　　　　　　　　30 000
　　库存商品　　　　　　　　　　　　　　　　　50 000
　　固定资产　　　　　　　　　　　　　　　　　40 000
　　贷：短期借款　　　　　　　　　　　　　　　　　　20 000
　　　　股本　　　　　　　　　　　　　　　　　　　　90 000
　　　　资本公积——股本溢价　　　　　　　　　　　　10 000

（2）假定 A 公司为了吸收合并 B 公司，支付的代价为现金 180 000 元。在 A 公司账上记录这一合并业务的会计分录为：

借：应收票据　　　　　　　　　　　　　　　　　30 000
　　库存商品　　　　　　　　　　　　　　　　　50 000
　　固定资产　　　　　　　　　　　　　　　　　40 000
　　递延所得税资产　　　　　　　　　　　　　　 5 000
　　资本公积——股本溢价　　　　　　　　　　　75 000
　　贷：短期借款　　　　　　　　　　　　　　　　　　20 000
　　　　银行存款　　　　　　　　　　　　　　　　　　180 000

分析：由于此为同一控制下的吸收合并，A 公司应按账面价值 100 000（120 000－20 000）元确认 B 公司的净资产。问题（1）中属于特殊性税务处理，税务机关按原有计税基础确认 B 公司净资产，故二者不存在差异；问题（2）中属于一般性税务处理，税务机关按公允价值 120 000（140 000－20 000）元确认 B 公司的净资产，故存在暂时性差异 20 000 元，确认 5 000 元递延所得税资产。

2. 同一控制下控股合并所得税会计处理

【例 9-26】　假设 A 公司和 B 公司是同一母公司下的两家子公司。20×2 年 1 月 5 日，A 公司发行了 75 000 股每股面值 1 元、市价 2 元的普通股换取了 B 公司 90％的股份。合并前两家公司的资产负债表如表 9-15 所示。

表 9-15　A 公司与 B 公司控股合并前资产负债表　　　　　　　　元

A 公司（账面）	B 公司（账面）	B 公司（公允）	
货币资金	150 000	40 000	40 000
应收票据	50 000	40 000	40 000
存货	100 000	70 000	70 000
固定资产	100 000	50 000	60 000
资产总计	400 000	200 000	210 000
短期借款	100 000	50 000	50 000
股本	225 000	75 000	
资本公积	15 000	30 000	
盈余公积	40 000	30 000	
未分配利润	20 000	15 000	
负债和股东权益总计	400 000	200 000	

在编制合并日的合并资产负债表时,应编制如下两笔调整与抵销分录:

(1) 将 A 公司对 B 公司的长期股权投资与 B 公司的股东权益相互抵销,同时确认少数股东权益:

借:股本 75 000

资本公积 30 000

盈余公积 30 000

未分配利润 15 000

贷:长期股权投资 135 000

少数股东权益 15 000

(2) B 公司盈余公积 30 000 元中归属于 A 公司的部分为 27 000 元,未分配利润 15 000 元中归属于 A 公司的部分为 13 500 元。将 40 500 元的资本公积分别转入盈余公积 27 000 元和未分配利润 13 500 元:

借:资本公积 40 500

贷:盈余公积 27 000

未分配利润 13 500

二、非同一控制下企业合并的所得税会计处理

按照企业会计准则的规定,非同一控制下的企业合并,购买方在购买日应当按照合并中取得的被购买方各项可辨认资产、负债及或有负债的公允价值确定其入账价值。

而税法对非同一控制下的企业合并的规定,仍然是按照前述《关于企业重组业务企业所得税处理若干问题的通知(财税〔2009〕59 号)》的规定,即税法规定中并没有区分同一控制和非同一控制,税法规定区分的是一般性税务处理和特殊性税务处理两种情况。

因此按照企业会计准则的规定,非同一控制下,若购买方取得的被购买方各项可辨认资产、负债及或有负债的公允价值与其计税基础之间存在差异的,应当确认相应的递延所得税资产或递延所得税负债。在确认递延所得税负债或递延所得税资产的同时,相关的递延所得税费用(或收益),通常应调整企业合并中所确认的商誉或营业外收入(或留存收益)。在合并工作底稿中,需要判断在购买日各项可辨认资产或负债的公允价值与计税基础是否存在差额,如果存在差额则需要确认相应的递延所得税负债或递延所得税资产。

1. 非同一控制下吸收合并所得税会计处理

【例 9-27】 假定 20×2 年 1 月 1 日,在企业合并前 A 公司和 B 公司的资产负债表以及 B 公司资产和负债的公允价值见表 9-14,且 A 和 B 公司属于非同一控制下的两个公司。

(1) 假定 A 公司为了吸收合并 B 公司,发出 90 000 股面值 1 元、市价 2 元的普通

股,换取 B 公司的全部普通股。在 A 公司账上记录这一合并业务的会计分录为:

借:应收票据	30 000	
库存商品	60 000	
固定资产	50 000	
商誉	65 000	
贷:短期借款		20 000
股本		90 000
资本公积——股本溢价		90 000
递延所得税负债		5 000

(2) 假定 A 公司为了吸收合并 B 公司,支付的代价为现金 180 000 元。在 A 公司账上记录这一合并业务的会计分录为:

借:应收票据	30 000	
库存商品	60 000	
固定资产	50 000	
商誉	60 000	
贷:短期借款		20 000
银行存款		180 000

分析:由于此为非同一控制下的吸收合并,A 公司应按公允价值 120 000 元确认 B 公司的净资产。问题(1)中属于特殊性税务处理,税务机关按原有计税基础100 000 (120 000-20 000)元确认 B 公司净资产,故存在暂时性差异 20 000 元,确认 5 000 元递延所得税负债;问题(2)中属于一般性税务处理,税务机关按公允价值 120 000 (140 000-20 000)元确认 B 公司的净资产,故二者不存在暂时性差异。

2. 非同一控制下控股合并所得税会计处理

【例 9-28】 假设 A 公司和 B 公司是两家无关的公司。20×2 年 1 月 30 日,A 公司发行了 75 000 股每股面值 1 元、市价 2 元的普通股换取了 B 公司 90% 的股份。合并前两家公司的资产负债表及 B 公司资产、负债的公允价值见表 9-15 所示。

(1) 在编制购买日的合并资产负债表时,应将 A 公司对 B 公司的长期股权投资与 B 公司的股东权益相互抵销,同时确认 B 公司固定资产的公允价值与账面价值的价差以及少数股东权益,差额列示为商誉。在合并工作底稿中,调整与抵销分录为:

借:股本	75 000	
资本公积	30 000	
盈余公积	30 000	
未分配利润	15 000	
固定资产	10 000	
商誉	6 000	
贷:长期股权投资		150 000
少数股东权益		16 000

（2）就固定资产公允价值与账面价值的价差确认相应的递延所得税负债。假设所得税税率为 25％,则确认的递延所得税负债为 2 500(10 000×25％)元。在合并工作底稿中,调整与抵销分录为:

借:商誉 2 500
  贷:递延所得税负债 2 500

三、合并报表中抵销内部交易产生的递延所得税

企业在编制合并报表时,因抵销内部交易导致的合并资产负债表中资产、负债的账面价值与其纳入合并范围的企业按照适用税法规定的计税基础之间产生暂时性差异的,在合并资产负债表中应当确认递延所得税资产或递延所得税负债,同时调整合并利润表中的所得税费用,但与直接计入所有者权益的交易或事项及企业合并相关的递延所得税除外。

企业在编制合并财务报表时,按照合并报表的编制原则,应将纳入合并范围的企业之间发生的未实现内部交易损益予以抵销,因此在合并资产负债表中列示的价值与其所属的企业个别资产负债表中的价值会不同,从而会产生与个别纳税主体计税基础的不同,从合并财务报表作为一个完整经济主体的角度,应当确认该暂时性差异的所得税影响。

【例 9-29】 A 公司拥有 B 公司 80％的表决权,能够控制 B 公司的生产经营决策。20×2 年 9 月 A 公司以 400 万元将自产产品一批销售给 B 公司,该批产品在 A 公司的生产成本为 200 万元。至 20×2 年 12 月 31 日。B 公司尚未对外销售该批商品。A 公司和 B 公司适用的所得税税率为 25％,且在未来期间预计不会发生变化。

分析:A 公司在编制合并报表时,对于与 B 公司发生的内部交易进行以下抵销处理。

借:营业收入 4 000 000
  贷:营业成本 2 000 000
    存货 2 000 000

在合并报表中,存货的账面价值为 200 万元,但是其计税基础为 400 万元,两者之间产生 200 万元的暂时性差异,同时确认递延所得税资产。

借:递延所得税资产 5 000 000
  贷:所得税费用 5 000 000

▶ 思考题

1. 会计收益与应税收益之间的差异包括哪些?
2. 比较应付税款法和纳税影响会计法的异同。
3. 比较利润表递延法和利润表债务法的异同。
4. 比较利润表债务法和资产负债表债务法的异同。

5. 什么是暂时性差异和时间性差异，两者有什么相同点和不同点？

6. 我国现行所得税会计的处理方法是什么，其主要核算程序是什么？

▶ 练习题

1. 甲企业 20×7 年利润表中的利润总额为 1 000 万元，预计该企业能持续经营，能够获得足够的应纳税所得额。适用的税率为 25%，且 3 年内所得税不变，有关资料如下：①收到被投资单位分来的现金股利 30 万元，被投资单位通用的所得税税率与甲企业相同。②企业因违法经营已支付罚款 50 万元。③20×7 年 11 月 31 日取得的"以公允价值计量且其变动计入当期损益的金融资产"，成本为 240 万元，20×7 年 12 月 31 日的公允价值为 300 万元。④20×4 年 12 月购入一项设备，成本为 800 万元，会计上规定的使用年限是 8 年，净残值为零，采用直线法计提折旧。税法规定按照 10 年计提折旧。⑤企业因计提售后服务费用确认的预计负债期初余额为 40 万元，本年计提售后服务费用 20 万元，本期实际发生售后服务费用 40 万元。税法规定售后服务费用实际发生时准许税前扣除。⑥期末对存货计提了 20 万元的存货跌价准备。未计提减值前存货的余额为 100 万元。假设该企业期初递延所得税资产和递延所得税负债无余额。根据以上资料，分别资产负债表债务法与利润表债务法进行核算。

2. 假设 M 公司 20×7 年发生亏损 100 000 元，所得税税率为零；20×8 年实现税前利润 50 000 元，所得税税率为 15%；20×9 年实现税前利润 100 000 元，所得税税率为 25%。假定无其他纳税调整因素，20×7 年 1 月 1 日递延所得税资产和递延所得税负债余额为零。要求：编制 M 公司各年的所得税会计分录。

3. K 公司 20×1 年、20×2 年所得税税率为零，20×3 年、20×4 年所得税税率为 25%。20×1 年 1 月 1 日该公司某项固定资产的原价 1 000 000 元（不考虑净残值因素），折旧年限 4 年，会计采用年数总和法计提折旧，税收采用直线法计提折旧。该公司每年实现税前会计利润 1 000 000 元。假定无其他纳税调整因素，20×1 年 1 月 1 日递延所得税资产和递延所得税负债余额为零。要求：编制 K 公司各年的所得税会计分录。

4. 甲公司适用的企业所得税税率为 25%。甲公司申报 20×3 年度企业所得税时，涉及以下事项：

（1）20×3 年，甲公司应收账款年初余额为 3 000 万元，坏账准备年初余额为零；应收账款年末余额为 24 000 万元，坏账准备年末余额为 2 000 万元。税法规定，企业计提的各项资产减值损失在未发生实质性损失前不允许税前扣除。

（2）20×3 年 9 月 5 日，甲公司以 2 400 万元购入某公司股票，作为"以公允价值计量且其变动计入其他综合收益的金融资产"处理。至 12 月 31 日，该股票尚未出售，公允价值为 2 600 万元。税法规定，资产在持有期间公允价值的变动不计入当期应纳税所得税额，待处置时一并计算应计入应纳税所得额的金额。

（3）甲公司于 20×1 年 1 月购入的对乙公司股权投资的初始投资成本为 2 800 万元，采用成本法核算。20×3 年 10 月 3 日，甲公司从乙公司分得现金股利 200 万元，计入投资收益。至 12 月 31 日,该项投资未发生减值。甲公司、乙公司均为设在我国境内的居民企业。税法规定,我国境内居民企业之间取得的股息、红利免税。

(4)20×3 年,甲公司将业务宣传活动外包给其他单位,当年发生业务宣传费 4 800万元,至年末尚未支付。甲公司当年实现销售收入 30 000 万元。税法规定,企业发生的业务宣传费支出,不超过当年销售收入 15% 的部分,准予税前扣除;超过部分,准予结转以后年度税前扣除。

(5)其他相关资料:

① 20×2 年 12 月 31 日,甲公司存在可于 3 年内税前弥补的亏损 2 600 万元,甲公司对这部分未弥补亏损已确认递延所得税资产 650 万元。

② 甲公司 20×3 年实现利润总额 3 000 万元。

③ 除上述各项外,甲公司会计处理与税务处理不存在其他差异。

④ 甲公司预计未来期间能够产生足够的应纳税所得额用于抵扣可抵扣暂时性差异,预计未来期间适用所得税税率不会发生变化。

⑤ 甲公司对上述交易或事项已按企业会计准则规定进行处理。

要求:

(1)确定甲公司 20×3 年 12 月 31 日有关资产、负债的账面价值及其计税基础,并计算相应的暂时性差异。

(2)计算甲公司 20×3 年应确认的递延所得税费用(或收益)。

(3)编制甲公司 20×3 年与所得税相关的会计分录。

 练习题参考答案

第十章

股份支付

企业向其雇员支付期权作为薪酬或奖励措施的行为,是具有代表性的股份支付交易,我国部分企业实施的职工期权激励计划即属于这一范畴。《企业会计准则第 11 号——股份支付》规范了企业按规定实施的职工期权激励计划的会计处理和相关信息披露要求。本章主要论述股份支付的相关概念、类型、确认和计量原则、具体的会计处理方法等。

第一节　股份支付概述

一、股份支付的概念与特征

股份支付,是指企业为获取职工和其他方提供服务而授予权益工具或者承担以权益工具为基础确定的负债的交易。其中的权益工具是指企业自身权益工具,包括企业本身、企业的母公司或同集团其他会计主体的权益工具。

股份支付具有以下特征:①股份支付是指企业与职工或其他方之间发生的交易。以股份为基础的支付一般包括企业与股东之间、合并交易中的合并方与被合并方之间或者企业与其职工之间发生的支付,其中只有发生在企业与其职工或向企业提供服务的其他方之间的交易,才可能符合股份支付准则对股份支付的定义。②股份支付是以获取职工或其他方服务为目的的交易。企业在股份支付交易中意在获取其职工或其他方提供的服务(费用)或取得这些服务的权利(资产)。企业获取这些服务或权利的目的在于激励企业职工更好地从事生产经营以达到业绩条件,而不是转手获利等。③股份支付交易的对价或其定价与企业自身权益工具未来的价值密切相关。股份支付交易与企业与其职工间其他类型交易的最大不同,是交易对价或其定价与企业自身权益工具未来的价值密切相关。在股份支付中,企业要么向职工支付其自身权益工具,要么向职工支付一笔现金,而其金额高低取决于结算时企业自身权益工具的公允价值。

二、股份支付的四个主要环节

以薪酬性股票期权为例,典型股份支付通常涉及四个主要环节:授予、可行权、行权和出售。典型股份支付交易环节如图 10-1 所示。

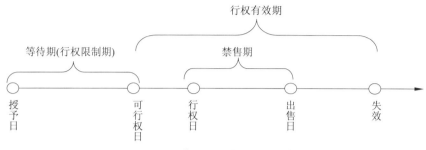

图 10-1　典型股份支付交易环节

授予日是指股份支付协议获得批准的日期。其中"获得批准",是指企业与职工或其他方就股份支付的协议条款和条件已达成一致,该协议获得股东大会或类似机构的批准。这里的"达成一致"是指,双方在对该计划或协议内容充分形成一致理解的基础上,均接受其条款和条件。如果按照相关法规的规定,在提交股东大会或类似机构之前存在必要程序或要求,则应履行该程序或满足该要求。

可行权日是指可行权条件得到满足、职工或其他方具有从企业取得权益工具或现金权利的日期。有的股份支付协议是一次性可行权,有的则是分批可行权。一次性可行权和分批可行权类似购买合同一次性付款和分期付款,只有达到可行权条件的股票期权,才是职工真正拥有的"财产",才能去择机行权。从授予日至可行权日的时段,是可行权条件得到满足的期间,因此称为"等待期",又称"行权限制期"。

行权日是指职工和其他方行使权利、获取现金或权益工具的日期。例如,持有股票期权的职工行使了以特定价格购买一定数量本公司股票的权利,该日期即为行权日。行权是按期权的约定价格实际购买股票,一般是在可行权日之后到期权到期日之前的可选择时段内行权。

出售日是指股票的持有人将行使期权所取得的期权股票出售的日期。按照我国法规规定,用于期权激励的股份支付协议,应在行权日与出售日之间设立禁售期,其中国有控股上市公司的禁售期不得低于 2 年。

三、股份支付工具的主要类型

按照股份支付的方式和工具类型,主要可划分为两大类、四小类。

第一,以权益结算的股份支付。企业为获取服务而以股份或其他权益工具作为对价进行结算的交易。其通常又具体分为两类:①限制性股票。职工或其他方按照股份支付协议规定的条款和条件,从企业获得一定数量的本企业股票。企业授予职工一定数量的股票,在一个确定的等待期内或在满足特定业绩指标之前,职工出售股票要受到持续服务期限条款或业绩条件的限制。②股票期权。企业授予职工或其他方在未来一定期限内以预先确定的价格和条件购买本企业一定数量股票的权利。

第二，以现金结算的股份支付。企业为获取服务而承担的以股份或其他权益工具为基础计算的支付现金或其他资产的交易。其通常又具体分为两类：模拟股票和现金股票增值权。这两种形式是用现金支付模拟的股权激励机制，即与股票挂钩但用现金支付。除不需实际授予股票和持有股票之外，模拟股票的运作原理与限制性股票是一样的；除不需实际行权和持有股票之外，现金股票增值权的运作原理与股票期权是一样的，都是一种增值权形式的与股票价值挂钩的薪酬工具。

第二节　股份支付的确认和计量

一、股份支付的确认和计量原则

1. 以权益结算的股份支付的确认和计量原则

第一，换取职工服务的权益结算的股份支付的确认和计量原则。

应按授予日权益工具的公允价值计量，不确认其后续公允价值变动。

对于换取职工服务的股份支付，企业应当以股份支付所授予的权益工具的公允价值计量。企业应在等待期内的每个资产负债表日，以对可行权权益工具数量的最佳估计为基础，按照权益工具在授予日的公允价值，将当期取得的服务计入相关资产成本或当期费用，同时计入资本公积中的其他资本公积。对于授予后立即可行权的换取职工提供服务的权益结算的股份支付（如授予限制性股票的股份支付），应在授予日按照权益工具的公允价值，将取得的服务计入相关资产成本或当期费用，同时计入资本公积中的股本溢价。

第二，换取其他方服务的权益结算的股份支付的确认和计量原则。

对于换取其他方服务的股份支付，企业应当以股份支付所换取的服务的公允价值计量。一般而言，职工以外的其他方提供的服务能够可靠计量的，应当优先采用其他方提供服务在取得日的公允价值；如果其他方服务的公允价值不能可靠计量，但权益工具的公允价值能够可靠计量，应当按照权益工具在服务取得日的公允价值计量。企业应当根据所确定的公允价值计入相关资产成本或费用。

第三，权益工具公允价值无法可靠确定时的处理。

在极少情况下，授予权益工具的公允价值无法可靠计量。在这种情况下，企业应当在获取对方提供服务的时点、后续的每个报告日以及结算日，以内在价值计量该权益工具，内在价值变动计入当期损益。同时，企业应当以最终可行权或实际行权的权益工具数量为基础，确认取得服务的金额。其中，内在价值是指交易对方有权认购或取得的股份的公允价值，与其按照股份支付协议应当支付的价格的差额。企业对上述内在价值计量的已授予权益工具进行结算，应当遵循以下要求：①结算发生在等待期内的，企业应当将结算作为加速可行权处理，即立即确认本应于剩余等待期内确认的服务金额。②结算时支付的款项应当作为回购该权益工具处理，即减少所有者权益。

结算支付的款项高于该权益工具在回购日内在价值的部分,计入当期损益。

2. 以现金结算的股份支付的确认和计量原则

企业应当在等待期内的每个资产负债表日,以对可行权情况的最佳估计为基础,按照企业承担负债的公允价值,将当期取得的服务计入相关资产成本或当期费用,同时计入负债,并在结算前的每个资产负债表日和结算日对负债的公允价值重新计量,将其变动计入损益。对于授予后立即可行权的现金结算的股份支付(如授予虚拟股票或业绩股票的股份支付),企业应当在授予日按照企业承担负债的公允价值计入相关资产成本或费用,同时计入负债,并在结算前的每个资产负债表日和结算日对负债的公允价值重新计量,将其变动计入损益(公允价值损益)。

二、可行权条件的种类、修改和处置

可行权条件指能够确定企业是否得到职工或其他方提供的服务,且该服务使职工或其他方具有获取股份支付协议规定的权益工具或现金等权利的条件。反之,为非可行权条件。

1. 可行权条件的种类

可行权条件通常包括服务期限条件和业绩条件。在满足这些条件之前,职工或其他方无法获得股份。

第一,服务期限条件。服务期限条件指职工或其他方完成规定服务期限才可行权的条件。

第二,业绩条件。业绩条件指职工或其他方完成规定服务期限且企业已达到特定业绩目标才可行权的条件,具体包括市场条件和非市场条件:

① 市场条件是指行权价格、可行权条件以及行权可能性与权益工具的市场价格相关的业绩条件,如股份支付协议中关于股价上升至何种水平职工或其他方可相应取得多少股份的规定;

② 非市场条件是指除市场条件之外的其他业绩条件,如股份支付协议中关于达到最低盈利目标或销售目标才可行权的规定。企业在确定权益工具在授予日的公允价值时,应考虑股份支付协议中规定的市场条件和非可行权条件的影响;市场条件和非可行权条件是否得到满足,不影响企业对预计可行权情况的估计。对于可行权条件为业绩条件的股份支付,在确定权益工具的公允价值时,应考虑市场条件的影响,只要职工满足了其他所有非市场条件,企业就应当确认已取得的服务。

2. 可行权条件的修改

通常情况下,股份支付协议生效后,不应对其条款和条件随意修改。但在某些情况下,可能需要修改授予权益工具的股份支付协议中的条款和条件。例如,股票除权、除息或其他原因需要调整行权价格或股票期权数量。此外,为取得更佳的激励效果,有关法规也允许企业依据股份支付协议的规定,调整行权价格或股票期权数量,但应当由董事会作出决议并经股东大会审议批准,或者由股东大会授权董事会决定。《上市公司股权激励管理办法（试行）》对此作出了严格的限定，必须按照批准股份支付计划的原则和方式进行调整。

在会计核算上，无论已授予的权益工具的条款和条件如何修改，甚至取消权益工具的授予或结算该权益工具，企业都应至少确认按照所授予的权益工具在授予日的公允价值来计量获取的相应服务，除非因不能满足权益工具的可行权条件（除市场条件外）而无法可行权。

第一，条款和条件的有利修改。

企业应当分别以下情况，确认导致股份支付公允价值总额升高以及其他对职工有利的修改的影响。

（1）如果修改增加了所授予的权益工具的公允价值，企业应按照权益公允价值的增加相应地确认取得服务的增加。权益工具公允价值的增加，是指修改前后的权益工具在修改日的公允价值之间的差额。

（2）如果修改增加了所授予的权益工具的数量，企业应将增加的权益工具的公允价值相应地确认为取得服务的增加。

（3）如果企业按照有利于职工的方式修改可行权条件，如缩短等待期、变更或取消业绩条件（非市场条件），企业在处理可行权条件时，应当考虑修改后的可行权条件。

第二，条款和条件的不利修改。

如果企业以减少股份支付的公允价值总额的方式或其他不利于职工的方式修改条款和条件，企业仍应继续对取得的服务进行会计处理，如同该变更从未发生，除非企业取消了部分或全部已授予的权益工具。具体包括如下几种情况。

（1）如果修改减少了授予的权益工具的公允价值，企业应当继续以权益工具在授予日的公允价值为基础，确认取得服务的金额，而不应考虑权益工具公允价值的减少。

（2）如果修改减少了授予的权益工具的数量，企业应当将减少部分作为已授予的权益工具的取消来进行处理。

（3）如果企业以不利于职工的方式修改了可行权条件，如延长等待期、增加或变更业绩条件（非市场条件），企业在处理可行权条件时，不应考虑修改后的可行权条件。

第三，取消或结算。（处置）

如果企业在等待期内取消了所授予的权益工具或结算了所授予的权益工具（因未满足可行权条件而被取消的除外），企业应当进行以下处理。

（1）将取消或结算作为加速可行权处理，立即确认原本应在剩余等待期内确认的金额。

（2）在取消或结算时支付给职工的所有款项均应作为权益的回购处理，回购支付的金额高于该权益工具在回购日公允价值的部分，计入当期费用。

（3）如果向职工授予新的权益工具，并在新权益工具授予日认定所授予的新权益工具是用于替代被取消的权益工具的，企业应以与处理原权益工具条款和条件修改相同的方式，对所授予的替代权益工具进行处理。权益工具公允价值的增加，是指在替代权益工具的授予日，替代权益工具公允价值与被取消的权益工具净公允价值之间的差额。被取消的权益工具的净公允价值,是指在取消前立即计量的公允价值减去因取消原权益工具而作为权益回购支付给职工的款项。如果企业未将新授予的权益工具认定为替代权益工具,则应将其作为一项新授予的股份支付进行处理。

企业如果回购其职工已可行权的权益工具,应当借记所有者权益,回购支付的金额高于该权益工具在回购日公允价值的部分,计入当期费用。

三、权益工具公允价值的确定

股份支付中权益工具的公允价值的确定,应当以市场价格为基础。一些股份和股票期权并没有一个活跃的交易市场,在这种情况下,应当考虑估值技术。通常情况下,企业应当按照《企业会计准则第 22 号——金融工具确认和计量》的有关规定确定权益工具的公允价值,并根据股份支付协议的条款的条件进行调整。

1. 股份

对于授予职工的股份,其公允价值应按企业股份的市场价格计量,同时考虑授予股份所依据的条款和条件(不包括市场条件之外的可行权条件)进行调整。如果企业股份未公开交易,则应按估计的市场价格计量,并考虑授予股份所依据的条款和条件进行调整。

有些授予条款和条件规定职工无权在等待期内取得股份的,则在估计所授予股份的公允价值时就应予以考虑。有些授予条款和条件规定股份的转让在可行权日后受到限制,则在估计所授予股份的公允价值时,也应考虑此因素,但不应超出熟悉情况并自愿的市场参与者愿意为该股份支付的价格受到可行权限制的影响程度。在估计所授予股份在授予日的公允价值时,不应考虑在等待期内转让的限制和其他限制,因为这些限制是可行权条件中的非市场条件规定的。

2. 股票期权

对于授予职工的股票期权,因其通常受到一些不同于交易期权的条款和条件的限制,在许多情况下难以获得其市场价格。如果不存在条款和条件相似的交易期权,就应通过期权定价模型估计所授予的期权的公允价值。

在选择适用的期权定价模型时,企业应考虑熟悉情况和自愿的市场参与者将会考虑的因素。对于一些企业来说,这将限制"布莱克—斯科尔斯—默顿"期权定价公式的适用性。因为该公式未考虑在期权到期日之前行权的可能性,故无法充分反映预计提前行权对授予职工的期权在授予日公允价值的影响。类似地,该公式也未考虑在期权期限内企业股价预计波动率和该模型其他输入变量发生变动的可能性。

对于期限相对较短的期权及那些在授予日后很短时间内就行权的期权来说,一般不用考虑上面的限制因素。在此类情况下,采用"布莱克—斯科尔斯—默顿"公式能得出与采用其他期权定价模型基本相同的公允价值结果。所有适用于估计授予职工期权的定价模型至少应考虑以下因素:期权的行权价格;期权期限;基础股份的现行价格;股价的预计波动率;股份的预计股利;期权期限内的无风险利率。

此外,企业选择的期权定价模型还应考虑熟悉情况和自愿的市场参与者在确定期权价格时会考虑的其他因素,但不包括那些在确定期权公允价值时不考虑的可行权条件和再授予特征因素。确定授予职工的股票期权的公允价值,还需要考虑提前行权的可能性。有时,因为期权不能自由转让,或因为职工必须在终止劳动合同关系前行使所有可行权期权,在这种情况下必须考虑预计提前行权的影响。

在估计授予的期权（或其他权益工具）的公允价值时,不应考虑熟悉情况和自愿的市场参与者在确定股票期权（或其他权益工具）价格时不会考虑的其他因素。例如,对于授予职工的股票期权,那些仅从单个职工的角度影响期权价值的因素,并不影响熟悉情况和自愿的市场参与者确定期权的价格。

下面进一步具体说明估计授予职工的期权价格所应考虑的因素。

第一,期权定价模型的输入变量的估计。

在估计基础股份的预计波动率和股利时,目标是尽可能接近当前市场或协议交换价格所反映的价格预期。类似地,在估计职工股票期权提前行权时,目标是尽可能接近外部人基于授予日所掌握信息作出的预期,这些信息包括职工行权行为的详细信息。在通常情况下,对于未来波动率、股利和行权行为的预期存在一个合理的区间。这时,应将区间内的每项可能数额乘以其发生概率,加权计算上述输入变量的期望值。

第二,预计提早行权。

出于各种原因,职工经常在期权失效日之前提早行使股票期权。考虑提早行权对期权公允价值的影响的具体方法,取决于所采用的期权定价模型的类型。但无论采用何种方法,预计提早行权时都要考虑以下因素:等待期的长度;以往发行在外的类似期权的平均存续时间;基础股份的价格（有时根据历史经验,职工在股价超过行权价格达到特定水平时倾向于行使期权）;职工在企业中所处的层次（有时根据历史经验,高层职工倾向于较晚行权）;基础股份的预计波动率（一般而言,职工倾向于更早地行使高波动率股份的期权）。

第三,预计波动率。

预计波动率是对预期股份价格在一个期间内可能发生的波动金额的度量。期权定价模型中所用的波动率的度量,是一段时间内股份的连续复利回报率的年度标准差。波动率通常以年度表示,而不管计算时使用的是何种时间跨度基础上的价格,如每日、每周或每月的价格。

一个期间股份的回报率（可能是正值也可能是负值）衡量了股东从股份的股利和价格涨跌中受益的多少。股份的预计年度波动率是指一个范围（置信区间）,连续复利年回报率预期所处在这个范围内的概率大约为2/3（置信区间）。估计预计波动率要考虑以下因素。

（1）如果企业有股票期权或其他包含期权特征的交易工具（如可转换工资债券）的买卖,则应考虑这些交易工具所内含的企业股价波动率。

（2）在与期权的预计期限（考虑期权剩余期限和预计提早行权的影响）大体相当的最近一个时期内企业股价的历史波动率。

（3）企业股份公开交易的时间。与上市时间更久的类似企业相比，新上市企业的历史波动率可能更大。

（4）波动率向其均值（长期平均水平）回归的趋势，以及表明预计未来波动率可能不同于以往波动率的其他因素。有时，企业股价在某一特定期间因为特定原因剧烈波动，如因收购要约或重大重组失败，则在计算历史平均年度波动率时，可剔除这个特殊期间。

（5）获取价格要有恰当且规则的间隔。价格的获取在各期应保持一贯性。例如，企业可用每周收盘价或每周最高价，但不应在某些周用收盘价、某些周用最高价。再如获取价格时应使用与行权价格相同的货币来表示。

除了上述考虑因素，如果企业因新近上市而没有历史波动率的充分信息，应按可获得交易活动数据的最长期间计算历史波动率，也可考虑类似企业在类似阶段可比期间的历史波动率。如果企业是非上市企业，在估计预计波动率时没有历史信息可循，可考虑以下替代因素。

（1）在某些情况下，定期向其职工（或其他方）发行期权或股份的非上市企业，可能已为其股份设立了一个内部"市场"。估计预计波动率时可以考虑这些"股价"的波动率。

（2）如果上面的方法不适用。而企业以类似上市企业股价为基础估计自身股份的价值，企业可考虑类似上市企业股价的历史波动率或内含波动率。

（3）如果企业未以类似上市企业股价为基础估计自身股份的价值，而是采用了其他估价方法对自身股份进行估价，则企业可推导出一个与该估价方法基础一致的预计波动率估计数。例如，企业以净资产或净利润为基础对其股份进行估价，那么可以考虑以净资产或净利润的预计波动率为基础对其股份价格的波动率进行估计。

第四，预计股利。

计量所授予的股份或期权的公允价值是否应当考虑预计股利，取决于被授予方是否有权取得股利或股利的等价物。

如果职工被授予期权，并有权在授予日和行权日之间取得基础股份的股利或股利的等价物（可现金支付，也可抵减行权价格），所授予的期权应当像不支付基础股份的股利那样进行估价，即预计股利的输入变量应为零。类似地，如果职工有权取得在等待期内支付的股利，在估计授予职工的股份在授予日的公允价值时，也不应考虑因预计股利而进行调整。相反，如果职工对等待期内或行权前的股利或股利的等价物没有要求权，对股份或期权在授予日公允价值的估计就应考虑预计股利因素，在估计所授予期权的公允价值时，期权定价模型的输入变量中应包含预计股利，即从估价中扣除预计会在等待期内支付的股利现值。期权定价模型通常使用预计股利率，但也可能对模型进行修正后使用预计股利金额。如果企业使用预计股利金额，应根据历史经验考虑股利的增长模式。一般来说，预计股利应以公开可获取的信息为基础。不支付的股利且没有支付股利计划的企业应假设预计股利收益率为零。如果无股利支付历史的新企业被预期在其职工股票期权期限内开始支付股利，可使用历史股利收益率（零）与大致可比的同类企业的股利收益率均值的平均数。

第五,无风险利率。

无风险利率一般是指期权行权价格以该货币表示的、剩余期限等于被估价期权的预计期限(基于期权的剩余合同期限,并考虑预计提早行权的影响)的零息国债当前可获得的内含收益率。如果没有此类国债,或环境表明零息国债的内含收益率不能代表无风险利率,应使用适当的替代利率。同样,在估计一份有效期与被估价期权的预计期限相等的其他期权的公允价值时,如果市场参与者们一般使用某种适当的替代利率而不是零息国债的内含收益率来确定无风险利率,则企业也应使用这个适当的替代利率。

第六,资本结构的影响。

通常情况下,交易期权是由第三方而不是企业签出的。当这些股票期权行权时,签出人将股份支付给期权持有者。这些股份是从现在的股东手中取得的。因此,交易期权的行权不会有稀释效应。

如果股票期权是企业签出的,在行权时需要增加已发行在外的股份数量(要么正式增发,要么使用先前回购的库存股)。假定股份将按行权日的市场价格发行,这种现实或潜在的稀释效应可能会降低股价,因此期权持有者行权时,无法获得像行使其他类似但不稀释股价的交易期权一样多的利益。这一问题能否对企业授予股票期权的价值产生显著影响,取决于各种因素,包括行权时增加的股份数量(相对于已发行在外的股份数量)。如果市场已预期企业将会授予期权,则可能已将潜在的稀释效应体现在了授予日的股价中。企业应考虑所授予的股票期权未来行权的潜在稀释效应,是否可能对股票期权在授予日的公允价值构成影响。企业可能修改期权定价模型,以将潜在稀释效应纳入考虑范围。

四、股份支付的处理

股份支付的会计处理必须以完整、有效的股份支付协议为基础。

1. 授予日

除了立即可行权的股份支付外,无论权益结算的股份支付还是现金结算的股份支付,企业在授予日均不作会计处理。

2. 等待期内每个资产负债表日

企业应当在等待期内的每个资产负债表日,将取得职工或其他方提供的服务计入成本费用,同时确认所有者权益或负债。对于附有市场条件的股份支付,只要职工满足了其他所有非市场条件,企业就应当确认已取得的服务。等待期长度确定后,业绩条件为非市场条件的,如果后续信息表明需要调整对可行权情况的估计的,应对前期估计进行修改。

在等待期内每个资产负债表日,企业应将取得的职工提供的服务计入成本费用,计入成本费用的金额应当按照权益工具的公允价值计量。对于授予的存在活跃市场的期权等权益工具,应当按照活跃市场中的报价确定其公允价值。对于授予的不存在活跃市场的期权等权益工具,应当采用期权定价模型等确定其公允价值,选用的期权定价模型至少应当考虑以下因素:

① 期权的行权价格;

② 期权的有效期;

③ 标的股份的现行价格;

④ 股价预计波动率;

⑤ 股份的预计股利;

⑥ 期权有效期内的无风险利率。

在等待期内每个资产负债表日,企业应当根据最新取得的可行权职工人数变动等后续信息作出最佳估计,修正预计可行权的权益工具数量。在可行权日,最终预计可行权权益工具的数量应当与实际可行权工具的数量一致。根据上述权益工具的公允价值和预计可行权的权益工具数量,计算截至当期累计应确认的成本费用金额,再减去前期累计已确认金额,作为当期应确认的成本费用金额。

第一,对于权益结算的涉及职工的股份支付,应当按照授予日权益工具的公允价值计入成本费用和资本公积(其他资本公积),不确认其后续公允价值变动。

借:管理费用等

　　贷:资本公积——其他资本公积

第二,对于现金结算的涉及职工的股份支付,应当按照每个资产负债表日权益工具的公允价值重新计量,确定成本费用和应付职工薪酬。

借:管理费用等

　　贷:应付职工薪酬

3. 可行权日之后

第一,对于权益结算的股份支付,在可行权日之后不再对已确认的成本费用和所有者权益总额进行调整。企业应在行权日根据行权情况,确认股本和股本溢价,同时结转等待期内确认的资本公积(其他资本公积)。

第二,对于现金结算的股份支付,企业在可行权日之后不再确认成本费用,负债(应付职工薪酬)公允价值的变动应当计入当期损益(公允价值变动损益)。

4. 回购股份进行职工期权激励

企业以回购股份形式奖励本企业职工的,属于权益结算的股份支付。企业回购股份时,应按照回购股份的全部支出作为库存股处理,同时进行备查登记。按照《企业会计准则第 11 号——股份支付》对职工权益结算股份支付的规定,企业应当在等待期内每个资产负债表日按照权益工具在授予日的公允价值,将取得的职工服务计入成本费用,同时增加资本公积(其他资本公积)。在职工行权购买本企业股份时,企业应转销交付职工的库存股成本和等待期内资本公积(其他资本公积)累计金额,同时,按照其差额调整资本公积(股本溢价)。

(1) 回购股份,按照回购股份的全部支出:

借：库存股

　　贷：银行存款

（2）确认成本费用，按照《企业会计准则第 11 号——股份支付》对职工权益结算股份支付的规定：

借：成本或费用类科目

　　贷：资本公积——其他资本公积

（3）职工行权：

借：银行存款（企业收到的股票价款）

　　资本公积——其他资本公积（等待期内资本公积累计确认的金额）

　　贷：库存股（交付给职工的库存股成本）

　　　　资本公积——股本溢价（差额）

5. 企业集团内涉及不同企业的股份支付交易的处理

企业集团（由母公司和其全部子公司构成）内发生的股份支付交易，应当进行以下处理。

第一，结算企业以其本身权益工具结算的，应当将该股份支付交易作为权益结算的股份支付处理；除此之外，应当作为现金结算的股份支付处理。

结算企业是接受服务企业的投资者的，应当按照授予日权益工具的公允价值或应承担负债的公允价值确认为对接受服务企业的长期股权投资，同时确认资本公积（其他资本公积）或负债。

第二，接受服务企业没有结算义务或授予本企业职工的是其自身权益工具的，应当将该股份支付交易作为权益结算的股份支付处理；接受服务企业负有结算义务且授予本企业职工的是企业集团内其他企业权益工具的，应当将该股份支付交易作为现金结算的股份支付处理。

在 2010 年 7 月 14 日《企业会计准则解释第 4 号》发布前的股份支付交易未按上述规定处理的，应当进行追溯调整，追溯调整不切实可行的除外。

第三节　股份支付的应用举例

一、附服务年限条件的权益结算股份支付

【例 10-1】 A 公司为一上市公司，20×1 年 1 月 1 日，公司向其 200 名管理人员每人授予 100 股股票期权，这些职员从 20×2 年 1 月 1 日起在该公司连续服务 3 年，即可以 5 元每股购买 100 股 A 公司股票从而获益。公司估计该期权在授予日的公允价值为 18 元。

第一年有 20 名职员离开 A 公司，A 公司估计 3 年中离开的职员的比例将达到 20%；第二年又有 10 名职员离开公司，公司将估计的职员离开比例修正为 15%；第三

年又有 15 名职员离开。

第一,费用和资本公积计算过程如表 10-1 所示。

表 10-1
元

年 份	计 算	当期费用	累计费用
20×1	$200 \times 100 \times (1-20\%) \times 18 \times 1/3$	96 000	96 000
20×2	$200 \times 100 \times (1-15\%) \times 18 \times 2/3 - 96\ 000$	108 000	204 000
20×3	$155 \times 100 \times 18 - 204\ 000$	75 000	279 000

第二,账务处理。

(1) 20×1 年 1 月 1 日:

授予日不作账务处理。

(2) 20×1 年 12 月 31 日:

借:管理费用 96 000
　　贷:资本公积——其他资本公积 96 000

(3) 20×2 年 12 月 31 日:

借:管理费用 108 000
　　贷:资本公积——其他资本公积 108 000

(4) 20×3 年 12 月 31 日:

借:管理费用 75 000
　　贷:资本公积——其他资本公积 75 000

(5) 假设全部 155 名职员都在 20×3 年 12 月 31 日行权,A 公司股份面值为 1 元:

借:银行存款 77 500
　　资本公积——其他资本公积 279 000
　　贷:股本 15 500
　　　　资本公积——股本溢价 341 000

二、附非市场业绩条件的权益结算股份支付

【例 10-2】 20×1 年 1 月 1 日,A 公司为其 100 名管理人员每人授予 100 份股票期权,其可行权条件为:20×1 年年末,公司当年净利润增长率达到 20%;20×2 年年末,公司 20×1—20×2 两年净利润平均增长率达到 15%;20×3 年年末,公司 20×1—20×3 年 3 年净利润平均增长率达到 10%。每份期权在 20×1 年 1 月 1 日的公允价值为 24 元。

20×1 年 12 月 31 日,A 公司净利润增长了 18%,同时有 8 名管理人员离开,公司预计 20×2 年将以同样速度增长,即 20×1—20×2 年两年净利润平均增长率能够达到 18%,因此预计 20×2 年 12 月 31 可行权。另外,预计第二年又将有 8 名管理人员

离开公司。

20×2年12月31日,公司净利润仅增长了10％,但公司预计20×1—20×3年3年净利润平均增长率可达到12％,因此预计20×3年12月31将可行权。另外,实际有10名管理人员离开,预计第三年将有12名管理人员离开公司。

20×3年12月31日,公司净利润增长了8％,3年平均增长率为12％,满足了可行权条件(3年净利润平均增长率达到10％)。当年有8名管理人员离开。

第一,按照股份支付会计准则,本例中的可行权条件是一项非市场业绩条件。

第一年年末,虽然没能实现净利润增长20％的要求,但公司预计下年将以同样的速度增长。因此能实现两年平均增长15％的要求。所以公司将其预计等待期调整为2年。由于有8名管理人员离开,公司同时调整了期满(两年)后预计可行权期权的数量(100−8−8)。

第二年年末,虽然两年实现15％增长的目标再次落空,但公司仍然估计能够在第三年取得较理想的业绩,从而实现3年平均增长10％的目标。所以公司将其预计等待期调整为3年。由于第二年有10名管理人员离开,高于预计数字,因此公司相应调整了第三年离开的人数(100−8−10−12)。

第三年年末,目标实现,实际离开人数为8人。公司根据实际情况确定累计费用,并据此确认了第三年费用和调整。

第二,费用和资本公积计算过程如表10-2所示。

表 10-2 元

年 份	计 算	当期费用	累计费用
20×1	(100−8−8)×100×24×1/2	100 800	100 800
20×2	(100−8−10−12)×100×24×2/3−100 800	11 200	112 000
20×3	(100−8−10−8)×100×24−112 000	65 600	177 600

第三,账务处理。

(1) 20×1年1月1日:

授予日不作账务处理。

(2) 20×1年12月31日:

借:管理费用　　　　　　　　　　　　　　　　　1 008 000

　　贷:资本公积——其他资本公积　　　　　　　　　　　1 008 000

(3) 20×2年12月31日:

借:管理费用　　　　　　　　　　　　　　　　　11 200

　　贷:资本公积——其他资本公积　　　　　　　　　　　11 200

(4) 20×3年12月31日:

借:管理费用　　　　　　　　　　　　　　　　　65 600

　　贷:资本公积——其他资本公积　　　　　　　　　　　65 600

(5) 假设全部74名职员都在20×3年12月31日行权,A公司股份面值为1元:

借:资本公积——其他资本公积　　　　　　　　　177 600

		7 400
贷:股本		7 400
资本公积——股本溢价		170 200

三、附服务年限及非市场业绩条件的权益结算股份支付

【例10-3】 20×6年1月1日,经股东大会批准,甲上市公司与50名高级管理人员签署股份支付协议。协议规定:甲公司向50名高级管理人员每人授予10万股股票期权,行权条件为这些高级管理人员从授予股票期权之日起连续服务3年,公司3年平均净利润增长率达到12%;符合行权条件后,每持有1股股票期权可以自20×9年1月1日起1年内,以每股5元的价格购买甲公司1股普通股股票,在行权期间内未行权的股票期权将失效。甲公司估计授予日每股股票期权的公允价值为15元。20×6年至20×9年,甲公司与股票期权有关的资料如下:

20×6年,甲公司有1名高级管理人员离开公司,本年净利润增长率为10%。该年年末,甲公司预计未来两年将有1名高级管理人员离开公司,预计3年平均净利润增长率将达到12%;每股股票期权公允价值为16元。

20×7年,甲公司没有高级管理人员离开公司,本年净利润增长率为14%。该年年末,甲公司预计未来1年将有2名高级管理人员离开公司,预计3年平均净利润增长率为12.5%;每股股票期权公允价值为18元。

20×8年,甲公司有1名高级管理人员离开公司,本年净利润增长率为15%。该年年末,每股股票期权的公允价值为20元。

20×9年3月,48名高级管理人员全部行权,甲公司共收到款项2 400万元,相关股票的变更登记手续已办理完成。

第一,费用和资本公积计算过程如表10-3所示。

表 10-3 　　　　　　　　　　　　　　　　　　　　　　　　万元

年　份	计　　算	当期费用	累计费用
20×6	(50-1-1)×10×15×1/3	2 400	2 400
20×7	(50-1-2)×10×15×2/3-2 400	2 300	4 700
20×8	(50-1-1)×10×15-2 400-2 300	2 500	7 200

第二,账务处理。

(1) 20×6年1月1日:

授予日不作账务处理。

(2) 20×6年12月31日:

借:管理费用	2 400
贷:资本公积——其他资本公积	2 400

(3) 20×7年12月31日:

借:管理费用	2 300
贷:资本公积——其他资本公积	2 300

(4) 20×8年12月31日:

借:管理费用 2 500

　　贷:资本公积——其他资本公积 2 500

(5) 20×9年3月:

借:银行存款 2 400

　　资本公积——其他资本公积 7 200

　　贷:股本 4 800

　　　　资本公积——股本溢价 4 800

四、现金结算的股份支付

【例10-4】　20×1年年初,A公司为其200名中层以上职员每人授予100份现金股票增值权,这些职员从20×1年1月1日起在该公司连续服务3年,即可按照当时股价的增长幅度获得现金,该增值权应在20×5年12月31日之前行使。A公司估计,该增值权在负债结算之前的每一资产负债表日以及结算日的公允价值和可行权后的每份增值权现金支出额如表10-4所示。

表　10-4 元

年　份	公允价值	支付现金
20×1	14	
20×2	15	
20×3	18	16
20×4	21	20
20×5		25

第一年有20名职员离开A公司,A公司估计3年中还将有15名职员离开;第二年又有10名职员离开公司,公司估计还将有10名职员离开;第三年又有15名职员离开。第三年年末,有70人行使股份增值权取得了现金。第四年年末,有50人行使了股份增值权。第五年年末,剩余35人也行使了股份增值权。

第一,费用和应付职工薪酬计算过程如表10-5所示。

表　10-5 元

年　份	负债计算 (1)	支付现金计算 (2)	负债 (3)	支付现金 (4)	当期费用 (5)
20×1	$(200-35)\times100\times14\times1/3$		77 000		77 000
20×2	$(200-40)\times100\times15\times2/3$		160 000		83 000
20×3	$(200-45-70)\times100\times18$	$70\times100\times16$	153 000	112 000	105 000
20×4	$(200-45-70-50)\times100\times21$	$50\times100\times20$	73 500	100 000	20 500
20×5	0	$35\times100\times25$	0	87 500	14 000
总额				299 500	299 500

其中：

(1) 计算得(3)，(2)计算得(4)；

当期(3)－前一期(3)＋当期(4)＝当期(5)。

第二，账务处理如下：

(1) 20×1 年 12 月 31 日：

| 借：管理费用 | 77 000 | |
| 贷：应付职工薪酬——股份支付 | | 77 000 |

(2) 20×2 年 12 月 31 日：

| 借：管理费用 | 83 000 | |
| 贷：应付职工薪酬——股份支付 | | 83 000 |

(3) 20×3 年 12 月 31 日：

借：管理费用	105 000	
贷：应付职工薪酬——股份支付		105 000
借：应付职工薪酬——股份支付	112 000	
贷：银行存款		112 000

(4) 20×4 年 12 月 31 日：

借：公允价值变动损益	20 500	
贷：应付职工薪酬——股份支付		20 500
借：应付职工薪酬——股份支付	100 000	
贷：银行存款		100 000

(5) 20×5 年 12 月 31 日：

借：公允价值变动损益	14 000	
贷：应付职工薪酬——股份支付		14 000
借：应付职工薪酬——股份支付	87 500	
贷：银行存款		87 500

▶ 思考题

1. 什么是股份支付？

2. 以现金结算的股份支付和以权益结算的股份支付在会计处理上有什么差别？

3. 集团股份支付如何进行会计处理？

▶ 练习题

1. A 公司为上市公司。20×1 年 1 月 1 日，公司向其 200 名管理人员每人授予 100 份股份期权，这些人员从 20×1 年 1 月 1 日起必须在该公司连续服务 3 年，服务期满时才能以每股 5 元购买 100 股 A 公司股票，A 公司股票面值为 1 元。每份期权在授予日公允价值为 12 元。

20×1年有20名管理人员离开A公司,A公司估计3年中离开的管理人员比例将达到20%。

20×2年又有10名管理人员离开公司,公司将3年中管理人员比例修正为18%。

20×3年又有8名管理人员离开公司。20×3年年末未离开公司的管理人员全部行权。

请编制A公司的会计分录。

2. A公司为B公司的母公司,20×1年1月1日,A公司以其本身权益工具为B公司的100名管理人员每人授予100份股票期权,每份期权在20×1年1月1日的公允价值为24元。第一年年末能够行权的条件为B公司净利润增长率达到20%,第二年年末能够行权的条件是B公司的净利润两年平均增长率达到15%,第三年年末行权的条件是B公司3年的净利润平均增长率达到10%。

20×1年B公司净利润增长率为18%,有8名管理人员离开,预计第二年净利润增长率达到18%,预计20×2年12月31日可行权,预计还有8名管理人员离开。

20×2年B公司净利润增长率只有10%,未达到两年平均增长率为15%,当年又有10名管理人员离开,预计20×3年12月31日可以行权,预计第三年还有12名管理人员离开。

20×3年B公司净利润增长率为8%,3年平均增长率为12%,当年有8名管理人员离开。20×3年12月31日剩余管理人员全部行权,行权价格为5元。

请分别编制A公司和B公司个别财务报表中的会计分录。

 练习题参考答案

第十一章

企业年金基金会计

企业年金不仅是一种企业福利、激励制度,也是一种社会制度,对调动企业职工的劳动积极性,增强企业的凝聚力和竞争力,完善国家多层次养老保障体系,提高和改善企业职工退休后的养老待遇水平等具有积极的促进作用。本章主要介绍企业年金基金的会计处理,本部分的内容主要遵循《企业会计准则第 10 号——企业年金基金》及其应用指南。规定明确企业年金基金作为独立的会计主体,规范了企业年金基金的确认、计量和报告,以真实反映企业年金基金的财务状况、投资运营情况、净资产变动情况,及时揭示企业年金基金的管理风险等信息。

第一节 企业年金与企业年金基金概述

一、企业年金

企业年金,即企业补充养老保险,是指企业及其职工在依法参加基本养老保险的基础上,依据国家政策和本企业经济状况建立的、旨在提高职工退休后生活水平、对国家基本养老保险进行重要补充的一种养老保险形式,是社会保障体系的重要组成部分。

（一）企业年金的分类

1）按法律规范的程度可以将企业年金分为自愿性和强制性两类

自愿性企业年金。以美国、日本为代表,国家通过立法,制定基本规则和基本政策,企业自愿参加;企业一旦决定实行补充保险,必须按照既定的规则运作;具体实施方案、待遇水平、基金模式由企业制定或选择;雇员可以缴费,也可以不缴费。

强制性企业年金。以澳大利亚、法国为代表,国家立法,强制实施,所有雇主都必须为其雇员投保;待遇水平、基金模式、筹资方法等完全由国家规定。

2）按企业对员工补充养老保险承担的义务可以将企业年金分为设定提存计划和设定受益计划两类

设定提存计划,是指企业向独立年金基金缴存约定的固定费用后,企业不再承担进一步支付义务的企业年金。其基本特征是:①简便易行,透明度较高;②缴费水平可以根据企业经济状况作适当调整;③企业与职工缴纳的保险费免予征税,其投资收入予以减免税优惠;④职工个人承担有关投资风险,企业原则上不负担超过定期缴费以外的保险金给付义务。

设定受益计划,是指企业向独立年金基金缴存的费用会根据相关经济预测及年金的投资回报水平而动态调整的,其调整标准是保证员工的养老金水平达到合同约定的保障水平。其基本特征是:①通过确定一定的收入替代率,保障职工获得较稳定的养老金;②基金的积累规模和水平随工资增长幅度进行调整;③企业承担因无法预测的社会经济变化引起的企业年金收入波动风险。

(二)企业年金的作用

(1)为职工提供多层次的养老保障,增加企业在人力资源市场的竞争力。企业建立良好的员工福利保障制度,充分解决员工的医疗、养老、工伤及死亡抚恤等问题,有利于落实人力资源管理制度,树立良好的企业形象,增加市场竞争力,从而吸引优秀人才加盟。

(2)为企业提供一种激励方式。企业年金不同于其他养老保险的地方在于,企业有权根据员工的贡献,设计具有差异性的年金计划。在设计年金计划时,企业可以充分利用年金保险的灵活性特点,打破传统薪酬福利的"平均主义"原则,对不同贡献的员工提供不同的保障计划,充分调动员工的工作积极性。

(3)有可能为企业和职工提供一种合理节税的途径。建立企业年金制度,在提高员工福利的同时,可以合理利用国家有关税收政策为企业和个人节税。在年金缴费、增值期间,企业为职工支付的年金费用,无须缴纳该部分的企业所得税。对职工个人而言,将部分当期收入转换为养老金,也可以减少当期税费的支付,使个人收入在一生中均匀化。

但是,这一避税作用能否发挥作用,最终要视各国税法规定判断。如我国对企业年金在企业所得税方面有如下规定,财政部国家税务总局《关于补充养老保险费补充医疗保险费有关企业所得税政策问题的通知》(财税〔2009〕27号)"自2008年1月1日起,企业根据国家有关政策规定,为在本企业任职或者受雇的全体员工支付的补充养老保险费、补充医疗保险费,分别在不超过职工工资总额5%标准内的部分,在计算应纳税所得额时准予扣除;超过的部分,不予扣除。"在个人所得税方面,《国家税务总局关于企业年金个人所得税征收管理有关问题的通知》(国税函〔2009〕694号)的规定:一是职工个人缴纳的企业年金计算个人所得税时不得扣除,应并入当月"工资、薪金所得"项目计算缴纳当期个人所得税款;二是企业缴纳的企业年金计入个人账户的部分(以下简称企业缴费),应视为个人1个月的工资、薪金(不与正常工资、薪金合并),不扣除任何费用,按照"工资、薪金所得"项目计算缴纳当期个人所得税款,企业按季度、半年或年度缴纳企业缴费的,在计税时不得还原至所属月份,均作为1个月的工资、薪金,不扣除任何费用,按照适用税率计算扣缴个人所得税。

二、企业年金基金

企业年金基金,是指根据依法制定的企业年金计划筹集的资金及其投资运营收益形成的企业补充养老保险基金。企业年金基金由基金本金和基金投资运营收益两大部分组成,其中基金本金又分为企业缴费部分和职工个人缴费部分两部分。

(一) 企业年金基金的分类

一般来说,企业年金基金可分为设定缴存基金和设定受益基金。采用不同的基金类型时,企业的会计处理方法不同,但年金基金作为独立会计主体时的会计核算则是类似的。

1. 设定缴存基金

设定缴存基金对应的是设定提存计划型企业年金。设定缴存基金为每个计划参与者提供一个个人账户,按照既定的公式决定参与者的缴存金额,但是不规定其将收到的养老金金额。将来在参与者有资格领取养老金时,其所收到的养老金福利仅仅取决于其个人账户的缴存金额、这些缴存金额的投资收益以及可被分摊到该参与者账户的其他参与者罚没的福利。这样基金的主办者(企业)承担了按预先的协议向职工个人账户缴费的责任。当职工离开企业时,其个人账户的资金可以随之转移,进入其他企业的企业年金账户,这在一定程度上降低了职工更换工作的成本,促进了人力资源的流动。

采用设定缴存基金时,企业只承担按期向基金账户缴费的义务,不承担职工退休后向职工支付确定养老金的义务,也就不承担与企业年金基金有关的风险,这些风险将由企业年金基金的托管机构或基金参与者(职工个人)自行承担。因此,企业向基金管理者缴存的资产不再确认为企业的资产,企业当期应予确认的养老金成本是企业当期应支付的企业年金缴存金,确认的养老金负债是按照基金规定,当期及以前各期累计的应缴未缴企业年金缴存金。

2. 设定受益基金

设定受益基金对应的是设定受益计划型企业年金。设定受益基金是基金主办者(企业)按既定的金额提供养老金福利的企业年金。最终支付的养老金金额通常是一个或多个因素的函数,如参加者的年龄、服务年数或工资水平。支付的方式既可以是一系列年金,也可以是一次性支付。

在这种基金下,按期足额支付养老金的责任由企业承担,如果到期不能按照原先的约定的水平支付养老金,则违约责任亦应由企业承担。换言之,企业承担了不能足额支付养老金的风险、投资失败风险、通货膨胀风险等一系列风险;而该基金的参与者(职工)如果提前离开企业,则他过去服务所赚得的养老金福利很有可能部分,甚至全部丧失。

由于设定受益基金需要涉及大量的精算假设和会计估计,如职工未来养老金水平、领取养老金的年数、剩余服务年限、未来工资水平、能够领取养老金的职工人数和折现率等，故企业对该业务的会计处理比较复杂。企业当期应确认的养老金成本除当期服务成本外，还涉及过去服务成本、精算利得和损失、利息费用等项目。企业对职工的养老金义务符合负债的定义，因此，理应确认为企业的一项养老金负债。该负债是企业采用一定的精算方法、估计合适的折现率所计算出的未来需要支付的养老金总额的折现值。

（二）企业年金基金管理各方当事人

我国的企业年金采用信托型管理模式，实行以信托关系为核心，以委托代理关系为补充的治理结构。企业年金基金管理各方当事人包括委托人、受托人、账户管理人、托管人、投资管理人和中介服务机构等。在这种安排下，企业年金基金委托人扮演着类似股东的角色，负责资本投入并分享收益；企业年金基金受托人扮演类似经理的角色，是年金基金运作的主要管理者和信息披露者，即对基金运作负责，也对基金财务信息负责；企业年金基金账户管理人扮演着类似会计的角色，主要对基金财务信息负责；企业年金基金托管人扮演着类似出纳的角色，掌控基金的资金流入流出，对资产安全负责；企业年金基金投资管理人则是具体投资策略的执行人。

1. 企业年金基金委托人

企业年金基金委托人，是指设立企业年金基金的企业及其职工。企业和职工是企业年金计划参与者，作为缴纳企业年金计划供款主体，按规定缴纳企业年金供款，并作为委托人与受托人签订书面合同，将企业年金基金财产委托给受托人管理运作。

2. 企业年金基金受托人

企业年金基金受托人，是指受托管理企业年金基金的企业年金理事会或符合国家规定的养老金管理公司等法人受托机构，是编制企业年金基金财务报表的法定责任人。本章主要介绍企业年金基金受托人的会计账务处理，受托人是年金基金运作的主要管理者和信息披露者。

企业年金基金受托人主要职责是：选择、监督、更换账户管理人、托管人、投资管理人以及中介服务机构；制定企业年金基金投资策略；编制企业年金基金管理和财务会计报告；根据合同对企业年金管理进行监督；根据合同收取企业和职工缴费，并向受益人支付企业年金待遇；接受委托人、受益人查询，定期向委托人、受益人和有关监管部门提供企业年金基金管理报告等。

3. 企业年金基金账户管理人

企业年金基金账户管理人，是指受托管理企业年金基金账户的专业机构。账户管理人主要负责相关明细账户的记录，是企业年金基金的账务信息处理中心，与企业年金基金受托人相互核对信息记录，实现相互监督作用，并通过双重核算保证信息处理的正确。

企业年金基金账户管理人主要职责是：建立企业年金基金企业账户和个人账户；记录企业、职工缴费以及企业年金基金投资收益；及时与托管人核对缴费数据以及企业年金基金账户财产变化状况;计算企业年金待遇;提供企业年金基金企业账户和个人账户信息查询服务;定期向企业年金基金受托人和有关监管部门提交企业年金基金账户管理报告等。

4．企业年金基金托管人

企业年金基金托管人,是指受托提供保管企业年金基金财产等服务的商业银行或专业机构。企业年金基金托管人主要保证年金基金的财产安全。年金基金通过这种设置,实现了不相容职责的分离,以此保证基金财产的安全。

企业年金基金托管人主要职责:安全保管企业年金基金财产;以企业年金基金名义开设的资金账户和证券账户;对所托管的不同企业年金基金财产分别设置账户,确保基金财产的完整和独立;根据受托人指令,向投资管理人分配企业年金基金财产;根据投资管理人投资指令,及时办理清算、交割事宜;负责企业年金基金会计核算和估值,复核、审查投资管理人计算的基金财产净值;及时与企业年金基金账户管理人、企业年金基金投资管理人核对有关数据,按照规定监督企业年金基金投资管理人的投资运作;定期向企业年金基金受托人提交企业年金基金托管报告和财务会计报告;定期向有关监管部门提交企业年金基金托管报告;保存企业年金基金托管业务活动记录、账册、报表和其他资料等。

5．企业年金基金投资管理人

企业年金基金投资管理人,是指受托管理企业年金基金投资的专业机构。

企业年金基金投资管理人主要职责:对企业年金基金财产进行投资;及时与企业年金基金托管人核对企业年金基金会计核算和估值结果;建立企业年金基金投资管理风险准备金;定期向企业年金基金受托人和有关监管部门提交投资管理报告;保存企业年金基金会计凭证、会计账簿、年度财务会计报告和投资记录等。

6．企业年金基金中介服务机构

企业年金基金中介服务机构,是指为企业年金基金管理提供服务的投资顾问公司、信用评估公司、精算咨询公司、会计师事务所、律师事务所等专业机构。

三、我国企业年金及年金基金的规定

我国的《劳动法》规定,国家鼓励用人单位根据本单位实际情况,为劳动者建立补充保险。国务院《关于印发完善城镇社会保障体系试点方案的通知》(国发〔2000〕42号)中将补充养老保险统一称为企业年金。2004年2月23日中华人民共和国劳动和社会保障部令第23号发布《企业年金基金管理试行办法》,并于2004年5月1日正式实施。同时原劳动部1995年12月29日发布的《关于印发〈关于建立企业补充养老保险制度的意见〉的通知》同时废止,标志着中国正式推进企业年金制度。截至2011年年底,建立企业年金的企业数达到了44 900家,参保职工数达到了15 777万人,积累基金达到了3 570亿元。人社部2011年统计公报显示,2011年年末,基本养老保险基金累计结存19 497亿元。人社部从2007年开始统计企业年金收益率情况。截至

2011 年的 5 年统计中,除 2008 年和 2011 年投资收益较差外,其他 3 年都取得了较好的投资收益。其中,2008 年投资收益率为－0.83％,2011 年投资收益率为－0.78％。但从总体情况来看,企业年金投资收益率为 8.87％的平均水平,比同期通货膨胀 3.71％高出 5.16％。

（一）中国的企业年金制度属于自愿性企业年金

根据前述的分类,中国的企业年金制度属于自愿性企业年金,即企业年金采取自愿原则,国家给予税收政策支持,实行完全积累制,采用个人账户管理和市场化运作,其费用由企业和职工个人共同缴纳。

（二）我国的企业年金采用信托型管理模式

我国的企业年金采用信托型管理模式,实行以信托关系为核心,以委托代理关系为补充的治理结构。企业和职工作为委托人将企业年金基金财产委托给受托人管理运作,是一种信托行为。企业年金基金作为一种信托财产,必须存入企业年金专户,独立于委托人、受托人、账户管理人、托管人、投资管理人和其他为企业年金基金提供服务的自然人、法人或其他组织固有财产及其管理的其他财产,并作为独立的会计主体进行确认、计量和列报。

第二节　企业年金基金会计制度设计简述

企业年金基金是一个独立的会计主体。《企业会计准则第 10 号——企业年金基金》及其应用指南规范了企业年金基金的确认、计量和报告,以真实反映企业年金基金的财务状况、投资运营情况、净资产变动情况,及时揭示企业年金基金的管理风险等信息。

一、企业年金基金的会计信息提供者

作为一个独立的会计主体,企业年金基金会计信息的提供者主要是企业年金基金受托人。但是,由于企业年金采用的信托型管理模式,基金托管人、基金账户管理人、投资管理人都应当根据各自的职责,按照企业年金基金准则及其应用指南的规定,设置相应会计科目和会计账簿,对企业年金基金发生的有关交易或者事项进行会计处理和报告。

按照现行相关法规规定,基金受托人负责编制和对外报告企业年金基金财务报表,受托人应当在年度结束后 45 日内向委托人和监管机构提交经会计师事务所审计的企业年金基金年度财务报告。

此外,为了保证企业年金基金财务报表的真实和完整,托管人、投资管理人还要定期向受托人提供相关信息。现行相关法规规定,托管人在每季度结束 10 日内向受托人提交季度企业年金基金财务报告,并在年度结束后 30 日内向受托人提交经会计师

事务所审计的年度企业年金基金财务报告。投资管理人在每季度结束后 10 日内向受托人提交经托管人确认的季度企业年金基金投资组合报告;并应当在年度结束后 30 日内向受托人提交经托管人确认的年度企业年金基金投资管理报告。账户管理人应当在每季度结束后 10 日内向受托人提交季度企业年金基金账户管理报告,并应当在年度结束后 30 日内向受托人提交年度企业年金基金账户管理报告。

二、企业年金基金会计科目

作为独立的会计主体,企业年金基金需要设置自己的会计账户。由于其业务类型的特殊性,《企业会计准则第 10 号——企业年金基金》对会计科目的设置作了统一规定。企业年金基金会计科目名称和编号如表 11-1 所示。

表 11-1　企业年金基金会计科目名称和编号

顺 序 号	编 号	会计科目名称
一、资产类		
1	101	银行存款
2	102	结算备付金
3	104	交易保证金
4	113	应收利息
5	114	应收股利
6	115	应收红利
7	118	买入返售证券
8	125	其他应收款
9	128	交易性金融资产
10	131	其他资产
二、负债类		
11	201	应付受益人待遇
12	204	应付受托人管理费
13	205	应付托管人管理费
14	216	应付投资管理人管理费
15	215	应交税费
16	218	卖出回购证券款
17	221	应付利息
18	223	应付佣金
19	229	其他应付款
三、共同类		
20	301	证券清算款

续表

顺 序 号	编 号	会计科目名称
四、基金净值类		
21	401	企业年金基金
		个人账户结余
		企业账户结余
		净收益
		个人账户转入
		个人账户转出
		支付受益人待遇
22	410	本期收益
五、损益类		
23	501	存款利息收入
24	503	买入返售证券收入
25	505	公允价值变动损益
26	531	投资收益
27	533	其他收入
28	534	交易费用
29	539	受托人管理费
30	540	托管人管理费
31	541	投资管理人管理费
32	552	卖出回购证券支出
33	566	其他费用
34	570	以前年度损益调整

三、企业年金基金财务报表

企业年金基金财务报表，是指企业年金基金对外提供的反映基金某一特定日期财务状况和一定会计期间的经营成果，净资产变动情况的书面文件。企业年金基金财务报表主要包括企业年金基金的资产负债表、净资产变动表和附注。

（一）资产负债表

资产负债表，是指反映企业年金基金在某一特定日期的财务状况，应当按资产、负债和净资产分类列示。其具体内容如下表所示。

资产负债表

编制单位：　　年　　月　　日

资产	行次	年初数	期末数	负债和净资产	行次	年初数	期末数
资产：				负债：			
货币资金				应付证券清算款			
应收证券清算款				应付受益人待遇			
应收利息				应付受托人管理费			
应收股利				应付托管人管理费			
应收红利				应付投资管理人管理费			
买入返售证券				应交税费			
其他应收款				卖出回购证券款			
交易性金融资产				应付利息			
其他资产				应付佣金			
				其他应付款			
				负债合计			
				净资产：			
				企业年金基金净值			
资产总计				负债和净资产总计			

（二）净资产变动表

净资产变动表，是指反映企业年金基金在一定会计期间的净资产增减变动情况的会计报表。净资产变动表的列示如下表所示。

净资产变动表

编制单位：　　年　　月　　日

项　　目	行次	本月数	本年累计数
一、期初净资产			
二、本期净资产增加数			
（一）本期收入			
1. 存款利息收入			
2. 买入返售证券收入			
3. 公允价值变动损益			
4. 投资收益			
5. 其他收入			
（二）收取企业缴费			
（三）收取职工个人缴费			
（四）个人账户转入			

项　目	行次	本月数	本年累计数
三、本期净资产减少数			
（一）本期费用			
交易费用			
受托人管理费			
托管人管理费			
投资管理人管理费			
卖出回购证券支出			
其他费用			
（二）支付受益人待遇			
（三）个人账户转出			
四、期末净资产			

（三）附注

附注是指对资产负债表、净资产变动表中列示项目的文字描述或明细资料，以及对未能在报表中列示的其他业务和事项进行的说明。根据企业年金基金准则及其应用指南的规定，企业年金基金在附注中应当披露下列内容。

（1）企业年金计划的主要内容及重大变化。

（2）企业年金基金管理各方当事人（包括委托人、受托人、托管人、投资管理人、账户管理人、中介机构等）名称、注册地、组织形式、总部地址、业务性质、主要经营活动。

（3）财务报表的编制基础。

（4）遵循企业年金基金准则的声明。

（5）重要会计政策和会计估计。

（6）会计政策和会计估计变更及差错更正的说明，包括会计政策、会计估计变更和差错更正的内容、理由、影响数或影响数不能合理确定的理由等。

（7）投资种类、金额及公允价值的确定方法。

（8）各类投资占投资总额的比例。

（9）报表重要项目的说明，包括货币资金、买入返售证券、债券投资、基金投资、股票投资、其他投资、卖出回购证券款、收取企业缴费、收取职工个人缴费、个人账户转入、支付受益人待遇、个人账户转出等。在具体编制时，可参照财务报表列报应用指南列示的"证券公司报表附注"的披露格式和要求。

（10）企业年金基金净收益，包括本期收入、本期费用的构成。

（11）资产负债表日后事项、关联方关系及其交易的说明等。

（12）企业年金基金投资组合情况、风险管理政策，以及可能使投资价值受到重大影响的其他事项。

第三节 企业年金基金的会计处理

一、企业年金基金收到缴费的账务处理

为了核算企业年金基金收到缴费的业务,企业年金基金作为独立的会计主体,应当设置"企业年金基金""银行存款"等科目。"企业年金基金"科目核算企业年金基金资产的来源和运用,应按个人账户结余、企业账户结余、净收益、个人账户转入、个人账户转出,以及支付受益人待遇等设置相应明细科目,本科目期末贷方余额,反映企业年金基金净值。企业年金基金银行账户主要有资金账户、证券账户等。资金账户包括银行存款账户、结算备付金账户等,其中银行存款账户又包括受托财产托管账户、委托投资资产托管账户;证券账户包括证券交易所证券账户和全国银行间市场债券托管账户等。

收到企业及职工个人缴费时,按实际收到的金额,借记"银行存款"科目,贷记"企业年金基金——个人账户结余""企业年金基金——企业账户结余"科目。

【例 11-1】 201×年 1 月 6 日,某企业年金基金收到缴费 550 万元,其中企业缴费 350 万元、职工个人缴费 200 万元,存入企业年金账户,实收金额与提供的缴费总额账单核对无误。按该企业年金计划约定,企业缴费 350 万元中,归属个人账户金额为 240 万元,另 110 万元的权益归属条件尚未实现。该企业年金基金账务处理如下:

借:银行存款   5 500 000
  贷:企业年金基金——个人账户结余(个人缴费)   2 000 000
       ——个人账户结余(企业缴费)   2 400 000
       ——企业账户结余(企业缴费)   1 100 000

企业年金基金收到缴费后,如需账户管理人核对后确认,可先通过"其他应付款——企业年金基金供款"科目核算,确认后再转入"企业年金基金"科目。

二、企业年金基金投资运营的账务处理

(一)对企业年金基金投资范围的限定

企业年金基金的养老金性质决定了该基金在投资中要求安全性强、流动性高。投资运营应当遵循谨慎、分散风险的原则,充分考虑企业年金基金财产的安全性和流动性,实行专业化管理,严格按照国家相关规定进行投资运营。

根据现行制度的规定,企业年金基金投资运营应当选择具有良好流动性的金融产品。《企业年金基金管理试行办法》规定,企业年金基金的投资,按市场价计算应当符合下列规定。

(1)投资银行活期存款、中央银行票据、短期债券回购等流动性产品及货币市场基金的比例,不低于基金净资产的 20%。

（2）投资银行定期存款、协议存款、国债、金融债、企业债等固定收益类产品及可转换债、债券基金的比例，不高于基金净资产的 50%，其中投资国债的比例不低于基金净资产的 20%。

（3）投资股票等权益类产品及投资性保险产品、股票基金的比例，不高于基金净资产的 30%。其中，投资股票的比例不高于基金净资产的 20%。

企业年金基金有关监管部门将根据金融市场变化和投资运营情况，适时对企业年金基金投资产品和比例等进行调整。如 2007 年 1 月 31 日，中国人民银行、劳动和社会保障部印发《关于企业年金基金进入全国银行间债券市场有关事项的通知》，就企业年金基金进入全国银行间债券市场从事债券投资等问题作出了规定。

（二）相关账务处理

企业年金基金在投资运营中，应当以公允价值计量所取得的具有良好流动性的金融产品。企业年金基金投资公允价值的确定，适用《企业会计准则第 22 号——金融工具确认和计量》。

企业年金基金投资运营的会计核算一般需要设置"交易性金融资产""公允价值变动损益""证券清算款""结算备付金""交易保证金""投资收益""交易费用""应收利息""应收股利""应收红利""本期收益"等科目。

企业年金基金初始取得投资的交易日，以支付的价款（不含支付的价款中所包含的、已到付息期但尚未领取的利息或已宣告但尚未发放的现金股利、基金红利）计入投资的成本，借记"交易性金融资产——成本"，按发生的交易费用及相关税费直接计入当期损益，借记"交易费用"科目，按支付的价款中所包含的、已到付息期但尚未领取的利息或已宣告但尚未发放的现金股利、红利，借记"应收利息""应收股利"或"应收红利"科目，贷记"证券清算款""银行存款"等科目。资金交收日，按实际清算的金额，借记"证券清算款"科目，贷记"结算备付金""银行存款"等科目。

企业年金基金投资持有期间，被投资单位宣告发放的现金股利，或资产负债表日按债券票面利率计算的利息收入，应确认为投资收益，借记"应收股利""应收利息"或"应收红利"科目，贷记"投资收益"科目。期末，将"投资收益"科目余额转入"本期收益"科目。

根据企业年金基金准则的规定，企业年金基金的投资应当按日估值，或至少按周进行估值。也就是说，每个工作日结束时，或者每周四或周五工作日结束时为估值日。估值日对投资进行估值时，应当以估值日的公允价值计量。公允价值与上一估值日公允价值的差额，计入当期损益，并以此调整相关资产的账面价值。借记或贷记"交易性金融资产（公允价值变动）"，贷记或借记"公允价值变动损益"。在估值日和资产负债表日，企业年金基金持有的上市流通的债券、基金、股票等交易性金融资产，以其估值日在证券交易所挂牌的市价（平均价或收盘价）估值；估值日无交易的以最近交易日的市价估值。

处置企业年金基金的投资时，处理原则遵循《企业会计准则第 22 号——金融工具确认和计量》规定。出售股票时,按应收金额,借记"证券清算款"科目,同时贷记"交易性金融资产——成本""交易性金融资产——公允价值变动"等相关资产科目,差额贷记或借记"投资收益"科目。同时,将原计入该投资的公允价值变动转出,借记或贷记"公允价值变动损益"科目,贷记或借记"投资收益"科目。因债券、基金、股票的交易比较频繁,出售证券成本的计算方法可采用加权平均法、移动加权平均法、先进先出法等,成本计算方法一经确定,不得随意变更。

【例 11-2】 某企业年金基金在 201×年 4 月、5 月期间进行的一笔股票投资信息如下:①201×年 4 月 1 日,某企业年金基金通过证券交易所以每股 10 元的价格购入 A 公司股票 10 万股,成交金额 100 万元,另发生券商佣金、印花税等 2 万元。②201×年 4 月 3 日,A 公司宣告每股发放的现金股利 0.2 元,4 月 5 日发放股利,企业年金基金收到股利合计 2 万元。③201×年 4 月 12 日,企业年金基金持有的 A 股票证券交易所收盘价为每股 11 元。假设其他估值日,该股票公允价值无变动。④201×年 5 月 30 日,该企业年金基金出售 A 股 5 万股,每股市价 13 元,成交总额为 65 万元,另发生券商佣金、印花税等 1 800 元。

基金受托人对该企业年金基金的账务处理如下:

1. 初始取得投资时的账务处理

(1) 交易日(T 日,即 4 月 1 日)与证券登记结算机构清算应付证券款时:

借:交易性金融资产——成本(A 股票)　　　　　　　　1 000 000

　　交易费用　　　　　　　　　　　　　　　　　　　　20 000

　　贷:证券清算款　　　　　　　　　　　　　　　　　　　1 020 000

(2) 资金交收(T+1 日,即 4 月 2 日)与证券登记结算机构交收资金时:

借:证券清算款　　　　　　　　　　　　　　　　　　1 020 000

　　贷:结算备付金　　　　　　　　　　　　　　　　　　　1 020 000

2. 投资持有期间损益的账务处理

(1) 4 月 3 日,A 公司宣告每股发放的现金股利 0.2 元时:

借:应收股利　　　　　　　　　　　　　　　　　　　20 000

　　贷:投资收益　　　　　　　　　　　　　　　　　　　　20 000

(2) 4 月 5 日发放股利,企业年金基金收到股利合计 2 万元时:

借:结算备付金　　　　　　　　　　　　　　　　　　20 000

　　贷:应收股利　　　　　　　　　　　　　　　　　　　　20 000

3. 估值日的账务处理

本例中,由于假设其他估值日股票公允价值无变动,仅 4 月 12 日估值日公允价值与上一估值日(4 月 1 日)公允价值有差额=(11-10)×10 万股=100 000(元)

借:交易性金融资产——公允价值变动(A 股票)　　　　　100 000

　　贷:公允价值变动损益　　　　　　　　　　　　　　　　100 000

4. 投资处置的账务处理

本例中,5 月 30 日仅处理了该批股票的一半,相关成本结转一半。应收证券清算款是成交总额扣减佣金、印花税等共计648 200元(650 000-1 800)。

(1) 交易日(T日,即5月30日)与证券登记结算机构清算应收证券款时:

借:证券清算款 648 200

交易费用 1 800

贷:交易性金融资产——成本(A股票) 500 000

——公允价值变动(A股票) 50 000

投资收益 100 000

借:公允价值变动损益 50 000

贷:投资收益 50 000

(2) 资金交收日(T+1日,即5月31日)与证券登记结算机构交收资金时:

借:结算备付金 648 200

贷:证券清算款 648 200

三、企业年金基金收入的账务处理

企业年金基金收入,是指企业年金基金在投资营运中所形成的经济利益的流入。企业年金基金收入由以下项目构成:①存款利息收入;②买入返售证券收入;③公允价值变动损益;④投资收益;⑤风险准备金补亏等其他收入。其中公允价值变动和投资收益在基金投资运营环节已做讲解,以下主要介绍其他收入业务的处理。

(一)存款利息收入的账务处理

存款利息收入包括活期存款、定期存款、结算备付金、交易保证金等利息收入。根据准则规定,企业年金基金应按日或至少按周确认存款利息收入,并按存款本金和适用利率计提的金额入账。按日或按周计提银行存款、结算备付金存款等利息时,借记"应收利息"科目,贷记"存款利息收入"科目。

【例11-3】 201×年6月1日,某企业年金基金在商业银行的存款本金为2 100 000元,假设一年按365天计算,银行存款年利率为3%,每季末结息,该企业年金基金逐日估值。每日银行存款应计利息=存款本金×年利率÷365=2 100 000×3%÷365=172.60(元)。

该企业年金基金账务处理如下:

(1) 每日计提存款利息时:

借:应收利息 172.60

贷:存款利息收入 172.60

(2) 每季收到存款利息时(假设每季收息为172.60×365÷4):

借:银行存款 15 749.75

贷:应收利息 15 749.75

（二）买入返售证券业务的账务处理

买入返售证券业务，是指企业年金基金与其他企业以合同或协议的方式，按一定价格买入证券，到期日再按合同规定的价格将该批证券返售给其他企业，以获取利息收入的证券业务。该交易与在公开市场上买卖股票的投资行为有明显差异，其收益是固定的，而后者收益是不确定的。因此，相关准则规定，企业年金基金应于买入证券时，按实际支付的价款确认为一项资产，在融券期限内按照买入返售证券价款和协议约定的利率逐日或每周计提的利息确认买入返售证券收入。

企业年金基金应设置"买入返售证券""买入返售证券收入"等科目，对买入返售证券业务进行账务处理。买入证券付款时，按实际支付的款项，借记"买入返售证券——××证券"科目，贷记"结算备付金"科目。计提利息时，借记"应收利息"科目，贷记"买入返售证券收入"科目。买入返售证券到期时，按实际收到的金额，借记"结算备付金"科目；按买入时的价款，贷记"买入返售证券"科目；按已计未收利息，贷记"应收利息"科目；按最后一期应计利息，贷记"买入返售证券收入"科目。期末将"买入返售证券收入"科目余额转入"本期收益"科目。

【例 11-4】 某企业年金基金与某投资公司协议按 1 000 000 元金额购入投资公司持有的市值 1 200 000 元的甲公司股票，60 日后按 1 060 000 元返售该股票给该投资公司。则该企业年金基金对该笔买入返售证券业务处理如下：

（1）买入证券付款时：

借：买入返售证券——甲公司证券	1 000 000	
贷：结算备付金		1 000 000
借：结算备付金	1 000 000	
贷：银行存款		1 000 000

（2）每日计提利息时［（106 万元－100 万元）÷60＝0.1 万元］：

借：应收利息	1 000	
贷：买入返售证券收入		1 000

（3）到期日返售证券时：

借：结算备付金	1 060 000	
贷：应收利息		59 000
买入返售证券收入		1 000
买入返售证券——甲公司证券		1 000 000
借：银行存款	1 060 000	
贷：结算备付金		1 060 000

（三）其他收入的账务处理

其他收入，是指除上述收入以外的收入，如风险准备金补亏。根据《企业年金基金管理试行办法》的规定，投资管理人应当按当期收取的投资管理人管理费的一定比例提取企业年金基金投资管理风险准备金,由托管人专户存储,专项用于弥补企业年金基金投资亏损。企业年金基金投资管理风险准备金提取比例为投资管理人管理费的20%,余额达到投资管理企业年金基金净资产的10%时可不再提取,该提取业务属于投资管理人的会计业务处理,不属于企业年金基金的会计业务处理。但是,企业年金基金取得投资管理风险准备金用于弥补亏损时,应当按照实际收到金额计入其他收入。

【例11-5】 201×年1月10日,某企业年金基金估值时确认当日亏损35万元。按规定,将企业年金基金投资管理风险准备金35万元用于补亏。已知:该企业年金基金按日估值;投资管理人提取的风险准备金结余为60万元。

该企业年金基金账务处理如下:

借:银行存款　　　　　　　　　　　　　　　　　　350 000
　　贷:其他收入——风险准备金补亏　　　　　　　　　　350 000

四、企业年金基金费用的账务处理

企业年金基金费用,是指企业年金基金在投资营运等日常活动中所发生的经济利益的流出。企业年金基金费用由以下项目构成:

(1) 交易费用;

(2) 受托人管理费;

(3) 托管人管理费;

(4) 投资管理人管理费;

(5) 卖出回购证券支出;

(6) 其他费用。

(一) 交易费用

交易费用,是指企业年金基金在投资运营中发生的手续费、佣金以及相关税费,包括支付给代理机构、咨询机构、券商的手续费和佣金以及相关税费等其他必要支出。企业年金基金应设置"交易费用"科目,按照实际发生的金额,借记"交易费用"科目,贷记"证券清算款""银行存款"等科目。该部分的具体举例参见"二、企业年金基金投资运营的账务处理"部分。

(二) 受托人管理费、托管人管理费和投资管理人管理费

受托人管理费、托管人管理费和投资管理人管理费,是指根据企业年金计划或合同文件规定的比例,提取的相应管理费。根据《企业年金基金管理试行办法》的规定,受托人、托管人提取的管理费均不得高于企业年金基金净值的0.2%,投资管理人提取的管理费不得高于企业年金基金净值的1.2%。但账户管理费(每户每月不超过5元)不属于企业年金基金费用,由企业另行缴纳。

企业年金基金应当设置"受托人管理费""托管人管理费""投资管理人管理费""应

付受托人管理费""应付托管人管理费""应付投资管理人管理费"等科目,对发生的上述管理费,分别进行账务处理。期末,将"受托人管理费""托管人管理费""投资管理人管理费"科目的借方余额全部转入"本期收益"科目。

【例 11-6】 某企业年金基金的受托管理合同和托管合同中均约定:受托人管理费和托管人管理费年费率均为基金净值(市值)的 0.2%;假设一年按 365 天计算,按日估值。该基金的投资管理合同中约定:投资管理费年费率为基金净值(市值)的 1.2%;一年按 365 天计算,按日估值。201×年 7 月 1 日,某企业年金基金市值为 20 000 000元。

(1)计算相关管理费201×年 7 月 1 日的计提金额。

当日应计提的受托人管理费=基金净值×年费率÷当年天数=20 000 000×0.2%÷365=109.59(元)

当日应计提的托管人管理费=基金净值×年费率÷当年天数=20 000 000×0.2%÷365=109.59(元)

当日应计提的投资管理人管理费=基金净值×年费率÷当年天数=20 000 000×1.2%÷365=657.53(元)

(2)该企业年金基金账务处理如下:

借:受托人管理费——××受托人　　　　　　　　　109.59
　　贷:应付受托人管理费　　　　　　　　　　　　　　　109.59
借:托管人管理费——××托管人　　　　　　　　　109.59
　　贷:应付托管人管理费　　　　　　　　　　　　　　　109.59
借:投资管理人管理费——××投资管理人　　　　　657.53
　　贷:应付投资管理人管理费　　　　　　　　　　　　　657.53

(三)卖出回购证券业务

卖出回购证券业务,是指企业年金基金与其他企业以合同或协议的方式,按照一定价格卖出证券,到期日再按合同约定的价格买回该批证券,以获得在一定时期内资金的使用权的证券融资业务。根据企业年金基金准则及其应用指南的规定,企业年金基金应在融资期限内,按照卖出回购证券价款和协议约定的利率每日或每周确认、计算卖出回购证券支出。

企业年金基金应设置"卖出回购证券支出""卖出回购证券款"等科目,对卖出回购证券业务进行账务处理。卖出证券收到款时,按实际收到价款,借记"结算备付金"科目,同时确认一笔负债,贷记"卖出回购证券款——××证券"科目。证券持有期内计提利息时,按计提的金额,借记"卖出回购证券支出"科目,贷记"应付利息"科目。到期回购时,按卖出证券时实际收款金额,借记"卖出回购证券款——××证券"科目,按应计提未到期的卖出回购证券利息,借记"应付利息"科目,按借贷方差额,借记"卖出回购证券支出"科目,按实际支付的款项,贷记"结算备付金"科目。期末将"卖出证券支出"科目余额转入"本年收益"科目。

【例 11-7】 某企业年金基金与某投资公司协议按 1 000 000 元金额向该投资公司出售基金持有的市值 1 200 000 元的甲公司股票,60 日后按 1 060 000 元从该投资公司回购该批股票。则该企业年金基金对该笔卖出回购证券业务处理如下:

(1) 卖出证券收款时:

借:结算备付金	1 000 000
贷:卖出回购证券款——甲公司证券	1 000 000
借:银行存款	1 000 000
贷:结算备付金	1 000 000

(2) 每日计提应支付利息时[(106 万元－100 万元)÷60＝0.1 万元]:

借:卖出回购证券支出	1 000
贷:应付利息	1 000

(3) 到期日回购证券时:

借:卖出回购证券款——甲公司证券	1 000 000
应付利息	59 000
卖出回购证券支出	1 000
贷:结算备付金	1 060 000
借:结算备付金	1 060 000
贷:银行存款	1 060 000

（四）其他费用

其他费用,是指除上述(一)、(二)、(三)费用以外的其他各项费用,包括注册登记费、上市年费、信息披露费、审计费用、律师费用等。根据现行法律制度的规定,基金管理各方当事人因未履行义务导致的费用支出或资产的损失以及处理与基金运作无关的事项发生的费用不得列入企业年金基金费用。

企业年金基金应当设置"其他费用"等科目,按费用种类设置明细账,对发生的其他费用进行账务处理。发生其他费用时,应按实际发生的金额,借记"其他费用"科目,贷记"银行存款"等科目。如发生的其他费用金额较大,如大于基金净值十万分之一,也可以采用待摊或预提的方法,待摊或预提计入基金损益,但一经采用,不得随意变更,且年末一般无余额。

【例 11-8】 201×年 7 月 1 日,某企业年金基金市值为 4.8 亿元,该日发生信息披露费 3 500 元。

该企业年金基金账务处理如下:

借:其他费用	3 500
贷:银行存款	3 500

五、企业年金待遇给付及其账务处理

企业年金基金应设置"企业年金基金——支付受益人待遇""应付受益人待遇"等

科目,按受益人设置明细账进行账务处理。给付企业年金待遇时,按应付金额,借记"企业年金基金——支付受益人待遇"科目,贷记"应付受益人待遇"科目;支付款项时,借记"应付受益人待遇"科目,贷记"银行存款"科目。

【例 11-9】 201×年 8 月 5 日,某企业年金基金根据企业年金计划和委托人指令,支付退休人员企业年金待遇,金额共计 80 000 元。该企业年金基金账务处理如下:

(1) 计算、确认给付企业年金待遇时:

借:企业年金基金——支付受益人待遇　　　　　　　　　　 80 000

　　　贷:应付受益人待遇　　　　　　　　　　　　　　　　　　 80 000

(2) 向受益人支付待遇时:

借:应付受益人待遇　　　　　　　　　　　　　　　　　　 80 000

　　　贷:银行存款　　　　　　　　　　　　　　　　　　　　　 80 000

此外,根据企业年金基金准则的规定,因职工调离企业而发生的个人账户转出金额,相应减少基金净资产。因职工调入企业而发生的个人账户转入金额,相应增加基金净资产。企业年金基金应设置"企业年金基金——个人账户转入""企业年金基金——个人账户转出"等科目,按受益人设置明细账进行账务处理。

六、企业年金基金净资产、净收益及其账务处理

企业年金基金净资产,又称年金基金净值,是指企业年金基金受益人在企业年金基金财产中享有的经济利益,其金额等于企业年金基金资产减去基金负债后的余额。其计算公式为

企业年金基金净资产＝期初净资产＋本期净收益＋收取企业缴费＋收取职工个人缴费＋个人账户转入－支付受益人待遇－个人账户转出

企业年金基金本期净收益,是指企业年金基金在某一会计期间已实现的经营成果,其金额等于本期收入减本期费用的余额。企业年金基金净收益直接影响基金净值的变动。

根据企业年金基金准则的规定,资产负债表日,应当将当期企业年金基金各项收入和费用结转至净资产,并根据企业年金计划按期将运营收益分配计入企业和职工个人账户。

企业年金基金应设置"本期收益"等科目,其运用类似于企业会计中的"本年利润"账户。"本期收益"科目核算本期实现的基金净收益(或净亏损)。期末,结转企业年金基金净收益时,将"存款利息收入""买入返售证券收入""公允价值变动损益""投资收益""其他收入"等科目的余额转入"本期收益"科目贷方;将"交易费用""受托人管理费""托管人管理费""投资管理人管理费""卖出回购证券支出""其他费用"等科目的余额转入"本期收益"科目借方。"本期收益"科目余额,即为企业年金基金净收益(或净亏损)。当实现净收益,转入企业年金基金时,借记"本期收益"科目,贷记"企业年金基金——净收益"科目;如为净亏损,作相反分录。将净收益按企业年金计划约定的比例

分配转入个人和企业账户时,借记"企业年金基金——净收益",贷记"企业年金基金——个人账户结余""企业年金基金——企业账户结余"科目。

思考题

1. 什么是企业年金? 企业年金可以分为哪几类?

2. 什么是企业年金基金? 企业年金基金可以分为哪几类?

3. 企业年金基金的当事人有哪些? 各自职责是什么?

4. 负责编制和对外报告企业年金基金财务报表的是企业年金基金当事人中的哪一位?

5. 我国现行法规对企业年金基金的投资范围有何限定?

6. 企业年金基金收入有哪几类?

7. 企业年金基金费用有哪些?

练习题

1. 201×年12月31日,某公司委托投资管理人按年金计划向企业和员工收取年金缴费,合计200万元,其中企业缴费部分140万元(属于个人部分为120万元,归属条件尚未实现的有20万元)。请编制企业年金基金账务处理。

2. 201×年3月1日,某企业年金基金的投资管理人用企业年金以交易为目的购买某公司股票1万股,每股价格10.6元(含已宣布但尚未发放的现金股利0.60元),同时支付相关税费1 000元。3月8日收到股利。3月31日,某公司股票价格涨到每股12元。4月25日,投资管理人以每股14元将股票全部售出。请编制企业年金基金账务处理。

3. 某企业年金基金的受托管理合同和托管合同中均约定:受托人管理费和托管人管理费年费率均为基金净值(市值)的0.15%;假设一年按365天计算,按日估值。该基金的投资管理合同中约定:投资管理费年费率为基金净值(市值)的1.0%;一年按365天计算,按日估值。201×年7月1日,某企业年金基金市值为200 000 000元。请编制企业年金基金财务处理。

4. 201×年12月5日,某企业年金基金根据企业年金计划和委托人指令,支付退休人员企业年金待遇,金额共计120 000元。请编制企业年金基金账务处理。

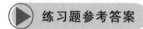 **练习题参考答案**

主要参考文献

1. 中华人民共和国财政部. 企业会计准则（2018）[S]. 北京：经济科学出版社，2017.

2. 中华人民共和国财政部. 企业会计准则应用指南（2018）[M]. 上海：立信会计出版社，2018.

3. 彭红枫. 商业银行贷款定价研究[M]. 北京：科学出版社，2012.

4. 陈燕华等译. 国际财务报告准则实务指引——金融工具[M]. 北京：中国财政经济出版社，2014.

5. 毛新述等. 金融工具会计准则讲解[M]. 北京：清华大学出版社，2018.

6. 陈稳. 融资租赁实务操作指引[M]. 北京：中国法制出版社，2017.

7. 陈保郎等译. 国际财务报告准则实务指引——以股份为基础的支付[M]. 北京：中国财政经济出版社，2011.

教学支持说明

▶▶ 课件申请

尊敬的老师：

　　您好！感谢您选用清华大学出版社的教材！为更好地服务教学，我们为采用本书作为教材的老师提供教学辅助资源。鉴于部分资源仅提供给授课教师使用，请您直接手机扫描下方二维码实时申请教学资源。

任课教师扫描二维码
可获取教学辅助资源

▶▶ 样书申请

　　为方便教师选用教材，我们为您提供免费赠送样书服务。授课教师扫描下方二维码即可获取清华大学出版社教材电子书目。在线填写个人信息，经审核认证后即可获取所选教材。我们会第一时间为您寄送样书。

任课教师扫描二维码
可获取教材电子书目

 清华大学出版社

E-mail: tupfuwu@163.com	网址：http://www.tup.com.cn/
电话：8610-62770175-4506/4340	传真：8610-62775511
地址：北京市海淀区双清路学研大厦B座509室	邮编：100084